U0728944

启真馆 出品

启真·思想家

孟德斯鸠传

[法]路易·戴格拉夫 著 许明龙 赵克非 译

目　录

第一章　家庭与童年

孟德斯鸠在专为他的孙子而写的《我的生平》中说："尽管以家谱作为开篇，很是笨拙，可是我让你了解你的祖先，毕竟总是有益的。"在《随想录》[1]中，他对儿子让－巴蒂斯特·德·色贡达说道："孩子，你真幸运，既不必为自己的出身羞愧，也无须洋洋得意。我的财产和我的出身相得益彰。这两者如果匹配不当，我会感到恼火的。"

很明显，孟德斯鸠对自己的门第引以为荣："我说过，出身高贵是幸福，可是，出身低微却并非不幸，厄运对贵贱一视同仁。"然而，对他那源远流长的家族，他却装出一副不甚了了的样子："尽管我的姓既不高贵也不低贱，充其量只有 350 年被证明的贵族历史，然而我对它的感情却很深，而且我是一个可以进行继承代理的族人。"[2]他对祖先的追溯似乎仅限于他的上几代，托词是"我家的尊号在宗教战争的动乱中已被剥夺"。他打定主意不再寻根溯源：

> 除了那些贫寒起家、似乎从天而降的名门望族外，最值得称道的是那些在不知不觉中摆脱了贫贱，而创业者又从不炫耀的殷实的家族。因为，对于一个家族来说，无休止地胡乱编造一些逸闻传说，实在有失体面，我甚至要说，这简直是灾难。那些曾以自己的贫寒为羞耻的人一旦发迹，就为自己的出身而脸红，总觉得自己生

> 来就不该有那样的出身，因而深感羞辱。这些继承了巨额财产的子女，每当想起他们应该感激的先人时，总觉得不大光彩。可以毫不夸张地说，最英勇的行为莫过于我们舞台上出现过的一位王子的壮举，他在至尊至贵之时，高兴地发现他的生身之父乃是一个牧羊人，而且他没有因此而脸红。[3]

孟德斯鸠家族正是属于这些“殷实家族”，因而他千方百计地要把父亲上几代先人的生平恢复原样。他们或担任军职、法官，或充当僧侣，这三种“职业”都是一个贵族可以从事而无丧失身份之虞的职业。如同常见的那样，孟德斯鸠的家族也是源远流长的，尽管他本人似乎并不了解他先祖的根源。他是阿基坦这块土地的儿子，这片从阿让到波尔多的土地目睹了一个占有土地的家族一步步获得要职，并经由数代人积攒了一笔地产，其中包括拉布莱德庄园。这个庄园虽然很晚才归这个家族所有，却在17世纪末成了把色贡达·德·孟德斯鸠的父系亲属和母系亲属的命运连接在一起的宝地和象征。

《我的生平》这份未写完的简明扼要的文书，全部谈的是孟德斯鸠的父系祖先，也就是色贡达家的人，他的母系家族虽然同样显赫，在文中却只字未提。色贡达家族原籍贝里，是古朗家中的末房，传自勃鲁瓦伯爵和尚帕涅伯爵。15世纪初，色贡达家族移居佩里戈地区。色贡达第一代名叫皮埃尔，是拉韦涅和布莱纳克庄园的主人，1451年9月11日，他向查理七世国王宣誓效忠。他的儿子让和孙子雅克在阿让附近的富莱隆纳建造了一所古堡，色贡达家族从此在阿让这个地方扎下了根。他们很快就成了大地主，把自己的命运与纳瓦尔国王的事业连在一起，选择了国王信奉的新教。

色贡达第二代名叫让（1515—1594），是他成就了家业。他继承了其父财政总监的官职，后来又得宠于纳瓦尔女王冉娜·德·阿尔布莱，成了她的心腹，当上了宫廷总管和奈拉克地方的总督。1564年女王外出时，令他代理纳瓦尔王国的朝政。女王于1561年10月2日把孟德斯鸠地方赐给让·德·色贡达，以奖赏他的效劳。从此之后，这个家族的姓氏便与这块土地紧紧连在一起，并为这块不起眼的领地带来了意想不到的殊荣。这块领地原是以前的子爵布侣鲁瓦的领地，位于阿尔布莱封地的中心，东距阿让16公里，北距加龙河3公里。女王曾说，这是为了褒奖她的宫廷总管让·德·色贡达。长期以来，这位宫廷总管为她的父王和她本人提供了极其重要和值得称道的效劳，不仅在宫廷总管的任上，而且在她过去和现在不断交付给他的重要使命中，都是如此。孟德斯鸠这个字来自拉丁语和法兰克语，原意是一座贫瘠的荒山。站在如今的孟德斯鸠村，还能望见一座荒凉的小山顶上一座古堡的残迹。

第二代让·德·色贡达与约瑟夫·斯卡里热的姑母艾莱奥诺尔·德·布莱尼欧结婚之后，生有好几个孩子。四个儿子为亨利四世捐躯沙场：名叫让的老大1590年在伊弗里战役中阵亡；雅克于1595年死于南特之围；让-亨利是纳瓦尔国王亨利四世的教子，1604年在米德尔堡之战中丧生；保尔则死于奥斯坦德围城之役。第二代让·德·色贡达为他对纳瓦尔国王——后来成了法国国王——的忠诚付出了沉重的代价，当他去世时，膝下的儿子仅剩两个。

16世纪下半叶，在血染法国西南部的宗教和政治争斗中，色贡达一家忠于纳瓦尔国王，为他生活和作战，以兵役为他尽义务因而获得褒奖，节节上升，从阿让迁到了波尔多。色贡达一家与以支持宗教改革而闻名的斯卡里热成了姻亲之后，常去奈拉克。1579年至1582年之间，纳瓦尔的玛格丽特在奈拉克组织了一个名闻遐迩的宫中文学沙龙，她在《回忆录》中写道：

> 我们的文学沙龙真不错，非常吸引人，除了国王的妹妹纳瓦尔公主外，还有许多夫人和小姐，比起法兰西的宫中文学沙龙毫不逊色。国王——我的丈夫——来时总有一大群达官贵人相伴，这些人如同我在法兰西的宫中文学沙龙中遇到的雅士们一样风度翩翩，除了他们都是新教徒这一点之外，毫无令人遗憾之处。不过，谁也不曾议论宗教信仰的不同……

日趋衰老的阿格里巴·多比尼在晚年写作的《通史》中谈到了这个时代：

> 奈拉克的文学沙龙吸引了许许多多的贵族和贵夫人……正如天暖会引起蛇出洞，闲逸会导致风气败坏。纳瓦尔王后很快就使人们沉湎于享乐，丧失了斗志。她告诉自己的国王丈夫，不懂得爱情的骑士等于没有灵魂，她对自己的风流逸事也毫不掩饰。

让－巴蒂斯特·德·色贡达在他的《孟德斯鸠先生历史颂词》中讲述了奈拉克宫廷生活中的这桩逸闻：

> 这不是那种因长期昌盛而穷奢极欲的宫廷，荣誉和褒奖来自实实在在的功绩，而不是由于轻浮的谄媚和殷勤。一天，深得国王宠爱的吉什伯爵夫人徒步前去教堂望弥撒，同行的只有她的贴身女仆和一个年轻侍从，女仆抱着一只卷毛狗，侍从提着一只鹦鹉。法兰西国王的大使见了十分惊奇，并说，在他主子的宫廷里，豪华和阔气是以完全不同的方式来显示的，国王情妇的随从通常是一群贵族老爷。一位年迈的贵族回答他道："这是因为，在我们的宫廷里，除了您刚才看到的卷毛狗和鹦鹉外，还有许多鹦鹉、猴子和卷毛狗。"

在这样一个有教养的、风雅而轻浮、新教与旧教和睦共处的环境里，色贡达父子们养成了一种宗教宽容的精神，与蒙田颇为相似。孟德斯鸠后来也显示了这种态度，娶了一个新教徒为妻。

第三代色贡达名叫皮埃尔（1573—1638），曾任亨利四世的宫廷总管和御前会议成员，还担任过轻骑兵的上尉军官。他是色贡达家族在波尔多定居的第一代人，曾当选为波尔多的市政官吏，1600 年娶安娜·德·蓬塔克为妻。这位小姐的娘家是巴札斯主教阿尔诺·德·蓬塔克的亲属，家中有人在波尔多高等法院任职。加斯东、让和戈德弗鲁瓦都是皮埃尔和安娜的直系后代。戈德弗鲁瓦娶了孟德斯鸠的小女儿戴尼丝为妻，现代的孟德斯鸠男爵正是从这个家族的这个支系中分出来的。

第三代皮埃尔在他父亲死后，分得了孟德斯鸠地方的土地，并于1604年10月15日把它卖给朗斯先生。但是，1605年2月17日，他的母亲艾莱奥诺尔·德·布莱尼欧运用家族回收权赎回了这片土地，并传给她的次子雅克（Ⅱ）·德·色贡达（1576—1619）。雅克（Ⅱ）曾任纳瓦尔国王的内廷侍从，孟德斯鸠写道："他参加了荷兰战争，以中校军阶长期在夏斯提雍军团服役，领取法国的饷银，为荷兰作战。后来他当过莱克图*的总督，受封为圣米歇尔军团骑士。他继承了我们如今所拥有的孟德斯鸠地方的这块土地，后来国王赐恩于他，封他为男爵。"赐封的诏书是1606年2月颁发的。雅克（Ⅱ）·德·色贡达既然受封为孟德斯鸠男爵，他当然就是孟德斯鸠家族的真正创始人。出于对国王亨利四世的忠心，他在这位国王改宗天主教时也皈依天主教。

雅克（Ⅱ）·德·色贡达在34岁时同安娜－玛格丽特·德·塞梵结婚，这位小姐的父亲是拉戛德的领主纪尧姆·德·塞梵，母亲名叫安托瓦奈特·德·朗斯。安娜·德·塞梵在32岁时成了寡妇，46岁时再嫁给波尔多高等法院院长约瑟夫·迪贝尔内。这桩婚姻使孟德斯鸠家族与波尔多结下了不解之缘，而且把它引进司法界。迪贝尔内院长续弦后没有生养。他去世后，安娜·德·塞梵回到阿让居住，1683年去世时高龄97岁。一首十四行诗赞扬她为小民百姓的教育事业贡献了毕生精力：

阿让的居民一个个泣不成声，
一位杰出的妇人离他们而去，
她光辉的一生人人珍惜，

伴随她的是玫瑰、百合花和棕榈。

得到她帮助的人有老有少，

---

* 莱克图，法国西南部阿基坦地区的一个小城。——译者注

尊敬她的人有长有幼；
怀着一颗伟大、仁慈和善良的心，
她唯一的心思是给不幸的人施救。

穷人为失去慈母而痛哭流涕，
虔诚的信徒为失去楷模而泪流满面，
寡居的妇人为她高尚的品德而饮泣。

寄托哀思要以她为榜样，
让美好的品德得到弘扬，
日后到彼岸与她同游天堂。

雅克（II）·德·色贡达的长子让－巴蒂斯特－加斯东·德·色贡达便是孟德斯鸠男爵、卡斯特努维尔的领主。根据孟德斯鸠的记载，“奥尔良公爵是他的教父，他的名字加斯东就是这位教父取的”。他于1634年2月26日结婚，娶了安娜－冉娜·迪贝尔内。这位小姐的父亲便是波尔多高等法院院长约瑟夫·迪贝尔内，她是父亲的继承人，而她的后母则是她丈夫的生母。

让－巴蒂斯特－加斯东·德·色贡达“受波尔多高等法院院长蓬塔克先生之请，被任命为该院庭长”。他是德·艾斯特拉德元帅的表兄弟，元帅的母亲苏珊娜·德·色贡达是雅克·德·色贡达的姐姐。孟德斯鸠写道：“元帅对他说，‘你有一所极好的宅子，我本来满可以把宫廷中最尊贵的贵族老爷介绍给你。可是，我却情愿给你找一个名声不那么大的人来，此人现在与马扎然大主教过从甚密，人们不大清楚他的底细。但是，他才智过人，必有一天会成为全国首屈一指的政治家。你要设法接近他，与他建立起交情。此事不难做，因为别人尚未想到’。我的祖父

---

* 柯尔贝（Colbert，1619—1683），当时任国务参事，是首相马扎然的亲信。——译者注

果然成功了。他早年服过兵役，很懂礼仪，他获得了柯尔贝 * 先生的友谊，感受到了这份友情带来的实惠；他的儿子一生也受到庇荫。”

其实，让－巴蒂斯特－加斯东·德·色贡达在波尔多高等法院庭长任上，于 1659 年在自己的邸宅接待过当时路过波尔多法院的柯尔贝。这所邸宅坐落在现今的梅花广场上，当时叫作特隆贝特古堡广场。他于 1654 年以两万利弗尔买下这座私邸后，把它改建成全城最舒适的住宅之一，由于它有很好的视角，在其露台上，可以看到加龙河上的全景。柯尔贝的光临表明这位波尔多高等法院法官的家庭正在飞黄腾达。

让－巴蒂斯特－加斯东·德·色贡达和安娜－冉娜·迪贝尔内生育了三个女儿和六个儿子。四子雅克便是孟德斯鸠的父亲，他于 1654 年 12 月 29 日生于波尔多，“眉清目秀，天资聪颖，却没有福气”，一心要当教士。1669 年 10 月 19 日，波尔多大主教亨利·德·贝求恩亲手为他剃度，尽管他只有 15 岁，但符合特兰托公会议关于教士年龄的规定。可是，在巴黎的圣苏尔比斯教堂住了不到两周，他就发现自己的抉择有误，决定改行从军。孟德斯鸠写道：“年纪轻轻，他就到近卫军团当兵，这是一所培养类似当今近卫骑兵那样的军校。”孟德斯鸠接着叙述了父亲的行伍生涯：

> 过了一段时间，他在圣西尔韦斯特团的一个连队中供职。孔蒂亲王从法国前往匈牙利。当时的一些军官都追随亲王。父亲不知怎么结识了亲王，于是也随亲王前往匈牙利。我听父亲说，土耳其人向法国国王抱怨匈牙利军队中有一些法国亲王，国王遂让孔蒂亲王给这些亲王写了一些措辞严厉的信，不过，这些信的结尾总是这么一句话：“诸位侄子，不管发生什么事，我始终爱着你们。”父亲在军队中曾受到一些尊敬，因为我在维也纳遇见的一些当年的军官，都记得曾见过父亲。
>
> 当我的父亲决心前往匈牙利时身无分文，但他是兴致勃勃的。他回到吉耶纳 * 搞了一些钱，因此他比别人晚到匈牙利。他对德意志军队在埃斯泰尔戈姆的胜利做出了很大贡献，但是“所有追随

* 吉耶纳（Guyenne），法国旧时的行政区，首府为波尔多。——译者注

> 亲王的军官都被免职，稍后轮到父亲时，圣西尔韦斯特先生对鲁瓦*先生说，已经撤了那么多军官，谁也不敢再胡作非为了，何必再把一个对你有用的优秀军官撤职呢！父亲果然没有被免职”。

可是，雅克 · 德 · 色贡达很不谨慎，在从匈牙利写回法国的信中议论路易十四，说他“演戏时像个戏子，打仗时像个棋盘上的王”。雅克对国王的贬斥在孟德斯鸠的《我的生平》中也有记载：

> 父亲途经乌尔姆时结识了一位军医。这位军医对他的上司十分不满，并说他认识的许多人也许会心甘情愿地步斯特拉斯堡那些人的后尘。父亲把这些话向鲁瓦先生作了禀报，鲁瓦先生对父亲说，国王从未作过在莱茵河彼岸扎根的打算。父亲对我说，他真高兴，因为他原以为会让人绞死的。

“回到法国后，雅克 · 德 · 色贡达仍然留在军队中。”不过，1686 年 9 月 25 日他在吉耶纳与玛丽－弗朗索瓦丝 · 德 · 佩奈尔结了婚。佩奈尔小姐出身于“一个古老的贵族家庭，她不仅拥有大片土地，而且是家庭的继承人。她容貌端庄，待人富有同情心，办事通情达理。她要求丈夫脱离军队，雅克果然照办。母亲虽然十分富有，却欠了不少债，还经常打官司。父亲成年累月为恢复自己的家业奔忙，可是他的努力刚有了结果，母亲便去世了”。这桩婚姻为孟德斯鸠家族带来了拉布莱德庄园。

让－巴蒂斯特作为家庭的长子和雅克 · 德 · 色贡达的兄长，继承了父亲的爵位，成为孟德斯鸠男爵和莱蒙、塔朗斯、卡斯特努维尔三个庄园的主人。他担任了波尔多高等法院的庭长，1699 年 5 月 26 日与玛格丽特 · 德 · 戈博结婚，岳父让 · 德 · 戈博既是拉卡诺男爵，又是比斯卡洛斯子爵。新娘带来了 13 万利弗尔的嫁资。这桩婚姻提高了让－巴蒂斯特的社会地位。他的独子不幸夭折，他遂将财产和职位传给他的侄子查

---

* 鲁瓦（Louvois，1639—1691），当时是法国负责军事的国务大臣。——译者注

理－路易，即未来的《论法的精神》的作者。

莫佩蒂乌在《孟德斯鸠颂辞》中称颂让－巴蒂斯特庭长为当时最杰出的法官之一。孟德斯鸠的儿子写道："他是罕见的天才，称得上是当时最自由、最正直的人，他的同事和朋友都把他当作名副其实的首领。"

波尔多高等法院的秘密卷宗中，保存许多记录着孟德斯鸠的伯父的司法和政治活动的文书。从中看出，他积极捍卫波尔多高等法院法官们的各种特权，他在尚博纳伯爵事件中的态度证明了这一点。1713 年，梅纳公爵之子欧伯爵被国王任命为吉耶纳总督，派尚博纳伯爵将任命书送交高等法院；尚博纳竟然目无法纪，腰佩利剑闯入高等法院所在地翁布里埃勒宫。高等法院虽然就此提出了抗议，却依然把任命书登录在案。让－巴蒂斯特·德·孟德斯鸠拍案而起，指责院长达隆包庇尚博纳，他认为院长的行为"伤害并背弃了全体法官"。

尚博纳受到了梅纳公爵的斥责，达隆则受到了国务大臣蓬夏特兰的训斥。让－巴蒂斯特·德·孟德斯鸠致函国务大臣，感谢他的决断："对于前不久您对我们的保护，我们的感激之情难以言喻。我们热切地希望，院长先生此番不光彩的举动能使他改弦易辙，使我们和广大公众从此无可抱怨，以便以全部精力在完美的和谐中主持公道，为国王效力。"[4]

第二年，即1714年，让－巴蒂斯特·德·孟德斯鸠在欢迎吉耶·德·拉卡兹院长就职而发表的演说中提及此事时，口气依然十分强硬。据孟德斯鸠的儿子说，达隆院长"见利忘义，戏弄法纪，为了免遭杀身之祸，被迫辞职"。让－巴蒂斯特·德·孟德斯鸠提出了三点主要思想：维护王权，保证法律的完整性，优先保护法官的利益。这些思想后来也为他的侄子在法官生涯和著作中所捍卫。让－巴蒂斯特的那篇演说固然是针对达隆的行径而发，因为他玷污了高等法院的名声，但也是为孟德斯鸠后来所承认的，以令人满意的某些方式精辟地规定了高等法院的任务和权力：

> 今后，它的荣誉应该是您认真思考的唯一对象。过去，您曾以极大的热情为法官们争光，新的职务将为您提供极好的机会，使您的热情充分展现。我们也将利用这些机会表明，我们效忠于统治

着我们的国王的决心是经得起任何考验的，我们对于法律纯洁性的热爱是不会减弱的，我们始终不渝地强烈关注维护或重建良好的秩序，坚定地支持高等法院古老和天赋的尊严；我们还将表明，最高法院所拥有的最高权威受之于国王，除了国王之外，它绝不受任何人节制，除了我们的职务，不存在更崇高的事业。

大家知道……如果一个团体的成员缺乏团结和服从的精神，这个团体的首领纵然才华出众、意图良好，也往往无济于事。我有幸奉国王之命担任现职以来，时间虽短，但其间的亲身经历使我得以为采取这些良好的措施提供保证。如果法官们对我的工作表示满意，如果公众为法官们准确无误地完成他们的职责而感到庆幸，那么，我就心满意足了。

1715 年 3 月，教皇圣谕“唯一圣子”* 的登录，再次为让－巴蒂斯特·德·孟德斯鸠提供了表明他的性格坚定、思想正直的机会。他尤其不赞成谴责凯内尔的第 91 条 **，他写道：“我们绝不放弃我们的职责，哪怕因此而会被不公正地革出教门。事实上，我们不会离开教会，哪怕表面上已被恶人们赶了出来。”让－巴蒂斯特根据王国的基本法阐明自己的论点，他写道：“任何一个臣民都不得放弃自己的义务，那就是尊重王国的行为准则和习俗，任何时候都毫不犹豫地忠于国王陛下，以崇敬的心情服从他。我们不赞同‘唯一圣子’圣谕中提到的，但并未被王国接受的那些法规，我们不能损害王国教会的自主权、国王的权利和他崇高的地位，以及王国的主教们的权力和司法权。对于有关革出教门的条文的谴责，绝不能破坏王国的行为准则和习俗。”

孟德斯鸠在起草《为〈论法的精神〉辩护》一文时，大概听过伯父发表演说的他可能想起了当年伯父的态度。他写道，对《论法的精神》

---

* 罗马教皇克雷门特十一世的圣谕，判定詹森派学说为异端。——译者注

** 凯内尔（Quesnel，1634—1719），法国神学家，詹森派的领袖，他的《对新约全书所作的道德思考》遭“唯一圣子”圣谕谴责，第 91 条即为此文中的一段。——译者注

的批评："开头就说，自从'唯一圣子'圣谕颁布后，出现了一大批乌七八糟的著作，《论法的精神》也属此类。但是，把《论法的精神》的出版归因于'唯一圣子'圣谕的颁布，岂不让人笑掉大牙？其实，'唯一圣子'圣谕绝非《论法的精神》一书得以出版的原因，应该说，圣谕和《论法的精神》使批评家们的立论显得幼稚可笑。"作为让－巴蒂斯特庭长的继承人，孟德斯鸠把他的伯父视为"当时最自由、最正直的人"，向他表示了最高的敬意。

雅克·德·色贡达和让－巴蒂斯特·德·孟德斯鸠的其余四个兄弟都当了教士。伊尼亚斯·德·色贡达是巴札斯教区封吉莱姆修道院院长，1726 年 7 月去世。约瑟夫·德·色贡达生于 1635 年 9 月 9 日，1648 年 7 月被任命为萨尔拉教区卡杜因圣母院的修道院院长，那年他才 13 岁，但已接受了剃度，正在波尔多耶稣会学校学习。但是，正式任命书迟至 1652 年 10 月 1 日才发表，而他到修道院上任则是 1654 年 7 月 11 日。他的外祖父迪贝尔内院长早在 1650 年就请求马扎然让约瑟夫当费兹修道院院长。马扎然于 4 月 22 日回信说："向王后讨封的人不计其数，因此眼下不可能对你的要求作任何许诺。"1662 年，约瑟夫被任命为波尔多教区费兹的西都修会的修道院院长，享有教皇授予的产业用益权。约瑟夫于 1666 年 12 月 31 日上任，89 岁卸任，让位于他的侄子、孟德斯鸠的弟弟约瑟夫·德·色贡达。

阿尔芒·德·孟德斯鸠 1637 年 9 月 5 日生于波尔多，学完神学和哲学后，于 1663 年 8 月 29 日进入耶稣会学校当见习教士。两年初修期满后，他在图尔教会学校接收了从五年级到二年级的学生，并且依据惯例一个年级一个年级地对他们加以引导。从 1669 年至 1671 年，他先后在克莱蒙和巴黎的教会学校进修神学，1677 年 2 月 2 日立誓终身从教。此后在奥尔良和亚眠的教会学校教授逻辑学和物理学，1679 年和 1680 年调往穆林教会学校，1680 年重返亚眠，担任决疑者，即神学教授。1688 年至 1691 年间，他在迪埃普负责教堂和忏悔事务，接着在奥尔良负责同类工作，长达八年。1699 年后转到拉弗莱什，担任该地教会学校中的教堂忏悔师，直到 1714 年 2 月去世，葬在这所教堂中。

加斯东·德·色贡达的三个女儿之一玛丽－阿涅斯，4岁时就由父母托付给波尔多的圣母往见会的女修道院。她后来当了修女，1701年去世时66岁，已是女修道院院长。有人在她死后为她撰写了一份传略，叙述了她受教育和当修女的一些情况：

> 她性格开朗，脾气和顺，人品和举止堪称高雅，因而深得同伴们的钟爱。修女们争先恐后地教她知识和如何为人，她对于以仁爱为怀显示出充分的理解……读了圣徒传后，这位小姐妹决心为耶稣基督受苦，甚至想做一个如他那样的殉教者；这种纯洁无邪的热忱在同伴中传为美谈。一天恰逢圣劳伦斯节，她觉得爱心使自己激动不已，愿像圣劳伦斯这位伟大的圣人那样，让火熏烤而死。几位修女闻讯后想看看她的意志有多坚定，于是架起了一堆火，烧得旺旺的。看到令人惊骇的火堆，这个可怜的女孩子脸色发白，两眼噙满泪水，但是，她仍然勇敢地表示，出于对耶稣基督的爱，她心甘情愿地接受这个苦刑。当人们把火堆撤去时，她的痛苦难以形容……她的母亲每次回到波尔多，总要把她接出去小住，而且多次为她筹划门当户对的婚姻；但她对上帝的信仰坚贞不移，不愿意脱离修道院还俗嫁人。这位小姐妹刚满16周岁就要求进见习教士学校，父母见她意志坚定，只得允诺。她对上帝的虔诚表里如一，无可挑剔；可是，考验依然接踵而来。
>
> 初修期即将结束，她作为修女立誓发愿的日子快到了，她为此进行积极的准备。这年是1650年，法国宫廷成员住在波尔多。玛丽－阿涅斯的外祖母迪贝尔内院长夫人，凭着王太后奥地利的安娜的信任和恩宠，为玛丽－阿涅斯请到了王太后陛下亲自参加她的立誓仪式。仪式盛大而隆重，立誓人的双亲尽其所有，毫不吝惜，在大主教贝求恩的主持下，整个仪式十分壮观……
>
> 她德才兼优，理所当然地被视为本修会的栋梁之材，教友们推举她为修道院院长。院长这个头衔虽然令我们这位品德高洁的修女惶恐不已，她依然听从上帝的安排，丝毫不曾流露出不堪重负之

感。她为此事而承受的内心冲击十分强烈，当选数日之后便得了一场大病……当她一病不起时，她已当了四年院长……

在《我的生平》里，孟德斯鸠谈到了母亲，但不曾提及她的娘家。其实，母亲的娘家不但也是贵族，而且比色贡达家族更加古老；拉布莱德庄园本是母亲娘家的产业，后来才转归孟德斯鸠家族。

早在 11 世纪末的 1079 年，拉朗德家族就居住在拉布莱德这块土地上。将近一个世纪之后，阿基坦的阿里埃诺与亨利 · 普朗塔热奈联姻，以后便把吉耶纳置于英国的管辖之下。自此之后直到 1453 年，吉耶纳这块土地上便战乱不断，拉布莱德男爵领地因而深受其害。1419 年，查理六世颁布诏书，允准拉朗德家族的约翰第二为拉布莱德庄园修筑堡垒。1426 年 1 月 26 日，约翰第二娶布什的领主加斯东 · 福瓦克斯的女儿冉娜为妻。约翰第二作为英格兰国王的一个忠诚的封臣，在查理七世收复吉耶纳之后，被迫流亡在外，1463 年才重新获得拉布莱德庄园。他的独生女卡特琳嫁给了拉里维埃尔的庄园主加斯东 · 德里尔，后来继承了拉布莱德庄园。1502 年 3 月 17 日，加斯东 · 德里尔订立遗嘱，将拉布莱德庄园传给儿子皮埃尔。1548 年 8 月 6 日，皮埃尔的儿子加斯东第二与于札子爵皮埃尔 · 德吕尔的独生女结婚。他们的小女儿弗朗索瓦丝于 1577 年嫁给了巴诺和库丢尔庄园主约翰 · 德 · 贝奈尔，拉布莱德为她所继承。他们的重孙女玛丽－弗朗索瓦丝 · 德 · 贝奈尔与雅克 · 德 · 色贡达结婚。

这对夫妻生下了子女多人。大女儿玛丽生于 1687 年 11 月 11 日，她的弟弟查理－路易便是后来《论法的精神》的作者。后来流传的一则有关这个弟弟的传说起因于这位姐姐。玛丽本是阿热奈地方帕拉维修道院的女修士，在一则毫无根据的传说中，她却变成了马赛划船工总管艾利古先生的妻子。这则传说的由来是这样的：孟德斯鸠逝世 20 年后，《法兰西信使》和《逸闻集锦》于 1775 年发表文章说，有一次，孟德斯鸠途经马赛，散步到码头，登上了一条小船。驾船人的父亲名叫罗伯尔，被柏柏尔海盗掳去卖为奴隶。孟德斯鸠听说此事后，出钱为罗伯尔赎了身，却不曾告诉为他划过船的小罗伯尔。这个故事便是后来那则离奇的传说的由来。

关于这个富有怜悯心的故事的最初说法，并未提及更多的事，他的女儿戴尼丝抄录了这个故事，未作任何评述。编故事的人倘若写明孟德斯鸠是因为他的姐姐而到马赛去的，戴尼丝恐怕就不会抄而不评了。这个为奴隶赎身的故事，后来登上了舞台，路易－塞巴斯蒂安把它改编为一出三幕剧，题名为《孟德斯鸠在马赛》，1784 年和 1785 年分别在洛桑和巴黎出版。一位名叫约瑟夫·菲尔的律师根据同一故事于 1785 年也编了一出题为《隐名行善》的三幕剧，并在法兰西剧院上演。到了 1878 年，路易·维安再次捡起这个故事，写成了《孟德斯鸠的故事》。[5] 作者在书中不但把这个故事当作百分之百的事实，而且还就此发表了一通有关伦理道德的议论。他写道：

> 1734 年 6 月，孟德斯鸠到马赛去探望他的姐姐，事先并未接到邀请。一个星期天，他心血来潮要出海观景，于是雇了一只小船离岸而去。他发现划船人远非行家，便问其所以。划船人回答说，他确实另有职业，只在星期天划船载客，为的是攒钱为父亲赎身。他父亲名叫罗伯尔，被海盗掳去后卖在得土安 *。小船靠岸后，两人在码头分手。6 个星期后，罗伯尔突然归来，全家人不知道是谁为他赎回了自由，小罗伯尔却想到了在小船上询问他的身世的那个陌生人。两年以后，两人又在某处相遇，小罗伯尔激动万分，扑倒在孟德斯鸠脚下，对他表达感激之情，并请恩人去家里看看。孟德斯鸠断然否认，匆匆离去，这桩善举便成了无头案。直到孟德斯鸠死后，他的子女在他的遗墨中发现，他曾委托一家银行将 7500 法郎汇到摩洛哥，为一个马赛人赎身，这才真相大白。

这则故事没有任何可靠的事实作为依据：1734 年和 1736 年，孟德

---

* 摩洛哥北部的一个城市。——译者注

斯鸠都在巴黎，他的逐年编写的生平资料表明，他不可能有两次马赛之行。此外，1731 年至 1737 年之间，艾利古先生尚未娶妻，而孟德斯鸠的姐姐此时已年逾五旬。看来，这则传说源自加龙河畔。原来，波尔多的拉梅西修道院负有赎奴的使命，院长名叫罗伯尔。拉布莱德庄园的档案中存有一份羊皮纸文件，这是写给孟德斯鸠在巴隆的财务代理人德肖比奈的委托书，请他在节假日中为赎奴募款，签署这份委托书的是罗伯尔。孟德斯鸠是巴隆庄园的主人，为赎买一个奴隶，他曾付给他的财务代理人一笔款子，以补募款之不足。此事被添油加醋，变成了一则长期流传的传说。如有需要，雅克·德·色贡达的遗嘱即足以证明，他的女儿玛丽确是封特弗罗修会帕拉维修道院的发愿女修士。[6]

雅克·德·色贡达和玛丽-弗朗索瓦丝·德·贝奈尔夫妇的次子夏尔-路易，也就是后来的拉布莱德男爵和孟德斯鸠男爵，生于 1689 年 1 月。拉布莱德的教区户籍册里找不到孟德斯鸠的出生日，但是，在一本弥撒册上写着这样一段文字："今天，1689 年 1 月 18 日，我们的庄园主色贡达先生的儿子在教区教堂中受洗，为了让孩子永远记住穷人都是自己的兄弟，请了本教区一位名叫夏尔的乞丐做他的教父。愿上帝保佑这个孩子。"书写这段文字的是拉布莱德的一位妇女——埃斯提维特的勒侬夫人，她既是拉塔皮的姑母，也是孟德斯鸠的财务代理人。

孟德斯鸠受洗礼的情景令人想到了蒙田受洗礼的情景。1533 年，他是由"命运最卑下的人"[7]给他拿的洗礼盘。孟德斯鸠的父母选择这样一位教父，是基于基督教精神尊重古老的传统呢，还是如同拉布莱德古堡中一件文书所表明的那样，完全出于偶然呢？这件文书是这样记载的："拉布莱德夫人临盆时，有人告诉她，门前来了一个求乞的穷汉。夫人吩咐留住这个乞丐，请他做即将出世的孩子的教父。乞丐名叫夏尔-路易，他果真莫名其妙地做了伟人孟德斯鸠的教父。"

另外一些文书上证明了孟德斯鸠确切的出生日期，比如，他的父亲亲笔书写的出生日期上，写明查理-路易生于 1689 年 1 月 18 日；波尔多高等法院的推事求职预付款书和庭长委任书等官方文书都表明，孟德斯鸠的年龄符合规定“其根据是附件1689年1月18日的洗礼记录摘要”。

如同蒙田和当时大多数孩子那样，孟德斯鸠呱呱坠地后，立即被托付给一位奶娘抚养，这位奶娘住在拉布莱德村五座磨坊之一的布尔磨坊。3岁之前，孟德斯鸠就在那里过着简朴而艰苦的农民生活。

包兰教士在1784年至1786年间出版的《波尔多杂集》中，收入了拉塔皮关于孟德斯鸠童年时代拉布莱德农民生活和习俗的回忆。《杂集》中写道：“农民的一日三餐是燕麦面包、玉米糊，偶尔也喝黑麦糊。猪肉和鳕鱼是难得的美味佳肴。不论贫富，都酷嗜葡萄酒，酗酒成了一大恶习。拉布莱德人信神信鬼，尤其信巫师……他们哄孩子时喜欢讲神话、讲鬼怪故事，他们甚至还说得出魔鬼们最喜欢在哪些地方与本教区的巫汉和巫婆们聚会，比方说，流经本镇的小河右岸的那片草场。我记得，小时候若是夜里独自到了那里，就吓得浑身发抖，特别是那块不长草的地方，因为魔鬼们最喜欢在那里跳舞。”

夏尔－路易既然是孩子，也难免像拉塔皮那样怕神怕鬼。不过，他倒长得很结实，而且，尽管家境不同，他与同龄的农家子弟相处得很不错。他奶娘的儿子，后来在加斯科尼荒原上放牧的让·德玛雷纳，过不了半年总得踩着高跷来看他一次。孟德斯鸠是在与几位表兄弟一起嬉戏中长大的。表兄弟姓德·鲁瓦亚克，他们的父亲叫约瑟夫，母亲叫玛丽－安娜·德·贝奈尔，1700年8月11日就死了。母亲的早死使孩子们成了孤儿。夏尔－路易小时候跟他周围的农民一样，操一口加斯科尼方言，说话有点像唱歌，从此他终生未改乡音。他在《波斯人信札》中曾提到，他的南方口音曾遭人嘲笑。可是，达尔让松说：“他想改也难。”

孟德斯鸠还有两个妹妹，一个叫泰莱丝，生于1691年8月31日，另一个叫玛丽－安娜，生于1696年9月26日，死于1700年11月29日。母亲就是在生玛丽－安娜时死去的。泰莱丝从小在阿让的德包兰圣母院里由修女们扶养成人，院长尼科尔是他们的姑母，死于1699年。后来，泰莱丝当上了院长，她死于1772年9月10日。同年9月18日，兼任阿让修道院院长的纳尔邦嬷嬷，在写给本区各修道院院长的信中，讲述了泰莱丝的一生和业绩：

> ……她在5岁那年（也就是玛丽－弗朗索瓦丝·德·贝奈尔去世那年）就被托付给老嬷嬷。她们不久便发现，她的情感高贵而宽厚，不愧是名门之女。她幼年时体弱多病，这说明上帝早已选中她。但是，上帝的恩泽不止于此，她似乎被指定做耶稣婚礼上的陪娘。万能的上帝精心培育了这位决心为他牺牲一切的女子，她于17岁那年庄严地发誓，终生献身于宗教。
>
> 尊敬的院长，只有上帝能告诉您，她在修道院里究竟做了多少好事，这些通过她传给她的学生的美德，在许多家庭里流传着……她办事干练，天资非凡，智慧超群，诚挚而正直，她思路敏捷，却又从不想入非非；所以，所有与她有过接触的人无不对她敬佩。色贡达家族固有的这些优秀品质，在泰莱丝·孟德斯鸠院长身上因宗教美德而得到升华。上帝的精神依附在她纯真无邪的心灵之中，给她以恩赐，使她和她的学生们尽善尽美。作为领头人，她既是群体的典范，更是大家的楷模……
>
> 她无所畏惧地维护群体的权利和利益，从不计较人们的议论。她处事极为谨慎，热情而不过火，严格而有度，因此她的威严富有实效。她善于宽严相济，既与人为善，又一丝不苟，而且眼光敏锐，善辨人心……
>
> 她虽然多种疾病缠身，却活了81岁；逝世前三年，她因双目失明无法工作而卸职，其实她早就盼望着这一天，以便静静地等待死亡的到来……

孟德斯鸠一生与他的妹妹泰莱丝关系亲密，两人的性格有许多相同之处。他很爱妹妹，所以，对于父亲让妹妹去当修女的决定，他大概很难过，因为这无异于在失去母亲之后，又失去了妹妹。[8]在《波斯人信札》的第六十七封信里的阿非理桐和阿丝黛达的故事中，他可能是以妹妹的境遇作为原型的，那位盖卜勒人对父亲的敌意大概并非纯属虚构。有三封信可以证明泰莱丝对夏尔－路易的感情。1726年1月10日，泰莱丝在写给她的弟弟圣－瑟兰教长的信中，对孟德斯鸠未曾事先告诉她而突然离开波尔多表示不安，信中写道："哥哥到巴黎去的消息让我感到十分意外，我很想知道促使他突然离你而去的原因，我一直为你与他相互的关怀以及你们周围亲切的气氛感到欣慰。请你告诉我他走的原因。大家都说他很有才华，你们也很喜欢他。请把他的地址告诉我，我要给他写信。"

在这年年底，即1726年11月29日，泰莱丝写信感谢孟德斯鸠托人给她捎来了一张"金色的便条"，信中充满了手足之情："亲爱的哥哥，你的离去给我留下的愁苦久久不能平息。见到你时的欢乐如此短暂，天各一方的时间会显得更长。我的幸福很大程度上取决于是否与你在一起。你离我而去，带走了我的幸福。我恳求你永远保留你答应我的那份情意。我对你的那份情意经得起任何考验。我想，即使你对我十分冷淡，我也不会改变。事实上，我相信你不可能那样，因为你不久前向我作了十分明确的表示。不过，由于长时间不在一起，杂务和忙乱可能会使你分心，以致渐渐和我疏远。我将会言而有信地随时把我的消息告诉你，以便提醒你。亲爱的哥哥，你对我也应该这样……"

在另一封写于1742年或1743年但没有具体日期的信中，我们可以再次看到泰莱丝对哥哥的爱怜和深情。不久之前，这封信还被认定是孟德斯鸠的妻子写的，但看来并非如此，从信中表露的对常常远隔千里且又健忘的哥哥的思念，不难看出，这封信确是泰莱丝写的[9]，她性格上的这些特征与纳尔邦嬷嬷对她的描述是一致的。

孟德斯鸠有两个弟弟。一个叫约瑟夫，出生才几个星期就夭折了。另一个叫夏尔－路易－约瑟夫，1694年11月9日生在波尔多，后来他是尼索尔的教士，佩里戈地方的拉肖萨德修道院院长，阿日奈地方的库朗博小教堂的堂主。他的叔父死后，他接任费兹的教士，1725年当上了波尔多的圣－瑟兰教长，1754年8月16日死于巴涅尔德比戈尔，比孟德斯鸠逝世仅早了几个月。尽管他支持詹森派，而孟德斯鸠对这个教派绝无好感，兄弟二人的感情却一直很好。

1696年10月13日，玛丽－弗朗索瓦丝在生玛丽－安娜时死去。《我的生平》写到这一天突然停笔。孟德斯鸠既然在 7 岁时丧母，他对母亲的了解当然很少。不过，他的父亲雅克·德·色贡达却留下了对妻子感人至深的回忆：

> 我的好几个孩子都没有机会熟悉他们的母亲，我只对他们说，她是一位难得的好人……她中等身材，性情温和，容貌端庄。她具有男子汉的气质，精明强干，绝不计较小事；对孩子体贴而温存，对自己分内的事从不懈怠。她的虔诚无处不在，尤其体现在对穷人的乐善好施上，若不是身份所限，她会倾其所有去帮助他们，即使因此而变得与他们一样穷，也毫无怨言。她笃信宗教，平常只读《新约》。她有一条苦鞭和一条铁腰带，经常使用，而我却无所察觉，后来才发现。她生在波尔多，死在波尔多。1696 年 10 月 13 日，生下玛丽－安娜十八天后，她离我们而去，年方三十岁十一个月零十五天。我与她共同生活了十年零几天，从未因她而不快和痛苦。她撇下了年岁尚小的孩子们，华年早逝，我为此深感悲伤。

早年丧母在孟德斯鸠的内心深处恐怕并非没有留下痕迹，对他的性格形成也并非没有影响。热弗里奥－罗索夫人[10]甚至认为，写在《论法的精神》扉页上的那句引自奥维德《变形记》中的隐喻——“生而无母的孩子”正是他因幼年丧母而发自内心深处的呼唤和呐喊。玛丽－弗朗索瓦丝·德·贝奈尔留传给她儿子的，似乎是她的“英国方面”，也就是说是她的爱好和性格方面，但是，这些因素在孟德斯鸠的个性形成过程中究竟起了什么作用，我们却说不清楚。总而言之，除了《我的生平》，孟德斯鸠从未在著作和通信中谈及他的母亲。是不是因为母亲在他幼年时便已死去，随着岁月的流逝，成年后，母亲的音容笑貌和处世为人在他的记忆中已变得朦胧？也许正因为他十分珍惜母亲留给他的十分美好的印象，他才把对于早逝的母亲的思念和朦朦胧胧的印象，深深埋藏在心底，不愿轻易吐露？

据孟德斯鸠的好友卡斯泰尔神父说，他幼年所受的教育宗教气息很浓。这不难理解，因为他的母亲是十分虔诚的教徒。家庭成员也都信教，况且，贵族家庭的孩子所受的教育大抵如此。17 世纪下半叶，在法国出现了不少宗教感情极为强烈的人物，既有男也有女；波尔多尤其如此。这些人红极一时，不可能不对年轻的孟德斯鸠周围的人产生影响。以执行特兰托公会议决议为开端的天主教改革运动，由大主教弗朗索瓦·德·苏尔迪引进波尔多教区，此后由他的继任者亨利·德·苏尔迪、亨利·德·贝求恩、路易·唐格吕尔·德·布勒蒙继续开展，到 17 世纪末已见成效。在俗和在会的男女神职人员得到更新，建立了许多加尔默罗修会、圣于尔絮勒修会以及莱托纳克圣让娜圣母院属下的女修道院，蒙田的侄女颇有影响，耶稣会士在玛德琳公学执教。所有这一切把虔诚的信徒置于一个狂热的波尔多教派的影响之下，在这个教派中，既有天神报喜派的安娜－达莉埃、多明我第三修会的玛丽·戴姆，也有宗奉童年基督的加尔默罗修会的摩尔以及耶稣会士约翰－约瑟夫·絮兰。

可是，孟德斯鸠在 1723 年却抱怨“在他最初所受的教育中，无人将纯真的天主教精义传授给他”。从这种略带遗憾的抱怨中，我们不是可以发现他成年后因自己品行不端而产生的苦恼吗？他力图获得一种比童年时人们向他灌输的更为坚定和内心化的信仰。

丧妻之后的雅克·德·色贡达虽有两位兄弟协助，在决定孩子们受何种教育时，却仍遇到困难。他与十来岁的夏尔－路易关系有些紧张，说起来也很自然，因为孩子正处在开始有自己的主意的阶段。收录在《随想录》中的一封信，表明了孟德斯鸠当时对父亲的态度：“亲爱的父亲，你通知我说你不会把你对我的不满告诉叔伯们。我以后会成为你无须再给予这种照顾的人的。”

在拉布莱德，教区小学的德·苏弗里先生是孟德斯鸠的启蒙老师。据拉塔皮说，孟德斯鸠丧母后“留在波尔多接受初等教育，直到 11 岁。假期中他时而留在波尔多，时而回到拉布莱德”。雅克·德·色贡达那时住在布奥街，也就是现在的卡特琳街，离圣路易医院和孤儿院都不远。1703 年，他搬迁到洛里埃街。他希望夏尔－路易在德智两方面都得到良好的培养，因为孩子的前程早已确定，他难道不应以法官为业并且继承伯父的波尔多法院庭长之职吗？

孟德斯鸠该上学的时候，称雄波尔多教育界的有两所学校，一所是市政当局办的吉耶纳公学，一所是耶稣会士领导的玛德琳公学。这两所自 16 世纪末就势不两立的学校，当时都不太受欢迎，一则因为双方的对立超出了正当的竞争，一则因为陈腐的教育制度赶不上人们心态的发展。吉耶纳公学由波尔多的市政官吏创建于 1533 年，直到 16 世纪最后三十余年前，一批优秀的教师一直在该校执教，其中包括罗伯尔·布勒东、马丢兰·高狄埃、乔治·布沙南、安德烈·德·库维阿、艾丽·维奈等人。他们培育了一代又一代蒙田那样的学生，这些学生毕业后成为一批深受人文主义文化熏陶的人物。但是，天主教会以及恪守宗教信仰的波尔多精英们，却不无道理地指责这些教师中的一些人向他们的孩子灌输新教的改革思想。1570 年前后，学校出现了不景气的征兆，宗教战争期间，招聘教师发生困难，因为他们常被怀疑为有异端思想。为了抵御异端，抗击加尔文主义，大主教安东尼·普莱伏·德·桑萨克，于 1572 年请耶稣会士在波尔多创建一所学校。从这时起，玛德琳公学委实红火了好一阵子，一方面得益于当时的政治和宗教形势，另一方面则应归功于耶稣会士的教学方法。诚如弗朗索瓦·德·旦维尔所指出，在高等法院所在的城市中，法官和行政官员们总是提出创建这类学校的要求。因为，未来的法官和官员，纵然不是大多数，至少那些重要职务将由他们的子弟来充任。

然而，到了 17 世纪末，路易十四的统治行将结束时发生的种种危机造成了普遍的贫困，学生人数锐减。1685 年玛德琳公学尚有学生 650 人，1705 年仅剩 391 人。至于吉耶纳公学，同样是一派贫困潦倒、杂乱无章的景象，校舍破败，教员报酬极差，人数锐减，到 1713 年仅剩 72 人。城市拥有的地方权力为中央集权所取代。这一切都表明，缓慢的衰退不可逆转。

波尔多这两所学校的情况既然如此，另一所学校吸引了波尔多的英才也就在情理之中。这所由奥拉托利学院从 1641 年初在朱伊创办的学校，坐落在巴黎东北 30 公里处，靠近达玛旦昂戈埃尔，虽然路远带来各种不便，但它却处在一个利于沉思的青葱翠绿的环境中。创办不久，朱伊公学就跻身名牌学校，吸引了全国最优秀的青年。朱伊公学固然得益于 17 世纪末出现的学校布局收缩的趋势，它获得成功却有更深层的原因。奥拉托利修会的神父和教士们创造了一个良好的学习环境，在教学上进行革新，教学内容适应时代的需要，朱伊公学因而成为一所极好的寄宿学校。学校对学生进行全面训练，有六个人文科学班，另有一个哲学班，学制平均为五年。

红衣主教皮埃尔·德·贝鲁尔为了对青年进行宗教教育，特别是为了培养神职人员，在圣菲利普·内里的榜样和教导的启示下，于 1611 年创立了奥拉托利修会。这个新的修会得到了卡特琳娜·德·梅迪奇的鼓励和支持，在 1640 年之前发展很快。博絮埃曾说："奥拉托利修会以教会的精神作为自己的精神，以教会的典籍作为自己的规章，给教会和国家以莫大的帮助。"奥拉托利修会在大中城市创办了不少学校，直到 18 世纪初，朱伊公学在所有这些学校中始终名列前茅。它如同拉弗莱什的耶稣会学校、巴黎的路易大王学校，在 17 世纪末只招收最有才华的青年为学生。

但是，由于在教学中讲授笛卡尔的学说，奥拉托利修会渐渐引起了国王的不满。在朱伊公学，年轻的孟德斯鸠从《哲学原理》的法译本中汲取了丰富的营养。笛卡尔的物理学和机械学对他的启示甚于《方法论》，这一点在《波斯人信札》中已显露端倪，他在郁斯贝克寄给哈善的第九十七封信中写道：

> 此间有些哲学家，老实说，并未达到东方贤智的顶巅；他们并不曾一直升腾到光明的宝座；他们不曾听见回响在天使的仙乐中的无法表达的言辞，也不曾感觉上天可怕的震怒；但是，在无人理睬和缺乏神圣妙迹的情形下，在寂静中，他们跟随了人类理智前进。
>
> 你想不到这位向导把他们一直领到了何处。他们打开了"混

沌乾坤”，并且用了一种简单的机械道理，解释了神圣建筑的程序。自然的创造者，给予物质以运动，这就足以产生我们在宇宙中所见的复杂繁多的效果。

在《论法的精神》中，我们同样可以见到这种影响，他在第一章第一节中写道：

> 我们看见，我们的世界是由物质的运动形成的，并且是没有智能的东西，但是它却永恒地存在着。所以它的运动必定有不变的规律。如果人们能够在这个世界之外再想象出另一个世界的话，那么这个另外的世界也必有固定不变的规律，否则就不免于毁灭。
>
> 因此，创造虽然像是一种专断的行为，但是它必有不变的规律，就像无神论者的命数之不变一样。如果说，造物主没有这些规律而能够管理世界的话，那是荒谬的，因为世界没有这些规律将不能生存。

在写于1750年的《为〈论法的精神〉辩护》的结尾处，孟德斯鸠把接受笛卡尔思想的学术团体和他的诽谤者们的“蒙昧世纪的学派”，视为截然对立，他写道：“本世纪造就了一些学术团体，可是有人却企图让我们回到蒙昧世纪的学派中去。笛卡尔足以使那些才智远不如他，愿望却同样良好人充满自信……”

拉米神父的《关于科学的谈话》一书对孟德斯鸠产生了更具决定性的影响，这部著作告诉人们应该如何运用科学使思想更为正确，心地更为正直，以及如何学习。罗迪埃[11]清楚地告诉我们，怎样通过《关于科学的谈话》这部著作，看出孟德斯鸠就读于朱伊公学时奥拉托利修会的教士们的思想和方法。他们评点著作，注重细节的准确，期望能编出世界通史，“把神史和俗史糅为一体，从而把不信教的人们所说的那些杂乱无章的东西，厘清查明”。奥拉托利教士们在荷兰从约翰·勒克莱尔的《世界文库》中获得启示，运用他们的志同道合者托玛辛神父阐述的考据方法。他们堪称维柯的先行者，从他们身上看到，启蒙哲学的开端确实已经到来。

尚需确定的是工作方法。拉米神父著作中的第六篇谈话，主张直接阅读优秀著作的最佳版本。朱伊公学图书馆除了字母顺序目录和分类目录外，还收藏印制成册的各大图书馆藏书目录、带评注的参考书目以及各类期刊。这些丰富的馆藏既诱发了孟德斯鸠对一切事物的好奇心，也为他广泛涉猎提供了良好的条件。正是在朱伊公学，孟德斯鸠养成了藏书的癖好；此后他不断充实拉布莱德古堡的藏书室，一生重视资料工作，几乎无书不读，这一切都源于朱伊公学。从此之后，他在进行研究时，只需将拉米神父在《关于科学的谈话》中所阐明的方法付诸实践即可："机灵的人为自己确定目标后，用二十年左右的时间读各种各样的书，从中抽出自己所需。积累既然丰富而准确，著书立说当然就易如反掌了。"

怎么能不把这段文字与《论法的精神》序言中的一段话进行对照呢？他在序言中写道："因为我曾屡次着手去写这本著作而又屡次搁置下来……"这段文字还令人想到了孟德斯鸠极为广泛的阅读和他所做的大量的摘录。虽然孟德斯鸠对朱伊公学的教育的某些方面有所批评，然而，罗迪埃的分析和论证，却让我们看到，奥拉托利教士们对孟德斯鸠的学识长进、工作方法及其此后的事业，产生了深刻和决定性的影响。我们怎么能不承认最负盛名的奥拉托利教士马勒伯朗士神父在孟德斯鸠的思想上打下的烙印呢？

孟德斯鸠在朱伊公学有幸结识了戴穆莱神父，他们的通信表明，两人的交情甚笃。孟德斯鸠在《随笔》卷首部分点明，正是戴穆莱神父提供了素材："你们定会发现，这本札记在133页之前的内容，几乎全部来自戴穆莱借给我的一本厚厚的文集，那本文集的编者是他的一位朋友。"

总而言之，1700那年，夏尔－路易将近11岁时，雅克·德·色贡达决定让他去朱伊上学。当年8月11日，孟德斯鸠入学。从波尔多到朱伊，路途遥远，旅资昂贵，约需60利弗尔。去往朱伊的交通不甚便利，

1720年的一份告示写道："鉴于道路时常有变，来此的马车宜在梅尼至梯欧的路段上雇用一名向导，向右转向一条在田间通过的小路。"[12]

据朱伊公学的寄宿登记册统计，在1700年至1710年期间，在校学生中，波尔多人占百分之三到百分之二十；1700年为6人，1701年为11人，1702年为13人，1703年为18人，1704年为20人，1706年为14人，1707年为11人，1708年为8人，1709年为7人，1710年为3人。这样，波尔多学生在1704年占了全体学生的五分之一，差不多成了该校最大的一帮人。另一个特点是常有兄弟数人同在该校求学，孟德斯鸠便是如此，他的弟弟夏尔－约瑟夫自1702年后也在朱伊公学；有的虽非亲兄弟，却也是表兄弟或堂兄弟，例如德·鲁瓦亚克家的孩子们。据卡迪隆统计，在家庭出身可查的28名波尔多学生中，10名来自法官家庭，6名是国库官员的子弟；28人中，21人出身贵族，12人后来曾在波尔多高等法院与孟德斯鸠共事，或是他的好友，诸如马朗、让－雅克·贝尔。英格兰的詹姆斯二世的私生子贝里克公爵，也是在朱伊公学培养成人的，他与孟德斯鸠结下了深厚的友谊。

朱伊公学的学年，固定在10月18日圣路加日开始。全体学生分成大班、中班、三班、四班、五班和小班。制度很严格，处罚虽轻，纪律却很严明。学生们5时起床，5时15分望弥撒，然后自修。7时30分早餐，然后稍事休息。8时30分开始上课，为了使学生的注意力高度集中，每半小时调换一种课程。上午的课程在11时30分结束，午餐后是课外活动。12时半自修，下午1时开始上课，4时进点心，然后是课外活动。6时做祷告，然后进晚餐、休息，最后是自修历史和写家信的时间，在小教堂做过祈祷后，8时就寝。

学费昂贵，1700年至1715年，约在340至350利弗尔之间。据卡迪隆计算，从1700年8月11日至1711年7月19日，雅克·德·色贡达为两个儿子缴纳了4867利弗尔，其中属于夏尔－路易的费用，从1700年至1705年间共达1710利弗尔。除了上述寄宿费外，学生还需支出书杂费。奥拉托利教士们向学生出售教学用书。从1700年8月11日至1701年8月11日的一年间，孟德斯鸠名下购买的书籍有以下这些：法文字典一册，拉丁文字典一册，英文文法一册，戴博泰尔的著作一册，克莱纳的著作一册，法文和拉丁文的《新约全书》各一册，《伊索寓言》一册，奥尔留斯·维克多的历史书一册，摩的教理问答一册等。学校向学生供应衣被，收取规定的费用，孟德斯鸠的父亲在7年间支付的这项费用为800利弗尔，其中包括长袜、假发、鞋、短套裤、紧身上衣以及床单等。夏尔－路易当时的穿着是这样的：缀金扣子的红色短套裤，缀银扣子的上衣，金色帽子，手套，整套服装价值91利弗尔16苏。

由此可见，在朱伊公学的学习费用和杂支远比每年的寄宿费342利弗尔为高。此外还有一些非强制性的活动也是付费的，例如，从1704年12月至1705年7月，孟德斯鸠的父亲为他向舞蹈教师支付的费用就达55利弗尔。学校供暖不足，学生冬天需缴一笔补充取暖费。饮用葡萄酒也需另外付费，每年25利弗尔，账册上写明："自1702年10月24日起向孟家老大供应葡萄酒。"而从1704年2月起，孟德斯鸠的父亲每年支付酒资50利弗尔，因为与他同校的弟弟"玛蒂雅克先生"，从这时起也被准许饮用葡萄酒。暑假旅行又是一笔开支。1704年，雅克·德·色贡达支付了3利弗尔53苏，"用于为老大（孟德斯鸠）雇用马匹和购买饲料，以及在暑假期间陪他去巴黎的向导的佣金"。

尽管与弟弟和不少波尔多的同学在一起，孟德斯鸠对于在远离家庭的朱伊度过的那几年学习生活，似乎并未留下美好的记忆，从他对学校的评述中可以看出这一点："各所公学的教育质量低劣，我甚至要说低劣得无以复加。学生们在这些学校里的最大收获，无非只是懂得了要虔诚再虔诚。年轻人无日不被告知要事无巨细地告发自己的同学，对他们背信弃义。这种做法虽然使学校外表上显得治理有方，实际上却败坏了每个学生的心灵。"[13]成年后的孟德斯鸠对这类公学的想法涂上了贵族色彩，他认为这类学校应该专为名门望族的有才华的青年服务，就像朱伊公学的学生那样。他写道："我国的最大弊端之一，是在小城市里开办一些不伦不类的公学，要手艺的也可以把儿子送进去认几个拉丁字。这不但丝毫无益于增进科学知识，反而助长无知。因为，正如在主要城市中创建一些好学校是好事一样，容忍那种不伦不类的学校继续在小城市中存在，是危险的坏事。在大城市的好学校中，年轻人可以得到纯文学的教育，而小城市的学校即使手艺人和小商贩脱离了他们的身份，却又不能使他们走上获得另一种身份的道路。”[14]

不论成年后的孟德斯鸠对学校持何观感，他当年似乎是一个勤奋好学的学生，正如奥托拉利教士安德里欧兄弟 1705 年 3 月 5 日寄给孟德斯鸠父亲的信所证明的：“两位可爱的学生身体都很健康，拉布莱德先生站立更笔挺，他的勤奋堪称世界第一。玛蒂雅克先生是全世界最漂亮的孩子……他可望赶上哥哥，学得毫不费力。”

关于孟德斯鸠在朱伊公学的学习情况，我们掌握的第一手资料极为稀少。奥拉托利教士比耶稣会士更重视法语教学，但并不因此而忽视拉丁文，他们还让地理、法国历史和数学在课程中占有重要地位。由于朱伊公学的教学所具有的这种现代色彩，学生在人文科学方面虽比不上耶稣会学校的学生，但知识更全面而不偏废。耶稣会士的学识偏重注释，而奥拉托利修会在历史教学领域几乎独领风骚。孟德斯鸠在《随想录》中保存了一些“有关我想写的法国史的材料”[15]，寻根溯源，朱伊公学的老师们诱发的对历史的爱好，也许正是他保存这些材料的起因。

希腊语学得很粗浅。“大多数人以为自己忘掉了希腊语，其实他们从未学到手。希腊语是世界上最难学的语言。”[16]拉布莱德古堡的档案中有一册《罗马史》，这是孟德斯鸠用拉丁文写的学生作业，共 78 页，采用问答形式，很简单。这份作业以罗马城的历史开篇，一直写到奥古斯都登上皇位。不知道这是孟德斯鸠自己写的摘要还是把教师的讲课译成了拉丁文，其中有一段对苏拉作了评论。卡鲁瓦在印行这段文字时[17]，写了如下的评论：“我们知道，苏拉这个人物颇使孟德斯鸠震惊。苏拉年方十五，就已学会了福尔维迪乌斯的冷嘲热讽，他警告战胜者，不要把同胞斩尽杀绝，否则就会无人供他们驱使。孟德斯鸠大惑不解的是，一个独裁者居然会在发现自己无能时心甘情愿地下台，去当一个普普通通的百姓，无忧无虑地寿终正寝。孟德斯鸠获知这些时，绝非无动于衷。后来他把这些都写进了《苏拉与欧克拉底的对话》。孩提时代感到的震惊竟成了这篇杰作产生的起因。"《苏拉与欧克拉底的对话》中有一段谈到了苏拉引退的原因："我流了那么多的血，才取得地位，完成了我一生中最重大的行动。倘若我在统治罗马人时以仁慈为怀，那么，当我因烦恼、厌倦和心血来潮而离职时，肯定会被看作奇迹。然而，我主动放弃独裁之日，正是全世界无人不以为我只有在独裁中才能找到安逸之时。我在罗马人面前出现时，是众多的公民中的一员。我甚至敢于对他们说，我随时都准备为自己申辩，我流血奋斗是为了共和国：对于前来向我讨还父兄子弟的人，我将作出答复。所有罗马人都在我面前自相残杀……"这段话为卡鲁瓦的论述提供了佐证。

如同在所有的耶稣会学校中那样，一年一度的戏剧会演在朱伊公学的教学中占有重要地位。孟德斯鸠曾写道："我在朱伊公学曾写了一出悲剧的若干片断，后来付之一炬。"[18]他之所以有这个雅兴，大概正因为学校里有一年一度的戏剧会演。这出悲剧取材于1647年至1659年出版的戈蒂埃·德·拉卡普勒耐德的十卷本小说《克莉奥帕特拉》，取名《勃里托玛尔》。在17世纪下半叶，拉卡普勒耐德颇有影响，少年孟德斯鸠对《克莉奥帕特拉》的模仿，表明他对托古的艳情小说兴趣很浓，他后来写作的《尼多斯的神殿》和《阿萨斯和伊斯梅尼》证实了这一点。这出悲剧还告诉我们，孟德斯鸠此时正在学写韵文，从他后来在散文中对节奏的刻意追求，不难看出他学写韵文的效果。[19]在《勃里托玛尔》这出悲剧中，孟德斯鸠显露了他的写作才能，其风格令人想起拉格朗热-商赛尔。孟德斯鸠的文笔和思想的特色之一是喜欢运用对比，这一点在《勃里托玛尔》中已经显露。下面这一段描述人类理性所无法理解的诸神行动的文字中，他就使用了词和思想的对比：

当我沾满兄弟们的鲜血时，
公正的诸神漠然处之，
我这个罪大恶极的人得到了宽恕，
诸神还让我在死一般的寂静中统治。
为了安抚上苍，

受我屠戮的人们把我的罪责担当；
老天爷再不敢电闪雷鸣，
似乎它怕我，我却不怕上苍。
阿巴特，当我不再发狂，
当我回心转意，
当品德在我眼前闪光，
当我放下屠刀，敬奉上苍，
这一点点善意尽管可怜无比，
却招来了数不清的仇恨与敌意。
不断的迫害，无穷的痛苦，
让我尝到了神的全部威力。

勃里托玛尔的爱情自白则充满激情，而又有所克制：

哦，你那天使般的娇艳，
本不应该让我窥见。
因为它让人一见钟情，
谁也逃不过它的魔力无边。
炽烈的火焰一旦燃起，
每时每刻都为你增添美丽；
诱人之处何止千种，
只需一种便足以令我着迷。
如果爱慕就是犯罪，
我将为罪孽日增而心醉。
可是，我的爱为什么令人生厌？
莫非它有损于诸神的光辉？

从少年孟德斯鸠的这些试笔之作中，可以看到他在以后的著作中发展的思想。这些早期作品虽然细心雕琢，刻意求精，却只是一个年轻学生小心翼翼的习作。只是在成年之后，他才达到了塔西佗那样的高度简约："一切都精简扼要，因为一切都在洞鉴之中。"[20]

在《论法的精神》第四章第二节中，孟德斯鸠还认为，教育的主要部分是在走出校门后完成的："在君主国里，人们接受主要教育的地方，绝不是教育儿童的公共学校。当一个人进入社会的时候，教育才在某种程度上开始，那里就是教给我们所谓荣誉的学校，荣誉这个万能的教师应该在各处都引导着我们。就是在那里，人们看见并且经常听说三件东西：品德，应该高尚些；处世，应该坦率些；举止，应该礼貌些……"

学业结束，完成了论文答辩（内容不详），并宴请同学之后，孟德斯鸠于 1705 年 9 月 14 日离开朱伊返回波尔多。在此后的十余年中，他先在波尔多大学攻读法律，接着去巴黎实习，为他早已确定的法官职业积累必备的知识。在他的一生中，这段职业培训时期最不为人们所了解，依靠仅有的少量资料，只能勾勒出几个主要阶段，很多情况至今仍不甚明了，有的甚至一无所知。

从 1705 年至 1708 年，孟德斯鸠在波尔多大学法律系就读。法律系设在一座陈旧的建筑中，200 平方米的面积对于 80 名学生来说，显得十分局促。大门朝向鲍特巴斯街，门楣上饰有本城的徽记，进门便是一个院子，穿过院子就到了大教室。教室的五扇窗子下面是一条又脏又臭的露天水沟，水面上漂浮着屠宰场的各种秽物。再往里走是教师工作室，教师工作室背后是一个小院和一个杂物贮藏室。波尔多大学法律系的教学质量不高，自 1441 年创立以来，始终没有多大名气，难以与图鲁兹大学和普瓦提埃大学相比。

不过，几年以前曾作出努力，以改善对未来的法律人才的培养。路易十四先后颁布了一系列有关法律的敕令，1667 年颁布了民事诉讼法，1670 年颁布了刑事诉讼法，1673 年颁布了商业法。1679 年 4 月颁布的圣日耳曼－昂－莱敕令，开创了法国的法律教育，敕令要求"凡有助于为未来的司法官员提供完善教育的课目，绝对不应忽略"，并规定任命一些教师，在向公众开放的课程中，"讲授法国的法律原则"。

为执行四月敕令，波尔多大学于 1679 年 11 月 14 日印发了“一些用以继续和重设教会法和民法教学的文件”，这些文件构成了法律系的名副其实的规章。当时在该系任教的四位教授，按规定应在每年 11 月 27 日开课，讲授教会法和民法，直到翌年 7 月 22 日。除节日和星期六，每天都授课和实习：“教授们先用一个小时，让学生们做听写或向他们作讲解，然后至少用半个小时，让学生们复述或讨论，他们提出一些法律中的疑难点，让学生们提问和作出判断。此外，学生们还应尽可能对印发的论文作一些开卷练习；即使是一年级学生，也做这类练习。”上下午各进行一堂课，上午自 8 时至 11 时，下午 13 时至 16 时半。

文件还规定了教学大纲：“每位教授均应在全年的授课中，讲授查士丁尼《民法大全》中的前三卷，第四卷则由教会法教授讲授……另外两位教授讲授民法，包括主要法律和各类单项法律，指明各类法律的发展和演变，结合法律条文，将《查士丁尼法学总论》和《查士丁尼新敕》中的同类内容合并，作综合讲解。另外一位教授单独讲授教会法中为法院所引用的部分、教会在法律方面享有的特权以及教皇与国王签订的宗教协定和国王敕令对此所做的某些限制，此外，他还应讲授为法国教会的自由提供依据的教会法。”

对学生的要求也有明确的规定：“学生在第二学年的 4 月 15 日后，方可申请学士学位，申请提出后，可要求指定论文题目，以保证自申请提出至论文答辩，至少有六周准备时间。第三学年申请硕士学位时，亦应照此办理。为取得博士学位，应在取得硕士学位一年后，当众讲解民法和教会法的某一类内容，并任选民法和教会法之一写作论文，进行答辩。”

1679 年 12 月 18 日，行政法院发布一项决定，对波尔多大学的章程中有关法律教学的附加条文给予肯定。在波尔多大学讲授法国法律的第一位王家教授是布莱兹 · 弗莱凯。这位在高等法院任律师的教授于 1681 年 2 月 10 日接受行政法院的任命，直到 1711 年才离职，因此孟德斯鸠曾是他的学生。1681 年 2 月 10 日，被任命的还有八位博士，他们的任务是协助四位教授。

经过三年学习，孟德斯鸠于1708年7月29日取得法学毕业证书，在皮埃尔·塔奈斯任系主任期间，于同年8月12日取得学士学位，同年同月14日在波尔多高等法院就任律师。但是，他的学业是在不佳的条件下完成的。一位名叫拉普拉斯的先生在1709年10月5日写给财政总监的信中说道："由于法律教师疏丁职责，波尔多法学院已空无一人，特向阁下报告。"在孟德斯鸠求学期间，情况想必相差无几。

在这种条件下进行的教学由于下列原因，尤显不足：波尔多高等法院的未来成员不仅应该熟悉法国南方各省普遍采用的罗马成文法，而且还应熟练掌握波尔多高等法院所辖的波尔多及其他城市和地区所采用的习惯法，因为，波尔多高等法院只在符合习惯的条件下执行罗马法，一向拒不承认自己是执行罗马法的法院。

孟德斯鸠的伯父让－巴蒂斯特作为波尔多高等法院的庭长，从自己的长期职业经历中，深知不同法系彼此不同和相互交错的复杂性。他在接收来自波尔多大学法律系的年轻推事们时，比谁都更清楚他们大学教学中的缺陷。况且，1708年刚满19岁的孟德斯鸠，尚未达到在波尔多高等法院担任推事的年龄，即使把国王对于高等法院成员的子弟在任职年龄上的放宽规定考虑在内，他依然过于年轻。对于波尔多高等法院的未来推事来说，在获得理论知识之后，最佳途径莫过于司法实践。所以，让－巴蒂斯特大概没费多少口舌，就说服了他的弟弟，还是把孟德斯鸠送到巴黎去，跟随一位司法官员实习为好。通过对巴黎高等法院和首都其他司法机构审判程序的观察，他可以在这位司法官员的指导下，逐渐熟悉业务。

朱伊公学的安德里欧教士于1707年在拉布莱德小住一段时间后，着手为他的学生孟德斯鸠在巴黎寻找一位能接受其实习的律师。1708年6月6日，他写信告诉孟德斯鸠，莫朗神父已在为此奔走，并说："他答应为我寻找一位能干的人，以便建立有益的联系。我自己也已同巴黎的一位著名律师谈起此事，他的儿子曾在此念书。他答应物色一位合适的人，而且还表示，倘若有一位能干的博士与他共事，对他来说也是一件好事。"

人们不知道安德里欧教士物色的这位作为孟德斯鸠指导教师的律师的姓名，孟德斯鸠从1709年至1713年留在巴黎。初次在首都度过的这段日子，对于孟德斯鸠的司法职业培训和后来的法官生涯，肯定产生了良好的影响。在朱伊公学和波尔多大学法律系苦读多年之后，在巴黎的这些日子拓宽了他的视野，使他对生活的艺术有所领略，为他后来日益精通此道作了良好的开端。他的性格，他那略带享乐主义色彩的爱好，促使他不失时机地享受巴黎社交生活提供的各种可能性。他在《随想录》中为自己描绘的伦理肖像或许应该打点折扣，但怎能不相信他的下面这些话呢："我很了解自己。我从无忧虑，更无烦恼。我这部机器构造精巧，对于能为我带来欢愉的一切事物，我都反应强烈，而对那些会给我带来痛苦的事物，却反应很弱。[21]"何况，他才思敏捷，兴趣广泛，办事专注，善于思考，所以博得许多人的好感。

孟德斯鸠留下了一部法律学习笔记，共6册，题名为《法律篇》。这部学习笔记起自1711年，终于1721年5月或更晚一些。孟德斯鸠在1711年尚未雇用秘书，所以这部笔记几乎全部是他的亲笔。他的儿子让－巴蒂斯特·德·色贡达在《孟德斯鸠先生行状》中写道："孟德斯鸠先生对民法大全中的各卷都做了摘录和笔记，此时他年方二十。"这部笔记为我们提供了1709年至1713年间孟德斯鸠在巴黎的若干情况。[22]

《法律篇》由多种笔记组成。前3册摘评了《查士丁尼学说汇编》的第1至第50节。第4册和第5册以及第6册的一部分，摘评了12卷本的《查士丁尼法典》，人们还找到了对题为《自由公正性》的134条新律的摘评。笔记中没有摘评《查士丁尼学说汇编》的第40卷，孟德斯鸠在笔记中就此写道："由于第40卷仅涉及奴隶问题，所以我省略了对这卷作摘评。"这段话令人惊异。因为，作为高等法院的一名成员，他虽然无须关心奴隶问题，但他在《论法的精神》中却对奴隶制进行严厉的谴责，这说明他对奴隶问题颇为关心。《论法的精神》第15章是这样写的："正确地说，所谓奴隶制，就是建立一个人对另外一个人的支配权利，使他成为后者的生命与财产的绝对主人。奴隶制在性质上就不是好制度。它无论对主人或是对奴隶都是没有益处的。它对奴隶没有益处，因为奴隶不可能出于品德的动机，而做出任何好事情。它对主人没有益处，因为他有奴隶的缘故，便养成种种坏习惯，在不知不觉间丧失了一切道德的品质，因而变得骄傲、急躁、暴戾、易怒、淫佚、残忍。”

自第6册第83页起是孟德斯鸠对9件讼案所做的笔记，其中5件发生在1711年。没有标明日期的4件讼案中，3件是高等法院的诉状审理庭受理的，另一件则是巴黎裁判所受理的。由此可见，孟德斯鸠不满足于阅读和摘评法学书籍，他还旁听诉讼，并做详尽的笔记，或许还当场作了速记。这几件讼案中，最引人注意的是尼古拉院长的女儿的讼案。在这些讼案笔记之后，孟德斯鸠对帕尚博的《布列塔尼习惯法》作了大段摘录，对其中有关神职人员的宗教裁判条文作了评析，并以简要的旁注用作备忘录，例如：“习惯法第13条：受理法官如不追究案犯，其他法官可代行其职，费用由受理法官负担。”帕尚博的著作在1713年遭到批评，引起争论，南特大学法律系对它作了批驳，不难想见，孟德斯鸠对这部著作的关注原因正在于此。

在几页空白之后，孟德斯鸠记下了“代理检察长约里·德·弗勒里的辩护词的公正准则”，孟德斯鸠在巴黎高等法院聆听了他的辩护词，以下评注可资证明：“关于抵押诉讼问题，他说这些都是私人诉讼案(准确地说只是在抵押诉讼提出之前清偿债务的日期，因而对于债务来说，抵押诉讼案是在该日期之后提出的)，因此都是教士的诉讼案。可是，我却听到了对代理检察长约里·德·弗勒里先生的反驳。”孟德斯鸠把弗勒里选作自己的导师，忘不了他的教诲，并且一直与他保持联系。在1749年二三月间致弗朗什-孔泰的省督梅格雷·德·塞里伊的信中，孟德斯鸠写道：“当你写信给总检察长时，请代我向他致意。在让·德隆先生府上，我曾有幸与这位伟人一起愉快地度过了两三个小时，我一直坐在他身边，他是我久闻其名的人物。在后来的几天中，我曾想送他一件小礼物，但又觉得不妥。”

随后，《法律篇》又对有名的学者马勒塞布的兄弟纪尧姆·德·拉姆瓦尼昂代理检察长的另一个辩护词进行了评价。《法学集》结尾的笔记是孟德斯鸠在波尔多法院期间写下的。

从这部内容多样、册数很多的笔记中，我们看到了孟德斯鸠从青年时代起是如何进行工作的。他向内行和专家请教，阅读他感兴趣的佳作，随手做些笔记，把听到的和读到的精彩内容都记下来。他一生始终坚持这样做，不露形迹地从对话者的言谈中汲取有益成分，然后立即记录下来，因而积累了许多笔记。

孟德斯鸠对于法院的某些习惯性做法也很注意，并将这些观察记录写入他的《随笔》[23]中，这就使他能对习俗的演变作出判断，并发现一些怪现象："过去，公爵们在获准成为高等法院成员时，都向院长和报告官各送一个银盒；现在，成为高等法院成员的公爵将金币付给银匠，由银匠以公爵的名义向院长和报告官赠送银盒，但他们拒不接受。高等法院的推事们在就职时，向迎接他们的院长赠送 12 丈天鹅绒，但院长从不接受。有一位推事为了省钱，让店主不要把布匹剪开，然后把整匹天鹅绒交给了一位庭长，这位庭长不怀好意地收下礼物后，自己动手剪成数段，分赠给其他各位庭长，以此羞辱这位吝啬的推事。"在初次旅居巴黎的这些日子里，孟德斯鸠的活动不限于职业范围之内，他还练习写作，《论西塞罗》就是在此期间写成的，大约在他到达首都的头几个月中。他就此事写道："这篇文章是我年轻时所写，如果去掉溢美之词，也许还是一篇好文章。另外，还应更详细地评述西塞罗的作品，特别是他的信函，同时还应更深入地探讨共和国衰败的原因，以及恺撒、庞培和安东尼的性格。"孟德斯鸠对古代作家始终保有某种偏爱："我一生酷爱古代作家的著作。读了当今一些批评古代作家的文章后，我觉得其中几篇写得不错，但是我始终更喜欢古代作家。我曾审视我的这种爱好，以便断定这是不是一种不足为凭的病态。可是，我越审视越觉得自己是对的，应该怎样感觉就怎样想。"[24]他还写道："古代作家既写伟大，也写平凡，这便是他们的著作最令我着迷之处。现在作家却不是这样，他们或是在寻找伟大时丢掉了平凡，或是在寻找平凡时丢掉了伟大。我觉得我在一些作品中看到的是朴实无华、秀丽广袤的原野，而在另一些作品中看到的则是富人的庭园、树墙和花圃。”[25]

孟德斯鸠以青年人的激情，带着对西塞罗这位罗马大演说家和大政治家的崇敬，写就了《论西塞罗》，此后他从未修改或润色。这篇至今仍保持当年原貌的文章，语言规范、词句精练，预示着《论法的精神》的风格。文中还可读到他本人的一些评语：“在所有古人中，西塞罗最值得敬重，我最希望能与他相似；他的性格比谁都更高尚、伟大，他对荣誉的热爱无人可以比拟，他为自己争得的荣誉比任何人更为坚实，而他通往荣誉的道路比任何人更为艰难。”他在另一处对西塞罗的评价似乎也可用来评价他本人：“他虽然品德高洁，但并非不食人间烟火，并不妨碍他享受时代为他提供的欢乐。他的伦理著作透着一股欢快的气息，一种为平庸的哲学家所不解的满意心情。他没有什么箴言警句，但你却能从他的著作中感到它们的存在。”

1710年，弗朗索瓦－克萨维埃·邦·德·圣依莱尔出版了《论蜘蛛》，据加斯科说，作者“发现了蜘蛛织网的奥秘，同时也发现了用蜘蛛网制袜和提取药液的秘密，这种药液与英国医治中风的药液相仿”。孟德斯鸠对这篇文章很感兴趣，37 年后他在写给加斯科的信中说道：“请替我向邦院长致敬。他关于蜘蛛网的论述，是我读到的第一篇有关物理学的文章。我始终把他看作法国最有学问的人物之一。当我想到他把本专业的丰富知识与其他专业知识巧妙地结合在一起时，总是极受鼓舞。”读到这篇文章的数年后，孟德斯鸠向波尔多科学院提交了多篇科学论文。

然而，孟德斯鸠在此职业培训时期的写作活动尚不止于此。让－巴蒂斯特·德·色贡达在《孟德斯鸠先生行状》中写道：“他在 22 岁那年（1711 年）写了一部书信体著作，旨在证明大多数不信教的人对偶像的崇拜不应受到永恒的惩罚。这部著作闪耀着智慧的光芒，充满着生动而富有启发性的想象。”其实，孟德斯鸠对异教徒的宗教始终抱有浓厚的兴趣，并力图对之做出解析。《随想录》保存了“我论述异教神父的一篇文章的若干段落”[26]。1711 年的那篇文章没有留存下来，但令人关注的是，那篇文章是以书信体写成的，而后来的《波斯人信札》采用的也正是书信体。

为孟德斯鸠来到巴黎创造条件的那几位朱伊公学的神父，大概曾帮助他与朱伊公学的校友建立了联系。我们很想知道他在巴黎最初结交的是哪些朋友，如果他与丰特奈尔的友谊也始于这个时期，我们当然更想了解。后来，孟德斯鸠把丰特奈尔比作意大利雕塑家贝宁，把他的一些言论记录在《随想录》和《随笔》中。孟德斯鸠对丰特奈尔的敬仰，从下面这句话中可见一斑："丰特奈尔先生的为人和才学，都远胜他人。"[27]

1713 年 11 月，孟德斯鸠列席科学院的一次会议，听取丰特奈尔对植物学家皮埃尔 · 布隆丹所做的颂辞，他还在《随笔》中记下了耶稣会士托马斯 · 古叶就这篇颂辞对丰特奈尔说的话："先生，布隆丹院士留给我们的唯一珍品，就是你为悼念他而写的颂奈，我们简直不知道，此刻最使我们受到触动的是什么，是失去这位院士的悲痛呢，还是为拥有你而感到的喜悦。"

我们不知道孟德斯鸠是否列席过科学院的其他会议，也不知道比尼昂教士是否介绍他参加过铭文学院的会议，这两个学术机构在 1709 年至 1713 年间所讨论的问题中，有一些是孟德斯鸠感兴趣的。当他于 1718 年在波尔多科学院发言评述德 · 萨罗宣读的关于圣－克鲁瓦－迪－蒙的贝壳的论文时，大概会想起 1709 年 11 月雷奥缪尔在科学院宣读的论文《论水陆动物贝壳的形成》。当他发言评述萨巴蒂埃教士的论文《关于海水的涨落》[28]时，大概也会想到卡西尼宣读的论文《1701—1702 年间在敦刻尔克对海水涨落的观察》。这类内容相近的论文还有很多，因为当时无论在巴黎或外省的科学院里，经常讨论这些问题。所以，孟德斯鸠在这个时期开始写作的《随笔》的前半部中，有许多关于科学问题的笔记。

在 1716 年 4 月 4 日写给戴穆莱神父的信中，孟德斯鸠提到了他与这位奥拉托利修会的神父以及与尼古拉 · 弗雷莱的友谊。弗雷莱生于 1688 年 2 月 15 日，比孟德斯鸠长一岁，他们是在朱伊公学相识的。孟德斯鸠到巴黎后不久，他们三人之间的往来日益密切。在弗雷莱的影响下，孟德斯鸠开始对中国发生兴趣，中国的政制、中国人的习俗吸引着他去探索这个国家的文明的奥秘。

从 16 世纪末以来，随着“礼仪之争”的发展和耶稣会士在中国的影响，中国逐渐为西方所了解，法国在艰难的进展过程中也完成了对中国的“发现”。白晋神父于 1697 年从远东带回法国的一批中文书籍成为王家图书馆的第一批中文馆藏。18 世纪初，傅圣泽从中国带回的书籍丰富了这部分馆藏。孟德斯鸠后来在意大利结识了傅圣泽，从他那里获得不少有关中国政制的可靠知识。让－保尔·比尼昂教士在 1696 年之前也是奥拉托利修会的教士，如今的巴黎国家图书馆可以说是他一手创建的。戴穆莱神父把尼古拉·弗雷莱介绍给比尼昂教士。弗雷莱是个永不知疲倦的学者，他毕生从事研究和写作，但他的著述死后才得以出版。他坚信，“只有中国这把钥匙，才能解决他所思考的历史和哲学问题”。[29]

弗雷莱勤于收集有关中国的坚实可靠的信息，为此，他求教于一些严肃认真的知情者，其中有一位名叫黄嘉略的中国人。[30]经弗雷莱介绍，孟德斯鸠也结识了这位黄先生。黄嘉略于 1679 年 11 月 15 日生于中国的一个基督教徒家庭，在国内长期游历之后，与罗萨利主教阿尔丢斯·德·利昂纳在某地邂逅。1702 年 2 月 17 日，黄嘉略随利昂纳搭舟离华，同年 10 月 31 日到达巴黎。在罗马逗留一段时间后，他在巴黎定居下来，于 1713 年 4 月 25 日结婚。《波斯人信札》中郁斯贝克的一段话，只需略改数字，便可看作黄嘉略的自白：“为求知所驱使，我离乡背井，置平静生活的安乐于不顾，出来寻求贤者之道；在国人中，我可能是最早的一个。我们出生在一个繁荣的王国，但我们不曾以这王国的疆界作为我们知识的疆界，也不以东方的光明，作为照耀我们的唯一光明。”[31]

比尼昂教士让黄嘉略在王家图书馆当翻译。黄嘉略在日记中记下了他日常生活中的琐事，但没有提及他与孟德斯鸠的交往，因为日记

---

* 作者此处有误。黄嘉略在日记上多处记载他与孟德斯鸠的交往。黄死于 1716 年 10 月 15 日。——译者注

不是在他们交往的时期所记。* 黄嘉略卒于 1716 年 10 月 1 日，王家图书馆收藏了他的遗墨和书籍。1712 年底或 1713 年初，黄嘉略脱下中国文人衣饰，穿上法国服装。这个情节与 1712 年闪瓦鲁月 6 日（即 1712 年 12 月）寄自巴黎的《波斯人信札》第三十封信中黎伽的做法一样。这一巧合令人惊异，看来，《波斯人信札》中的这一段文字，是孟德斯鸠根据中国对话者的讲述写成的。这位对话者不愿暴露外国人的身份，所以不得不脱掉东方的衣装。书中的黎伽写道："于是我决定脱下波斯服装，改穿欧式服装，且看改装之后，我容貌上是否还剩下什么令人赞美之处。这一尝试，使我认识了自己的真实价值。我脱下了全身的外国打扮之后，人们对我的估价再正确没有了。"

在弗雷莱眼里，黄嘉略"温和而谦逊，显得颇有灵气，但对于科学和欧洲人的工作方法一窍不通"，他向孟德斯鸠介绍了这位中国人。黄嘉略在他盖内戈街的寓所接待孟德斯鸠和戴穆莱神父。《随笔》和《地理篇》记下了他们的谈话。《随笔》的开端记下了一则故事："黄先生告诉我，他刚到法国时，曾有一次故意把帽子留在教堂里，因为以前有人对他说，欧洲的风气纯正优良，人人心地慈善，从未听说有偷窃和刑罚等事。所以，当他听说正在追捕一个杀人犯时，大吃一惊。"

为了把黄嘉略的谈话尽可能多地保存下来，孟德斯鸠在 1713 年向秘书口述了"黄先生谈话中有关中国的若干评述"。这份材料后面还附有他在阅读柏应理神父和基尔歇神父关于中国和印度的著作时所做的笔记。[32]1734 年至 1738 年间，他将这些笔记略作修改后，抄入《地理篇》。在这份材料的 1713 年抄本上，他写道："为了说明汉语的结构，我将黄先生教我的一首歌记录在册。曲调毫不陌生，在家乡的收获季节和采摘葡萄时，我曾听农妇们唱过。令人惊奇的是，中国人也在收获时唱这首歌，那就是每年五月姑娘们采花的季节。"

"若干评述"的第一个抄本所标明的 1713 年的精确日期，真实地表明了孟德斯鸠的工作方法，他迅速地把同中国人的谈话加以誊清，交给了王家图书馆。这些笔记和附在后面的读书摘要证明孟德斯鸠从 1713 年起就已关注中国。但是，这个时期他为了解中国所做的努力，并不限于与黄先生交谈，仅在1729年，他又在意大利与傅圣泽神父进行了多次交谈。就在1713年，根据黄先生的建议，他还读了柏应理神父所著的两部书——1686年出版的《中国纪年表》和1687年出版的《中国贤哲孔子》——浏览了基尔歇神父的《中国图说》，读后做了摘录和笔记。在笔记中他表明了自己的看法，不同意作者的观点，批评他们推理不严谨。

在评论柏应理关于中国人的葬仪记述时，孟德斯鸠写道："这类言词和这种礼仪来自一种自然的情感，而这种情感在我们的儿童身上可以看到。他们把死看作远游，某人死了，他们说某人走了。从这种礼仪能得出什么结论呢？任何严肃的看法都不可能建立在这种稚气十足的礼仪上。"稍后一些，他对柏应理神父的一个观点提出了异议："在这个体系中，柏应理神父不恰当地把世界的演变归因于偶然和巧合。无论在文人的体系中，或在较为理智的哲学家的体系中，偶然只是一种稍纵即逝的声音，如此而已。一切事件都有其必然性，种种原因环环相扣，于是发生了各种事件，而且不可能不发生。犹如一连串难以计数的运动，一必然推动二，二必然推动三，如此直至无穷。把人们所没有的情感说成有，那是危险的。况且，柏应理神父认为，肯定中国政制与世界的自然管理相似的论点很有道理，所以他一再得意扬扬地加以重申。如果不是讨论问题，这种神气就不一定能得到原谅。然而，他的推理实在愚不可及，正如我将会使人们看到的那样……"

在与黄嘉略的谈话中，孟德斯鸠就十余个方面向他提问，诸如中国的各种宗教、汉语、中国人的性格、如何解释中国的历史、对中国的政制作何想法、中国人是否真的懂得所有科学、中国的礼仪等，谈话因而缺乏连贯性。每次谈话后，孟德斯鸠立即翻阅笔记，找出不清楚的问题，下次更深入地谈。汉语、中国历史和中国的政制在多次谈话中占中心地位，民俗等问题也顺便谈到了。

孟德斯鸠曾就汉语写道："我相信，一个欧洲人在三年之内就可达到顺畅地阅读的程度。"尽管如此，他显然不想学汉语。比尼昂教士在黄嘉略的帮助下，对萨缪尔·马松收在《文人群体史评》中的一篇论文作过答辩，也就在这时，孟德斯鸠对汉语似乎表现了某种兴趣，不过，那是因为他把汉语看作中国文明的一个组成部分。[33]

孟德斯鸠的关心始于17世纪末，一直延续到1742年，而且耶稣会士也深深地卷入其中的礼仪之争。他尤其为争论的政治方面所吸引。这场论争与他一生中十分感兴趣的另一场论争有不少相似之处，那就是因1713年9月8日颁布的“唯一圣子”教皇圣谕而引发的论争。在他看来，这两场论争都反映了耶稣会和詹森教派之间的明争暗斗。他虽然拒不承认自己站在詹森教派一边，对耶稣会却极少同情。

在《论法的精神》中，中国是专制国家的典型之一。在此书有关中国的章节中，作者显得有些左右为难。一些游记赞颂中国，称它是繁荣的国家，人民生活愉快安详。可是，对于孟德斯鸠来说，专制国家从根本上说就是坏的，而耶稣会士出于某种需要，却把中国描绘成一个繁荣幸福的国家。黄嘉略的谈话记录虽然不能使他满足，却使他对中国有了更多的了解。《论法的精神》出版后，他写下了一段对中国的看法，让人觉得他对自己的三种政制的分类发生了动摇：“中国实行混合政体。就其君主权力大而无限而言，属于专制政体；就其监察制度和建立在仁爱和孝道基础上的品德而言，或多或少属于共和政体；就其固定的法律和管理良好的法庭，以及赋予坚定以荣誉和吐露真言的危险而言，属于君主政体。中国之所以历史悠久，三种政体的特点都不甚明显，气候特点造成的后果是主要原因。如果说，中国因幅员辽阔而是一个专制国家，那么，可以说它是最好的专制国家。[34]”

我们不知道他在巴黎期间住在何处。他常去巴黎高等法院旁听，熟悉司法业务；他常去书店集中的街区翻阅最新出版物，从报刊和小册子上了解法国和外国的各类事件。四十多家书店当时在巴黎大法院及其周围的街道上，如加朗德街、拉佩莱特利街、旧制呢街、多菲奈街等，或设有摊位，或开有铺子。围在审计院和圣堂当中的法院大厦中，有一条带顶篷的大阶梯，阶梯平台上就有一些书摊，其中的一间在17世纪下半叶由克洛德·巴尔班作了彩绘，后来深得布瓦洛的称许。时值18世纪初，与大法院毗邻的拉丁区，可以说是读书人和卖书人的世界。圣雅克街两边，书店和图片铺一家挨着一家；在邻近的蒙－圣依莱尔街和竖琴街上，还有一些门面较小的书店。[35]

孟德斯鸠在朱伊公学养成了阅读的兴趣和良好的读书方法。每当回拉布莱德度假时，他总要把祖上留下来的藏书楼中的藏书翻阅一遍。后来他为藏书楼增添了不少藏书。对于他来说，读书“是对付生活乏味的最佳良药，只要读一小时书，天大的忧愁也烟消云散”[36]。他当然会在巴黎的书店中流连忘返，这些书店常将在国外出版的禁书偷偷运进法国，加上假封面后出售。人们也许想知道，他究竟读了哪些书，买了哪些书带回拉布莱德。在他的《法学集》第一册中夹有一张书单，它表明，孟德斯鸠除了枯燥的《查士丁尼学说汇编》等业务书籍外，也读一些文学书籍。列在书单上的有莫里哀、高乃伊、拉辛、蒙田、布瓦洛、圣－艾弗勒蒙、拉布吕耶尔、莱尼埃等人的作品，和《致外省人信札》、《堂·吉诃德》、弗莱希埃的悼词等。这张书单确是孟德斯鸠于1711年亲笔开列的，为的是购得这些书。除了《堂·吉诃德》和弗莱希埃的著作外，其余书籍至今仍保存在拉布莱德的藏书楼中。

年纪虽轻，孟德斯鸠却依然感到了时代的凄凉。路易十四的统治行将结束，西班牙王位继承战一直打到1713年，才签订了《乌特勒支和约》。战乱之苦沉重地压在人心上，影响了日常生活。外患更兼内忧，国王路易十四的孙子，也就是王储勃艮第公爵，于1712年2月18日去世；仅隔数日，布列塔尼公爵路易于3月8日去世。王族的丧事也使法国的普通百姓发愁，谁来继承路易十四的王位呢？勃艮第公爵的夫人玛丽－阿黛拉伊德·德·萨瓦虽已于1710年2月15日生下一子，那就是取名路易的安儒公爵，未来的国王路易十五，法国人却依然忧心忡忡。

在宗教方面，1685年撤销南特敕令的后果并未消失，卡米扎尔起义虽于1711年结束，人们却依然记忆犹新。詹森主义继续在分裂法国教会，根据1709年10月26日行政法院的决定，王港修道院将拆毁，修女们被迫于29日放弃修道院。孟德斯鸠返回波尔多前不久，教皇克莱门特十一世于1713年9月8日颁布了“唯一圣子”圣谕。

在困难重重，今日满天乌云、明天难见红日当空的气氛中，孟德斯鸠在读书和与学者名流交谈之余，肯定需要通过轻松的活动来消愁散心。我们不知道他在上流社会有什么熟人，即使奥拉托利修会的老师能为他提供保护，与朱伊公学的校友们的交往显然也不能让他感到满足。他远在外省的家族在巴黎似乎没有什么亲眷，所以，他这位外省青年想打进上流社会实非易事。于是，攀附女流也就顺理成章。他究竟结识了哪些贵妇人，经常光顾哪些府邸？《波斯人信札》和《尼多斯的神殿》中对于献媚的笑话、淫逸的幻想和放荡的言辞的热衷，是否因混迹在竭力向他讨好的妇人中间而形成的呢？但是，他生性沉默，对于这类事在文稿中绝口不提，所以我们无法确定，他热衷于浮华的倾向起因于什么，是因为摄政时代社会动乱促成了知识界的这种生活态度呢？还是由于他本人的爱情生活和所见所闻，才使他笔下出现了此类场景、梦幻和想象？

第二章　孟德斯鸠：法官和院士（1714—1721）

由于父亲雅克·德·色贡达于1713年11月5日突然病故，孟德斯鸠乃于同年12月5日[1]返回波尔多，就这样身不由己地结束了他近五年的巴黎生活。巴黎的五年，丰富了他的法学知识，使他了解了司法实践，同时也体验了巴黎人的习俗和情感，而当这位外省青年于1709年来到首都时，对此是茫然无知的。

雅克·德·色贡达葬于拉布莱德教区的教堂里。他于1712年4月5日写下遗嘱，指定长子夏尔-路易为其法定继承人[2]。1714年4月17日启封的这份遗嘱表明，从很多方面看，雅克·德·色贡达是个讨人喜欢的人。他对妻子的爱感人至深，他叮嘱夏尔-路易"要关心和爱护我们拉布莱德这块土地上的穷人，设法娶这一带的女子为妻，并让她像你母亲那样，做一个虔诚而高尚的基督徒"。他要儿子分文不差地向他的两个妹妹"支付遗嘱规定的年金，在她们去世后，按遗嘱完成捐赠"。为了维护两个儿子夏尔-路易和约瑟夫之间的和睦，他请他们"相信，我以自己认为在上帝面前最理智的方式对财产作了分割，虽然此举超过了我的权限，但我希望两个儿子对我给予充分信任，不要对此提出异议"。雅克·德·色贡达以如下的方式安排他的财产继承问题：指定约瑟夫为特别继承人，待其成年之后，他将得到3万利弗尔，此前则把对约瑟夫的监护权委托给他的兄长和他的两位叔伯即费兹的神父和鲁瓦亚克先生。他在遗嘱中以这样的话了却最后的心愿："我指定我的长子夏尔为我的总继承人，继承我身后的所有动产和不动产，继承他已故母亲和他的妹妹们的遗产，由此，我还根据我与其母的婚约赋予我的权利，指定他全部继承他已故母亲给予第三方的财产，此外，我还指定他全部接受因其母早逝而归在我名下的全部仆役。”

在遗嘱的第二部分，雅克·德·色贡达叙述了他和妻子为重整负债累累的家业，为使拉布莱德男爵领地从不堪重荷下解放出来，为使他们的每个孩子都能按既定方向各自谋生，简而言之，为确保家产转移给长子而又不损害其弟弟和两个妹妹的利益所做出的种种努力。这份遗嘱极其坦诚地表明了他对孩子们的爱心：

> 为了使我的孩子们对我的家业现状——好也罢，歹也罢——有个如实的了解，我要把我的一切财产，不管是他们已故母亲名下的还是我名下的（原文如此——原注），对他们做个交代……考虑到我已将拉布莱德和马蒂亚克的地产做了一些抵押，加上他们已故母亲的积蓄（其中一半已转入我的名下）和我本人的积蓄，加上在我名下保有的我在结婚时收回的总计 2 万利弗尔现金和债券的债款，加上他们的三个姐妹所继承的遗产中归于我的那部分，所有抵押和遗产约 4 万利弗尔；拉布莱德和马蒂亚克古堡归夏尔所有，但一部分已不属于他，据我所知，这两处土地约可估价为 3.5 万埃居，即 10.5 万利弗尔。

据雅克·德·色贡达估算，遗产总额高达“12.6 万利弗尔，从中必须扣除我们欠的债，这些债都是家里借的，或者是为家里借的”。由于这笔债务额为 2.86 万利弗尔，遗产净值因而为 9.74 万利弗尔。雅克·德·色贡达安排孩子们的事务就是根据这个数目。在遗嘱中，他“还请求孩子们共同生活，只要他们的职业和事业允许，就不要分开，并请他们记住，与贝奈尔家表叔们之间长期的和睦关系，挽救了我们拉布莱德的土地，而这种生活方式既是上帝的愿望，也是人们的期待”。人们由此可以看出，尽管有各种困难，一个和睦的家庭是如何支撑并使出现的危险形势得到好转的。

就这样，孟德斯鸠被他的父亲赋予双重使命：保持并增加家产，维护兄弟姊妹之间的和睦，同时还要记住他的双亲为使他能继承这份遗产所做的种种努力。另外，孟德斯鸠还有两位叔伯，即高等法院庭长让-巴蒂斯特·德·孟德斯鸠和费兹的约瑟夫神父，给他以指点和帮助。这两个人都鼓励他以法官生涯为业，他学的专业和让-巴蒂斯特伯父想把自己的职位让给他的打算，都使他注定要走这条路。从那时起，一些事件急剧地接踵而来，改变着从此定居在波尔多的这位年轻人的生活和活动：三年以后，已经当上了波尔多法院推事的孟德斯鸠，娶妻，生子，继承伯父的庭长职位；成为德·拉布莱德和德·孟德斯鸠男爵以后不久，他又被选为波尔多科学院院士，掌握了成为他那个省和他那个城市的一个大人物的一切手段，只等着巴黎的召唤，很快地到那里的文学界去出人头地了。

1714 年 2 月 12 日，孟德斯鸠买下了波尔多法院由几年前已故的皮埃尔·德·波尔德留下的推事职位，用了 2.4 万利弗尔，一半在收到国王批准文书以后支付，余额分六年付清，按 5% 付息。为了担任这个职位，他取得了天主教教义要求的考试合格证书，但法学考试免了，因为他学过法学并有毕业文凭。2 月 24 日，孟德斯鸠就任波尔多法院推事的保证金文书登记在案。3 月 21 日，他宣誓就职。

当孟德斯鸠开始法官生涯的时候，吉耶纳的首府仍然保留着中古风貌。圣西门对这种景色的迷人之处大为欣赏，把它比作君士坦丁堡和博斯普鲁斯海峡的风光。这座中世纪城市，有城墙和城门，背靠河流，城外是圣-瑟兰、夏尔特龙、圣-米歇尔郊区和夏尔特勒瑟区。这样一座由高墙围绕着的城市，和外界的交通只能通过城门。但是，自 1730 年始，在四分之一世纪里，布歇和图尔尼两任省督治下的城建工程，把这座中古城市变成了一座现代城市。城市大大地向加龙河扩展了，盖起了一排排同一式样的房屋，修建了凯旋门式的拱门。连接着昔日郊区和城市的，是一条条人行便道和林荫大道。这一现代化进程是孟德斯鸠眼看着完成的，但他表现了某种程度的冷漠，只是在图尔尼为了设计一些以他的名字命名的街道而与科学院发生冲突的时候，他才有所关心。孟德斯鸠和省督克洛德·布歇交恶，与他对此事的态度不无关系。从他的态度中可以看出，一个成年人对其青少年时代的生活环境被搞得面目全非在情感上会有什么样的反应，而对他来说，城市规划并非他主要关心的事情。

波尔多高等法院设在翁普里埃勒宫，这是阿基坦公爵们的一座旧城堡。国王派驻省里的司法总管、波尔多宪兵队、森林河湖法庭、海军法庭、元帅裁判团和初级法院都设在这座破败的建筑物中。克洛德·佩罗1669年游览波尔多时，对波尔多高等法院那令人扫兴的样子作了这样的描述："我们看了诉讼厅，厅不大，被中间的一行柱子分成了两个宽窄不等的部分，又脏又乱。各个审判厅也是如此，窄小、昏暗、肮脏，几乎和普瓦提埃的一模一样。"1750年绘制的翁普里埃勒宫平面图表明，这座建筑在当初修建和后来历次翻修的时候，房间和楼梯的布局毫无规划可言。

波尔多高等法院是在路易十一治下于1462年建立的。因为法院管辖范围广，具有令人肃然起敬的职能，加之不少成员是知名人物，有著名的法学家，有知识渊博的人文主义者，有精明的政治家，他们一心维护自己的特权，并日趋成为和王权及其在地方上的代表——军政长官和省督——相抗衡的政治力量，波尔多高等法院就成了当地最受尊重的机构之一。高等法院分为五个庭：大庭、轮转庭（即刑庭，因其成员系由大庭法官和调查庭的推事轮流担任而得名）、两个调查庭和一个诉讼审理庭。孟德斯鸠到法院任职时，院长是吉莱·德·拉卡兹，他代表国王，负责使国王的指令受到尊重，担负着目前已过渡给总检察长的职责；他应当在高等法院成员的不同倾向之间进行仲裁，代表高等法院和有关当局打交道。

除院长外，高等法院的所有成员，包括庭长和推事，都是自己职位的主人，有的是向国王买来的，有的是通过承继、婚约或赠予而得来的。孟德斯鸠坚定地拥护官职买卖制度，这种制度作为官职世袭的补充，为官职保有者提供了以官职换金钱的方便。孟德斯鸠担任推事不久，就在《随想录》[3]中写道：

有许多弊端，在人们明明知道是弊端的情况下被采用，并得到容忍，而过了一段时间以后，这些弊端却显得是有益的，甚至比最合乎理性的法律还要有益。例如，法国的有识之士中没有不公开反对卖官鬻爵的，也没有不因卖官鬻爵而感到愤慨的。可是，看看我们的一些邻国，那里官职不能买卖，但人们麻木不仁，如果用我们的活力与智谋和这种麻木不仁相比，就会看到，鼓励公民们发财的欲望是非常有益的，而使他们认识财富能为他们打开荣耀之路，是激励其发财欲望的最有效方法。在所有政体下，人们总是抱怨，说才学之士达到显要地位的，比其他的人少。这是有种种缘由的，其中的一条十分自然：不学无术者众，有才学之士只是凤毛麟角。两者甚至常常难于分辨，难免搞错。因此，既然富人有钱可花，而且能受到良好教育，让他们担任公职最好。

关于这个问题，孟德斯鸠后来在《论法的精神》[4]中，作了更为明白的表述：

公职是否可以买卖？在专制国家里，是不可以的，因为那里的臣民在职或去职应由君主迅速处置。

在实行君主政体的国家里，买卖官职是件好事，因为，作为家族的一种职业，它可以使人们做那些仅仅为了博取好名声而不愿意做的事；它可以使每个人各尽其责，从而使国家长治久安。

从这句话的字里行间，怎么能领会不到孟德斯鸠本人的打算呢？遵照他父亲和伯父的意愿，为了在家庭中保持一个曾使孟德斯鸠家族摆脱默默无闻状态的职位和传统，孟德斯鸠已经成了高等法院的推事。事实上，波尔多高等法院成员是显赫人物，其威望无可争辩；孟德斯鸠虽然不曾明确地承认过，而且对诉讼事务不怎么感兴趣，但这位年轻人已经感觉到，为了得到某种身份，为了建立某些关系，使他得以在以后的生活中从事一项和自己心愿更相符的职业，有必要从担任公职做起。

波尔多高等法院的人因自己的高贵而感到骄傲，不管这种高贵是世代相传的，抑或更多的是新贵，是由商界晋升到高等法院的。正如波尔多省督路易·巴赞－德·伯宗先生于1698年指出的：“除了取得高等法院官员出身的人，波尔多的固有贵族为数寥寥，因为没有一位推事不认为自己比没有高等法院职衔的绅士高出数筹的。”他们来自一个很小的圈子，在这个圈子里婚配，其共同点除了笃信天主教之外，还有谋取职位的本事。这些法官，无论是波尔多本城人还是来自附近地区的，都视波尔多为省的首府。正如皮埃尔·贝尔纳多律师在大革命前夜指出的：“在行使繁重职责中业已年迈的法官，其最殷切的希望是把他们在社会中所占据的地位传给后人……”享有这一特权的孟德斯鸠，却未能称心地把他的位置传给儿子让－巴蒂斯特·德·色贡达。

官职是一项重要投资，但收益有限，一个推事的年薪是375利弗尔，一个庭长的年薪是750利弗尔。因此，法官们得拥有独立的个人财产来源。法官的基本财产是土地。土地不单单是财产的一种形式，而且是他们社会地位的基础。毫无疑问，当孟德斯鸠给他的孙子夏尔－路易·德·色贡达写如下一段话的时候，他脑子里想的是地产：“财富是一种社会地位，而不是钱财，它的好处仅在于使我们引人注目；财富使我们有了更多的见证人，结果也使我们有了更多的审判官；财富迫使我们懂得它本身的意义。我们是在一间总是开着门的房子里；财富令我们置身于水晶的宫殿之中，不舒服，因为宫殿是透明的。”[5]高等法院的官员是贵族，而贵族都是地主。

18世纪初，波尔多市还说不上有一个真正的高等法院官员住宅区，但有一些集中的聚居区。勒·贝东、皮夏尔、迪东、卡佐等高等法院官员世家，在毗邻翁普里埃勒宫的大街上，在米雷尔街、朱代克街（现在的舍弗里斯街）、马尔戈街和特鲁瓦－科尼尔街，还有些老宅子保存下来，多数都在18世纪修缮甚至翻修过了。孟德斯鸠就住在这个地区：

一直到1715年，他住在洛里埃街他父亲的房子里；从1715年11月至1719年初，他住在马尔戈街，尔后移居米雷尔街，租的是马尔瑟吕斯男爵的一所大宅子，一直住到1725年。在他放弃法官职务的时候，他向波尔多科学院租了一套房子，有时也住在地处马尔热街和塞加利埃街之间的一所房子里，那是他弟弟约瑟夫即圣－瑟兰长老的住地。另外一些资历较浅的新贵，像赛热和拉蒙泰纳等，都住在红帽街，他们在那里为自己修建了气势恢宏的府邸。事实上，高等法院的官员们通常还是住在波尔多人的住宅里。

孟德斯鸠和高等法院的官员们经常有交往，从他的通信中可以看出他对其中某些人的友爱与尊重。他和院长约瑟夫·吉莱－德·拉卡兹侯爵的关系有些紧张，因为他常常因私事告假。孟德斯鸠和总检察长雅克－阿尔芒－克洛德·迪·维日埃·德·圣－洛朗，以及身为波尔多科学院创始人之一的安托万·德·加斯克庭长，均过从甚密。1748年，孟德斯鸠终于把他的职位卖掉，中间人之一就是加斯克庭长的儿子安托万－亚历山大。孟德斯鸠在朱伊公学就已经和1720年任高等法院推事的让－雅克·贝尔有了来往。此人和他很相像，是个文人，《新词词典》的编纂者，而且是波尔多市立图书馆的创建人。孟德斯鸠在朱伊公学的同窗学友，1735年担任高等法院院长职务的安德烈－弗朗索瓦·勒·贝东，于1748年从孟德斯鸠手里为他的儿子雅森特买下了庭长职位。

人们不知道孟德斯鸠回到波尔多以后是否有过艳遇，但此刻他要遵照父亲在遗嘱里表达的愿望，决定结婚了。他先把目光投向热尔梅娜·德尼，她是外号叫短腿，身任夏尔特龙区市政官员同时又经商的达尼埃尔·德尼的幼女。孟德斯鸠于1715年2月向她求婚。她父亲给她7.5万利弗尔的陪嫁。在婚约已经签字，婚礼即将举行之时，孟德斯鸠抽身而退了，理由是“据城内流言，此媛出身寒微，不宜与他结为伉俪[6]”。两个月以后，孟德斯鸠娶了让娜·德·拉尔蒂克，妻子给他带来10万利弗尔陪嫁。如果《萨维尼亚克回忆录》所说的事实正确无误，而且该书是唯一提及此事的，那人们就可以思索一下孟德斯鸠采取这种态度的理由了。确实，高等法院官员娶商人之女为妻的为数不少。是孟德斯鸠觉得陪嫁太少，不足以支持他执行父亲的遗愿和维持他在拉布莱德的产业和其他地产吗？还是他听从了那位坚持要为自己的继承人找一门好亲事的伯父让－巴蒂斯特的忠告呢？抑或他早就认识了他这位未来的妻子？让娜·德·拉尔蒂克住在离拉布莱德很近的罗舍莫兰，算得上是个近邻。

让娜的父亲皮埃尔·德·拉尔蒂克是个新贵族。他是由1704年诏书被册封的，1716年1月1日又再次确认。他自1669年入伍服役，官至莫勒弗里埃步兵团中校，在围攻纳米尔时受伤，于是退役，回到他在波尔多和阿让的封地，住在波尔多城里新街上一条如今已不通行的巷子里。他住的是建于16世纪的夏尔庭长的旧官邸。皮埃尔·德·拉尔蒂克家的房屋正面如今已被一些商业建筑遮掩起来了，在内部还可以看到一个阳台，上面装饰着两个浮雕，是两个身披带有饰物的厚重盔甲、肌肉健壮的男女武士。后边还有几间房子保留下来，仍是初建时的样子。孟德斯鸠就是在后边的一间房子里向让娜·德·拉尔蒂克求婚的，“这是一个有些腼腆的好姑娘，不漂亮，甚至有点跛足”。

拉尔蒂克家族是阿让的克莱拉克人，那里曾经是一个加尔文派势力强大的地区。让娜·德·拉尔蒂克是新教徒这一点很可能成为波尔多高等法院那位推事婚姻的严重障碍，因为自从南特敕令撤销以来，这个时期关于新教徒婚姻的现行法律一直严格执行着。费兹的神父不像是反对这门亲事的，神父的哥哥让－巴蒂斯特也不反对，作为高等法院的庭长，在撤销南特敕令的枫丹白露敕令注册的时候，他曾为新教徒辩护过。孟德斯鸠不曾提及过他妻子的信仰问题，只是结婚两年以后，在给一位不知名的人的信里，有这样一句话：“孟德斯鸠夫人将去望最后那一场弥撒。”只凭这句话就下结论，说让娜·德·拉尔蒂克改信了天主教，未免失之武断；在这个时期里，为了不公开自己内心的信仰，有很多新教徒也去望弥撒。

婚约于3月22日签字。皮埃尔·德·拉尔蒂克和他的妻子伊丽莎白·波齐给了让娜一笔10万利弗尔的嫁资，同时把他们这位独生女儿指定为他们全部财产的继承人。这笔嫁资数额虽大，但也有其不便之处：有7.4万利弗尔是商业期票和债券，涉及21人之多。由于欠债总是不能按照婚约上写的日子如期还清，为把妻子的嫁资全部追回，孟德斯鸠后来不得不一场一场地打官司。

1715 年 4 月 30 日，宗教婚礼在波尔多圣－米歇尔教堂举行。仪式非常简单，有经济上的考虑，但更主要的原因是让娜 · 德 · 拉尔蒂克属于改革教派，这构成了民事上的障碍，尽管宗教当局对此好像采取了视而不见的态度。

1716 年 4 月 24 日，让－巴蒂斯特 · 德 · 孟德斯鸠庭长辞世。此前几个星期，孟德斯鸠已经给他于 2 月 10 日出生的长子取名，用的就是这位伯祖父的名字。这个选择绝非偶然，因为庭长长期以来一直把他的侄儿看作自己职位、财产和姓氏的继承人，他于 1716 年 1 月 11 日立的遗嘱进一步肯定了他的这些愿望。立遗嘱人在表明自己想埋葬在卡尔默教堂的愿望和给家中其他成员安排了几笔遗赠之后，还给一个“几年来一直服侍他”的名叫肖比内的小姐一笔遗赠，最后“宣布并指定他的侄子、高等法院推事、德 · 拉布莱德男爵即夏尔－路易 · 德 · 色贡达阁下为其全部财产的继承人，责成其承付遗嘱及其他文件和备忘录中提到的那些礼物和遗赠”；他指定自己的弟弟费兹神父为遗嘱执行人。让－巴蒂斯特就这样确保了他的姓氏和家族财产后继有人。

5 月 20 日，孟德斯鸠被免除了获得庭长头衔的年龄限制。但是，根据规定，在 40 岁以前他不能真正拥有庭长的职权。6 月 29 日，他被授予庭长头衔。7 月 13 日，他以庭长的身份在高等法院受到接待。

回到波尔多仅仅 3 年，如今的孟德斯鸠年方 27 岁，已经家成业立，管理着他的田产，荣任着高等法院庭长，并跻身于波尔多科学院了。

孟德斯鸠和让娜 · 德 · 拉尔蒂克之间的关系，一直被一种严守秘密的气氛和一层纱幕笼罩着，靠少得可怜的材料难以说清。孟德斯鸠通信集里没有一封信是致他妻子的，但在给别人的信里提到过她。所有信件都是写给他的商业伙伴，以及孟德斯鸠地方法官圣－洛纳，国王派驻波尔多的代表拉朗纳，他在波尔多的律师达尼埃尔 · 格勒努瓦洛，或波尔多的公证人拉塔皮等人的。让娜 · 德 · 拉尔蒂克在管理孟德斯鸠的钱财和产业方面，确实起了重要作用，也得到了他的充分信任："当我信任一个人的时候，我就毫无保留地信任；但我信任的人很少。[7]"孟德斯鸠 1728 年外出旅游前和他去巴黎时给她的委托书，证明了这一点。1739 年 2 月 7 日老米拉波在沃维纳尔格写的那封信，也证实了这一点："德 · 孟德斯鸠先生已经结婚，当上了庭长。为了满足自己在科学方面的兴趣，他把职位卖掉了。他正在为成名而努力，要使自己成为一个令人喜爱的人。他的家业完全没有因其不间断的旅行而受到影响，人在罗马，他可以按照自己的想法，对一棵树种在地里的某个角落做出安排，他的妻子定会照办。他回家的时候会发现一切事情均已办好；在一个可怜的不出远门的人抱怨土地出产日渐减少的时候，孟德斯鸠的收益却大幅度增加了。"[8]

孟德斯鸠夫人积极参与家庭财产管理，在这一时期，远非个别情形，远非由于她丈夫外出远行而造成的例外现象，从法学角度看，在那个时代妻子也不是真正的"废物"。家庭的进项，活计的分派，使结了婚的妇女成了一个重要角色。在丈夫处理外务的时候，妻子管理着家事。[9]

因此，对丈夫来说，让娜 · 德 · 拉尔蒂克首先是个出色的合作者。若是看了 1725 年孟德斯鸠写给贝尔特洛 · 德 · 儒伊的信，我们可能觉得，孟德斯鸠的妻子在他生活中无足轻重，他对妻子的爱不会多于他对其所拥有的任何东西的爱："我还将在此（拉布莱德）待几个月，我爱我的树林、我的孤独和我的女人。"关于伉俪之情，孟德斯鸠一贯守口如瓶，因此，他 1725 年写给德 · 格拉伏夫人信中吐露的这段隐情，不能不令人感到困惑："我在此只能自寻欢乐。有一个女人，我十分钟爱，因为我跟她说话她不回答，因为她已经打过我五六个耳光，她说，因为她脾气不好。"这段话让人推测他们夫妻关系恶劣，否则，如何理解呢？《波斯人信札》序言里有这样一句话："我认识一个女子，平时走路正常，而一旦有人看她，她就成了跛脚。"认为这句话说的是让娜 · 德 · 拉尔蒂克，是否合适？让娜 · 德 · 拉尔蒂克确有些轻微的残疾，长相也不好看。孟德斯鸠这些话可能是影射她的："同样，一个丑女自认为美丽，一个傻瓜自认为有智谋。”[10]

孟德斯鸠和让娜·德·拉尔蒂克结婚的时候，不想把爱情和婚姻混为一谈。但他理解的爱情是什么样的呢？他把爱情和友谊做了明显的区别：“爱情当然有着和友谊不同的性质，友谊永远不会把一个男人送进精神病院。”[11]他这样分析个中的原因：“爱情要求付出多少就得到多少：这是一切利益中最具个人性质的利益，在这一点上，人们斤斤计较，比来比去，虚荣心使人疑虑重重，永远也踏实不下来。爱情给我们一个被爱的名义，我们的虚荣心就要极力地加以炫耀，而最不可爱的男人也总是把别人对他们激情的反应冷淡称之为忘恩负义。在不能确定自己为人所爱或担心全然不被人所爱时，如果竟然怀疑另一个男人正为那个人所爱，我们就会感到痛苦，这就是人们所说的嫉妒。我们会十分自然地把人们对我们的鄙视归咎于对方的不公正，而不是归咎于我们自己的毛病，因为我们的虚荣心总是让我们相信，若不是另外一个人在和我们争，我们是有可能被爱的。我们恨那个夺走了我们以为属于我们东西的男人，因为在爱情上，人们自以为单方面的奢望就赋予了一种合法的资格。”[12]

因此，嫉妒和爱情是不可分的，在夫妻关系中，嫉妒仍然可能存在：“我以为，当别人得到愉悦，而我们与这种愉悦从头到尾都毫不相干，因而产生一种秘不可宣的痛苦时，我们是在嫉妒。我们还可能因某种羞耻心而嫉妒，就是说，我们以自身的某些缺陷为耻，使我们不得不对某些东西视而不见，因此丈夫会把妻子的秘密当作自己的秘密。我们知道，每个人的情欲延续的时间都很短，且极易得到满足，而这种与生俱来的卑劣性会使两个人共同的爱情仅为一人所享受，或者两个人都不享受，这也会使人产生嫉妒。或者，因为某个女人生了几个孩子，而有人千方百计地把孩子是否为丈夫所生这一点搞得极不肯定，这也会产生嫉妒。我们还会因为害怕成为笑料而产生嫉妒，世上那些喜欢恶作剧的人是最能在这方面制造笑料的：由于每个人总喜欢触动一种激情，一个人心中这种激情一起，就会带动他人的激情（说到复仇的时候，你只能触动会受到伤害的人，其他人则表现漠然；说到爱情，你会发现每个人都想听，所有人的耳朵都会竖起来）。最后，我们还会因为希望得到我们所爱的那些人的爱情而产生嫉妒；这种愿望存在于我们的灵魂深处，就是说，存在于虚荣心之中，这和我们心中想的要让所有的人，特别是那些和我们关系密切的人觉得我们很了不起的想法，毫无区别。”[13]

因此，婚姻或恋爱关系的不忠也成了痛苦的根源，但这种不忠所引起的痛苦的深刻原因是多方面的，是和别人是否有所耳闻以及由此而生的嘲弄心情相联系着的。至少，在《伏耳甘和维纳斯谈话录》中有这样的意思。“我不知道是什么东西最令我痛苦，”伏耳甘说，“是因为我戴了……帽呢，还是因为人们都知道我戴了……帽。事实上，我相信是因为我戴了……帽，因为当我召唤诸神来看我网里的玛尔斯和维纳斯的时候，我感到陶醉。他们两人非常尴尬……但我不想再让我妻子在塞浦路斯、帕福斯和基西拉跑了……我不知道该怎么对付这群仙女、爱神和美惠女神，以及永远伴随她的化妆用品。只要他愿意，就让整个宇宙都去说伏耳甘的嫉妒心吧，整个宇宙不也都在议论维纳斯的背信弃义吗？想到我不会失宠，我就高兴。”[14]

但是，男人们如此珍视的夫妻关系中的这种荣誉感，对女人们来说不是难以忍受的吗？正如孟德斯鸠借米丽娜之口所说的：“我想把我的性从暴政下解放出来。你们置身于光荣的法律之下，为的是在你们高兴的时候可以玷污我们。如果我们拒绝你们，你们会怒不可遏；如果我们不拒绝你们，你们又会瞧不起我们。当你们说爱我们的时候，就意味着你们想把我们置于最危险的境地而自己不分担任何风险。”[15]

婚姻和婚外恋有一些不便之处。孟德斯鸠给一位对结婚感到犹豫、姓名不详的少女写信，鼓励她在如白驹之过隙的短暂人生中去爱。这段话虽以嘲讽和开玩笑的口吻出之，却流露出某种苦涩：

你对婚姻的怨恨是多么有理啊！理性使你感到的东西，唯有经验才能使一般人认识到。

两情相悦的忠贞情侣，

在诸神面前由永恒的纽带联起，
他们的爱情于是就成了牺牲，
婚礼的神坛上屠刀高举。

您知道得很清楚，从前高雅之士是并不结婚的。

您知道科里奥朗、阿马迪、罗歇和罗兰！
尽管他们一往情深，忠贞不贰，
却讨厌婚姻的锁链，
他们愿意博取美人的欢心，
娶到的却是她们的争吵和纠缠。

小姐您看，切不可将婚姻的枷锁和爱情的网罗混为一谈。不要结婚，但要去爱。这应该成为所有人追求的目标。

伊丽丝，不要摆出一脸的正经，
要去爱，要去日夜不停地叹息，
世间最动人的，
是爱情的秘密。
在基西拉之外，
没有更好的处所栖息。

小姐，照我说的，去爱吧，我知道这其中的奥妙。

来饱尝这人世间的最大乐趣，
这是世间的至福极乐，
神道们也乐此不疲，
用以消除他们不灭生涯中的孤寂。[16]

因此，正如孟德斯鸠自己承认的，他曾自由地爱过："我年轻的时候够幸运的，能够和一些我以为爱我的女人相恋。一旦我以为不是这么回事时，就立即一刀两断。"[17]事实上，在1724—1725年间的那场危机中，孟德斯鸠的态度远非那样无忧无虑。在叙述这个心绪不宁时期和他生活中的纠葛之前，我们先来查考一下恋爱中的孟德斯鸠的感情。《随想录》[18]中有一段文字，表明他完全处于激情的控制之下：

> 我很悲伤。你可以想象得出，我仍然处于我们分手时的那种可怕的境况之中。那情形你还记得吗，我亲爱的孩子？你心烦意乱是否妨碍了你发现我心绪不宁呢？我不再提我们那天是如何以泪洗面的，但想说说那个残忍的时刻。那时人们既不让我们痛哭一场，也不让我们互相慰藉。你还记得那个朱农吗？她一直在窥探我们，一直想探究我们内心深处的痛苦。你还记得那个心狠手辣的人吧？他是那么残忍，竟想让我们强颜欢笑！我那时是多么痛苦啊！还有，要是在和你离别的时候，我能够向你表露我是如何绝望，我也会因为让你明白了我并非不配你而得到一些慰藉。我一直担心未曾使你了解我对你的全部爱心。我对你说了一百万次，我疯狂地爱你，我总觉得对你说爱说得不够，我愿意对你说着爱死去。

这是不是一封杜撰的信呢？如果是，那就应该把它归入充满激情宣言一类的文学作品，抑或这的确是孟德斯鸠真情流露的一封书札？因为这封信是抄录在《随想录》里的，而《随想录》是孟德斯鸠自己写给自己用的私人笔记。然而，那些使情妇们断绝情人关系的秘密原因却不曾瞒过他："我说过，女人在更换情夫的时候是经过算计的！下一任情夫虽有很多长处，对她们来说却总不及前任，因而换起来就犹豫不决，这个人也就成了她们不喜欢的人，不怎么被看重，就有了不久还要更换的危险，等等。"[19]

但孟德斯鸠讨厌放荡："爱情优于放荡之处，在于爱有双倍的乐趣，所有的思想、情趣和感情都有呼有应。在爱情里有两具肉体和两个灵魂，而在放荡中只有一个灵魂，而且它甚至对它自身的肉体也感到厌恶。”[20]

在《色诺克拉底致菲拉斯的信》中，孟德斯鸠用皮齐斯特拉特这个人物影射地描绘了摄政王的形象，指出了从爱情不知不觉地转变为放荡这个缓慢的堕落过程：“在最初的几年里，皮齐斯特拉特是在爱，他体会到的是一颗温柔的心，和爱情给予真正的情侣们的种种快乐。尔后，他一个又一个地追逐所爱的女人，到了占有女人而毫无兴味的地步。他搞得感官疲累，无法恢复，搞得激情殆尽，到了差不多无法再去‘享受’的程度。最后，他干脆放荡起来，从中去寻求一些乐趣。但是，不管人们怎么说，放荡是不能变得文雅起来的。他的情妇们看到的是，他活得并不自由，过的是下流生活。不过，在放荡的生涯中，皮齐斯特拉特失掉的是理性，而不是他的秘密。”

爱情的乐趣也有别的不便之处，1728 年孟德斯鸠在威尼斯逗留期间，就因此而没能过多地和妓女们来往：“我们的父辈不曾得过的可怕病症，打击了人的本性，直至生命的起源和乐趣……乐趣和健康几乎成了水火不相容的东西。古代诗人们反复吟咏过的爱的苦恼，是情妇的冷漠和朝三暮四，如今不再是这些了。这个时代产生了新的危险，今日的阿波罗与其说是诗神，不如说是医药之神了。”[21]

事实上，孟德斯鸠是摄政时代的人，在他的青年时期和他的《波斯人信札》及《尼多斯的神殿》一类的作品里，他把诙谐和淫荡混为一谈了。这封《伊丽丝来信》[22]以其放荡的肉欲而显得颇具时代特点：

为了确保我的忠贞，
您找到了新的方法：
我对任何人都不再合适
您使我不能再为别人的乐趣而献身。

为了给您一个甜蜜的所在，
爱情扩大了我的容积，
它对您说：亲爱的神父，我觉得我能够
容纳您的无限。
当您松开我的时候，
我就起身把头发梳理。
亲爱的神父，如此长大的武器，
可以使整个宇宙屈服。
您的坚硬，使那些不为您的魅力所动的人，
都成了您的奴隶。
只有您让我感受到了真正的欲火，
我一生也不曾像那天那样爱过。
普利阿波是我最后的轻浮的爱，
而您才是我第一次的爱情。
您那不屈的坚挺，
创造了您的伟大王国，
您那不屈的坚挺，
振起了王国的雄风。

但是，尽管孟德斯鸠荒唐，而且这种荒唐也许是比真正的荒唐更为想象的或文学化了的荒唐，他还是很看得起女人的。他指出："在法国，一个美若天仙的十八岁女郎会被丈夫故意瞧不起。法国人对待妇女的方式，是精神上的放荡，而不是心灵上的卑劣。"[23]1739年，当利克赞公主再嫁米尔波瓦侯爵的时候，孟德斯鸠给公主写了些格言式的东西，当然，这些格言表明他在成年时对婚姻的看法已经不那么轻率了："(1) 最亲密的友人之间说的话，情人之间永远不会表露；(2) 任何爱情都有自己的规则，而对出身高贵的人来说，这些规则严过法律；(3) 情感完全被爱情占据了，心灵仍保持着贞洁；(4) 两个中等姿色的人彼此互不吸引，一对玉人却相得益彰；(5) 婚姻是一个品貌出众的人与另一个品貌同样出众的人邂逅的结果。”[24]当一个男人为婚事征求他的意见时，孟德斯鸠的话就更耐人寻味了：“从总体来说，男人会同意你去做傻事；个别地说，大多数男人不会同意。”[25]

所以，孟德斯鸠是凭着理性接受婚姻的这副枷锁，他结婚是由于继承的需要，是为了使他极为重视的家族血统得以延续。对他来说，婚姻是一种不会为了个人的方便而解除的联系。在《随笔》[26]中的一段旁注里他就是这么说的：“来自伦敦的消息。1715 年 5 月 14 日。大人们听取了律师们就唐宁骑士夫妇提出的离婚请求所做的辩护。离婚的理由是彼此感到厌恶，但是，经过数度争论以后，以 50 票对 48 票做出裁决，认为彼此厌恶不是离婚的充分理由。”

孟德斯鸠在感情生活上保有很大的自由。夫妇的忠诚对他来说只是细枝末节吗？当听到他如下的一些知心话时，人们是会这样想的。他说：“我对家庭的爱，已经足够使那些主要的事情进展顺利了，而那些细枝末节，我已经摆脱掉了。”[27]

从 1716 年或 1717 年起，当孟德斯鸠厌倦了波尔多的生活时，婚姻可能就开始成为他的负担了。从那时起，他去巴黎越来越频繁。但是，正如冉奈特 · 热弗里奥 · 罗索指出的：“孟德斯鸠过的这种首都和老家‘两头跑’的生活，并非一种个别现象，从 16 世纪起，相当一部分外省贵族就已惯于过这种一半在农村、一半在城市的生活了，而到了 18 世纪，这种城乡生活变换的频率加快了。他们冬天住在城里，但也不总是在巴黎，也住省城，为的是能在冬季参加舞会和上流社会的聚会，观赏戏剧，有时也参加音乐会。夏季住在乡下是为了节省开支，以便冬天去城里摆排场。同时，夏季在乡下小住，可以查看收获情况，在产酒的地区，则可监视葡萄的收获，还可以就地收租，重订租约，并可自家消耗一部分产品。孟德斯鸠的习惯，正如人们所见的那样，和他同时代人的习惯没有什么两样，不同的是，他喜欢巴黎胜过喜欢波尔多，而且总是只身一人去首都。”[28]

孟德斯鸠研究了 16 世纪以来的风俗演变情况，发现这种演变给家庭带来了有害的影响：

随着政治力量的强化，贵族脱离了土地，这是国家发生变化的主要原因。人们丢掉了古代的简朴之风，追求城市的浮夸气；妇女们脱掉了呢绒服装，蔑视所有非肉体享乐的娱乐活动。

这种放荡是不知不觉地发生的，始于弗朗索瓦一世时代，流行于亨利二世治下。在卡特琳娜王后摄政时期，意大利人的奢侈与放纵使这种放荡变本加厉；到了亨利三世年间，一种可惜只为蛮族所不识的腐化堕落已出现于宫廷。但是，堕落不羁只在女性身上蔓延着，她们甚至会从轻蔑中捞到好处。婚姻从来没有像在亨利四世治下那样受到攻击过。路易十三笃信宗教，对弊端不闻不问。在为自己的时代开创新风尚这一点上，他远逊于任何一位君主。奥地利的安娜，庄重文雅，却也未能使情况有丝毫改变。路易十四年轻时，弊端越发严重，到了晚年，慑于他的严厉，恶行不得不有所收敛，但他过世以后，恶行又像决堤的洪水一般泛滥起来。

女儿们不再遵循母亲一代的传统。女人们过去是一步步地走向一定程度的放任，如今结婚几天就无所顾忌了。因为害怕因嫉妒而脸红，于是别人一注意自己就脸红。人们已经不知道什么是不道德的行为，只感到一些事情可笑，令人手足无措的谦虚或羞羞答答的贞操，通通被归入滑稽可笑之列。伤风败俗简直就像是一种被迫害的宗教。

习俗不断翻新，每种习俗都是刚被接受就变了。在不断的变化中，情趣日减，最后终因寻求享乐而使情趣丧失殆尽。全国一半人开始一天活动的时候，另一半人刚刚把一天的活动结束。游手好闲被称作自由，无节制的享乐被叫作繁忙，人们想终日生活在酒宴的欢乐之中。[29]

即使孟德斯鸠看清了这些造成家庭变化的原因，然而他身在社会，他本人的私生活也就要受到这种风气演变的影响。他是在摄政初期结的婚，他是他那个时代的人；但是由于他重视家庭，想使这个家庭在他身后延续下去，他又明白“只有婚姻能繁衍人口”[30]的道理，所以他尽了一家之主的义务。让娜·德·拉尔蒂克给他生了三个孩子，一个儿子两个女儿。老大是个男孩，生于1716年2月10日“大约中午十二时”，第三天，孩子在马尔蒂拉克教堂受洗礼，教父是他的伯祖让－巴蒂斯特·德·孟德斯鸠庭长，教母是他的外婆。

婚后一年，长子出生，尽管当时婴儿死亡的危险比较大，还是保证了孟德斯鸠家不致在他身后断了香火。但孩子的命运将如何呢？孟德斯鸠似乎乐于让孩子自己选择前程：“你可以成为法官，或者成为军人，这要你根据自己的情况做出选择。做法官，你将有更多的独立和自由；当军人，你将有比较远大的前程。”他甚至建议儿子树立更为远大的抱负，超越他们家的传统职业：“你也可以登上更高的位置，因为每个公民都可以希望自己能为祖国做出更大的贡献。高尚的抱负如能正确引导，对社会说来是一种有益的感情。”[31]

让－巴蒂斯特出生一年以后，孟德斯鸠夫人又于1717年1月22日生下女儿玛丽。玛丽是在阿让的保兰圣母院的修道院里长大的，她的姑姑泰莱丝·德·色贡达是那里的修女。关于玛丽的青年时代，人们所知甚少，只是在父亲1726年写给她的便笺里提道：“我亲爱的女儿，你要自己写信，比起那些嬷嬷教给你的连珠妙语来，我更喜欢你那些幼稚的话语。”

在18世纪，最高法院的成员，高等法院，还有审理间接税案件的最高法院，在波尔多周围都拥有相当数量的地产。土地的收入，远远高于他们的俸禄，是他们个人财产的主要部分。葡萄是一项重要作物，享有盛誉，但是，葡萄酒的收成经常受变化无常的气候条件的影响，受到难于除治的寄生虫的威胁。而市场的行情不稳，往往受外交政策变化的左右，特别是在战时，这就迫使葡萄园主们种植多种作物，尽管葡萄园仍然重要，却并不占压倒优势。孟德斯鸠也是根据这种来自经验而又不乏智慧的办法行事的。他去世以后清理财产的情况表明，葡萄虽然一直是他压倒一切的作物，但他在自己的土地上实行的也是多种作物经营，所以才会于他死后不久在他的拉布莱德仓房里发现小麦、蚕豆、香豌豆、饲料、黑麦和玉米。他还养了不少牲畜，在拉布莱德有591只羊，24头役牛，2匹马；在雷蒙有245只羊，26头牛，19头母牛和小牛，2匹马，12头猪。

因此，孟德斯鸠和他同时代的许多人一样，在其位于加龙河西岸的波尔多领地和阿让的土地上，种植的是多种作物。

拉布莱德古堡和领地是孟德斯鸠地产中的珍宝。拉布莱德位于加龙河左岸，距波尔多城20公里。从波尔多通往图鲁兹的大路，经过格拉伏地区首府拉布莱德。罗马时代的一条大路，在18世纪依然清晰可辨，在中世纪，这是朝圣者去圣－雅克－德－孔波斯特尔时常走的大路的一段。

拉布莱德古堡今天仍保留着孟德斯鸠在世时的原貌。对照贡扎尔于1785年绘制的那张图看，从那时起，这座1951年被列为历史文物的建筑，在外观上没有什么重大变化。一条两侧种着上百年老树的宽阔林荫道，直通一片宽广的草地，草地中央是一片池塘，池塘的水是从瑟斯克地方汇集来的，古堡就建在池塘当中。古堡周围几百米的地方，是由树木形成的绿色环带。环境优雅动人，建筑朴实无华。可以看出，这座建筑是分四个时期建成的：首先是建于13世纪的方形古堡主塔，最边上是二层楼上的一个后来辟为藏书室的房间。主塔的南端，是16世纪修建的一间小教堂。突出在围墙上的一座圆形、带有堞孔而顶部为锥体的塔楼，是第三期工程所建，后来又在围墙里面修建了一些建筑物。整个古堡是一座呈十六角的不规则多边形建筑，直径为37米。

和孟德斯鸠一样，参观的人在进入古堡之前也得通过三座轻便小木桥，这些桥取代了老式吊桥。四周种着千万朵气味芬芳、“有灵魂”的香花，把这座石结构的建筑物打扮得赏心悦目，给孟德斯鸠十分偏爱的这处地方平添了不少迷人之处：“让我喜欢待在拉布莱德的是，在拉布莱德，我感到我的金钱在我脚下，在巴黎，那些钱好像在我肩上。在巴黎，我说：‘只能花这点儿钱。’在我的故乡，我说：‘我得把这些钱都花了。’”[32]这当然是说笑话，但也流露出孟德斯鸠对波尔多乡间的爱。

在《随想录》和他写的信件中，孟德斯鸠经常提到拉布莱德：“我在拉布莱德大兴土木，我的建筑物前进了，而我却后退了。”[33]这是他临终写下的话。他在给人的信里，装出一副在拉布莱德待腻了的样子，但这是不是为了让他们到拉布莱德来看望他呢？1725年写的好几封信里都流露了这种情绪。这一年的5月，他在给表妹德尔比尼夫人的信里写道：“我待的这个地方没有一个邻居，我在这里不停地做学问，要是我能够哪怕一年没有钱，我就能变成一个很有学问的人。对您来说，夫人，您的处境是完全不同的；您是生来为了享乐的，而我则是生来为了蔑视这种享乐而努力的。娱乐为您而存在，对我来说只有思考。”1725年5月22日写给勃朗卡侯爵的信里，有类似的话：“我在这里是置身于树木之中，除了研究几何学，无所事事，我想，要是我能够哪怕一年没有钱，我必能成为一个十分能干的人。本省的情形糟透了，老百姓这么快就从极其富有变成极端贫困，真令人吃惊。这是因为财富带来的不是富足，而是需求。只有守财奴在人家都发财的时候获利，而在大家都受穷的时候依然能得到好处。”10年以后，在1734年10月24日写给柏莱克的信中，他以同样的语调对自己的命运进行嘲讽：“我的勋爵，我要告诉您，我在拉布莱德已经待了15天了，我希望您来此地打野鸭子。”

在他多次逗留拉布莱德期间，孟德斯鸠并没有把全部时间都用于研究和阅读，他也散散步。照拉塔皮的说法，散步的时候，他“常去厄斯蒂韦特和杜加夫人聊天，此人既不乏机智，也不乏教养，他称她为拉布莱德的唐森夫人。他到厄伊康去见戈桑夫人，他敬重她的性格；戈桑夫人虔诚，温文尔雅，有大家风范”。他常和为他办事的那些人交谈，其中有皮埃尔·拉塔皮，此人1680年就开始为雅克·德·色贡达服务，还有拉塔皮的儿子皮埃尔，他是拉布莱德的公证人和王家仲裁人，孟德斯鸠和他常有书信来往。皮埃尔·拉塔皮的儿子弗朗索瓦·保罗，一直被当作孟德斯鸠家的朋友，此人一直到死都怀着对孟德斯鸠的景仰。孟德斯鸠把地产的日常管理委托给两个代理人，一个叫让·阿尔若，另一个叫夏尔·古洛米埃。

孟德斯鸠关注着他的葡萄园和土地以及家里的开支，同时也会见他的仆人们，像外号叫“机灵鬼”的家务总管纪尧姆·克洛尼埃，随身男仆芒萨卡尔和布里斯·科拉尔，车夫艾蒂安·贝特朗及其副手安德烈·吕凯，厨师让·布罗，以及猎场看守人让·比洛和让·布罗希埃等。孟德斯鸠和这些人以及他的佃农们谈话很随便，和他们说法语，有时也混杂一些加斯科尼方言。孟德斯鸠和佃农们签租约的时候是不让步的，收租时是苛刻的，如果遇到谁赖账，他也会毫不犹豫地诉诸法律，但在那些佃农有困难的时候，他也会关心他们的经济情况。他在1747年11月给拉塔皮的信里就是这样写的：“我在拉布莱德的佃农们被人头税压得喘不过气来，到了交不起租的地步，他们得把自己的小麦全部卖掉才成。我请求你和那些收税人说说，叫他们给佃农们减轻点儿负担。就要造纳税人名册了，今年有所减少。”1748年波尔多闹粮荒时，孟德斯鸠立即把存在仓库里的小麦拿出来赈灾。

弗朗索瓦·保罗·拉塔皮也证实，孟德斯鸠认识那些为他干活的人，了解他们的需要：“他一直很喜欢他那些佃农，他最大的乐趣之一就是和他们会面（我听他说过几次）。他每次从巴黎回来，都很容易从他脸上那副满足的样子猜到这一点……每次到他的领地，他都必得去探访各阶层的居民。他每天都到村子里去，今天去这个村，明天去那个村，把村庄都跑遍了。他叫得出每个农民的名字，跟他们讲话只说加斯科尼方言。他以关心农民的利益为乐事，为了更好地了解农民，他和孩子们谈话，询问他们父母的财产情况。人们经常看到孟德斯鸠去找这些人，告诉他们平息家庭口角的办法，告诉他们如何处理私事，甚至给他们一些金钱上的帮助，而这些老实农民却不知道他是怎样知道他们的情况的。”

孟德斯鸠本人告诉了我们他在这方面的行事准则：“在我的领地里，在我和我的附庸之间，我从不允许别人挑唆我对某人生气。当有人对我说：‘您知道人们都说了些什么吗？’我的回答是：‘我不想知道。’要是有人谎报，我不想上当，若是报告如实，我也不愿分神去恨一个无赖。”

孟德斯鸠年复一年地美化他的花园和环绕古堡的树林，并从朋友们在这方面的成功之道中取经。他在1728年7月写给柏克莱的信里，拿刚刚在维也纳附近参观过的拉森堡城堡和拉布莱德古堡做了比较：“看到拉森堡的时候，我感到自豪，因为那里最好的地方是护城河，而那里的护城河却没有您所看过的拉布莱德的护城河那么美。”他在跑遍位于米兰附近的奥马特的特里维尔瑟国王的那些花园以后，于1728年10月30日在《游记》中写道：“两侧有两块草地，用绿篱环绕，呈半圆形。这我要学学，在拉布莱德我的前院和那些草地上仿造。”

在他生命的最后几年里，孟德斯鸠对拉布莱德的变化感到满意。1752年3月16日，他在给加斯科的信里写道：“……您不想看看您的那些朋友和拉布莱德古堡吗？从您上次看过以后，我把古堡大大地美化了，成了我所知道的最美的乡间去处。”同年10月4日，由于对加斯科没有应邀前来做客感到遗憾，孟德斯鸠情不自禁地写出了这样的话：“我可以说，如今这里是法国最令人心旷神怡的去处之一，古堡附近，景致美得如同刚刚起床还穿着晨衣的女神。”在这个时期，孟德斯鸠离开拉布莱德的时候总有些恋恋不舍。

孟德斯鸠住在拉布莱德的时候，过着简朴的生活。他喜欢接待朋友，高兴地向他们介绍自己的古堡和领地，在他出生的这个地方和他植根于其间的土地上，向他的朋友们表示他的友谊。柏克莱、爱尔维修、海德、巴尔博庭长、让－雅克·贝尔，以及其他许多人，不断地被邀请来拉布莱德小住。加斯科神父很快就成了孟德斯鸠家的常客。年轻的英国勋爵夏尔蒙是这样描述他在拉布莱德古堡孟德斯鸠身边所度过的一天的印象的：

> 仆人让我们走进藏书室。首先引起我们好奇心的，是桌子上打开着的一本书。他昨天晚上可能就坐在这张桌子前面，因为一盏灭了的灯还在旁边……我们极想知道这位大哲学家夜间读的是什么书，就立刻朝着书走去：这是奥维德的一部作品集，其中有《哀歌》……当我们正在惊奇不已的时候，我们看到庭长进来了，更加感到惊奇，因为他的外表和举止和我们想象的截然相反，在我

们面前的不是一个让人望而生畏，令我们这些孩子们不知所措的哲学家，向我们走来的是个充满活力的快乐的法国人，在说了许多客气话并一再对我们前来做客表示感谢以后，他说他想知道我们是否想用午餐。我们婉谢了（因为我们在路上已经吃过了），于是他说："那么，让我们去散步吧！今天天气很好。我想让各位看看我在这里是如何尽力按照贵国审美观办事，并按照英国方式布置宅邸的……"我们跟随着他。不多一会儿，我们来到一片穿插着几条小路的树林前，这片树林是用绿篱围着的，小路尽头的入口处由一块高三米左右的活动栅栏挡着，栅栏上挂着一把锁。孟德斯鸠在衣袋里掏了掏，然后喊道："来吧，用不着等钥匙了，我相信你们能和我一样跳过去，这样的栅栏是挡不住我的。"就这样，他一边说着话，一边跑向栅栏，轻轻巧巧地就跨了过去。

狄德罗在1762年9月23日写给索菲·沃朗的信里，提到另一件逸事，也反映了孟德斯鸠的幽默感：

有一次他和一些妇人待在乡下，其中有一位英国人，孟德斯鸠跟她讲了几句英语，因为发音不准确，这位夫人忍俊不禁，笑了起来。于是庭长对她说："我还出过一次丑呢！那次我到布朗安看望大名鼎鼎的马尔巴罗。去之前，我把我掌握的英语客套话复习了一遍。当我们在他的城堡各处房间转悠的时候，我把这些客套话都说了。就在我用英语向他说了近一个小时以后，他对我说：'先生，请您还是讲英语吧，因为我听不懂法语。'"

拉布莱德庄园由树林、草地、可耕地和葡萄园构成，分布在土质不同的土地上，其中既有非常适宜种植葡萄的肥沃的沙砾地，也有大片荆棘丛生、贫瘠不堪的荒原。改良土壤和提高产量，一直是孟德斯鸠的心事。他向朋友们请教。当贝里克向他要他的计划时，孟德斯鸠非常高兴。贝里克在信里说："知道您在操心着田间的事，我非常高兴。我希望今年春天您把所有计划都告诉我，以便我能从中提出一些想法给费兹－詹姆斯，同时我也可以给您提一些建议。去冬我让人栽种了不少葡萄，就我的水源来说，我的计划可能太大了，但我敢夸口，这计划合您的口味。”

孟德斯鸠为使他的田产收益更好，于1726年叫人“在这里开垦了一片足以养活100个居民的土地”。他同时让人在拉布莱德树林里搞了些工程，以促进树木的生长。他不断地改良他的草地，尤其是在他生命的最后几年里。1746年他邀加斯科来拉布莱德：“我的草地需要您。‘机灵鬼’不断地说：‘哦，要是修道院院长先生在这里有多好哟！’我可以向您保证，他将顺从地执行您的指示，您叫他挖多少沟他就会挖多少沟。”1752年3月16日，他又给加斯科写了信：“我终于有了自己的牧场了，为了这些牧场，您可把我折腾苦了：您的预言被证实了，取得的成功远远超出了我的期望。‘机灵鬼’说：‘我希望加斯科神父来。’”

然而，孟德斯鸠一生中的忧与喜，一直是由拉布莱德和加龙河沿岸的另一些田产上的葡萄园经营与发展，以及所酿的葡萄酒的销售情况所左右。其实，他在孩提时代就学到了葡萄种植方面的知识，这些葡萄品种不同，需要分别按照传统的和适时的季节节气加以管理；他知道葡萄的收成受哪些因素的制约：春寒能在一夜之间毁掉整个葡萄园，而且几年之内不能再种；波尔多地区夏季里频繁的冰雹，能砸光叶子，砸掉葡萄粒；此外还有各种葡萄病害。他知道，一座新葡萄园，要用五年时间才能收回投资，要用十年才能达到结葡萄的盛期。1709年的霜冻几乎毁灭了所有的葡萄园，1716年“这一年霜冻很厉害，葡萄芽都掉了。看到这种情况，人们在相互询问，是不是要把葡萄连根砍掉。经过充分的讨论以后，决定只是把葡萄修剪得短短的，效果果然不错”。孟德斯鸠经历了这件事，并且一定没有忘记。1726年8月，一场冰雹毁掉了他一部分葡萄园。为了这一损失，贝尔特洛·德·杜谢给他写来了慰问信：“尽管您不是善茬，您遭了雹灾还是使我由衷地感到难过。我希望损失不像人家说的那样大。更使我感到懊丧的是，看来今年葡萄酒会畅销，因为外国已经没有品质过得去的葡萄酒了。有人说，荷兰人已经预定了勃艮第葡萄酒的一半。”贝尔特洛·德·杜谢说对了。8 月 23 日，孟德斯鸠对贝里克吐露了真情：“今年我的葡萄酒完全可以在英国销售。”

正如 1751 年 10 月 18 日孟德斯鸠给迪普莱·德·圣－莫尔夫人的信中说的，在良好的气候条件下收葡萄，对于好的收成是至关重要的：“我正在收葡萄。您该明白，我的全部财富将取决于连续三天的好太阳。”孟德斯鸠确实享受了收获葡萄的喜悦。这个一年一度的节日，把整个村庄的人都集合起来了，男人、女人、孩子，有的在葡萄园、酒库、压榨机旁，有的在厨房里。他体验到了把人冻僵的清晨的湿冷，也体验到了使人血脉流畅的秋天中午太阳的温暖：“除了葡萄酒本身给我们带来的欢乐以外，在收获葡萄季节的欢乐中演出的喜剧与悲剧，也给我们带来了欢乐。”他就着用炭火烤熟的栗子品尝了新酒；他学会了爱酒，学会了品酒，他也懂得了应该有节制地饮用：“酒引起的兴奋促使人们纵酒，而当我们不知不觉地染上这种恶习时，我们又会放荡起来，至少也会使我们再生邪念。”

像所有的地主一样，他也关心葡萄的种植，而且还在 1715 年左右参加了波尔多科学院编纂的《葡萄栽培问答》的起草工作。这本《葡萄栽培问答》是为吉耶纳省地方志提供的一份资料。孟德斯鸠起草的章节里对布拉萨克、普雷尼亚克和索泰纳等地的葡萄种植提出了 29 个问题。孟德斯鸠虽不是葡萄种植和酿酒方面的专家，但他提出的问题都具体而精确，这说明他对改进生产的关心，正如他提出的前 6 个问题所表明的：（1）如何以及何时修剪葡萄？（2）如何操作，需要何种工人？（3）用人力耕作还是用畜力？（4）中耕几次及何时进行？（5）植株留多高？（6）一棵葡萄上留多少枝，一枝上留多少芽？

更新葡萄园以保证连年有收成，种植新葡萄以增加收入，这些都是必需的。同时应该注意的是，不要把葡萄园集中在一个地区，也不要局限于一个品种。由于收成不稳定，国外顾客口味经常变化，因而需要分散种植，多种几个品种。孟德斯鸠对此很清楚，他写道：“外国人的口味不断变化，20 年前的畅销酒今天仍然走俏的，连一种也没有了。”然而，增加新葡萄的种植，减少其他作物以扩大葡萄园面积，又是和由吉耶纳省省督克洛德·布歇所代表的政府当局的经济政策相冲突的。所以，到了1720年前后，当孟德斯鸠负责管理乡下产业的时候，这位波尔多人就尝到了约翰·劳体制的苦头：交易检验制度，根据枢密院1724年2月4日和3月27日的决定发布的减少品种的命令，《强制降价法》的试行，等等。《强制降价法》遭到商人们刻骨仇恨并导致普遍涨价，由此又导致进一步减少品种。所有这些相互矛盾的措施对降价都没有起到预期的作用，价格是自行回落的。平静、安宁、币制稳定等，从1726年起，起到了政府通报、行政压力以及官方的激烈措施和税收办法所未能起到的作用。

“吉耶纳省不是富省，它盛产葡萄酒。”作坊视察员亨利·德朗1738年给商会的备忘录里是这样写的。事实上，这个时期吉耶纳省的农业生产特点是，小麦不足，盛产葡萄酒，酒是这里财富的主要来源。自1724年起，克洛德·布歇在促进酒业生意的同时，开始大力打击葡萄种植业的过度发展，要求部分地改种粮食。这位省督不仅主张禁止扩种葡萄，还作了一项更为严厉的决定，遭到了强烈的反对。他建议“把一切宜于种小麦、大麻和牧草的土地上的葡萄统统拔掉，改成良好的牧场，只留下只宜产酒地区的葡萄”。枢密院1725年2月27日的决定禁止扩种葡萄。此项决定的实施，引发了孟德斯鸠和省督之间的一场激烈冲突。

1726年12月24日，孟德斯鸠从萨罗·德·布瓦内手中平分到了30垧地。1735年，萨罗·德·布瓦内把自己的那一份也让给了孟德斯鸠。这块地在皮若·德·佩乌格朗区今日的珀萨克镇。尽管有新近获悉的禁令，这位庭长还是打算在那里种葡萄。根据1725年2月27日的决定，这样做需要提出申请。为取得当局许可，孟德斯鸠立即给原来的波尔多财政总监，现任的国务参事拉穆瓦尼翁·库尔松写信，为他的申请进行辩解：

我想把其中的一部分土地开辟为葡萄园。这是块不毛之地，没有别的用处，就是说，若开发作别的用途，就收不回成本。您若派人来当地看看，就能证明确实如此。这块地的土质和生产高价葡萄酒的土地是一样的，我想，允许我在这块地上种植葡萄是有益的。我要求的是一项照顾，而我相信，先生，最自然的渠道是写信给您，我觉得经您的手，事情会大不一样。

这封信是以下面这样一句话结束的，话没有说完："因此，我相信用不着再写信给……了。"既然他理应求助的自然渠道是省督布歇，这话也就不难补足了。孟德斯鸠并没有到此为止，他还给财政总监写了信，并于 1727 年初起草"反对禁止在吉耶纳财政区内种植葡萄的 1725 年 2 月 27 日决定的备忘录"。在陈述了六条总则之后，他竭力说明这项禁令是没有用处的，"因为，葡萄是否成了负担，业主要比大臣清楚得多，由于葡萄酒的酿造需要大笔投资，需要大量费用和人力，业主会精打细算，只要葡萄园进益不佳，业主自会把葡萄拔掉，改种别的较有收益的东西"。他还补充说，如果这项禁令"仅仅特别针对吉耶纳省"，那么，这项禁令也是"有害的"。备忘录接着驳斥了"为获得这项禁令而提出的种种理由"，并以如下的辩护词为自己辩护，作为结尾："虽然提出此项备忘录的只是个普通人，他仍然相信，为了自身的利益，他应该这样做。他在一个有充分理由可望出产高价葡萄的地区得到一块待开垦的或者说是不毛的荒地。这块地只花了他 60 镑，下面附的合同可资证明：他希望通过他的勤劳、机智和投资，使之能带来四五万镑进项。这样一项计划似乎不应当遭到国家的阻挠。"

1727 年 4 月 27 日，布歇从财政总监处得知此事，对孟德斯鸠这样一个人物竟然如此无视自己，大为恼怒，遂在总监面前极力为自己的立场辩护，并以傲慢的语气谈论备忘录的作者：

孟德斯鸠先生的请求书……是与吉耶纳省和王国的利益相违背的。由于孟德斯鸠先生为人十分精明，在谈论一些有悖常理的问题时是不会感到为难的，他沾沾自喜，以为凭着一些冠冕堂皇的理

> 由就可以轻而易举地把那些最荒诞不经的事说成是对的。我请您允许我不理睬他的备忘录，不和他争论。除了寻找机会运用他的才智以外，他无所事事，而我却有许多正经事要办。我只想对您说，在他提出这项请求之前，甚至在禁止扩种葡萄的决定发布之前，他和全省人的想法一样，认为非但不应准许扩种葡萄，最好还应把1709年以来种植的葡萄至少拔掉三分之一。孟德斯鸠为个人利益所驱使，今天改变了腔调，但他的想法没变，因为我确信他仍同意那些原则，而他向您呈递的备忘录只是玩弄机智，其虚假所在，他比任何人都清楚。但是，不必听他的。希望在早已拥有的土地上种植葡萄的大有人在，与他们相比，孟德斯鸠没有理由得其所请。[34]

孟德斯鸠是否知道省督对他的这些抨击，以及他是否进行了还击，无从查考，但不管怎么说，在他动身去旅行之前，他还是栽种了葡萄。

在18世纪，人们常常对葡萄园的真正收益提出疑问。比代的论著说明，公众的看法是有细微差别的："还是不要去刺激小葡萄种植农的嫉妒心理吧，他们的财产不多。他们说，种葡萄的收益是可观的，而且总是如此。种任何别的东西都不可能有这么大的出产，很多人都这么想，这是一种不会轻易摆脱的成见。必须把他们重新引向一般的看法，为此，让我们看一下不同品种葡萄的收益：一般地区的葡萄比气候条件好的地方的葡萄产酒多，但因质地低劣，卖不出价钱。"另一方面，作者也观察到，"收成越好，花费也越多"。于是他得出结论："然而，如果种植葡萄确实非但不能获得厚利，且常常不能收回成本，我们就有理由说，由于种植葡萄获利甚微，那些为把葡萄种好而辛勤劳作的人，就应该受到那些负责替国王向臣民收税的人的特殊照顾。"[35]

收获葡萄以后，就要卖酒了，有国内市场，也要行销海外。海外以英国与荷兰为主。酒的销售并不总是一件轻而易举的事，各种各样的捐税妨碍着酒的交易：省与省之间的道道关卡，给交易带来诸多不便。正如郁斯贝克在《波斯人信札》里说的："巴黎酒价极贵，因为加了各种捐税，好像是寓禁于征，借此推行神圣的古兰经中禁饮的戒律。”[36]孟德斯鸠对卖酒一事的操心，从他的通信中看，基本上始于1746年。但是，由于书信残缺，若是我们设想孟德斯鸠早就对此事颇为卖力，亦当无大错。况且，鹿特丹商人雅克·拉米德父子在1720年2月22日给孟德斯鸠的信里，就提到了孟德斯鸠为卖掉一批被认定质量低劣的葡萄酒时所感到的困难。信中写道："我们已经按时收到了您给我们发来的三桶红葡萄酒。我们几乎无法找到买主，因为这些酒的浓度和颜色都极差，这是两个主要缺点，因为这里的酒大部分是卖给英国人的，他们愿意要深色的、涩口的，像凯里地方产的那种，而不是我们这种清淡型的。但请您放心，我们将竭尽全力，设法使您拿到最好的价钱。”

孟德斯鸠在国外，特别是在英国有许多关系，给他酒的销售提供了不少出路。他的朋友们，那些在文学上和他保持通信的友人们，都成了他的热心经纪人。波尔多市和英国之间，酒的生意源远流长，可以追溯到中世纪。葡萄收完之后，加龙河上就排满了运酒的船只。但是英法之间的冲突放慢了或者甚至中断了这种交易。奥地利继位战争曾使波尔多的商人们和孟德斯鸠忧心忡忡。1742年春，孟德斯鸠写信给加斯科说："假若战争继续下去……我在吉耶纳的生意很快就要陷入绝境了，而您知道，那是我的全部财富。”1748年签订的埃克斯－拉－夏佩尔和约，使商业往来得以恢复。孟德斯鸠在1749年3月7日的信里，对索拉尔透露了这一情况："波尔多市的生意开始复苏，英国人今年甚至想喝到我的酒了。”

法国驻伦敦大使的内眷米尔波瓦夫人在动身去伦敦之前，于1749年3月19日写信给孟德斯鸠，表示了她对孟德斯鸠生意的关心："我希望我们能使拉布莱德的酒风靡一时。这将是我唯一要做的事，我向您保证我能做好。”

在此后的几年里，孟德斯鸠对他的酒在英国的销售情况表示满意："我想我的古堡和酒桶不久将把我召回我的故乡，因为自从和平恢复以来，我的酒在英国为我赚的钱一直比我的书（《论法的精神》）为我赚的钱多。”1752年6月27日，他在给加斯科的信里写道："我要告诉您，我的酒今年在英国卖了很多。我希望我们这个省能从灾难中恢复过来。穷苦的弗拉芒人只吃虻子而不吃黄油，让我难过。”孟德斯鸠把这一成功部分地归因于《论法的精神》：“关于您让我给厄利特绅士发去的那一批酒，我从英国得到了回信。那酒令人叫绝，他们向我要求代售15桶，这样我就可以把乡间的房子修完了。我那本书在那个国家所取得的成功，看来对我的酒的成功有所帮助。”他想把“世上我最喜欢的东西之一即我的一桶葡萄酒”作为礼物送给华尔柏顿，以使他高兴。1754年秋，马尔通伯爵向孟德斯鸠订了一大批货，“八大桶最好的红葡萄酒，要全滗清的，包装上要求桶外套桶，因为船长和水手们得知这些酒是专供某些人消费的，就极有可能往酒里掺水，而商人们又鼓励他们这种不道德的行径”。

他邀请巴黎的朋友到拉布莱德来品酒。这些朋友也是买主，包税人迪班就是其中之一。1740年2月25日孟德斯鸠写给迪班夫人的信里说：“我将绝对准确地把您买下的酒按时发货，请接受我对迪班先生的谢意，感谢他选中我的酒。关于这一点，他会有些难题要对付，但他知道如何去对付。”还有一位是埃诺庭长，1748年11月7日，他要求给他发送一桶酒：“人们说……今年是好年景。我恳请您给予照顾，请您给我安排一桶酒，桶要尽可能地大，酒要绝对地好。我一定等着您来开桶，否则醉汉就不付账了。”

在拉布莱德之外，孟德斯鸠还拥有不少农场和出租的土地。他去世以后，1755年编制的财产清单上计有：在拉布莱德古堡周围的唐蒂科斯特农场，布鲁斯代、朗巴朗、默诺和卡勒莱等地的出租土地；在圣－莫里永，他拥有卡朗蒂农场和吕齐埃的典雅住宅；在马蒂亚克，他拥有从妻子名下得来的拉尔蒂克的一片土地和吕克的出租土地，有罗舍莫兰农场。在这一切之外，孟德斯鸠还在圣－瑟尔弗、苏卡茨和伊斯－圣－乔治附近拥有几片土地。让娜·德·拉尔蒂克也在卡多亚克拥有鲁斯图的田产和拉·絮勒以及莱基奥的出租土地。出波尔多市就是孟德斯鸠的田产，其面积之大使他的同代人都说：“在这个地区，没有一处房舍、一片土地、一块葡萄园，甚至一丛草，不是属于孟德斯鸠先生的。”

在他的土地上，孟德斯鸠毫不妥协地让人尊重他的权利。18 世纪，贵族老爷们还享有在其领地上打猎的封建特权，《河湖和森林条例》的某些条款甚至规定了这样的权利：“私人可以让人追捕那些在其树林、城堡附近禁猎区、池塘及河流中非法渔猎的人，可以在河湖和森林管理局官员在场时让人对之实行本条例所规定的处罚。”维安从波尔多律师皮埃尔·贝尔纳多口里听来的一件逸闻，可以使人相信，孟德斯鸠对偷猎者是宽宏大量的：“孟德斯鸠的邻人佩夏尔庭长去拉布莱德，路遇一位穷苦妇女向他兜售一对山鹑，因为这个女人不认识他。于是他把这个女人放在车后，强使她跟着到了孟德斯鸠家。他把这个女人带到孟德斯鸠面前，对他说：‘您看，您的宽宏大量有什么好处，偷猎者在毁坏您的田地。’‘完全不会，’孟德斯鸠说道，‘对打猎一事我没有您那么严厉，我的野禽反而比您多。’说着他转向那位妇女，对她说：‘这是买您山鹑的六个法郎，到厨房去喝点什么吧！’”

事实上，孟德斯鸠在加倍努力对付那些偷猎的人。1740 年 7 月，孟德斯鸠向吉耶纳河湖和森林管理局的特别检察官控告一个名叫克罗齐亚克－萨勒贝的人的儿子，“一个无业游民”，“天天”在属于拉布莱德的土地上“以打猎为生”。经过旷日持久的诉讼程序，1741 年 4 月 22 日，克罗齐亚克－萨勒贝被判罚款 1000 利弗尔。这项判决对偷猎者未起到震慑作用，1752 年偷猎现象更为猖獗。这一年的 3 月 18 日，孟德斯鸠确实向巴尔博先生抱怨过这些人的行径，话也说得不那么客气：“偷猎者在我的土地上打猎。这些流氓对私有财产全无半点儿尊重。尽管采取了一些防范措施，他们仍在毁坏我的土地，其毁坏程度要比狐狸和獾给我的收成造成的损害高一百倍。不久之后，我将不得不设下陷阱来减少这些大肆劫掠的两脚兽败类了。”

孟德斯鸠毕生都在同对他的司法权限和封建特权提出争议的王国政府抗争，反对王国政府侵越他的权利。1746 年，孟德斯鸠要求把他刚刚买来的圣－莫里永的封建司法权和拉布莱德的归并到一起。他肯定地说，领地和司法权是不可分割的。图尔尼省督没有在原则上让步，但同意了他的请求中的主旨部分：1747 年 5 月，拉布莱德的法官获准在圣-莫里永行使司法权。[37]他曾全力奋起反抗法国财务官员的一项带有侵犯性的职权，这些人妨碍了拉布莱德的司法活动。为终止这种行为，孟德斯鸠给桥梁公路工程局局长特吕戴纳写了信。但是，由于在司法辖区内的道路保养问题上冲突又起，孟德斯鸠就在承认道路的“最高管辖权和一般治安管理”属于国王的同时，坚持主张地方的行政管理权应当留给地方法官。特吕戴纳在信中虽不无保留，但要求财务官员们也要有所克制。财务官员们回答说，孟德斯鸠在其领主权利之外没有任何明确的管理道路的权利。最终还是孟德斯鸠得到了满足：1746 年 8 月 23 日，枢密院作出决定：财务官员不应该再过问道路管理问题，道路管理问题留给拉布莱德司法范围内的地方领主。

况且，孟德斯鸠曾竭尽全力地保养过道路。他在 1744 年 7 月 20 日写给一位邻人的信里，要求这位邻居“惠予方便”，让他从布拉索来的运干草的车从这位邻居的道路上“通过”。他还说：“我想这将是我最后一次麻烦您了，因为我要做出努力，使布拉索的各色人等，包括我自己在内，来修修那条道路。”1753 年，他出资在穆里纳斯小溪上修了一座桥，把从苏卡茨经拉布莱德到博蒂朗港口的路连接了起来。第二年他就要求图尔尼省督同意让苏卡茨居民出工维修这条道路。孟德斯鸠不仅得到了满意的答复，省督还向他指出，“如果所有领主都能像他那样热心关注公众利益”，他的工程“将进展得无比顺利”。

在其他许多方面，孟德斯鸠也都顽强地保护着他的利益，同时利用一切司法对策，向波尔多和巴黎的法学家们求教。在他为保护自己权利而打的数不清的官司中，拖得时间最长的是他和波尔多市政当局及他的邻居利克特里先生为两家田产划界而打的那场官司。作为奥尔农伯爵领地的业主，波尔多市政当局在莱奥尼昂拥有一块和孟德斯鸠在马蒂亚克相毗邻的土地。标明地界的界石上，在马蒂亚克一侧写的是 L，这是孟德斯鸠为其继承人的拉朗德家族族名的第一个字母；在莱奥尼昂一侧画着波尔多市的新月形市徽。事情非常错综复杂，因为在孟德斯鸠和波尔多市政官员的这场司法纠纷之间，还夹杂着利克特里对土地的要求。利克特里指责孟德斯鸠把市政府以前特许给他的土地侵吞了。官司从1726年打起，1743年才算了结，结果对孟德斯鸠有利，他得到了1100阿尔邦* 原来有争议的土地。身为业主、领主和法官的孟德斯鸠胜诉了。孟德斯鸠曾经打算在其地产边界面对波尔多市的方向建一座尖塔，但从来没有付诸实施。所拟碑文是用拉丁文写的，译成法文是：

> 向正直公正的界神致敬，
> 你是不疲倦的监护者，
> 作为证人、导师和永恒的仲裁者，
> 你介入人间事务，永无止境。
> 王朝的边界得到了保护，
> 司法上的劣迹一旦得到了谴责之后，
> 为了纪念此事，
> 夏尔立碑把高卢元老院称颂。
> 愿此石永立于此，直到纪龙德河
> 不再流向庄严的大西洋，
> 不再把醇酒送给布列塔尼人。[38]

由J. M. 埃劳德整理、保存在拉布莱德的公证书一览表表明，孟德斯鸠一生中施展灵巧手腕，用买卖和交换的办法扩大了他的土地，在1716年至1755年之间，他至少买了41次，卖了6次，交换了20次。1727年至1736年间，买地的次数翻了一番，从5次到10次，这证明他经济状况有所改善。他卖的少，尽可能多买；他的收入主要用来保养土地。因此，在与合伙人德·居尔索尔平分比斯昆塔领地的时候，孟德斯鸠把城堡交给了他，把最好的土地留给了自己。

那么，孟德斯鸠的财产究竟有多少呢？一直到他去世，这笔财产又

* 旧时土地面积单位，各地不等，一阿尔邦相当20—50亩之间。——译者注

是以什么样的比率增长的呢？1714年，他继承了67000利弗尔；1726年，他一年的收益是29000利弗尔，已经可以在当年的12月1日给德·朗贝尔夫人的信里流露志得意满之情了，说他在几年的时间里扭转了他父亲留下的千疮百孔的财务状况，重建了一份家业，使他至少可以在一段时间之内无匮乏之虞了。他写道："我刚刚把我的地租出去，干得相当成功。不依仗国王，合理合法地岁入29000利弗尔，而且无须催索，因为这是我祖先的家业。如果我对自己的财产还不感到满足，这笔钱会使我犯错误的。"由于田产的收入当时约合资产的3%—5%，我们由此可以估算出，在1726年，孟德斯鸠的财产约为55万利弗尔。

然而，孟德斯鸠当初作为父亲和伯父的继承人，对家人是背了一身债的。为了得到让娜·德·拉尔蒂克的全部妆奁，还打了官司。1714年至1716年间，他大约借了20000利弗尔的债。伯父让-巴蒂斯特的遗产使他偿清了债务，"1725年12月孟德斯鸠财务清单"表明，这个月里他差不多把所有因继承遗产而欠下的债务通统审核了一遍。于是他在1726年7月17日给了他当神父的弟弟30000利弗尔应得的遗产，另外还给了弟弟5000利弗尔终身年金。不过，在此前的一个时期里，他的收入仍然不很稳定，去巴黎的费用靠出卖农产品筹集。

为了使孟德斯鸠打消出卖高等法院庭长职务的念头，他的朋友巴尔博在1726年4月9日曾向他指出，他那一点债根本不算什么。巴尔博说："我敢说，您的那些债权人根本不算什么，谁都想成为更大的债主，而40000利弗尔对您的财产来说不过是九牛一毛。如果有人不放心，您在拉布莱德住上两年，就能让最放心不下的人放下心来并感到高兴，比您卖掉这个职务但又去巴黎住着要好得多。"

有这些债务，并不说明孟德斯鸠经营上入不敷出，只说明他在兑现父亲和伯父的遗嘱。他的财务情况逐渐好了起来，到1726年，他已拥有一份相当可观的财产。这份财产管理得井井有条，使他感到宽裕自如。1716年至1755年间由孟德斯鸠夫妇在拉布莱德签署的254份公证文书，说明他是如何在让娜·德·拉尔蒂克的协助下管理财产的。

孟德斯鸠喜欢的并非财产本身，而是把财产当作一种最为有效的手段，用以维持他的社会地位，保障他的子女受教育，使他可以自如地生活而不背上为了得到青睐、地位和金钱而向上流社会的大人物谄媚的黑锅。孟德斯鸠自己的说法是："上帝给了我足以维持生活的财富，其余的都是我自己挣来的。"[39]他并未因此而自负，因为他知道，在这方面，运气的好坏起很大作用，而错误总是可以弥补的，他说："一个能干的人发了财，那是因为他虽然一错再错，毕竟取得了一次成功。若因此就说这个人适于管理大众事务，却又未必。当一个人在谋划自己发财的时候失了算，只不过是徒劳无益而已；但在国事中却没有徒劳无益这一说。"[40]

说到底，孟德斯鸠主张财产要和一个人的身份所需相适应。他远非那种嫌钱有铜臭味的人，他认为钱有着重要地位，但并非高于一切。《随想录》[41]里有一段很长的文字，清楚地说明了孟德斯鸠在这个问题上看法的实质。他首先指出："拥有与其身份不相适应的过多的财产，一般来说是个不幸，因为花的时候不能不像个暴发户，存的时候又不能不像个守财奴。"因此，最好是富得适当。事实上，"一个想发大财的下层人，想不到钱的用途极为有限，想不到钱能给他弄到的一切东西对他来说就像从前的大红衣料，只有帝王才有权使用。因此，就像一个出身高贵的人在失意的时候应该保持高贵的自尊一样，一个出身寒微的人一朝发迹，也应保持俭朴谦恭。不如此，一定会失去一切财富中最为宝贵的东西，即人们的善待，并一定会堕入不幸的深渊，成为人们的笑柄，所有自轻自贱的人无一不被这深渊吞没"。

孟德斯鸠认为，社会地位的上升也要慢慢来，要一个台阶一个台阶地循序渐进，他对自己家人实行的就是这个原则。他说："我承认，我很看重名声，不希望我的子女有朝一日发大财，而要让他们接受我的这个想法，只有十分理智才行。要他们承认我是他们的父亲，也许需要他们展示出全部的美德，他们也许会把我的坟墓当成他们的耻辱纪念。我相信，他们不会亲手挖掉我的坟，但若是坟塌了，他们大概不会重修。对于阿谀奉承来说，我将永远是不可逾越的障碍，我将使谄媚者无地自容。我的幽灵会让他们终日感到不舒服，我那不祥的影子会时时地使那些活人受到折磨。那些受愚蠢的野心驱使的人，疯狂地想着和阿格丽皮娜*一样。阿格丽皮娜曾对着神明说过这样的话：'只要我的儿子能当皇帝，让我死也心甘！'"

此外，按照孟德斯鸠的说法，财富的观念在不同的国度里存在着某种相对性："如果我出生在英国，不发财我会感到痛苦；而在法国，我就不会因为没有发财而感到懊恼。"[42]

诚然，拉布莱德及其邻近的产业构成了孟德斯鸠田产的最重要的组成部分，但他在加龙河右岸及阿让地方拥有的财产也相当可观。在昂特勒德梅地方，在加龙河右岸与道尔道涅河左岸之间的巴龙，孟德斯鸠拥有一块叫作"拉莫内"的德·雷蒙领地。这块领地由一大片土地构成，其中心是一座于 16 世纪仿照乡村典雅庄重的坚固房屋建造起来的古堡。这片土地上散落着卡达尔萨克、内里让、圣－日耳曼－迪－皮克、热尼萨克、蒂扎克·德·居尔通、巴龙和圣－冈坦－德－巴龙等村庄，正是在圣－冈坦－德－巴龙，孟德斯鸠于 1751 年得到了比斯昆塔采邑。

阿让是色贡达家族的发祥地，他们是从这里搬到波尔多的。他在阿让继承了祖上留下来的德·孟德斯鸠田产。古堡已是残垣断壁，但那里的 70 公顷土地产的却是可以用来精制成阿尔马尼亚克酒的葡萄。大约在 1732 年前后，孟德斯鸠曾打算把这块采邑升格成侯爵领地，但没有任何证据说明他这项计划实现了，虽然安东尼·德·加斯克庭长在 1739 年写给他的信里称他为"侯爵"。孟德斯鸠在阿让还继承了他伯父让－巴蒂斯特的德·古拉特和德·卡斯泰尔努维尔两块领地，他在那里种植的是烟草。达埃吉翁公爵领地的土地税簿说明，孟德斯鸠是这块领地的地主。最后，克莱拉克那里一处叫作维旺的土地，也从他妻子名下转到了他手里，孟德斯鸠常常和家人一起住在那里。

就其田产、产业的管理、实行多种经营和把葡萄园的经营放在首位而言，就其从这些产业中获得的各种收入而言，孟德斯鸠在 18 世纪那些以其土地作为家产主要部分的高等法院贵族中名列前茅。他与他同时

* 阿格丽皮娜，罗马皇帝尼禄之生母。——译者注

代的高等法院官员的区别并不在此。事实上，为了得到高等法院的一项官职，财富是各项条件中最最重要的，而在高等法院任职，是全省各色人等的最大愿望。

孟德斯鸠的乡居生活吸引了我们，使我们研究了他一生中乡居生活的各个方面。但是，不管这些不同的侧面如何诱人，也不应使我们忘记，从1716年6月29日起，孟德斯鸠就是波尔多市高等法院的一名庭长了。人们想象中的孟德斯鸠是一位表情严肃的高等法院庭长。图卢兹画家让·拉派纳于1738—1739年间为波尔多科学院画了一幅孟德斯鸠肖像。虽然十年前孟德斯鸠就已经把庭长的职务卖掉了，拉派纳画笔下的孟德斯鸠仍然是一位穿着制服的庭长。画的是半身像，身体向左侧着，目光向着前方，左手拿着臼形帽，穿着猩红色袍子，身披马海毛的大氅和带白鼬皮饰带的披肩，完全是一副波尔多高等法院庭长的打扮。

这项职务带来了一些严格的义务：参加高等法院的各种会议，研究经办讼案的案卷，诵读法律条文，还要参与地方上的政治生活，努力限制中央政权对法院的权利和特权的侵犯，参与高等法院因优先权引发的与其他法院、市政官员，特别是与省督的各种各样的争端。

孟德斯鸠在司法界的生涯是短暂的，仅仅12年，因为1726年他就放弃了这种生活。由于他经常离职，实际供职的时间还要短些。然而，他的活动却是很重要的。[43]他于1714年3月21日任职，被分派到第二调查庭，在那里他有表决权。1715年圣-马丁节，即恢复审判的第二天，他又被派到刑庭，学习重罪刑法方面的工作。由于被任命的后几名推事只是凑数而已，孟德斯鸠要根据需要分别在两个法庭服务，有事必到，最多时一周要参加六次庭审。1716年6月8日，他被任命为监狱特派员。在等待就任庭长期间，孟德斯鸠依旧很准时地到刑庭上班。他于7月13日就任庭长，第二天被免去监狱特派员职务。此后，孟德斯鸠仍在刑庭服务，直到9月12日休庭期开始为止。

然而，即使孟德斯鸠在不到40岁且没有十年法官资历时，就当上了庭长，但他在满40岁之前，事实上被禁止主持法庭事务。他参加庭讯只有表决权，但不能主持庭讯和享受相应的荣誉和收入：大人的尊称和诉讼当事人送给法官的相当可观的一部分礼物。从1716年至1723年，他的情况一直如此。

截至1726年，孟德斯鸠一直被分派在刑庭，先是第四，接着是第三，最后是第二庭长。1723年12月，他成了职权相符的庭长，正当他要成为资历最老的刑庭庭长时，他把这个职位卖掉了。

从1718年起，他的缺勤变得经常化了，而自1722年8月13日至1723年8月12日，他一直缺勤。1724年12月24日以后，他事实上已不再去法院上班，只是1725年11月12日去过一趟，是为了“就官员们的公正与义务发表一篇精彩演说”。他最后一次上班是在1725年12月7日。他再而三地缺勤，使他和高等法院的关系恶化了：刑庭不断地要求大理院主要法庭派一名庭长来，而院长不得不亲自主持刑庭的工作。高等法院院长向宫廷和掌玺大臣提出要求，让孟德斯鸠回波尔多。孟德斯鸠在1726年6月22日写给德·格拉伏夫人的信中，对这项命令表示了极端的不满：“我（离开巴黎）的决定差不多是在我收到来自波尔多的消息之后立即作出的。消息说，一个名叫拉卡兹的人，即前面说的高等法院院长，借口起了新的争执，给掌玺大臣写了信，请他再次下令让我起程。因为第一道命令已经使我非常不快，我想第二道命令同样会让我不高兴。”根据贝里克的说法，孟德斯鸠没有道理生气，也用不着连巴黎的朋友都不通知一下就匆忙回波尔多：“此外，您的担心根据不充足，因为掌玺大臣已经同意，您可以在这里一直待到圣-马丁节，而库尔松先生为了告诉您这个消息跑遍了巴黎。”贝尔特洛·德·杜谢在6月29日写给他的信里不无揶揄地说：“说实话，使您害怕的并非院长的信，您是害了思乡病了。但我还是希望，病来得快，好得也快。”

这样，在当法官的12年里，孟德斯鸠在刑庭服务了11年。他获得了大量的关于刑法的经验，使他得以思考违法和刑罚方面的问题，但是，直到1723年7月，他仅仅是个平庸的庭长，只是被迫消极地参加审判，他甚至不能像推事那样可以在审判中担当报告人的角色，也不能在判决书上签字。

孟德斯鸠的《法律篇》中有几段关于他在高等法院里活动的有趣的笔记，他记下了相当数量的关于法律疑点的裁决："1716 年，我在我服务的刑庭目睹了一项裁决，一位有审判权的领主的双亲可以在以该领主的名义进行的刑事诉讼案中被审判。"他简要地叙述了原因。同样有趣的是关于他到高等法院去的那一段叙述。那天是 1717 年 11 月 12 日，是吉耶纳省督德·贝里克元帅开庭的日子。这段叙述确实反映了排座次一类问题在高等法院生活中所占的位置。下面是孟德斯鸠的叙述：

> 1717 年，高等法院在圣－马丁节的第二天照例举行开庭仪式。本省司令德·贝里克元帅出席了这次仪式。虽然元帅已是三到高等法院，而且每次都是走在戴白形圆帽的庭长们的后边，一直跟着走进议事厅，但这一天他却是从窗子旁边走过去的。庭长们为此请院长提醒一下元帅。于是元帅对院长说，由于疏忽，他走了另一条路，而不是走的常用的那一条，他为此感到懊丧，请庭长们原谅，并且说，由于这个错误是当众犯的，他要当众纠正，为此他将寻找机会到高等法院来一趟。确实，高等法院 11 月 22 日星期一要登录一项敕令，元帅先生也来了，而且走的是平常走的那条路。

高等法院曾因贝里克不尊重古老的习俗而感到气愤，孟德斯鸠本人则只对这次小题大做的偶然事件给予简短而客观的叙述，以此证明他对元帅的友谊与敬重。正如孟德斯鸠在《贝里克元帅赞》里告诉我们的那样，他和元帅之间的交往从 1715 年就开始了："国王于 1715 年 9 月 1 日驾崩，奥尔良公爵成了王国的摄政。元帅贝里克先生被派到吉耶纳任司令，我是在那里结识他的。我是否可以说这是我的一大幸事呢？"孟德斯鸠补充道："当他被任命为吉耶纳司令的时候，他出了名的严肃曾使我们害怕，但他一到那里就受到了众人的爱戴，他的高尚品格在那里比在别处更为人赞叹……"

《法律篇》的另外一些段落说明孟德斯鸠是多么严肃认真地在提高他的法学知识，他特别关注那些与高等法院司法权限有关的问题。两类记载表明了孟德斯鸠对这些问题的好奇心。第一类是关于“由国王的特派员和高等法院的代表举行的历次会议”的一个简单的注释，此外还有这项记载：“1719 年 5 月 10 日，刑庭就德 · 森特刑事长官的案子做出了判决，认为刑事长官有充足的理由要求将案件移送大理院主要法庭。”在第二类记载里，孟德斯鸠对一项诉讼案结果作了概述。案子的两造是一位律师和米歇尔 · 德 · 伊斯勒，他们在河边先是口角之争，继而拳脚相加。“事情闹到了森林和河湖管理局，而且做出了判决。森林和河湖法庭撤销了这项判决，理由是超越了管辖权。当此案上诉到刑庭时，我们肯定了森林和河湖法庭的裁决，理由是：森林和河湖管理局只能审理在森林开发中舞弊等轻罪，而且这种轻罪是破坏河床并妨碍航运的。因此，依据管理法第八条，此类轻罪基本上不应被视为重罪，何况，重罪必须是在森林里或河上或河边犯的罪才算。此案于 1721 年 5 月 3 日了结。”[44]

孟德斯鸠作为享有全权庭长的活动是短暂的，他以此种身份在刑庭工作的日子是 1723 年 12 月 23 日至 1724 年 1 月 19 日，然后是 1725 年 3 月 16 日和 17 日。作为全权庭长，他于 1724 年 1 月 19 日签署了一项关于麻风病人的奇怪的法令。这些由一些被认为是世代患麻风病家庭构成的群体，因为有传染的危险，被迫远离健康人而生活。尽管居民们反对，当时却没有任何理由维持这种境况。1722 年的比亚里茨事件发生以后，波尔多高等法院于 1723 年 7 月 9 日发布了一项命令，禁止称任何人为麻风病人，允许他们参加公众集会，给予资助和尊严。这项命令遭到了比亚里茨妇女们的反对，拉布尔的执达吏未能把高等法院的命令贴出去。这时，在总检察官的要求下，孟德斯鸠介入了此事，他命令驻巴荣纳的王家代表支援执达吏。像孟德斯鸠这样的人，找不出任何可以接受的把麻风病人隔离起来的理由，他只能希望取消他们的隔离状态。

在孟德斯鸠的司法生涯中，最突出的事件是 1725 年 11 月 11 日波尔多高等法院重新开庭时他发表的演说。演说印出来以后立即再版，在 18 世纪曾再版多次。因为，照皮埃尔 · 贝尔纳多的说法，“年年如此，法院开庭的日子，门口都卖这篇讲演稿。在孟德斯鸠的著作中，这是在波尔多印刷出版的唯一的一本”。演说题目是《审判与执法应以公平为准绳》。孟德斯鸠选择这样的题目，表明他主要考虑的是什么。按照他的说法，为使司法真正成为司法，应该符合四个要求：“依据充分，迅速快捷，宽严适度，一视同仁。”

孟德斯鸠看到，面对司法工作终日要与之打交道的浩如烟海的法律和法规条文，法官要精通业务会日益感到困难；他的这番话与他的亲身经历和他在执行公务时需要克服的障碍，当然不是没有关系的。他所描绘的情景，对他那个时代的司法来说是严峻的，言下之意是必须改革。他写道：

> 法官们终日面对各种各样的诡计和突然袭击，于是真理和谬误同样使他们不敢轻易置信。
>
> 实质不清，造成假象。狡诈的人希望能掩饰其狡诈，把狡诈变成一种艺术：于是就不择手段，有的人故意把事情弄得含混不清，有的人则设法把事情淡化，而法官的难处与其说在于防备辩护人作伪，毋宁说在于对付那些他为之尽心竭力的人的诡计。
>
> 在这种情况下，法官只考虑自己的用心是否纯正已经不够了，他还得依靠他的学识，并且终身不懈地努力实践，他必须考虑，实践是否表明他已拥有职务所要求的知识和才能。

在对执法的方式发了一番感慨之后，孟德斯鸠用激烈的言辞斥责律师和检察官：

> 律师们，法庭知道你们正直，而且为能够把这一点告诉你们而感到高兴。令你们不光彩的诉状至今尚未见到，但你们要知道，要想不偏不倚地尽责，光是纯真是不够的。你们热情地为自己的当事人服务，值得称赞，但是，如果你们忘记了你们对自己的对手所承担的义务，热情就成了罪恶。我十分清楚，进行正当辩护的时候，法律常常迫使你们把那些令人羞于启齿的事公之于众，但这终究不

是好事，是非到万不得已时不能做的事。跟我学这句格言并牢牢记住吧：“永远不要讲出有损于您的美德的实情。”

下面这段辛辣的指责，是为讼案当事人虚拟的，从中不难感到他难以抑制的激动：

诚实地说，当我们听到下面这番话时，你们要我们回答什么：“我们来到你们面前，而你们却让我们蒙受羞愧和耻辱；你们看到了我们的伤口，却不想在我们的伤口上敷些油膏；当我们在离你们很远的地方受到侮辱时，你们愿意帮我们争得公道。但有人在你们眼皮底下给我们更大的侮辱时，你们却什么话都不说。你们，高踞法庭之上，我们把你们当作神明，但你们却一声不吭，就像泥塑木雕的神像。你们说，你们保护我们的财产，但我们的荣誉要比我们的财产贵重一千倍。你们说，你们保证我们的生命安全，但我们的幸福比我们的生命更有价值。要是你们没有力量制止一个狂人胡言乱语，那至少请告诉我们，哪个法庭比你们更公正！谁能说你们不是无端地攻击我们的那些人的同伙？谁能说你们不因我们的失望而高兴？谁能说我们不该指责你们有罪而只能说你们有缺点？”

孟德斯鸠向检察官提出的质问同样激烈，表达了一个深知司法效能低下并对此感到无奈的法官的心情：

检察官们，你们大概一生一世都要因为你们的职责而惊恐不安。不明白我的话吗？你们应该让我们这些人发抖。任何时候你们都可以不让我们知道真情，只让我们看到局部和表象。你们可以捆住我们的手脚，规避或滥用最正确的条款。你们一边不停地向你们的当事人展示公正，一边却又总是让公正对他们可望而不可即。你们让他们对结局抱有希望，而又总是把结尾推向未来，让他们在错误的迷宫里蹒跚。在这种情况下，你们越是机敏就越是危险，你们会把一部分怨恨转嫁到我们身上，你们把你们职业中最为阴暗的东西撒到我们头上来，于是我们就会很快地成为仅次于首犯的要犯。可是，你们为什么不用为各种职业增辉的美德使自己的职业变得高尚呢？你们若努力使自己变得比我们更为公正，我们会多么高兴啊！我们会满心欢喜地原谅你们这种好胜心的！与你们所看重的美德相比，我们就会觉得自己的自尊心不值一文了！

这是一篇应时的演说，人们可能没有对其所包含的意义和重要性给予应有的重视。即使在今天，当我们对这篇讲话进行修辞学方面的分析时，仔细阅读全文，我们仍然可以发现，那真诚的语调不可能使人对正在准备卖掉高等法院庭长职务的孟德斯鸠的感情和精神状态产生错觉。1716 年以来，尽管时常缺勤，他却一直在密切地注视着高等法院中司法的运行情况，而他所得出的结论却远不是使人愉快的：他认为判决和法律的执行情况不够公正，诉讼当事人被律师和检察官夹在中间，被摆布得晕头转向，有时受到侮辱。孟德斯鸠觉得自己参与了很多方面都是可悲的执法工作，这种心情是否导致他于不久之后离开高等法院呢？1725 年 11 月 11 日的演说几乎始终被看作应景文章，其实不正反映出某种不安与自认失败，从而使他决定要让自己的内心感情与行为一致起来吗？

高等法院和审理间接税案件的最高法院中，有许多人都在波尔多科学院占有一席之地。波尔多科学院是根据 1713 年 5 月 3 日登录的路易十四诏书建立的。在此之前，波尔多的青年业余爱好者，自 1707 年起就养成了聚集在一起搞音乐会的习惯，不久之后，其中的一些人又在集会时加进一些文学内容，抒情诗社就这样成立起来了。新入社的人在他们的活动内容中增加了物理学、几何学及博物学问题的研究，却在 1711 年发生了分裂，那些不喜欢自然科学的人希望只搞音乐，而喜欢自然科学的人则把文学特别是科学活动置于首位。得到诏书以后，这个集合了大部分自然科学家的新团体打入了旧制度下的上流社会，并从仅仅靠个人自愿结合在一起的松散阶段，发展到政府保护的有组织的阶段。新团体还从巴黎的一位"保护者"德·拉·福尔瑟公爵那里得到了有效的帮助。这个新学会很快就把知识界的佼佼者都囊括进来了。纵观波尔多科学院的历史，人们就能发现，和那些首先关心能否存在下去以及如何存在下去的人所热衷的实际问题相比，哲学家们的争论和他们的学说体系，在公众见解中所占的位置，是多么无足轻重。

在 40 多年里，一直在科学院中居于统治地位的波尔多贵族，都是些大大小小的官员：登记在册的 56 个贵族中间，有 32 人或者曾在高等法院供职，或者当过财政官员。从科学院建立的那天起，对科学院院士们来说，把一名高等法院的人选为科学院正式院士，就成了他们尊重这个团体中严格遵循的贵族传统的最佳方式。科学院是高等法院的宠儿，高等法院成员的声望因而也就使科学院生辉。事实上，对法官们来说，文化修养是一种职业上的需要，也是一种家庭传统，这种传统有时虽然相当古老，却并没有特别显赫。萨罗、纳瓦尔和德·加斯克家族的人都是这个团体的创始人，他们可以被视为新派人物，都是些具有独立思想的知识分子，爱好科学、政治学和社会学。截至 18 世纪中叶，波尔多科学院一直是一些知识渊博的业余爱好者们各种活动的协调中心，这些人有钱有闲，可以关心各种各样的问题，有能力资助文学艺术事业。

孟德斯鸠靠着家庭出身、社会地位和他与这个团体的一些创始人的友好关系，也就在这个团体中有了一席之地。他的朋友们没有让他等多久就给了他这个位置。1716 年 4 月 3 日他当选为院士的时候，只有 27 岁："德·纳瓦尔先生提议，接受高等法院推事德·拉布莱德先生为常任院士。他希望得到这个位置，并为此热切要求各位院士予以赞同。有鉴于此，科学院在对上面提到过的德·拉布莱德先生的无瑕历史、高尚品德和广博学识进行了解的基础上，准如所请，授予他院士称号。"

孟德斯鸠在 1716 年 4 月 18 日就接受院士称号发表的演说中，大略地提到了一个哲学定义："古圣先贤不通过考试也不进行选择就接受门徒，那是因为他们认为人人智能相同，如同理性一样；因而，只要对哲学有兴趣就足以成为一个哲学家。"但他这次演说的其余部分，就仅限于在这种场合中必须有的谦虚的套话，以及对这个团体和他的保护人的颂扬之词。从那时起到1725年，孟德斯鸠一直很勤奋，会议场场必到，参加科学院的各种活动：宣读论文，为提交给每次年会的论文作评介，在波尔多和巴黎为维护科学院的利益奔走。在科学方面，他不曾给同事们带来过什么独到的见解，但却从他们那里学到了科学的意识和科学的方法。这一点可以认为是最主要的。诚然，科学院在孟德斯鸠成名之后理所当然地引以为荣，但孟德斯鸠在学术造诣方面也从科学院得益匪浅。他自己也承认，经常和同事们接触，使他获益良多。

1716年6月18日，孟德斯鸠宣读了《论罗马人的宗教政策》。这篇论文证明了他在朱伊公学时就显露出的对罗马历史的兴趣，但若说从中可以看出《罗马盛衰原因论》的端倪，则不免言过其实。这篇论文于7月13日再次宣读，并进行讨论，这说明论文引起了听众的兴趣。孟德斯鸠于9月25日提出建议，设立一笔300利弗尔的解剖学奖励基金，并为得奖人铸造奖章。11月16日，孟德斯鸠宣读了《论思想体系——马勒伯朗士神父的思想体系最古老》。论文底稿遗失了，实在遗憾，因为几乎可以肯定，在这篇论文里能发现他在朱伊公学所受教育的影响。

在其后的几年里，孟德斯鸠的学术活动从未中断。他在1718年写的一篇关于回声成因的文章，实在让人不敢恭维。在这篇文章里，那种故弄玄虚，那种从神话和世俗故事中引来的插科打诨，与选题的严肃性以及其他人提交的论文的严谨，形成了鲜明的对照。就其所关心的问题而言，比较有意义的是《古今地球史大纲》这篇简介性的文章。该文发表在1719年1月1日的《信使》杂志和同年的《学者报》上。孟德斯鸠在文章中向各国学者发出呼吁，请学者们把自己的观察所得告诉他。他写道：

> 在波尔多，我们正致力于为公众编写一部古今地球史，要记载地球所经历的各种变化，既包括一般变化，也包括特殊变化，如地震、水灾或其他原因造成的变化。我们要准确地描述陆地和海洋的

> 演变情况，岛屿的形成与消失，河流、山脉、峡谷、湖泊、海湾、海峡、海角等的演变。各种变化中也包括人工的改变，如那些使地球改变了面貌的巨大工程，沟通海洋或大江大河的主要运河。要记载土质的变化，空气的成分，新矿的形成，旧矿的废置，森林的毁灭，由瘟疫、战争或其他灾害造成的无人区，要说明这些结果的物理原因，对那些虚假的或可疑的现象做出评注。

这项大胆的——不说是自不量力的——计划，是无法实现的，然而却似乎开始实施过。孟德斯鸠确曾搜集过一些资料，“用以写我们的地球物理史，这部著作的手稿被我烧了”。《随想录》中无疑保留了这部著作的未被焚毁的片断[45]。

从《自然史观察录》中可以看出，1719 年 11 月 16 日和 1721 年 11 月 20 日，孟德斯鸠曾用显微镜观察过昆虫，解剖过青蛙，做过把鸭子和青蛙按在水里以观察其呼吸情况的实验，研究过动物的循环系统，测量过动物的血温。他梦想研究出一种营养素，可以在饥馑年代替小麦。《自然史观察录》[46]令人关注之处就在于它向我们揭示了孟德斯鸠生物哲学的底蕴。孟德斯鸠倾向于后生说理论，完全否认预先形成的胚芽存在，认为新的物体是由物质元素机械的、偶然的巧合而形成的。和后生说理论相反，预先形成说派认为，新的物体是由胚芽形成的，就是说，是由某种极微小的有机体形成的，其成长发育，只是其初始形态的体量扩大而已。孟德斯鸠甚至断言：“没有什么比植物的生长更为偶然的了。植物的生长和石头以及金属的生长，区别甚微。简而言之，组织结构最奇妙的植物也只不过是物质一般运动的简单而易得的结果。”

孟德斯鸠的观点今天看来诚属幼稚，但在当时却和一些著名的博物学家所见略同，和布封本人的看法就很相同。通过孟德斯鸠借以颇为自信地解释植物生长现象的这些“脉管”、“导管”和“过滤器”，可以看出笛卡尔的力学和水力学的影响。朱伊出身的孟德斯鸠，此时正是笛卡尔的热情崇拜者。他写过这样的话：“这是一个伟大的学说体系，你读的时候不能不感到惊奇。这个学说体系自身的价值抵得上古往今来那些外行作家们所写的一切；这个学说体系大大地减轻了造物主的负荷，使它行起事来更简单、更无与伦比；这是一个不朽的学说体系，将在各个时期和所有的哲学变革中受到尊崇。对于这部著作的尽善尽美，所有进行思考的人都应抱有一种近乎嫉妒的兴趣。”[47]对孟德斯鸠来说，笛卡尔“甚至教会了后人如何发现笛卡尔的错误”。他“就像这样一个人，这个人把和他捆在一起的人的绳索剪断了，然后和他们一起跑。他中途停了下来，可能达不到终点了，但是，是谁给了跑第一的人达到终点能力的呢”？[48]

孟德斯鸠所做的实验，说明他会借助显微镜解剖青蛙或者做结扎。他分辨出量变和依据统计所作推理的重要性。他说过这样一句倒霉的话，因而经常受指责：“各种发现变得越来越稀少，观察实验和从事这些工作的人好像都所剩无几了……我们差不多要像亚历山大一样，因为父辈把一切都已经做完，不曾留下什么让我们一显身手而伤心落泪了。”他也做了这样的补充：“在为我们留下的东西里，我们知道些什么呢？也许还有成千上万个有待揭开的谜？”

在 1725 年 11 月 15 日于科学院发表的以《论鼓励我们从事科学研究的各种原因》为题的演说里，孟德斯鸠以精辟的语言论述了科学在人类思想进步中所起的作用，以及应该专心致志地进行科学研究的原因。他说：“第一，当你看到自身水平提高，看到使一个聪颖的人变得更加聪颖的时候，你会感到一种由衷的满足。第二，这是人们所说的所有的人大概都会有的某种天生的好奇心，而这种好奇心又从未像在本世纪这样合于理性。第三个应该鼓励我们从事科学研究的原因，是成功的希望。这种希望是有根据的。使本世纪备受崇敬的那些发现，不是人们找到的那些简单而明了的真理，而是找到那些真理的方法；不是建筑物的一砖一石，而是为建筑大厦所需的各种工具和全套机械……第四个原因，是我们自身的幸福。醉心研究几乎是我们唯一永恒的热情，当人体这架赋予我们一切热情的可怜机器接近毁灭的时候，所有其他的热情都逐渐地消失了……”

1720 年和 1726 年发表的那些关于肾腺的用途、地心吸力、透明度、海洋潮汐等的演说，只不过是一些为参加评奖而写的肤浅的读书报告。这些文章丝毫也不意味着孟德斯鸠曾经是个物理学家或解剖学家。孟德斯鸠是个坚定的笛卡尔主义者，但他也崇敬惠更斯，在《论物体的透明度》（1720 年）里，他接受了惠更斯的光波论。同样地，他也崇敬牛顿，但没有深入研究牛顿的理论。后来，在编进《随笔》[49]的一条笔记里，孟德斯鸠说他曾“看到过卡斯泰尔神父的一篇研究牛顿体系的手稿”，并做了如下评论：“我觉得文章清楚明了，有不少有见地的反驳，牛顿可能夸大了几何学的作用”，并“常常靠几何学的正确无误性而获得成功”。然而，到了 1725 年，人们看到孟德斯鸠“也有点忙于研究几何学了”，正如这一年的 10 月他向多达尔说的一样：“我读了雷诺的《被揭示的分析》一书的大部分章节，我觉得这本书能给一位初学者很多东西。我向您承认，我本人对这本书的清晰明白感到惊奇，几乎没有令我不解之处，而在读吉斯内先生的《代数学在几何学中的应用》时，我几乎是寸步难行，但这本书是教师们备加推崇的，因为读这本书的人离不开教师。”

事实上，尽管孟德斯鸠有良好的愿望，他还是很快就发现了对科学研究有兴趣和致力于科学研究两者之间的差别。他于 1717 年 11 月 15 日在科学院一次会议上的演说中说道：“我们所进行的这些科学研究，与其说使我们受益，毋宁说让我们受罪。”不过，孟德斯鸠在《鼓励我们从事科学研究的各种原因》一文中所阐述的两个新的颇具深意的观点，对我们还是有启发的：“科学研究宜以机敏和精巧的方式进行，因为这样就去掉了科学研究的枯燥无味，防止产生厌倦，使所有的人都能参与。”

孟德斯鸠在参与科学院活动中产生的这种对科学研究的关心，以后也不曾完全从他的思想中消失。在为他于 1721 年 11 月 20 日在科学院宣读的题为《自然史观察录》一文定稿时，他于 1739 年 6 月 27 日给多尔图 · 德梅朗写了一封信，从中可以看出他对细密的关心：“先生，我有一套显微镜，我想知道一些显微镜比另一些显微镜能扩放大多少倍……有没有一种更为准确的办法，使每架显微镜把物体放大到一定的倍数？是由凸透镜的直径还是由焦距决定的？能否借助这种办法使人人都能方便地使用显微镜而不必由专人操作呢？在用显微镜进行观察时，使用调节凸透镜直径的办法是否就可以了呢？可是这种办法是以不可能完全准确的假设为基础的啊！”

《真诚赞》一文的成文日期，似乎更早一些，大概和《论西塞罗》成文在同一时期。这篇文章可能是孟德斯鸠于 1717 年提交给科学院的，与其说是一篇学术报告，不如说它更像“学生作文”。孟德斯鸠在科学院的活动并不局限于写作和提交科学论文，在 1725 年 5 月 1 日举行的一次会议上，他介绍了《论责任》的几个章节。同年 8 月 25 日，他又请人宣读了他的《论敬重与声望》。

孟德斯鸠也关心科学院的声望与利益，他在巴黎逗留期间，在这方面做了不少事情。在德·拉·福尔瑟公爵这位第一任保护人谢世以后，孟德斯鸠请德·朗贝尔夫人向德·莫尔维尔进行游说，让他接受福尔瑟公爵留下的空缺。孟德斯鸠对科学院一直都很关心，对科学院的成员一直都很敬重。在 1726 年 7 月 29 日致德·朗贝尔夫人的信里，他对科学院作了赞扬：“夫人，您知道波尔多科学院的情况，科学院的不少饱学之士您也熟悉，但还有一些很有才华的人不为您所知，这些人是很值得您器重，甚至值得您邀请出席您每个星期举行的聚会。”

15 年之后，1741 年，当孟德斯鸠可以对波尔多科学院表现出忽视的时候，他在给马丁·福克斯的信里仍然表现了对科学院的忠诚。他写道：“我们的波尔多科学院开始欣欣向荣了，有了一批出类拔萃的人物，一批成员以其善举和捐赠使科学院得以鼓励科学研究的进行。我在家乡的朋友几乎都在科学院里。”

孟德斯鸠完全理解科学院这类机构的好处。以波尔多科学院为例，这类机构对科学思想的发展起着十分有效的作用：“对科学院这类机构来说，其作用就在于可以使知识得到传播。谁有了什么发现，或探寻到了某种奥秘，这个人也就有了知名度，他或者被记入史册，或者因此而得到荣誉，甚至于因此而发了财！在过去，学者们是比较不为人知的。”[50]

孟德斯鸠曾多次坚持要求他的同事们公开出版得过科学院奖的文

章。在 1727 年 5 月给萨罗 · 德 · 布瓦内的信里，他清清楚楚地表明了自己对科学院所起作用的想法，并建议布瓦内给科学院的保护人寄一本备忘录，说明“科学院自创立以来就兢兢业业地为繁荣波尔多市的科学研究而努力工作。波尔多如今是与国外进行着最广泛的贸易、有大量船只进出港口的海滨城市，对于这样一个城市来说，数学，特别是与航海有关的那部分数学的研究，是怎样鼓励都不会过分的……虽然还不曾得到过国王的任何赞助，不曾感受过国王赐予国内很多其他科学院的那种保护，这个团体至今仍在不停地发展。为了这种发展，一些人负担了大笔的开销。波尔多的地理位置和这里的外国人之多，使它得以和最为遥远的国家的学者保持着联系，该市每年颁发的物理学奖和数学奖，以及每年从国外得到的这种奖励，又大大地方便了这种联系”。

这说明，孟德斯鸠在指明波尔多科学院在发展科学研究中的作用时，注重的是其实用目的。他强调波尔多科学院的地方特征，强调其所全神贯注的主要工作是和波尔多市的活动相联系。孟德斯鸠由此也表明了，他本人和他的出生之地的联系有多么紧密，他的天分和性格中最具特色的东西又是如何地受惠于故乡。

第三章　从《波斯人信札》到出国旅行（1721—1728）

孟德斯鸠的早期文学论著和他在波尔多科学院做的那些学术报告，并没有使他在同事中间显得如何与众不同。像同事中的许多人一样，他也喜欢从拉丁语作家那里汲取灵感进行写作，西塞罗不就是他偏爱的典范吗？但是，他没有表现出能使一位天才作家显露其天资的特殊才能，也没有表现出他那个时代哲学家的思想深度。然而，一部著作悄然成熟了：1721 年，《波斯人信札》使他一举成名，开创了启蒙时期的新纪元。孟德斯鸠即将成为这个时代的最著名的人物之一，他的思想将逐渐改变人的精神面貌，使之向前发展。

对《波斯人信札》的写作时期，一直存在很多疑问。孟德斯鸠本人不曾提供过任何有关读书写作时期的明确说法，因而确切的日期更难确定。他一直把《波斯人信札》看作他青年时期的作品，但直到晚年仍在不遗余力地准备出新的版本，并细心地把该书中他认为不宜印行的章节收进《随想录》里。可以这样假设：按照在朱伊公学养成的工作方法，孟德斯鸠于 1709 年至 1713 年逗留巴黎期间就作了些笔记，开始积累后来使用的素材。

郁斯贝克在伊斯巴汗写给他朋友吕斯当的信，注明《波斯人信札》第一封信的年份是 1711 年。加斯科据此把《波斯人信札》初稿的写作日期提前到 1711 年："他对一些朋友说过，若是现在（1752 年）发表《波斯人信札》，他会抽掉一些，当时写那些信时，年轻人的激情使他忘乎所以。他是因为父亲逼着他终日死啃法典，晚上倍感厌倦，为了消遣才动手写《波斯人信札》，没有认真构思，全是信笔写来。”加斯科的说法令人怀疑，特别因为他是1738年才认识孟德斯鸠的，而他1767年出版《孟德斯鸠家书》时所处的境况，又使人不能对他讲的逸事趣闻完全相信。他讲的那些逸事常常是听来的，而且是不加分析地照传。波尔多的律师皮埃尔·贝尔纳多在他的《波尔多名人传》里犯了同样的错误，也不足以使他的说法具有真实性。

孟德斯鸠所使用的伊斯兰历法，是从让·夏尔丹1711年版的《波斯和西印度游记》中借用来的，这件事也说明加斯科的说法不可信。实际上，即便根据波尔多书商拉库尔开的发票，证明孟德斯鸠是1720年5月10日以后买的这本书，即便孟德斯鸠确是从这本书中学到伊斯兰历每个月的拼法，可他在拉布莱德藏书室里已有夏尔丹这本著作的1684年版本。购买1720年版本只表明他需要把在某一时间里写的信进行核对，并按日期顺序进行编排。因此，我们只能做一些推测，尽管有许多不能确定的因素，尽管他在1705—1713年间的经历对该作品的构思有着不容忽视的影响，但此书不大可能在1717年以前就构思好了。这就是说，从着手到写成《波斯人信札》，孟德斯鸠用了差不多四年时间。

无论是在他于这个时期写下但几乎已散失殆尽的书信中，还是在他以后所写的东西里，没有任何文字的东西能为《波斯人信札》的产生提供一点点线索。然而，人们总想“搞清是什么事情促使孟德斯鸠动手写《波斯人信札》的，揭开几乎每部作品产生时都会有的那种带有刺激性的秘密，确定下决心动手写作的准确时间”，但“人们忘了，通常要准备很长时间以后才能做出决定，一部作品的产生有一个不为他人所知的心路历程”[1]。

作为法官，孟德斯鸠还不够老练，但他已经能够像一个伦理学家那样去观察他的同代人所经历的政治事件和世风民俗了。对于一个受过科学方法训练的人来说，从客观地进行观察到做出评论，是很容易的事，路易十四亡故前后发生的一系列事件，也为此提供了条件。学识渊博的孟德斯鸠全神贯注地注视着所发生的一切，他感到了这个日趋衰老的君主漫长统治晚期的压抑与悲哀。他不止一次描绘过路易十四的精神状态。下面是他对这位国王盖棺论定的看法，清晰而又细腻：

> 路易十四既不热爱和平，也不穷兵黩武，表面看来，他公正、多谋、虔诚，一派大帝王气度。他对仆从和气，对臣下随便，对百姓贪婪，对敌不安。他在家里是暴君，上朝是国王，在枢密院里不容分说，为君之道却很幼稚，他受大臣、女人和伪君子等所有欺君者的摆布。他始终是统治者，却也一直受制于人。他用人不当，喜爱庸人，容不得贤才，害怕有主见的人。他在爱情上是严肃的，而在最后一次恋情中，却又软弱得可怜。他的成功里不显才智，在逆境中缺乏坚定，死的时候没有勇气。他爱荣誉，爱宗教，但终其一生，人们使他既不知道什么是荣誉，也不知道什么是宗教。如果他受到过较好的教养，或者再有些头脑，他就几乎可以全然没有这些缺点。[2]

这个时期孟德斯鸠住在波尔多。吉耶纳省的首府波尔多，在1675年的叛乱之后受到了严厉惩罚，连年的战争使港口的经济活动大大减少，税收重得已经负担不起：“国王横征暴敛，丧尽了人心，而为了支持一场无谓的战争，又不能不大量征税。事情的常理就是如此，战争通常总是以弘扬国威始，而以挽救国家终。”[3]

为了了解波尔多人的精神状态，只要读读吉耶纳省督拉穆瓦尼翁·德·库尔松1715年9月7日写给财政总监的信就够了：“这个财政区的老百姓都以为，一切征收都应该结束了。那些既怕受牵连又不敢冒任何风险的深明事理的人，对老百姓的这个想法却不以为忤，他们希望发生点什么可以为他们所用的事件。整个财政区都将跟着波尔多市走：如果城里太平无事，财政区的其余地方也不会有事发生；但若城里有了动静，骚乱就会很快蔓延到别的地方。波尔多人心浮动，什么事都可能发生。我不担心贵族，也不担心有产阶级，但我担心下层民众，他们会被那些不怀好意的演说煽动起来。”[4]

寄予摄政王的希望很快就破灭了，枢密院的统治，世风的败坏，以及由约翰·劳的不成功实验（使一大批正直人士破产）导致的财政状况的日趋恶化，这一切都使孟德斯鸠感到不快。他认为“奥尔良公爵具有一位优秀绅士所应具备的一切品格”。他借用庇西特拉图*的形象对奥尔良公爵做了一番描绘，把他写得既严厉，又不乏同情心：

> 庇西特拉图不知道如何侮辱人，但知道如何才能把人打翻在地。美和善一般不容易打动他，但他很容易被杰出的和卓越的东西所触动。他心肠硬，但不果断，喜欢听人夸赞他的才能甚于听别人赞美他的品德。庇西特拉图之所以不果断，是因为他懒于采取行动，不愿费心去做坏事，而不是因为他生性上的某种软弱。对待各种邪恶，他一切受理智支配，丝毫不讲良心。庇西特拉图是我认识的人中唯一徒然地消除了偏见的人，他的不幸在于，他为一种病态心理所驱使，总要表现得比真实的他坏些。面对邪恶，他在某种程度上显得虚伪，故意装作自己也不干净的样子，以此证明他不受约束，能自主行事。[5]

身为观察家和伦理学家的孟德斯鸠，在感到百无聊赖的时候也为异国情调所吸引。首先向他展示异国风情的，是1713年他和尼科拉·弗雷莱以及中国人黄嘉略的谈话，此外还有柏应理和基尔歇的著作。渐渐地，他的好奇心扩展到了东方的其他国家，这些国家使他着了迷，读了一些书以后，他便产生了一些遐想。拉布莱德藏书室的目录告诉我们他读了哪些有关东方的书：1717年科隆出版的《土耳其谍影》，1717年出版的图尔纳福尔的《游记》，1718年重购的塔韦尼埃的《土耳其、波斯和东印度游记》，此前他已读了该书的1713年版本，等等。虽不敢肯定他读过这些书，但很可能读了。这样，塔韦尼埃的《游记》就为郁斯贝

* 庇西特拉图（约公元前600—公元前527），古希腊雅典僭主。——译者注

克往返于伊斯巴汗和道里斯之间行经的路线提供了准确详尽的资料。同样地，夏尔丹的《游记》也是孟德斯鸠了解波斯和东方君主国情况的主要资料。

因此，可以说“写《波斯人信札》的想法大约产生于庭长于1716年12月至1717年4月在巴黎自行长期度假期间。其间发生的大事有：彼得大帝的来访，詹森派信仰的复苏，呼吁召开罗马天主教公会议，设立司法署，杜布瓦的高升，三国同盟的签订，等等。一系列的事件使孟德斯鸠对传闻大感兴趣，在《波斯人信札》里留下了大量痕迹”。[6]

《波斯人信札》里最后几封信中所提到的当时的一些事件，发生在1720年，这些事件也有助于确定这部作品的完成日期：从约翰·劳的失败到其体制的终结（日期为11月11日的第145封信），中经瑞典乌尔里克女王3月24日的让位（第140封信）。另外，1720年的大部分也可能是全部时间，孟德斯鸠是在波尔多度过的，他在全力以赴地最终校订《波斯人信札》。

此书从1717年至1720年才慢慢成熟，这不应引起惊奇，因为孟德斯鸠为掌握东方风俗而必须看的书十分庞杂，而且要把法国的一些事件写入书中，总得在事件发生一段时间以后才有可能。不过，由于以波斯和法国作为背景，他就可以随心所欲地使全书脉络变得复杂。为了使读者有身临异国之感，作者利用这样的背景，充分发挥想象力，把一些互不相关的故事交错安排，互为穿插，既不合乎逻辑，也缺乏连贯性，令人感到扑朔迷离。此外，他还写了书中人物的心态变化，例如，郁斯贝克回到波斯的时候竟然不知道波斯文明和西方文明孰优孰劣了，因为，作为一个清醒的观察家，在西方文明中生活了九年之后，他的一部分信念已被摧毁。

孟德斯鸠为描写选定的背景而阅读过的著作和在法国进行考察的那位东方人，都已查清：意大利人让－保罗·马拉纳所写，出版于1684年的《宫中谍影》，从1722年就被卡米扎和布吕藏·德·拉·马尔蒂尼埃尔所写的《文学评论文集》看作《波斯人信札》的样板。在这本书信体的书中，那位间谍看到巴黎的风俗习惯时表现出了近乎天真的惊奇，那里的政治体制和法国人的信仰令他感到惊讶，明显地给人这样一种印象：他讨厌专制制度，与宗教忏悔和天主教会相比，他更喜欢自然神教。伏尔泰在《路易十四时代》里，达朗贝尔在《孟德斯鸠赞》里，都把杜弗莱努瓦的《严肃与诙谐的娱乐》看作《波斯人信札》的另一个样板。在这本书里，作者虚构了一个初到巴黎的暹罗人，他那种矫饰的天真，令人想到孟德斯鸠的某些手法。因此，东方观察家这一人物形象不是孟德斯鸠创造出来的，在他以前的很多作家都已使用过。这是一种很便当的方法，可以使读者于不知不觉间进入一种异国情调。通过书中人物的反应、看法、判断和感想，作者可以更自由地、不受传统拘束地发表一些看法，又不致让人总以为是作者本人的看法。杜弗莱努瓦在《严肃与诙谐的娱乐》中承认了这种手法的方便之处："我将用一个暹罗旅行者的眼光看问题，这样我就多少能发现，某些由习惯的偏见使我们觉得合理和自然的事，会使他如何感到吃惊。"

因此，在孟德斯鸠写《波斯人信札》的时候，利用东方作为作品背景的做法正大行其道。早在 1707 年，皮埃尔 · 培尔在其所编纂的《历史与批判辞典》中就已提到使用东方观察家的问题。他写道："要是由一个在欧洲一些大城市中旅居多年的日本人或中国人来描述西方社会情景，可能很有意思，我们可能会有耳目一新之感……"因此，孟德斯鸠选择这样一个背景的原因是不难明白的。他认为，这种背景可以把哲学、政治、道德溶到小说里去，能够用一根隐蔽的链条以某种全新的方式把一切连接起来。采取书信体的便利之处也在于可以根据需要而改换场景。早在 1711 年，孟德斯鸠在写关于异教神父的一本著作里就已经尝试过这种形式了，该书是在皮埃尔 · 培尔的《关于彗星的杂想》的启发下写成的，已被他付之一炬。

尽管为这部著作选定的背景和文学形式并非孟德斯鸠所独创，他写出来的书却仍然是独具一格的。正如韦尼埃尔指出的那样："这是一部奇书，具有书信体小说、政治编年史、游记和道德教育论文等特性，既采用了悲剧的独白或喜剧的对话，也没有轻视论说、辩论或叙述。这又是一部令人困惑的书，场地不断变换，背景复杂多样，故事交叉，几乎使人失去卒读的兴趣。”

按年代顺序的逼真性、各种题材的搭配适度及其在东西方的巧妙分布，从到东方旅行过的人那里取得的可靠资料，同时，借鉴古代作家、近代历史学家、法学家和哲学家，特别是培尔、笛卡尔和费奈隆，以及近代文学家如丰特奈尔和达西埃夫人，这许许多多的资料来源，在此都说明孟德斯鸠涉猎之广博，其好奇心所向以及他的工作方法。这才是他的真正不同凡响之处，才是他举世无双的才能之所在。他具有这样的才能，可以把一些常常是难于理解的作品消化吸收，使之变成他自己的思想，通过他自己的思想、想象以及他自己在当代政治家身边所获得的消息等方式表达出来，而不使读者感到枯燥无味。同时，他还利用自己在构思中的作品，其中有些是只开了个头而从未写成的作品，如《论责任》《论人口减少的原因》《论西班牙的财富》《论自然法和正义与非正义的区别》。在这些年里，他付出了多么艰辛的劳动啊！不难想象，他把大部分时间用来阅读、研究、谈话、思考和写作了。对于这样一个仅及而立之年的早熟青年，一个能在几年的时间里写出《波斯人信札》的人，我们怎么能不钦佩呢！

出版这样一部作品是有风险的，会给作者带来许多麻烦。作者不敢冒险去申请特许，一旦遭到拒绝，就会导致作品被禁。孟德斯鸠也不想去争取难以得到的“默许”或“容忍”，因为阿格索大法官对传奇小说类的东西态度严厉。他想避开所有这些麻烦，知道他的法官身份不会给他带来任何宽容。相反，一旦追究起来，将会使事情变得更严重，于是，他宁可去找一位荷兰书商。从 16 世纪开始，特别是 1685 年撤销南特敕令以来，大批的法国书商和印刷商逃到了荷兰，他们从那里向法国发送各种各样带有新教思想和敌视法国专制制度的文学作品。亨利 · 德博尔德就是这样一个书商。他于 1649 年生于索米尔，他在那里为新教学院印制书籍和论文。1682 年，他离开索米尔，到阿姆斯特丹住了下来，1718 年 2 月 24 日在那里逝世。埃德加 · 马斯[7]最近的研究有许多新发现，这项研究表明，出版《波斯人信札》的时候，德博尔德书店的老板是亨利的遗孀絮扎娜 · 德 · 科，他们的长子雅克从 1719 年起在海牙的一家印刷厂当学徒，1727 年回到阿姆斯特丹主持书店，其时絮扎娜·德·科已经过世。一些法国书籍就是这些人印出来的，特别是一些逃亡的加尔文教派人士的著作，如《文坛史评》，1713 年开始发行，《关于欧洲重大事件的历史信札》，1715 年开始发行。1718 年 3 月，絮扎娜·德·科在《历史信札》中发表文章为期刊作辩护，期刊对传播启蒙思想所起的重大作用，是尽人皆知的。

人们想知道，孟德斯鸠是如何与絮扎娜·德·科交往起来的。是不是通过报馆老板亨利·菲利浦·利米埃认识的呢？利米埃出生在荷兰，父母是逃亡荷兰的法国人。1724 年 4 月 4 日，他为自己和全家人取得了乌特勒支市的公民权，1728 年 8 月 18 日在该市逝世。在 1725 年 7 月 12 日写给孟德斯鸠的信里，利米埃提到了他们之间始于若干年前的通信关系："若不是相距太远，怕给您增加负担，我会更经常地给您写信的。"在请求孟德斯鸠预订他在一年前开始出版发行的《乌特勒支小报》以后，利米埃又写道："我自信杜瓦尔教士（孟德斯鸠的秘书）将赐予我同样的荣幸，但为了不增加信件，我没有另外给他写信。"可以看出，利米埃的确和孟德斯鸠及杜瓦尔教士保持着通信关系。此外，利米埃还邀请他们去荷兰："现在天气转好了，您不想来荷兰小住几天吗？我将十分乐意在这里跟您待上一段时间，杜瓦尔先生也一样，他也应该再来散散心。"

孟德斯鸠很快就给利米埃回了信，并答应把《乌特勒支小报》的订单转给波尔多书商拉库尔去散发，这似乎就证实了在孟德斯鸠和利米埃之间存在着稳固的关系。孟德斯鸠的信散失了，但利米埃 1725 年 8 月 23 日的复信清楚地说明两人的联系。从信里得知，利米埃和阿姆斯特丹富商皮埃尔·巴尔格里有生意上的关系，巴尔格里属于波尔多的一个巨商家族，这样的家庭，孟德斯鸠肯定认识。因此，巴尔格里家有可能把杜瓦尔教士介绍给利米埃，而利米埃又把杜瓦尔教士介绍给絮扎娜·德·科。

不管怎么说，利米埃的那两封信看来证实了加斯科所做的有关杜瓦尔教士在出版《波斯人信札》时所起作用的一项注释："是他带着《波斯人信札》的手稿去荷兰的，并且在那里印成了书，这使《波斯人信札》的作者花了不少钱，没有任何收益。”

《波斯人信札》虽然是由絮扎娜·德·科在阿姆斯特丹出版的，但书上印的却是科隆的皮埃尔·马多或阿姆斯特丹的皮埃尔·布吕纳尔。使用虚构的地址，目的只在于误导法国的书检人员，把线索搞乱。第一版书是5月里送到书店的，这和埃德加·马斯发现的三份文件所说的一致。这三份文件是：《历史信札》上的一则书评、1721年瓦厄贝热出版商让松的《新书目录》和巴黎审查处外国印刷书籍登记册中的一段注释。《波斯人信札》登记的日期介于4月21日至6月30日之间。絮扎娜·德·科于1721年10月又出了第二版，和第一版有很大的不同。

在同一年里，在同一个出版商那里有两个不同的版本，此事直到近几年前还一直令一些评论家感到困惑，并使他们提出了一些推测，这些推测往往自相矛盾，始终没能令人信服。埃德加·马斯的研究成果终于使这个众说纷纭的问题有了解决的希望，更重要的是使出版一部真正的《波斯人信札》考订本成为可能。

孟德斯鸠在《随想录》里写的这段话也使得这个问题变得扑朔迷离：“在这本书的各种版本中，只有第一版是好的，出版商不曾做手脚。第一版由科隆书商皮埃尔·马多印刷出版，1721年面世。”[8]而在保存于国立图书馆的两本清样中的一本上，他注明：“《波斯人信札》清样改正本。该书为初版本，1721年由科隆的皮埃尔·马多印刷出版，十二开两卷本。”第一位试图对这两个版本的异同做出解释的是伏尔泰。我们依照埃德加·马斯的先例，也把这两个版本分别称之为A版和B版。伏尔泰在《路易十四时代》中对此所做的解释与孟德斯鸠的性格不太相符。他写道：“《波斯人信札》是一部才华横溢的著作，为孟德斯鸠庭长打开了法兰西学士院的大门，尽管法兰西学士院在这本书里遭到了揶揄。但是，他在谈论政府和宗教流弊时的肆无忌惮，却也招致弗勒里红衣主教对他的排斥。为了使这位红衣主教兼大臣替自己说话，孟德斯鸠采取了一个妙招，几天之后他就让人出版了《波斯人信札》的新版本，凡是一位红衣主教或一位大臣遭到谴责之处，在新的版本里都被删除了，或者被淡化了。孟德斯鸠先生亲自带着作品去见红衣主教。红衣主教是不怎么读书的，但他读了这本书的若干章节。这种信赖的表示，再加上若干头面人物的热心相助，使红衣主教改变了态度，孟德斯鸠于是就进了法兰西学士院。”

伏尔泰的这种说法是彻头彻尾的杜撰。事实上，孟德斯鸠只是到了1724年才开始为进入法兰西学士院而奔走的，而伏尔泰所说的关于B版本的书评早在1721年10月的《历史信札》中就已经刊出了。

存在两个版本所引起的这些问题也没有逃过我们这个时代的出版商的注意。1897年，亨利·巴克豪森注意到了A版和B版的差异，可是，他又发现，在经孟德斯鸠校订后分别于1754年和1758年出版的两个版本中，B版对A版所做的改动中的一部分却不见了。他因而感到惊讶，他的推测是：这是为了照顾荷兰的胡格诺教派的读者，由作者自己删掉的。巴克豪森唯一有力的依据是1754年和1758年的版本删去了谈及三位一体的段落，但《历史信札》刊出的书评全文摘引了这一段，而这一段在A版中就有，所以，巴克豪森的说法是不能成立的。1954年，安托万·亚当倾向于B版为原始版本的看法，但他却又说，我们不妨“设想B版反映的可能是该书的早期面貌”。

埃德加·马斯运用版本学和目录学的知识，经过严格的论证，得出如下结论：作者生前出版的《波斯人信札》的四种版本，说明该书的产生经历了五个阶段。1721年5月出版的原始版本，即A版，事实上是对底本加以修改而成的，而这个底本又是1721年10月出版的第二版即B版的基础，B版中包含有后来增加的第一版里没有的部分内容。B版（增加的内容除外）最为重要的说法是有道理的，对异文所做的分析和对异文类别所做的归纳对此说提供了支持。在这以后，对1754年和1758年版本的修订与加工，孟德斯鸠都是按照这同一方式进行的。他按时间先后加进了一些信，使之与书中已有的信在时间上前后衔接。

《波斯人信札》的发行，得益于加尔文教徒通过书商和文学刊物在欧洲建立起来的关系网。《逃亡者》杂志虽然谴责孟德斯鸠诋毁宗教，却又从他那里找到了反对国王和教皇禁止詹森派的论据。同样的，“现代派”在与“古代派”论战的第二阶段，也小心谨慎地替孟德斯鸠说了好话。法国政府出于避免与日益“开明”并对新事物日益敏感的公众舆论正面冲突的考虑，不得不尽力维护国王、国家、教会和商界的利益，因此，王室书检机构虽然知道《波斯人信札》这件事，却不曾查禁，而是按照政府在这类事上的通常做法，采取了视而不见的态度。

尽管对《波斯人信札》所受到的欢迎持谨慎态度，孟德斯鸠还是看到：“该书从一开始的发行量是如此之大，以致荷兰的各出版商千方百计地去寻找续集，他们碰上谁都拉着人家的袖子说：‘先生，请您给我写一部《波斯人信札》吧！’”[9]孟德斯鸠认为，该书的成功应归因于这样一个事实：“《波斯人信札》引人发笑，是一部愉悦人的作品，因而受人喜爱。”[10]

法国接受孟德斯鸠这部作品的情况说明，他的同代人在读《波斯人信札》时，没有把它当作一部虚构的作品，而是当作宗教的道德批评著作来读的。《文学杂志》的评论指出了这本书在德育方面的好处，大段摘登了穴居人的故事，把第 156 封信看成一项论据，证明“善良和美德是宗教的本质”。同样，让·勒克莱尔在 1721 年发表于《古代与现代丛书》上的书评中阐述说，作者的目的在于“消除其同胞身上的某些习惯。他们不觉得这些习惯有什么不好，但其他民族可能觉得这些习惯不太合乎他们的口味，而且也可能与情理不太相合”[11]。

在不同的时代，不同倾向的评论家对《波斯人信札》所做的解释各不相同，有的相互对立，有的甚至互相矛盾。这一切表明了这部著作的复杂性。初步接触可能觉得它很浅显：两个东方人初来西方的故事，对他们来说，一切显得新鲜、奇特，又因出门在外，有些思乡。逐渐地，这一切消失了，代之而起的是对风土人情和政治及宗教制度的不太成系统的批判，对人和人的思想的深刻理解，这种理解既导致不加掩饰的同情心，也导致选择解决办法的困难，因为各种相反的解决办法都具有令人满意的一面。简言之，我们的波斯人不得不考虑他们到法国来之前那些自信心的根据，不得不重新审视他们自己以及那些此前一直被认为是不可更改的风俗习惯了。一句话，他们不得不发挥他们的批判精神并努力合乎分寸地加以运用了。

《波斯人信札》是一部小说吗？提这个问题似乎是多此一举，因为在18世纪，小说还是一种尚未严格界定的文学样式，具有极大的灵活性。但是，这样提出问题就使作品的美学价值甚至作品本身的意义有所减色。孟德斯鸠晚年为此书草就了一篇序言，收在《随想录》里。他无疑是想缓和一下对他这部青年时代作品的某些批评，因而毫不含糊地坚持《波斯人信札》的小说性质："《波斯人信札》的主要可取之处，就在于它是一部小说，这是不言自明的。故事有开头，有发展，有结尾。一条线索把各式人物连接了起来。随着他们在欧洲逗留的延续，地球这一部分的风土人情已经不那么让他们感到令人赞叹和神奇了，这些令人赞叹和感到神奇的东西留给他们每个人的印象，也因各人性格上的差异而有所不同。另一方面，郁斯贝克在外的时间越长，亚洲后宫的秩序就越混乱，就是说，随着怨怼情绪的增长，爱在减少。此外，这类小说一般都是成功的，因为读者从中可以看到自己当前的境况，这比人们所能编出的故事更能让人感到有激情。"

除了"哲学的"批评以外，《波斯人信札》还包含具有传奇色彩的东方后宫阴谋，这是毋庸置疑的。然而，假如这种阴谋不是一种托词，作品的文学价值就受到了影响，作品就会全然失色。《波斯人信札》的独特之处，就在于把哲学批评和后宫阴谋糅在了一起[12]。书中许多地方显示出了作品的这种统一的特点。从巴利埃尔[13]和旺蒂[14]对这部作品进行研究以来，《波斯人信札》里所写的大体上和孟德斯鸠本人的经历相合的说法，已经得到公认。郁斯贝克和黎伽体现了孟德斯鸠性格上既严肃又轻浮的诸多侧面，但是，具体的对应点，特别是书中的妇女和谁对应，尚无法找出。可以对此表示遗憾，因为，这样的对应可以为我们对孟德斯鸠一生中的一个含混不清的阶段提供许多线索。不过这样也好，这可以使作者通过想象力的驰骋，把现实生活中形形色色的东西构筑成一个和谐的新天地。几个东方人离乡背井的主题与外省人同首都的接触就结合得天衣无缝。关于夫妻之间的忠诚、子女教育以及婚姻上的宗教冲突的主题，也是如此，因为我们知道让娜·德·拉尔蒂克是新教徒。

孟德斯鸠内心对社会风气的看法并未达到郁斯贝克对道德的严格要求。孟德斯鸠大概意识到了，他可以从摄政时期的低级下流趣味中获取方便，但他在《波斯人信札》以后所写的作品都表明他厌恶专制主义，而放纵说到底只是专制主义的最阴险的形式之一。[15]他不愿做这种放纵主义的预言家；其文学创作上的隐晦暧昧，可以在他后来收入《随想录》中的那篇为《尼多斯的神殿》进行辩护的文章里找到解释。他写道：

> 有些人认为读《尼多斯的神殿》是危险的。他们没有注意到，他们把所有小说的缺点都归咎于一部小说了。要是一首诗里有淫秽下流的东西，那是这位诗人不道德。若是诗里激情感人，那正是诗的效果。读小说无疑是危险的，但什么不危险呢？但愿需要改变的只是读小说的坏效果。不过，让一个有七情六欲的人没有感情，非要根除情欲不可，连严加控制也不行。在这个日益腐败的时代里倡导尽善尽美，在这个充满邪恶的世界里奋起反对软弱，我深恐这样一种崇高的道德只能是书呆子的傻想，让我们去做这些遥遥无期的事，等于让我们依然故我。[16]

在这篇为小说所做的辩护词中，孟德斯鸠坦率地承认，阅读小说可能是危险的，但他认为，在一个世风日下的时代，读读小说有助于提高道德水准，因为任何文学作品都能够激发人的热情。因此，在孟德斯鸠的思想里就显现出一种以心理因素为基础的美学观。这种美学思想，在《论情趣》《论影响精神的诸因素》以及《随想录》的若干章节里，都有所流露。如《随想录》里就有关于幸福与不幸的论述。幸福是人的自然状态，因为感官生来就是为了享受幸福的。他写道："幸福与不幸在于器官的状况好与不好。"他断言："感官受折磨必定引导我们去追求欢乐……一个女人昨天希望有个情人，如果没有成功，她就希望她见过的另一个人来占这个位子。这样，她就可以在希望中度过一生。”另外，“到处有欢乐，欢乐之于我们，如影随形，而苦恼只是偶然现象。似乎万物都是为我们的欢乐而备的，当睡意袭来时，黑暗愉悦我们，醒来的时候，阳光令我们陶醉。大自然被打扮得五光十色，各种声音美妙悦耳，美味佳肴香甜可口。就好像这一切还不能使我们的生活足够幸福一样，我们身体这架机器还必须不断地修复，以满足我们的欢乐。”[17]

为情欲正名这种做法可以找到根源，特别是在马勒伯朗士那里可以找到根源，但这和表现方法上的粗俗的自然主义没有任何关系。在爱情方面，孟德斯鸠的理想中不排斥温馨、执着和忠诚。他的色情描写不是宣扬放荡。在《尼多斯的神殿》第四章里，他描写了锡芭丽特的放荡情景。事实上他对他经常出入的贝莱巴的小圈子是谴责的，谴责他们把爱情降低为一种简单的短暂而肤浅的暧昧关系，谴责放纵者奉为圭臬的几乎所有的歪理。不能把《波斯人信札》里的后宫阴谋归因于摄政时期那种对人身心有害的影响，它是一种新的独特手法，使孟德斯鸠得以把当时的两种思想倾向写进他的小说里去，这两种思想倾向就是哲学与风流。

在《波斯人信札》里找出另一些暗示孟德斯鸠生活的地方是很容易的，特别是那些与在波尔多科学院写作生活有关的不容置疑的蛛丝马迹。例如，第八封信里的郁斯贝克的内心独白，反映的就是孟德斯鸠的心态：

> 我很小就进了宫廷。我可以说，我的心没有在宫廷里变坏，我甚至做过这样伟大的设想：我敢于在宫廷里成为一个道德高尚的人。当我认识到什么是恶的时候，我远离它，但我随后又靠近恶，以便揭露它。就是在坐在宝座上的国王面前，我也说真话，我说的那些话是到那时为止谁都没说过的。我使阿谀奉承之徒感到张皇失措，让崇拜者和偶像同时感到吃惊。
>
> 但是，当我发现我的真诚使我树敌、引起大臣们的嫉妒而使我得不到国王宠爱的时候，当我仅以美德在一个腐败的宫廷里独力难

> 支的时候，我就决定：离开这个宫廷。我装成酷爱科学的样子，装来装去，我真的爱上了科学。我不再管任何事务，回到了我的乡间。但是，这个做法本身也有不便之处：我总是处于对手的恶意攻击之中，几乎完全被剥夺了自卫的手段。

就是这些摘录，再加上许多别的东西，向我们展示了孟德斯鸠深刻的感情。当然，他否认自己的观点和他所塑造的人物的观点是一致的。他说的这一点当属无可争辩，但是他的这部书并不因此而不曾显示出对世界的极为明确的看法。这种看法是属于他的，他也关注这种看法，尤其是在政治领域里。

作为《波斯人信札》精髓的这个政治侧面，一直是许多人的研究对象。让·厄拉尔[18]的研究成果和让－玛丽·古勒蒙[19]的诠释，结论不太一致。由于和最近展开的关于启蒙时期各种力量所起作用的更为广泛的争论颇有联系，这场论争就变得更为引人注目。直到最近为止，《波斯人信札》一直被批评界归类为哲学著作，或被贬为没有真正深度的、只是讨人喜欢的宗教怀疑论说教。事实上，孟德斯鸠的思想不属于完整和缜密的反封建思想。他的“自由主义”——使用这个字眼时要十分小心谨慎，以免犯不辨古今词义有别的错误——来源于他对路易十四的专制主义和东方专制主义恶行的谴责。郁斯贝克，也就是孟德斯鸠，赞成议会制，对英国的反对绝对王权主义的理论家有好感，公开声明主张在和平、宽容和自由的基础上发展经济。起初他对摄政王抱有幻想，1719年就转而成了反对派，激烈地反对被指责把君主制的传统秩序置于险境的约翰·劳。

《波斯人信札》中占主导地位的政治思想，归根结底属于贵族的反抗。书中表现出来的绝对王权主义，实质上是对贵族的社会地位和政治地位的一种威胁。但是，该书同时也向人们展示了近代社会中权力的各种新形式，这些形式最终均被接受了。这里指的是经济力量，商业活动，以及承认商业和商人在国家真正的财富构成中所占地位的必要性。贵族们虽然并不糊涂，但是他们不甘心于自己的江河日下，企图对靠商业和投资活动发家的平民百姓进行报复，因而他们依然跃跃欲试。与此同时，赖以维持和坚持现状的折中幻想就应运而生，于是他们便期望在土地和金钱、门第和实绩之间能达成协议。[20]

路易十四统治末期，孟德斯鸠正住在巴黎，他也经历了摄政时期社会情况的急剧恶化，这种恶化因约翰·劳进行灾难性的实验而达到了无以复加的地步。因此，孟德斯鸠在写《波斯人信札》的时候，绝对没有摧毁君主政体这座大厦的意图。他描写他所见到的东西，表达他感受到的思想。如果说他像韦尼埃尔所指出的那样，还在接受他所生活的这个社会，他却丝毫不曾为这个社会所欺骗。谈及三位一体、圣体圣事体和教皇时的那种肆无忌惮的语气，那些低级趣味的玩笑，以及对自杀的赞扬，等等，不应该使我们产生错觉，因为，由于他所受的教育而使他信守的许多价值观念，那时似乎都垮掉了。他在寻找一种更稳定的秩序，一个建立在正义和自然基础上的理想秩序，亦即建立在良心和理性的根本要求之上的秩序。当然，在《波斯人信札》和《论法的精神》之间不难找出诸多共同思想，我们也一直在这样做，但是，正如韦尼埃尔指出的，把二十年以后才形成的理论牵强附会地拉到1721年出版的作品里，是个好办法吗？

孟德斯鸠对18世纪在法国占统治地位的宗教行为的批判，有时被说成大胆泼辣，有时被看作谨小慎微。在这方面，若是和培尔编写的《词典》相比，《波斯人信札》的主题可以说毫无新意可言。孟德斯鸠从培尔编写的《词典》里吸收了不少东西，尽管他年轻时曾写过《关于一些可以用来反对培尔先生悖论的思考——与其做个崇拜偶像的人，不如做个无神论者》[21]。《波斯人信札》谴责了被1713年的教皇诏书“唯一圣子”重新煽动起来的天主教排斥异教的偏执。孟德斯鸠从年轻的时候起对围绕詹森教派而产生的争论就十分关注，他认为进行这样的争论不是好事。他不掩饰自己对詹森派最激烈的对手耶稣会的不信任，而且谴责双方“把争论带到了中国”。可他又认为，“教皇的权力有被詹森派动摇的危险。法国对詹森派的迫害，已经使一些人逃往荷兰，这些人在荷兰采取的方针是反对那个不断地对他们进行谴责的权威。况且，法国和荷兰的詹森派教徒是不可能不频繁地互通声气的。由于耶稣会士总是借助他们的声誉和智谋，不遗余力地支持这个权威反对詹森派，詹森派想要摆脱耶稣会的纠缠，只有动摇这个权威才能做到。因此，要是有朝一日国王想没收教会的财产，出于对罗马教廷的怨恨，詹森派会站在国王一边，这一点是毋庸置疑的；而如果国王把从教会没收来的财产用于缓解民困，更不用担心老百姓不拥护”。[22]另一方面，孟德斯鸠也不可能为詹森派的清规戒律所吸引，因为“在一切的乐趣之中”，詹森派“只给了我们搔痒的乐趣”。[23]

《波斯人信札》中提出的批评走得还要远些：该书指责神学辩论的虚妄、决疑论的奥秘和神职人员的独身制度。孟德斯鸠揭露了布道的虚妄，赞扬多做宗教忏悔。照雅克－索莱的说法，孟德斯鸠给摄政时期的沙龙提供了一个“世界通用培尔词典节本”，使大家免去了翻检培尔及其前辈的对开本浩繁巨著的麻烦，但他不公正地对待培尔及其前辈的渊博学识，甚至损及译者的无私而有益的劳动。《波斯人信札》中描写教会图书馆的那五封信，即第 133—137 封信，对过去的文化极尽嘲讽之能事，然而，在孟德斯鸠的拉布莱德藏书室里却藏有不少这类装帧讲究的书籍。摄政时期较其他任何时代更甚的是，想让人们把前此的事通通忘掉。孟德斯鸠却一直保持着对古代短诗的兴趣，而到各方面都成熟以后，他的兴趣被引向政治学，他用多年的时间去从事博大精深的研究，试图揭示政治学法则。

在第 24 封信中，孟德斯鸠对教皇进行了攻击。尽管这些话出自一个东方人之口，也很出名，对基督教深深扎了根的大部分法国地区来说，其不相宜的性质却并未稍减。他写道：“关于这位国王（法国国王），我所说的话不应该使你吃惊，因为另外还有一个比这位国王更厉害的魔法师，他左右国王的思想，不亚于国王本人左右其他人的思想。这个魔法师的名字就叫教皇。他有时教国王相信 3=1，人们吃的面包不是面包，人们喝的酒也不是酒，如此等等，不一而足。”

孟德斯鸠后来否认他曾经想戏弄宗教。他在 1754 年写的《波斯人信札》序言的草稿里也确实指出过："在头几封信里，有些地方人们认为写得过于大胆，但是，请注意这些段落的性质。那几个在这些信里扮演重要角色的波斯人，突然置身于欧洲，在一段时间里必得把他们写得满脑子的无知和偏见。作者此时注重的只是让读者看到他们的思想是如何产生和发展的。他们最初的一些想法应该是奇特的，作者除去赋予他们一些可以和风趣幽默相协调的奇特想法，似乎做不了什么别的，作者似乎也只能去描写他们在看到每一件不平常的事时所产生的感受。作者非但根本没想牵扯宗教原则，甚至不曾有过这种不慎的念头。作此辩解是出于对真理的热爱，与对人类的敬重无关，当然也不曾想过要去触动人类最敏感的部位。"[24]

孟德斯鸠为自己的辩解还提出了另一个理由："在谈及我们的宗教时，这几个波斯人不可能显得比他们谈论我们这个民族的一般风俗习惯时知道得更多，因此，若是他们有时觉得我们的教义奇怪，那么也得承认，在《波斯人信札》里，他们的这种惊奇是被从这个角度描写的，即全然出于他们的无知。他们不知道，这些教义是一根链条上的一环，这根链条把我们的教义和我们的其他道理连在了一起。全部的乐趣只存在于事实真相及其被感知的方式两者之间的鲜明对照之中。"

总之，孟德斯鸠不是其作品的最佳评判者。他在《随想录》里写道："当这本书出来的时候，没有人把它当作一部严肃的作品。这本书确实不是一部严肃作品。由于作者的坦诚，两三处鲁莽的地方得到了原谅。正是这种坦诚令作者议论一切，但毫无恶意。读过之后，每位读者都觉得自己不是书中批评的对象，他们想得起来的只有快乐。过去人们也心烦，像今天心烦一样。但是，过去人们更明白为什么要心烦。"[25]

《真实的故事》是一部哲学小说，主人公集几个人的生活经验、各种境遇、不同时代和两种性别于一身。在这部书里，孟德斯鸠对《波斯人信札》的出版给他造成的一些后果，很风趣地透露了一些想法：

在这一生里，我写了一本书。我的作品获得了很大的成功，而不是我本人的成功。我是个有头脑的人，在这以前，人们认为我干什么都行，但当我把公众判断的才能集中用于某一特殊方面的时候，人们就说我干什么都不行了。

直到那个时候为止，大家都是我的朋友，但没过多久，我就有了数不清的对手和敌人，他们从来没见过我，我也不认识他们。我无法与这些人和解。

人们想和我交往，让我扮演一个愉悦人的角色，这使我很为难。他们不许我说一句蠢话，尽管我周围的人说起蠢话来肆无忌惮。

另一方面，有一些贫嘴饶舌的人说他们躲着我，因为我是个才子，言下之意是说我矫揉造作，而他们都是自自然然的，而且，如果他们愿意，会比我更有才华。

有些人说，我的那些书不是我写的。嫉妒心使人变得愚蠢，他们不明白，这么说对自己没有一点好处：如果那些书不是我写的，也得是另外一个人写的吧？

总之，这部倒霉的作品折磨了我一生。对这本书，褒也罢，贬也罢，我总是觉得不痛快。

对一个外省人来说，即使是波尔多高等法院的庭长，要在巴黎为自己打通关系，涉足当代名士出入的宫廷、各种沙龙和文学团体，也是困难的。孟德斯鸠也不例外。马勒塞布看得很清楚，一位来自外省的作家，即使他是《波斯人信札》的作者，要让首都接受，是多么艰难。1766 年 11 月 28 日，孟德斯鸠过世十年之后，马勒塞布在致德 · 萨尔斯菲厄尔德伯爵的信里写道：

……孟德斯鸠庭长是个有身份的人，在他那个省里，都是这样看的，但是在宫廷和巴黎就很少有人这么看了，庭长的身份在巴黎比不上一个好出身。所以，他总想知道那些认识他的人在我面前说了些什么，这甚至成了像他这样的人的一种怪癖，因为这无助于改善他的处境。当他在首都出了名以后，在这个问题上的矛盾心理，使他原来就有的那种不让人小看的愿望变得更为强烈。他极有才智，不会让这个弱点有所流露，或者应该说，他善于掩饰自己。因为，伏尔泰和他一样有才华，如果伏尔泰是绅士出身，他就会把这一点写进他的作品的每个章节里。至于孟德斯鸠庭长，因为满脑子的这种思想，不放过任何为贵族的事进行辩护的机会，摆出一副十分关注的样子，让人知道他也是贵族出身。这种做法，对于不了解内情的人来说，算不得拙劣，但明白了这一点再去读他的作品，那就全然不同了。

然而，孟德斯鸠从来不是那种“像攀缘植物依附于它所碰到的任何东西身上”[26]的阿谀奉承之辈。他认为阿谀奉承之辈是有害的，事实上，“国王们被阿谀奉承之辈紧紧包围着，他们把一切遮盖得严严实实，让国王们什么也看不见，结果倒是像笛卡尔这样的人反而看得比较清楚，从旧哲学的黑暗里走了出来”。[27]难道不是因为总是不能接近宫廷而生气恼，他才写出以下这样的话：“见到多数大人物的时候，起初我有一种稚气的敬畏心理，一旦结识了他们，敬畏之心全失，我几乎一下子就蔑视起他们来了。”接下去他又写道：“对我损害最大的，是我对那些我并不尊重的人总是极端地蔑视。”[28]

《波斯人信札》用匿名出版的秘密很快就被揭开了。该书的成功，使孟德斯鸠去巴黎小住变得越来越经常了，特别是在1724年以后。1721年他住在巴黎的时间大约是从7月12日至9月7日。转过年来，他从8月至11月都住在巴黎，尔后，又于12月回到巴黎，一直待到1723年8月。1724年，他先从5月21日住到8月17日，然后又从10月5日起，住到1725年的3月。从1725年12月至1726年6月，他仍住在巴黎。这以后，1727年6月他又回到首都，一直住到1728年4月他出发去旅行。波尔多到巴黎之间的漫长旅途和鞍马劳顿没有令孟德斯鸠感到不快。

在这几年里，孟德斯鸠换过几次住处。1721年，他下榻于圣－安德烈区多菲纳街的弗朗德饭店，尔后搬到了马莱地区的韦尔里街。1724

年他又回到塞纳河左岸，住进泰阿坦滨河路即现在的马拉凯滨河路波拿巴大街街角的特朗西瓦尔尼府邸。特朗西瓦尔尼亲王弗朗索瓦·拉茨基于 1714 年至 1717 年住在这里，此时刚刚卖给格拉蒙公爵夫人。普莱伏教士曾安排戴斯格里厄在这里住过一段时间，并把它描绘成一个藏污纳垢的场所，从而使这座府邸出了名。孟德斯鸠在这里只住了几个月，然后就搬到了博纳大街内勒府对面，如今的伏尔泰滨河路 29 号，在那里一直住到 1731 年。

孟德斯鸠在巴黎一直保持着和丰特奈尔的关系，那关系是他第一次在首都小住时建立的。1724 年 7 月，巴尔博院长问过他关于“丰特奈尔和他那一派人对托尔萨克悼词是怎么想的、怎么说的”这个问题，还补充说：“我觉得这些放肆的话是残忍的，和下流话一样残忍，读的时候，我感到法兰西学士院为托尔萨克所作的颂词中，许多地方十分可笑。”1724 年 5 月，马蒂厄·马莱提到过一本叫作《教士大会第一次会议》的小册子的出版。小册子里收入了教士军团主帅、已故的菲利浦－埃马纽埃尔·德·托尔萨克的悼词。他对这本小册子的评价是：“这是一本很妙的东西，由学士院的几篇演说组成，主要是丰特奈尔和拉莫特的演说，收进来是为了批评他们那种矫揉造作和故弄风雅的文风。”

孟德斯鸠是由德·贝里克元帅引荐到宫廷的，他俩在波尔多相识。贝里克是英国詹姆斯二世和阿纳贝拉·丘吉尔的私生子，英国和西班牙军队的将军，法国元帅，吉耶纳省督。1716 年他正在等待着斯图亚特王朝的复辟，因此和圣－日耳曼－昂－莱的詹姆斯党人过从甚密，他的父亲和一个异母兄弟就住在这个地区。他这位异母兄弟名叫詹姆斯－弗朗西斯－爱德华·斯图亚特，路易十四承认他是英国王位继承人，称他为詹姆斯三世，而他这时的称谓是圣－乔治骑士。孟德斯鸠在波尔多的朋友约瑟夫·德·纳瓦尔认识这位王位继承人，他在波尔多住过，当时孟德斯鸠也见过他。贝里克此时在巴黎附近现今的瓦瑟省拥有一座叫作费兹－詹姆斯的古堡，孟德斯鸠应邀多次去过那里。

在费兹－詹姆斯和巴黎，孟德斯鸠认识了元帅一家人：贝里克元帅的第二个妻子叫作安娜·德·柏克莱；贝里克有两个儿子，前妻生的儿子利里亚公爵，这时是西班牙国王的卫队长，侨居马德里；弗朗索瓦·德·费兹－詹姆斯选择了神职工作，1727 年成了巴黎圣－维克多修道院院长，后来又于 1739 年成了桑斯的主教；贝里克的女儿昂里埃特，结婚以后成了勒纳尔侯爵夫人，1728 年受封为王后宫中的女官。孟德斯鸠和贝里克的妻兄、官居中将的弗朗索瓦·德·柏克莱伯爵一直保持着一种特别信赖的关系。孟德斯鸠一离开巴黎，柏克莱就开始记挂着他的归期，信也写得特别急切。1723 年 9 月 23 日他给孟德斯鸠的信里写道："我希望我们这种书信交往的时间不要持续得太久，最好不久就能在这里高兴地见到您。"同年 10 月 23 日，他又在信里写道："我的庭长，您什么时候回来呀？您的归来会比刚刚被召回的诺埃勒的归来使我高兴百倍……若是拉布莱德离巴黎只有 120 公里，您很快就会在那里见到我，我也会心驰神往地和您在一起待上一个月的……回来吧，我的庭长，对我来说，您比所有的古人，甚至所有的现代人都更可贵！"

由于贝里克及其周围人的帮助，孟德斯鸠被介绍给军界贵族的一些人物，特别是被介绍给戈荣·马蒂翁一家。马蒂翁元帅曾在爱尔兰为詹姆斯二世作过战，在那里认识了贝里克。孟德斯鸠成了马蒂翁的儿子马蒂翁－加塞伯爵和女儿玛丽－安娜的密友。玛丽－安娜嫁给了蒙彼利埃的亨利－弗朗索瓦·德·格拉伏侯爵，这个家族没有名望，但很富有。

德·格拉伏夫人的母亲，据圣·西门的说法，"过着一种深居简出的生活，她德高望重，但面目丑陋，又惊人的富有"。她的父亲弗朗索瓦·贝尔特洛在加拿大积攒了一笔巨大的财产，是为公众舆论所蔑视的包税人中的一员，拉布吕耶尔曾经痛斥过这些人："这些卑鄙的家伙，从头到脚都沾满了污泥和垃圾，是一群唯利是图之辈。他们不是为人父母者，不是朋友，不是公民，不是基督徒，可能也不是人，但他们有钱。"弗朗索瓦·贝尔特洛的一个儿子贝尔特洛·德·普雷纳夫，是法国火药局局长，其处世行径与其父亲一样，但是破了产，在走投无路的情况下被迫逃亡。他的妻子因情夫之多而引起流言蜚语。她的情夫一般都选自上层人士。他们的女儿阿尼埃丝很年轻的时候就嫁给了法国驻都灵大使，因此而变成了德·普里侯爵夫人。她和她母亲一样，也以生活放荡闻名。普里侯爵因为岳父的破产而损失了一部分财产，此刻日益感到一个法国宫廷大臣在撒丁王国宫廷的开支难于应付，于是就把妻子送回巴黎。在巴黎，她在一个一个地换情夫时，重新建立了一种和解的局面，并且成了路易－亨利·德·孔代即波旁公爵的情妇。1723 年 12 月 2 日摄政王过世，波旁公爵成了政府首脑，而她和公爵的关系一直延续到 1726 年公爵失宠。

波旁公爵在尚蒂伊过着奢华的生活。由于刚刚搞了装修，他的古堡成了当时最豪华的法国亲王住所。待客的房间扩大了；让·奥贝尔建造了最漂亮的马厩；内部装饰更丰富多彩，特别是增加了克利斯朵夫·于埃搞的大小猴山；有不少艺术收藏品，最早是由王室总管蒙莫朗西开始搜集的，后来又由孔代一家增添了不少。孟德斯鸠经常出入尚蒂伊古堡，在那里向波旁公爵大献殷勤："我说过，一到尚蒂伊古堡我就吃斋，这是出于礼貌。公爵是个虔信宗教的人。"[29]

普里夫人住在枫丹白露附近的贝莱巴，那里是一派自由风尚。伏尔泰在献给克莱尔蒙小姐的一首打油诗里对经常出入贝莱巴的库尔第孟什本堂神父做了这样的描写："一个非常老实的人，有点儿半疯，自诩有诗才，有酒量，能以良好的风度对待玩笑。"他在诗里描写了 1725 年神父诗人受奖典礼的滑稽仪式。就在这同一时期，1723 年，经常被邀请到贝莱巴来的孟德斯鸠写了《致库尔第孟什神父书简诗》，以赞美他的"功绩"：

阿那克里翁*式的乡村神父，
库尔第孟什啊，你这贫瘠的沼泽
　地上的光荣！
你懂得文艺九女神的语言，
不时地像个一流好手那样在诗山
　上登攀。

---

* 阿那克里翁（Anacréon），希腊抒情诗人。——译者注

你是酒神的宠儿，
也是菜园之神的爱将，
你不像那些金发神父那样呆板，
也不怎么挑剔，
喉咙里不停地吞咽着东西，
但又没有什么东西能疗你的肚饥；
在坦塔罗斯*式的饥渴之外，
你又加上了终日豪饮的乐趣。

在贝莱巴这个放荡不羁的圈子里，孟德斯鸠结识了贝尔特洛家的另一个成员，巴黎荣军院的总管贝尔特洛·德·杜谢，同时认识了德·格拉伏夫人的弟弟马蒂翁－加塞伯爵。孟德斯鸠和他们一直保持着书信来往。他在那里也碰到过一些文化情趣和他相投的客人。巴黎高等法院推事、后来于1723年当了布尔日省督的德尼斯·多达尔，是首席御医克劳德－让－巴蒂斯特·多达尔的儿子；孟德斯鸠1723年11月18日在波尔多科学院做了关于运动的学术报告之后，多达尔于12月28日写了一封信给孟德斯鸠，和他讨论报告中的观点，并告诉他，自己打算出版舅舅的作品。他的舅舅是荷兰的化学家和医生，名叫纪尧姆·翁贝格。多达尔在信里把一篇关于接种牛痘的医学论文的内容告诉了孟德斯鸠。多达尔还向孟德斯鸠提出建议，让他把当时还处于地下状态的一些作品的手稿抄寄给他，特别提到布兰维里埃伯爵的《关于法国历史的思考》和《政府论》。孟德斯鸠对布兰维里埃伯爵的某些观点[30]提出了批评，对其人的评价也不高，因为他不了解“过去、现在和未来”[31]。多达尔很快就戳穿了《波斯人信札》匿名出版的秘密，开玩笑地称孟德斯鸠为“我亲爱的郁斯贝克”。

孟德斯鸠的亲友也常去贝莱巴。他在那里曾多次碰到他的表妹路易

* 坦塔罗斯（Tantale），吕底亚国王，因故遭神谴，被罚永远忍饥受渴。身在河中，俯身喝水，水即流逝；果枝触首，伸手摘果，枝即上扬。——译者注

丝－弗朗索瓦兹－阿尔芒德·戴特拉德。她是皮埃尔－夏尔·朗贝尔·德尔比尼侯爵的妻子，她家里出过好几位波尔多市长。他们两人相互信赖、友好，孟德斯鸠陪她吃晚饭，陪她听歌剧。1725 年孟德斯鸠还向她吐露说，他和德·格拉伏夫人关系不好。在 1726 年 10 月 16 日的一封信中，他亲亲热热地向他这位“美丽的表妹”提出了这样的建议：“我不怎么赞成您说的道理，一位漂亮的祖母应该比别的女人更要打扮，才能一直讨人喜欢。您还年轻，不必劳神去说服别人，说您已经不怎么年轻了。男人是很怪的：人家不再去讨好他们，他们就认为人家已经不可爱了。特别是，做八天祈祷会使您老十年，额头上会满是皱纹。我正要尽力向您说明祈祷是怎么一回事：祈祷是女人因受了男人的冒犯而向上帝做出的认罪表示。”

孟德斯鸠和贝莱巴的另一位常客约瑟夫·马朗也十分要好。马朗和他有点沾亲，是波尔多高等法院的推事。1725 年马朗的妻子玛丽－马德莱娜·库珀去世的时候，孟德斯鸠非常难过，他确实给德尔比尼夫人写过这样的信：“我要告诉您，我因发生了不幸而十分悲痛，我把这不幸看得如同这里发生了一场革命一样，这就是马朗夫人之死。她是波尔多唯一与我相处得投机的女人！对我来说，别的女人不是太年轻就是太老了。我们的医生杀了她，虽然世界上再也找不到她那样好的体质，但也没扛过来。”

这样，由于有贝尔特洛一家人的帮助，孟德斯鸠被引荐到接近宫廷的社交界里来了。柏克莱在 1723 年 9 月、10 月和德尔比尼夫人在 1725 年分别带给他的关于贝莱巴的信息表明，孟德斯鸠在那里是受赏识的。柏克莱在 1723 年 9 月 10 日给他的信里写道：“自从您不再到贝莱巴来，我觉得那里的一切都变得无聊了。没有牌局，不再熬夜，甚至连吃夜宵也少了。”看得出来，孟德斯鸠在贝莱巴这样一个骄奢淫逸的圈子里，感到志得意满，和柏克莱醉心于赌博。在 1723 年 9 月 10 日的信里，柏克莱还写道：“我等得不耐烦了，想和您再一直赌到早晨七点。我还总记着欠您的那 275 利弗尔呢。”1723 年 11 月 18 日，马蒂翁－加塞告诉孟德斯鸠，只要他见到瓦朗蒂努瓦夫人，他就一定会“让她放心，您一有机会就会节制您在瓜德利尔舞上取得的胜利”。

普里夫人的堂侄女德·格拉伏夫人在生活上和波旁公爵的这位情妇相处得很好。马蒂厄·马莱甚室说过，德·格拉伏侯爵夫人是“普里夫人的衣柜”，就是说，德·格拉伏侯爵夫人为普里夫人起到了屏风的作用。从1723年起，孟德斯鸠就和德·格拉伏夫人成了朋友，他们是在贝莱巴和尚蒂伊见的面。根据侯爵夫人的兄弟德·加塞伯爵于1723年11月8日写的一封信，这次会面的时间大体上可以确定：“……我和我姐姐昨天一整天都在谈论您，谈的结果是，我们真心地喜欢您，并且我今天就给您写信。”加塞伯爵在附言里又补充道：“德·格拉伏夫人对您印象深刻，她向您保证，她对您的好感非同一般，不在一起也不会受到影响……”

孟德斯鸠和德·格拉伏夫人之间更为亲密的关系，看来是1724年初至1725年2月他在巴黎长住期间结成的。在此期间，他经常出入克莱尔蒙小姐的宅邸，并把在那里的一段风流韵事写进《尼多斯的神殿》，于1725年发表。他们之间关系的性质，是一般的友谊，还是真正的爱情，我们知道得并不确切。孟德斯鸠刚离开巴黎，德·格拉伏夫人就生了一个女孩，1725年3月1日命名，叫玛丽－尼科尔。孟德斯鸠立即给他这位女友写来贺信：“我从心底里爱这个小女孩，我简直无法说明白我是多么强烈地希望做她的父亲，因为我本性是不喜欢孩子的。”在其后的几个星期里，孟德斯鸠一直没有得到过德·格拉伏夫人的消息。这种沉默可以用这位年轻的母亲健康状况不佳来解释，她身体不好，直到4月14日她才第一次出门，而且，到7月20日她的叔父贝尔特洛·德·杜谢带她去贝莱巴休养的时候，她尚未完全康复。

然而，孟德斯鸠对侯爵夫人的这种态度却感到不安，他把自己的心事在信里向德尔比尼夫人做了表露。信的落款没署日期，但是在1725年四五月间写的。他在信里说：“我告诉您，所有的人都把我忘了；德·格拉伏侯爵夫人对我一直保持完全的沉默，使我明白了，所有的女人全是靠不住的。”

与此同时，他写了一封绝交信，没有写明收信人是谁，信里充满了难以抑制的激情。弗朗索瓦·热布兰推测，这封信是写给德·格拉伏夫人的。假如这个假设能成立，那么，关于孟德斯鸠和他这位女友之间关系的性质，也就不存在任何疑问了。但是这封信不能证实这一假设，也没有其他任何佐证。他在这封信里写道：

> 我想啊想啊，每天都在思考，为什么会杳无音讯。我处境孤独，这就更加深了我的悲哀和忧伤。一些与名誉和家庭有关的私事使我无法抽身，我还得在这里待七八个月。我已经开始感觉到，为这些时间我将付出什么样的代价。
>
> 这是我的最后一封信，我不会再打扰您了！我只恳求您一件事，就是请您相信，我还在爱着您；也许，这是现在我所希望于您的唯一一件事了。
>
> 您找得到的零碎物件都付之一炬吧！既然我没有得到这个世界上我唯想取悦的人的爱，我发誓，今生永不再写信给您！
>
> 我终日忐忑不安，这比我担心会发生的一切不幸都更加令我心焦。夫人，我恳求您告诉我一件于我性命攸关的事。您写给我的最后一封信里充满着温情，我读了千百遍，但我从未想到这竟是最后一封信。
>
> 我心爱的人，要是您已经不再爱我，也请您再对我隐忍一段时间，我现在尚无足够的力量来面对这件事。即使您不可怜一切男人中这个最不幸的男人，也可怜可怜您曾经爱过的这个男人吧！

这封感情冲动的信是一气呵成的，未加任何涂改。它使人感到一颗失望的、尚不能很好地面对幻想破灭的心在颤抖。开头称你后来称您，表明孟德斯鸠心绪不宁，他的激情是真实而难以克制的。需要了解的是，这封信到底是写给谁的。如果收信人是德·格拉伏夫人，关于她和孟德斯鸠有私情的假设就可能是确实的。但信上没有写明日期，如果真的像信上一个陈旧的笔迹所表明的，这封信是写于 1725 年，可又没有任何资料可以明确肯定是在这一年的4月还是5月的哪一天写的。另一方面，孟德斯鸠在通信中也曾多次对朋友们的沉默表示惊讶。上面已经提到的那封他给德尔比尼夫人的信，里面也有怨言，说明他很苦恼，但那还不是一个被遗弃了的情人的极度痛苦。孟德斯鸠和德·格拉伏侯爵夫人一家保持着友好关系，却未能很快地从侯爵夫人身边的人那里得知他这位女友生下女儿后身体不好，这令人感到吃惊。德·格拉伏夫人和克莱尔蒙伯爵有私情，1724年被她丈夫发现了，她能立刻又和孟德斯鸠发生暧昧关系吗？而且，由于和丈夫重归于好，生了一个孩子，就又很快地和孟德斯鸠分手，这可能吗？孟德斯鸠生活中的这个谜，可能永远不会有一个令人满意的解释，但后来发生的事却似乎排除了肯定有私情的说法。

事实上，从生孩子的疲惫中恢复过来以后，德·格拉伏夫人于1725年6月24日给孟德斯鸠写了一封很长的信，向他解释为什么沉默这么长时间，并为自己辩解：

> 先生，我有对不住您的地方，很难弥补，我认为最好是面谈一次，因此就不想写信为自己辩解。但是，德尔比尼夫人告诉我，倒霉的天气使您不打算很快到巴黎来，我就想给您写信了。首先，我要您相信，看到您如此勇敢地留住外省，我感到懊恼；其次，是请您在记忆中为我保留一席之地，并不时地给我写信，让我对此确信无疑。当然，我一定会按时给您回信，并且非常重视您的信，我很久以来就是这样做的，这您知道。

德·格拉伏夫人在信里还补充说：

> ……如果一些更为惬意的想法还不能使您开心，请您相信我的话，就请您到我们中间来获取安慰吧，因为与其相隔千里各自受折磨，莫如在一起共同受折磨。这是一个您会认为有意思的建议，事实也是这样，因为我非常想在这里再见到您……您的老朋友们的情

况我就不说了，他们都在家里。您可以放心，家里的人都非常高兴地想着您，我指的是我的兄弟和格拉伏先生。

孟德斯鸠写于1725年7月15日的回信表明，伤口还没有完全愈合，他敏感的心在颤抖，他的自尊心令他感到气愤。他在信中写道：

美丽的夫人，接到您的信，我感到惊奇。我不是因为信写得漂亮而惊奇，我就像是听到了您在说话，看到了所有的人都很热衷的那些客套。我在这里一点也没有感觉到您的一个奉承者是个杰出的人……

孟德斯鸠又补充说：

我要告诉您，您兄弟记得我，这使我感到荣幸。我需要这个，以便能够经受得住他姐姐把我遗忘。若是由于我曾享有的幸福而使格拉伏侯爵禁止您给我写信，我就更感荣幸了。但事情竟完全颠倒过来了，现在是我在嫉妒他。

从这个地方开始，整个信的后半部分后来被另一个人仔细地涂改过了。遗憾的是，这封信已在1939年被卖掉，无从找来查阅。因为，如果是孟德斯鸠自己在原稿上涂改的，那岂不是把信的原意都改了？事实上只有下面这段能够使人相信孟德斯鸠和德·格拉伏夫人之间有私情的说法。这一段是："我知道如何正确评价自己，如果我该抱怨的只是一个情夫，我将无话可说，但如果是一个丈夫，我不知道还有什么比这个更刺耳的。因此我恳求您随便挑个情人，以免让我受辱。否则，我将把事情公开，让您的名誉扫地。我不再向您要求我再也不能得到的快乐，我只请求您为您的拒绝给我一个体面的借口。夫人，情况就是这样，我以为事情已经说清楚了。至少，在这个世界上没有人比我更敬重您。"在中断了一年之后，孟德斯鸠和德·格拉伏夫人之间又恢复了语气平和的书信来往。

1726 年 6 月 11 日，波旁公爵失宠，致使孔代家族的成员也都失掉了宠幸。此事不能使孟德斯鸠无动于衷：在过去几年里，他一直出入于尚蒂伊，而他的两个朋友，德 · 马蒂翁 - 加塞伯爵和他的姐姐德 · 格拉伏夫人，都和波旁公爵关系密切，极有可能受到这一事件引起的后果的影响。孟德斯鸠一得到这个消息，立刻就给马蒂翁 - 加塞写了一封信，让他放心。他写道："在所有的事件中，我参与最多的就是和您有关的事件。您比别人更明事理，何况，您那位失宠的朋友还保有他的全部财产。他被剥夺的只是那些会给他的地位带来麻烦和妨碍他发财的东西。这些事情的细节充其量只能使那些境遇不太好的人头脑发昏，因为他们会借此走出注定被人遗忘的境地。"

波旁公爵主持的政府垮台，促使孟德斯鸠开始思考政治形势，阐述一些道理，这些道理至今依然是正确的：

> 当一个国家被搞乱了的时候，处在高位上的人是不幸的，改正已造成的混乱或随波逐流，都一样危险。他们既要对并非由自己犯的错误负责，又要对自己不能避免的错误负责。受苦的人民感受到的永远只是他们当时受到的损害，对他们来说，本是由各种各样的原因引发的东西，都是眼前的原因造成的后果。即使是君主制度最昌明时期的政府，也只能使少数人感到满意，因为昌明政治这个东西就是这样，人们总是在失去它之后才领悟得到。因此，对于众多政治家的失宠，民众也就先是高兴，尔后又遗憾。

"必须和女人一刀两断，没有什么比这个令人疲惫不堪的老问题更让人无法忍受得了。"[32]这是孟德斯鸠内心深处的想法呢，还是屡遭挫折后说的掩饰失望心情的话？孟德斯鸠曾说过："我过去非常喜欢对女人说些庸俗的恭维话，向她们献些一文不值的小殷勤。"[33]我们本来以为这句不打自招的话与上面那句话反映了同样的心情，可是他在这句话的前几行还写道："我年轻的时候相当幸福，因为我依恋着一些我以为爱我的女人，当我不再相信这一点时，我就立即从中脱身。”不管怎么说，孟德斯鸠承认：“在35岁的时候（即是说在1724年左右），我仍然在爱。”

在1725年前不久的通信中，有一些情书，语气是毫不含糊的：“在我说我以整个身心拥抱您的时候，我不知道我是否对您有点失去了应有的敬意，若果真如此，是您使我迷失了理智，举止不合礼仪。”或者像另外一封，说得更加清楚：“我心爱的，我从来没有爱得这么深过。我觉得你现在比任何时候都更属于我，你令我神魂颠倒，以至于当我的爱似乎已经到达了最热烈的程度时，我却觉得刚刚开始爱你。我无时无刻不在想着我心爱的人。”

1726年间，孟德斯鸠和一位“美丽的伯爵夫人”有了暧昧关系。巴利埃尔认为这位“美丽的伯爵夫人”可能就是德·蓬塔克－伯尔阿德伯爵夫人，但不无保留，且提不出确证。现存的四封信使我们得以了解这段短暂艳史几个阶段的情况。在这段艳遇中，孟德斯鸠投入的情感比因嫉妒而生的醋意要少。他写道：“我感谢我的朋友，她觉得我给你写信不够经常。我愿意人家把这类错误归咎于我，即使我全然没有犯这种错误。我心爱的，我只想让你责怪，我希望任何微小的疏忽在我们之间也像国家大事那样重要。”

如愿以后，孟德斯鸠第二天就写信表达他的感激之情。正如热弗里奥－罗索指出的，这封信，给人一种做作和干巴巴的印象，清楚地表明他的心并没有真正被感动：

> 我不知道昨天我是否说明白了我有多么爱您，我是多么忠实于您，我是如何地感到属于您。每次见到您，每次您给我写信，我都觉得好像我更爱您了。
>
> 我感谢您愿意设法让我更容易地见到您，我为自己的幸福万分感谢您。
>
> 我有很多事要向您说，但我什么也没对您说过，您不了解我，我爱您又从何说起呢？

> 我完全同意您昨天说的，同意您不想要闺蜜的想法。有了闺蜜会有些不大方便，会因此爱得少些。我们只有在使我们言归于好时才需要闺蜜，而我们却永远不会不和睦。

还有一封经过深思熟虑以后写出的信，这一点从孟德斯鸠所做的多处修改上可以看出来，修改的地方把他所表达的感情深度淡化了，而结局也就临近了：

> 离开您以后，我绝望了。我一直在担心您知道的那个人会猜到点什么，我为这事可能会给您造成的困难而自责。请原谅我，原谅我对您的爱。我有许多事要对您说，您得承认我那时是很愚蠢的，我从来没有像这次这样因为我和您的手足无措而如此狼狈过，但您很机智，可我竟毫无机智可言。星期六之前我不能见到您，我不敢说把这段时间都献给您，在我一生中，这点时间又能算得了什么呢？

那位“美丽的伯爵夫人”很快就对这段风流韵事感到厌烦了。她写道：“您已是第五次或第六次拒绝在惯常的时间来看我了，您的才智又没能使我对您的种种借口觉得可以原谅。我明天去凡尔赛，您对这封信的回复就能使我确切地懂得我该怎样看您，该如何行事。别了。”

孟德斯鸠了解到这位夫人过去的情况以后，就断绝了和她的暧昧关系。此事留给他的回忆是苦涩的失望。《随想录》第 1046 条可以证实这一点：“于是，为了一个一无所长的人，您离开了我。我是多么不幸啊！我为爱过您而不得不脸红，还有比这个更能让我感到悲哀的吗？人们不再相爱时，通常对曾经有过的温情脉脉总还留有美好回忆，但在这里，眼前的情况让人感到羞辱，过去的情景令人感到绝望。”

孟德斯鸠的这封信表明，他的自尊心确实深深地受到了伤害，他承认和一个经历不明的女人来往，有些后悔。下面这一整页手稿却被孟德斯鸠或他左右的人抽掉了：

> 我现在处于一种无以名状的沮丧之中。从昨天起，我已经下了无数次决心，又一个一个地打消了；我千百次地决定永不再见您。这正是我此时此刻的心境；但我不明白我何以不能自持地给您写信，说一些使您非常不愉快而又让我感到非常辛酸的事情。昨天晚上我了解了您过去的全部生活，也就是说我的心被戳得千疮百孔，那些事使我为您脸红，但更让我为自己脸红，为我自己不能不爱您而脸红，而您根本不配。啊，拥有您曾使我以为我是世界上最幸福的男人。我曾经觉得您有才智，有吸引力，有一颗和我一样多情的心。如今，这一切都成了泡影，都成了过眼烟云，我在痛苦的绝望中不断地寻找我爱过的女人，但我再也无法找到。因此，当您看到我以如此奇特的方式爱慕您的时候，您为什么不让我对自己的不幸渐渐地有所准备？您为什么不凭预感设法减轻突变给我带来的痛苦？这件突如其来的事是要让您永远失掉您想用沉默留在身边的那个人。您究竟为什么爱我呢？难道是为了让我名誉扫地？可我说了什么呢？我总是受骗。您的过去应该让我明白，您从来没爱过我。

是谁把伯爵夫人过去的事告诉孟德斯鸠的呢？他懊丧地匆忙回到拉布莱德，甚至没有向巴黎的朋友们道别。这个秘密的泄露好像还得追溯到德·格拉伏夫人那里去。她这么做，可能是因为一时不慎，像她在1726年7月3日给孟德斯鸠的信里说的那样：可能是因为她想提醒孟德斯鸠注意，不要和一个名声不好的人来往；也可能是为尚未完全熄灭的恋情所驱使。不管怎么说，德·格拉伏夫人在信里一直因自己的不谨慎而自责："由于我的冒失，我犯了一个错误，这是我永远也不能原谅自己的。我在您面前讲那件可能与您有关的新闻，纯粹出于偶然。"德·格拉伏夫人以为，孟德斯鸠离开巴黎是一时冲动，是在疯狂中做出的举动。说奉高等法院之召等等理由都是他编出来的，只是一些借口，骗不了她。她在给他的信里也确是这么写的："因为您判断得完全正确，您为离开巴黎而说的那些理由全属海外奇谈，我是不会相信的。这些理由对付公众还是有用的，我答应您，我不会再言及其他，但我还是以为，如果思前想后，少一点儿冲动，您也许可以免除这数百里的奔波和几个小时的烦恼，至于您为朋友们造成而您自己也得分担的痛苦，就更不用说了。”

德·格拉伏夫人这一无心或是有意地泄密，使孟德斯鸠明白了情妇的不光彩之处，这成了促使他匆匆忙忙离开巴黎的一个原因。他的这种匆忙是与他的性格不合的。

但是，把孟德斯鸠在巴黎的社交生活简单地归结为一些有始无终的艳遇，归结为因弥漫于波旁公爵和贝尔特洛宅第及其周围的人以及尚蒂伊和贝莱巴的那种种无聊、纵欲和放荡而生的一些一时的寻欢作乐，将是对孟德斯鸠在巴黎的社交生活的一种歪曲。《波斯人信札》大获成功，轰动一时，这对孟德斯鸠来说并非什么不愉快的事。作为该书作者，他要将它当作资本，尽力从中捞到更多的好处。于是他凭借各种关系，频繁地出入文学团体和时髦沙龙，以自己的文学活动来表明他不是躺在一本书上的人，尽管《尼多斯的神殿》一书似乎为他的对手们提供了一些批评他的口实和理由。作为高等法院的庭长，他在思考着各种政治事件，对财政问题表现出浓厚兴趣。与此同时，为了彻底地得到思想上和行动上的自由，他在为卖掉他的官职做着准备。情场上的失意，家庭关系不好，对法官职业了无兴趣，改变生活环境的深切需要，退出官场以便使自己的思考有坚实基础等，都无疑加速了他卖掉官职的准备工作。

孟德斯鸠喜欢进出巴黎的各个剧院，爱看当代作品的演出。普罗科珀咖啡馆的创办人之一安托尼·乌达尔·德·拉莫特，就是孟德斯鸠特别喜爱的作者之一。1723 年 4 月 6 日，孟德斯鸠观看了《伊内斯·德·卡斯特罗》的首场演出：“我看得十分清楚，该剧仅以华丽取胜，使观众情不自禁地感到愉快。”[34]这样，他就和伏尔泰的观点发生了分歧。在 1723 年 6 月给贝尼埃尔侯爵夫人的信里，伏尔泰写道：“我看了《伊内斯·德·卡斯特罗》，大家都觉得不好，过于煽情。人们指责这出戏，为这出戏感到痛心。”孟德斯鸠接着分析道：“照我的看法，第二幕比其他几幕都好。我觉得手法精湛，含而不露，在首场演出中没有显露出来，我觉得以后几场比前几场更受感动。第五幕里孩子们那场戏，对很多人来说显得可笑，因为一些孩子在哭，而另一些孩子在笑。我相信，这场戏对于风俗不及我们那样腐败的人民来说，一定会产生惊人的效果。我们的敏感细腻已到了十分可憎的程度。”在 1723 年 5 月 25 日写给萨罗·德·韦齐的信里，孟德斯鸠又提到了这出戏所获得的成功：“对《伊》剧的赞同声多了，批评听不到了。正厅的观众在以前笑的地方哭了。”在 1726 年 3 月 6 日那封也许是写给巴尔博的信里，孟德斯鸠认为德·拉莫特的《俄狄浦斯》十分精彩，但他又遗憾地指出作者“正准备在下个星期二亲眼看到这出戏演砸。波利妮瑟和埃泰奥克尔是由两个罗圈腿女人扮演的，她们会使观众发出嘘声”。

除了官方的学术机构之外，18 世纪初巴黎还有一些聚会，集合了一批对同一些问题感兴趣的人。要出席这类私人聚会，必须要由一位经常参加这类聚会者引荐。戴穆莱神父在一段时间里曾主持过这样一个团体，人们在那里宣读文学方面的学术论文。根据加斯科的说法：“与奥拉托利会势不两立的耶稣会士，把这类仅仅是文学性的聚会加以渲染，说成是危险的，因为涉及了当时有关神学的争论。这些聚会被解散了，这对文学的发展不能说没有真正的影响。”考虑到孟德斯鸠和戴穆莱神父之间的关系，人们推测孟德斯鸠至少也曾应邀出席过几次这类聚会。

另一个这样的聚会，每个星期四在罗昂红衣主教的图书馆里举行。聚会由让·多利瓦教士主持。多利瓦是红衣主教的图书馆管理员，是红衣主教在 1721 年教皇选举会以后从罗马带来的。孟德斯鸠由尼科拉·弗雷莱介绍给多利瓦教士，孟德斯鸠晚年“总是高兴地”回忆起“在这位开明的、摆脱了民族偏见的意大利人的文学团体中”度过的“时光”。孟德斯鸠还在那里碰到了安东尼奥·康蒂教士，康蒂于 1718 年至 1726 年间住在法国，后来他们又曾在威尼斯会面。据夏克尔顿研究，康蒂在这之前已和马勒伯朗士相识，和莱布尼茨通信，并与牛顿过从甚密，德梅朗、列奥弥尔、弗雷莱、戴穆莱、丰特奈尔等人都是他的朋友。

甚至在外省，也有人对在苏比泽府邸里举行的这些聚会进行嘲笑。1725年4月11日巴尔博在给孟德斯鸠的信里就抄录了几段根据《啊，巴维尔多么可爱！》的曲调填写的歌词，是针对聚会副会长图尔纳米纳神父的：

上帝！这是什么样的学会啊！
弗雷莱竟被当成了学者，
更可耻的是，
图尔纳米纳又做了会长。

在这座论诗的大厅里，
不要去寻找才子，
这里都是图尔纳米纳挑选的，
各式各样饶舌的人。
如果这个团体能满足我们的希望，
它的声名将远播四方，
它将使法兰西学士院院士黯然失色，
而图尔纳米纳也就成了黎胥留……

耶稣会士勒内－约瑟夫·图尔纳米纳神父自1701年以来是《特雷武报》的主编，孟德斯鸠不喜欢他，嫌他专横、纠缠，照加斯科的说法，“他想在学会里君临一切，强迫所有的人服从他的意见”。加斯科还说，孟德斯鸠“从那里慢慢地撤了出来，而且没有隐瞒他这样做的理由。从那时起，图尔纳米纳神父就开始在弗勒里红衣主教那里给《波斯人信札》制造麻烦。听说，为了报复，孟德斯鸠和跟他交谈的人不谈别的事，开口就问：‘图尔纳米纳神父是什么东西？我从来没听说过。’这大大地激怒了这位耶稣会士，他是个十分看重声望的人”。这段逸闻很可能确有其事，因为孟德斯鸠对这位耶稣会士提出了两项严厉的批评："我反对那些写匿名信的人（如图尔纳米纳神父，在我被提名为法兰西学士院院士时，他给弗勒里红衣主教写信反对我）：鞑靼人都必须把名字写在箭上，让人家知道自己是被谁射中的。"[35]他接着又写道："我说的是图尔纳米纳神父，'他没有任何品德可言，他甚至是个坏耶稣会士'。"[36]

达尔让松侯爵在他的《日记与回忆》里留下了一些关于中二楼俱乐部的珍贵资料。中二楼俱乐部创立于1724年，由皮埃尔－约瑟夫·阿拉里教士主持。这个俱乐部具有政治讲座的性质。有一个时期，其成员在旺多姆广场埃诺庭长府邸中阿拉里住的中二楼聚会，其后又改在国王图书馆中给这位教士准备的住所里进行，这就使这个俱乐部有了小型政治学会的色彩。会议定期举行，每星期五5时到8时，头一个小时和第三个小时读报纸和学术论文的摘要，中间的时间谈论政治。这个俱乐部，其大胆的政治观点对公众舆论发生了一定影响，甚至国外也对它有所谈论，终于引起当局不安，1731年被关闭。

在这些聚会上谈论的问题，确实密切地触及政治上那些最棘手的题目，其所散布的政治观点，又没有严格遵循正统观念。因此，根据达尔让松的说法，在波旁公爵失宠以后，1726年6月，"当时任英国大使的霍拉斯·沃波尔要求到中二楼俱乐部来做一次演讲。他的请求得到了满足。他坐在那里，高谈阔论，用了整整两个小时，大讲法国新政府和英国保持原有关系的种种必要性"。然而，接受新来的人与会格外谨慎，似乎先要经过一番严格的调查。达尔让松在《日记与回忆》中写道："那位弗朗基尼（即弗朗基尼教士），是托斯卡纳的使者，他请求成为我们的一员，但他的外国人身份让我们觉得他可疑。我们还很有礼貌地婉言拒绝了一个文职官员的请求，没有接受他，此人是掌玺大臣的红人，我们像害怕奸细一样怕他。此事给我们带来了一定的麻烦。"

俱乐部的每个成员都领有特殊任务，有明确的职责。阿拉里教士负责当时正在广泛进行争论的日耳曼史的研究。参与这场论争的人中，突出的是布兰维里埃。他的著作最初是秘密流传的，探索的是封建制度的起源和贵族对王位的权利。达尔让松最初负责公法的研究，在他也到场的第二次会议上，他向会议提交了关于公法的一些资料的梗概。后来他把题目局限在法国教会法上了，在拥护法国教会自主的人和詹森派教徒联合一致反对弗勒里的政策时，这是一个敏感问题。他也宣读了一篇论文，引发了对圣·皮埃尔的不同方案的反对。不过达尔让松的主要任务，是从荷兰报纸上摘录与政治有关的重要新闻。他每周两次寄笔记给阿拉里，阿拉里“在笔记里发现了一些写在页边的评注和问题，他一一给予答复”。这些摘要很快就形成了厚厚的一大本，达尔让松又按字母顺序编制了目录。

俱乐部的另一些成员也参加辩论。例如，原籍苏格兰的天主教徒、共济会会员、为流亡中的詹姆斯三世的孩子当过家庭教师的骑士安德鲁－迈克尔·拉姆赛，于1727年宣读了他的《居鲁士游记》新版的修改内容，并发表了题为《论神话》的讲演；在《论法的精神》发表时正担任法国驻日内瓦的常驻外交代表的皮埃尔·尚博，此时和德·巴勒洛瓦先生共同负责自韦尔万嫱和以来的条约史的研究；韦尔蒂拉克先生正在论述瑞士、波兰和俄罗斯的“混合政府”；多特里伯爵“也在描述意大利各个政府的情况”，并宣读了“几位意大利作者关于这方面的一般历史著作翻译稿的几个片断”；按照同样的思路，德·普雷利奥先生宣读了“一篇关于君主制政府和其他形式政府的漂亮论文的开头部分”；多布里先生本来是担任“全国三级会议和高等法院史的研究的，但他在被吸收进来以后不久就过世了”。

在这些会议上提出的学术报告并非总能达到向作者提出的严格的质量要求：“卡拉芒先生说他是研究商业史的……我们听他念了几段，看样子这些都是他找来的现成材料。”于是他被德·拉福特里埃勒先生取而代之。德·拉福特里埃勒先生“多次宣读了一部金融和商业史的一些长而优美的片断……这部书他还正在写引言，这是一篇和全书相当的文章，因为俱是连珠妙语和关于公法以及政治的精湛格言”。

所探讨的一切问题，例如达尔让松的报告，基本上都是关于法学、政治学和历史学的。论述这些问题时的无拘无束，其后的讨论，以及学术报告人的身份，都提高了中二楼俱乐部的声誉，使俱乐部很快变成了一个发表看法和进行论战的场所，有时还受到非难，说是对政府产生了影响。对这些关于不同国家的政治机构，关于最好的政体，以及关于必须进行改革等的报告，孟德斯鸠当然是专心倾听的。这些报告对孟德斯鸠的思想产生了不容否认的影响，和他的思考肯定不是不相干的，对他的计划也是不无益处的。他甚至可能做了些笔记，在其后的岁月里，这些笔记对其在《论法的精神》一书中深化和发展了的思想的日趋成熟有所裨益。

达尔让松在俱乐部成员里没有提到孟德斯鸠，这是很令人遗憾的。不过，通过德·朗贝尔侯爵夫人沙龙里的常客和他在巴黎的其他关系，孟德斯鸠认识了俱乐部好几位成员：他曾受到先是德·莱帕勒伯爵后来成了德·莱帕勒侯爵的莱昂·马达伊朗在其府邸里的接待[37]；他很赏识丰特奈尔的朋友德·圣－皮埃尔教士。孟德斯鸠至少从1723年就已经认识了的博林布鲁克，此人是阿拉里的朋友，经常出入中二楼俱乐部。

另一方面，德潘在1817年为《孟德斯鸠选集》写的前言里肯定地说，孟德斯鸠的《苏拉与欧克拉底的对话》是为中二楼俱乐部写的，而这部作品的手稿那时还保留在由阿拉里留下的档案里。如果真是如此，那么，孟德斯鸠可能是把这部《苏拉与欧克拉底对话》当作敲门砖送到中二楼俱乐部去的，这是按照丰特奈尔、费奈隆和埃诺庭长创造的模式写的，他们首开先河，其后风行一时。《苏拉与欧克拉底对话》的开头部分写于1724年。其实，巴尔博1724年7月给孟德斯鸠写信说："您的主人公选得好，苏拉是历史上最令人不解的人之一。我不知道您是否让他谈论那次逊位的事，这可是历史上最没有前兆，最令人意外的事件之一了。"这部作品于两年后写成，孟德斯鸠于1726年9月29日把书寄给让－雅克·贝尔，请他"看看《苏拉与欧克拉底对话》写得如何"。

在中二楼宣读《苏拉与欧克拉底对话》可能就是在1727或1728年上半年。夏克尔顿认为，《苏拉与欧克拉底对话》算不上杰作，文笔讲究，中规中矩。他从这些不足之处得出结论，说明达尔让松何以对孟德斯鸠进入中二楼俱乐部一事三缄其口。他写道："中二楼俱乐部的成员，既喜博学，又好争论，不可能赏识这部《苏拉与欧克拉底对话》。

他们在这本书里能看到的只是说服力不强的辩术练习，只是一部没有意义的作品，不值一读。”孟德斯鸠本人似乎也没有对他的这部作品多么看重，只是发表在1745年的《信使》上。此外，与德·维安的肯定说法相反，他似乎没有在波尔多科学院宣读过这部著作。

中二楼俱乐部成员对《苏拉与欧克拉底的对话》的态度，无疑令孟德斯鸠感到失望。他自动离开了多利瓦教士的文学团体，在德·朗贝尔侯爵夫人的沙龙里找到一个更令人喜爱、更殷勤好客的去处。安娜－玛丽－泰雷兹·德·马格纳·德·库尔瑟尔即德·朗贝尔侯爵夫人，于1698年向纳瓦尔公爵租了纳瓦尔府邸整整一部分房屋，这里原是马扎然的府邸，如今已和国立图书馆合为一体，地点就在维维安大街和柯尔伯大街的拐角处。根据埃诺庭长的说法，德·朗贝尔夫人的沙龙是“丰特奈尔、蒙戈尔教士、萨西等名人时常聚会的地方。必须经过德·朗贝尔夫人才能进入法兰西学士院，准备出版面世的作品，先要在这里宣读。每周有一天大家在这里聚餐，这一天的下午就用来安排这类的学术会议。但到了晚上，场景和演员都变了，德·朗贝尔夫人在这天晚上请一些更为风流倜傥的人吃宵夜。她喜欢以接待一些彼此意气相投的人来自娱，她并不因此而换一副样子。对于那些在这方面做得有些过分的人，她教给他们什么是真正的风雅。我是两场都在的人；上午讲授教理，晚上我也跟着变了”。

丰特奈尔是来沙龙最勤的常客之一。特吕勃莱在其所著《丰特奈尔先生生平及著作逸事》一书中，关于这些聚会，提到过一些有趣的细节。文学之士梦寐以求的这类聚会，又因得到迈纳公爵夫人的保护而声望大增。特吕勃莱在书中写道：

> 大家知道丰特奈尔先生和德·朗贝尔夫人之间的关系是多么密切，他每星期二都在她那里吃晚饭，此事已因德·拉莫特夫人给迪·迈纳公爵夫人的信而为人所共知……除星期二之外，德·朗贝尔夫还安排一个星期三聚会，来的是另一些名气不大的文人。有一天，星期二聚会的客人在某件事上没有同意这位女会长的意见，什

么事我不记得了，德·朗贝尔夫人装出被冒犯了的样子，说自己不认为被打败了，说她要把问题提到星期三的聚会上去，并说她认为星期三的聚会比星期二的强。大家对她这种优劣比较的说法只是笑了笑，谁也没感到受了伤害。但德·朗贝尔夫人又巧妙地补充道："德梅朗先生，您敢不敢在星期三的聚会上公然说，您星期三参加的聚会不如星期二的好？"

远在索城的迪·迈纳公爵夫人给德·朗贝尔夫人的那些聚会以精神上的支持，其声望泽及侯爵夫人和她邀请的宾朋。拉莫特和德·朗贝尔夫人随时向公爵夫人报告聚会上的谈话内容。在给拉莫特的一封信里，公爵夫人表现出她的热情："噢，可敬的星期二！庄严的星期二！一个星期中比其他日子更令我生畏的星期二啊！星期二曾多次为丰特奈尔、拉莫特、德梅朗、蒙戈尔等人的成功起过作用！可爱的布拉热洛内教士被介绍参加星期二聚会，我还要说，星期二聚餐会是由德·朗贝尔夫人主持的！……你们想把我作为公主，排除在外，但是，我能不能被当作牧羊女接纳呢？……"

经丰特奈尔引荐，孟德斯鸠被这个沙龙接纳。进出这个沙龙的贵族人物有：纳瓦尔公爵和他那位当演员的女友阿德里安娜·洛库弗勒，达尔让松侯爵和德·圣－奥莱尔。文人学士有：让－雅克·多尔图·德梅朗，他是科学院院士，波尔多科学院的获奖者，也是和孟德斯鸠有信件往来的人；尼科拉－于贝尔·德·蒙戈尔教士，他是摄政王的儿子夏尔特勒公爵的家庭教师，孟德斯鸠很欣赏他的谈吐："我喜欢德·蒙戈尔教士所说的：'年轻的时候，我们根据地位判断一个人，老了以后，我们根据人判断他的地位'[38]；以及这样一些格言：'对笑料十分敏感的人，思想不可能不浮浅'[39]，这也是德·蒙戈尔教士说的。"

路易·德·萨西1703年把自己的《论友谊》一书题献给德·朗贝尔夫人，这时也常到沙龙里来。孟德斯鸠在这里还见到了一些剧作家，如乌达尔·德·拉莫特，"一个以魅力使我们着迷的人"[40]；马里沃，普罗斯帕·若利·德·克莱比雍，"我们这个时代的真正悲剧作家，因为他激起真正的悲剧情绪，也就是恐怖”[41]。当“伏尔泰总是在花园里散步”的时候，“他在爬山”[42]。让－巴蒂斯特·杜博教士是这些聚会的常客，此时正在写他的《高卢时期法国君主制度史评》，该书到1734年才出版。孟德斯鸠后来在向他请教关于黎胥留遗嘱的真实性问题的同时，措辞严厉地批评了他的这些论文："如果杜博教士先生的体系有坚实的基础，他也就无须用三卷枯燥无味的厚书来加以论证了，他本可以在书的主要部分把一切都说清楚，用不着到处去寻找那些与主题无关的东西，论据本身就能起到把这一道理贯穿到其他道理中间去的作用。”[43]

在孟德斯鸠跻身于这个沙龙之前，达西埃夫人就已经是沙龙的常客。这位博学的妇女翻译出版过一些古典作品，写过一篇题为《论情趣变坏的原因》的论文，批评德·拉莫特的《论荷马》。她死于1720年。孟德斯鸠对她的作品评价不高："达西埃夫人……在荷马的各项缺点之外又加上了她自己思想上的全部缺点，她自己研究工作中的全部缺点。以及我要斗胆说一句的，她的性别所带来的全部缺点，就像那些迷信的女祭司，她们崇拜上帝，但使上帝受辱，并用加深迷信的做法，削弱宗教。我不是说达西埃夫人不配占据人们在文学界里给予她的这一显赫地位，命运本身似乎并不想让她得到这个地位，命运本是让她为某个现代派的幸福而不是为一些古代派的荣誉而生的。大家都欣赏她译作的风格和光彩，但是，在她生活的这个世纪里，最高品格是正确思考，人们虽然赞赏《埃涅阿斯纪》的漂亮译文，却也为对《伊利亚特》所做的错误评论而感到吃惊。”[44]

因此，德·朗贝尔夫人的沙龙里就回荡着关于现代派与古代派之争的回声，当时两派的两位主要人物都常来沙龙。关于让－德马雷·德·圣－索尔兰的英雄诗的讨论，自从该诗于1657年发表以来，从来没有停止过。孟德斯鸠对这项讨论不是漠不关心的，他采取的是不偏不倚的态度："我喜欢目睹两派之争。”[45]他对争论双方都不表示支持："在最近的现代派与古代派之争中，只有波普先生打中了目标，达西埃夫人不知道自己赞赏的是什么。她赞赏荷马，因为他写作用的是希腊文。德·拉莫特先生缺乏感情，他的思想在和一些人的交往中退化了，这些人只知道空谈，包括他自己在内，他们既无任何学问，又无任何关于古代的知识。”[46]

德·朗贝尔夫人的沙龙也接待到巴黎来的外国人，那位被孟德斯鸠指责为思想迟钝的德国人就属这一类。他在《游记》里记了这个小插曲：“在德国，我常常清清楚楚地想起这个德国人在德·朗贝尔夫人家的情景：‘确实，我不明白夫人刚才说的意思，请让我想一想。’他得过一会儿才能明白。”

为了感谢德·朗贝尔夫人在沙龙里接待他，孟德斯鸠于1724年给她寄去了“几封波斯人信札”，附记了这样几句话：“您看，尊敬的夫人，我用各种各样的方法让您感到惊奇，因为在这个世界上再没有别的人让我倾心相悦了。”从侯爵夫人这方面来说，她也器重孟德斯鸠。侯爵夫人在1726年8月5日写给莫尔维尔的信里，没有隐瞒自己的感情。她是应孟德斯鸠的要求写信给莫尔维尔的，请他同意做波尔多科学院的保护人。她在信中写道：“这是个很有头脑的人，是《波斯人信札》的作者，尽管他自己不承认；我不知道您是否得空看过此书，有些信写得非常睿智，思想非常深刻，读了会使您产生很大的乐趣。他常给我们带些他的手稿来，德·丰特奈尔先生和德·拉莫特先生都赞扬备至。”孟德斯鸠当选为法兰西学士院院士以后，没有忘记德·朗贝尔夫人所起的作用，他一到维也纳，就于1728年4月30日写信给她，向她表明，不能参加纳瓦尔府邸的聚会，他是多么遗憾。他在信里写道：“星期二聚会的时候，请谈谈我吧，请我在这个世界上最亲爱的朋友们谈谈我吧。在星期三的聚会上也请谈谈我，当可以享受这一天的时候，这一天的幸福是不亚于星期二的。”

孟德斯鸠在德·朗贝尔夫人的沙龙里确实找到了一种知识氛围，这有利于他的文学活动，有利于他的研究工作，也有利于培养他的情趣。正如切斯特菲尔德勋爵指出的那样，侯爵夫人是“上流社会中具有聪明才智的妇女”，她有一间书房，夏克尔顿提到过的这间书房里的一些藏书，使我们知道了侯爵夫人关注些什么：“有马勒伯朗士和笛卡尔的著作，有柏拉图和西塞罗的作品，但也有夏隆和德·拉莫特·勒瓦伊埃的作品——《印加人历史》和《塞瓦朗贝人历史》。”她是《子女训诫》的作者，还写过一些别的东西，其中有些是在她身后由丰特奈尔操持发表的。在这些聚会中争论的问题涉及义务、情趣、爱情、友谊和幸福。孟德斯鸠记述过德·朗贝尔夫人感兴趣的一个问题：“莱库古和苏格拉底对小伙子们关于爱情的训诫，使我们明白了希腊人对这一恶习根深蒂固的倾向，因为这两位制定训诫的人试图利用这种倾向，几乎与德·朗贝尔夫人和当今的道学家想利用男女之间的爱情，从而使爱情得到纯洁化和规范化一样。”[47]

因此，孟德斯鸠觉得德·朗贝尔夫人及其宾客是一些可以交谈的人，他们的关系和经验对他是有用的。侯爵夫人对孟德斯鸠的作品感兴趣，这从以下事例可以看出。1725 年 8 月 25 日，孟德斯鸠让人在波尔多科学院宣读了一篇题为《论敬重与声望》的论文。这篇论文的摘要在 1726 年 5、6 月号的《法兰西文丛或法国文学史》上发表了，但全文直到 1891 年还没有出版。但是，1748 年出版的《德·朗贝尔夫人全集》却收有一篇题为《论声望与敬重的区别》的文章。这篇文章当时被认为是对孟德斯鸠文章的冒名顶替，如果不说成是剽窃的话。不过，为了不使自己已故的保护人受到哪怕是一点点轻微的玷污，孟德斯鸠为这位与他争名的对手的清白进行辩解，非常巧妙地把事情说成是这样的：

> 大约 25 年前，我把这篇论文给了波尔多科学院。已故的德·朗贝尔侯爵夫人——她身上那些伟大而罕见的品格我将终生不忘——对这部作品给予了关注，使作品大为增色。她把章节的顺序做了些调整，并使文章的观点和表达方法有了新意，从而把我的思想提高到了她的水平。由于德·朗贝尔夫人抄的稿子是她过世以后在她的文件里发现的，不了解内情的书商们就把这篇文章归入了她的作品，而我对他们这样做是很高兴的，因为，若是这些文章中的这一篇或那一篇有可能传诸后世的话，这些文章将成为友谊的不朽丰碑，而友谊将比荣誉更令我感动。[48]

在1724年至1728年间，德·朗贝尔夫人和那些到她沙龙来的客人，通过每个星期二和星期三聚会时讨论的那些问题，对孟德斯鸠思想的成熟起到了作用。表面看来，孟德斯鸠过着诗酒征逐的生活，实际上他工作是很勤奋的。他的朋友让·巴尔博是最了解他的人之一，巴尔博就不曾为这种表面现象所蒙蔽。巴尔博在1724年6月就曾给孟德斯鸠写过这样的信："现在您只应该想着自己，虽然您好像只注意玩乐，我却相信您将会做出一些有益的事情。"

孟德斯鸠在朱伊公学时代学到的工作方法，在他第一次旅居巴黎整理《法律篇》时就使用上了。在这同一时期，孟德斯鸠在《随笔》中从皮埃尔·戴穆莱借给他的一本集子里抄了一部分文章，加入了一些私人笔记，那都是他读书和与人谈话中所得的心得体会，同时还用剪报资料对文章的内容加以充实。在《波斯人信札》出版前几个月，他已经动手编辑《随想录》的第一集了。那几年里他一直在紧张地写作与思考。他用了很多时间去准备写《论责任》，1725年5月1日，他在波尔多科学院第一次宣读了这篇论文，文章的一些片断于1726年在《法兰西文丛》上发表。《论责任》一文始终没有写完，而手稿又在19世纪初丢失了。夏克尔顿的研究成果[49]使我们得以大体上了解这部著作的提纲，可以清楚地看到孟德斯鸠思想的演变过程，同时还可以了解到他这一个时期获取资料的来源。

在《论法的精神》出版以后发生的论战期间，孟德斯鸠于1750年10月8日给当时任苏瓦松主教的费兹－詹姆斯阁下写了一封信，说明他对《论责任》一书的构思过程，并解释何以没有完成该书的写作：

> 关于斯多噶学派的那条（《论法的精神》第二十四章第十节）使您震惊了，您怀疑，出于对我们时代精英的合乎情理的敬重，我在那里没有提到基督教。事实果真如此。我拟定出写一本论义务的计划，差不多有30年了。西塞罗的《论公职》令我狂喜，我于是以此书为样板。而正如您所知道的，西塞罗可以说是在模仿斯多噶学派的巴内修斯，而您也知道，斯多噶学派是论述义务这一题材论

述得最好的人，我于是读了斯多噶学派的主要作品，这其中就有马可·安托尼乌斯关于伦理学的著述，我觉得这是古代作品中的杰作。我承认，这种伦理道德打动了我，我也想像达西埃夫人那样，把马可·安托尼乌斯当成圣徒。特别令我感动的是，我看到了，这种伦理道德是实用的，历史上有三四个具有这种伦理道德的皇帝都是好皇帝，而没有这种伦理道德的皇帝都是暴君。这就使我在我写的前言和书的开头部分写下了对斯多噶学派及其哲学的颂扬之辞。我把论文的一些章节在波尔多科学院宣读了，这部作品的部分摘要也登在了报上。宣读和发表过的这些章节，包括那些颂扬之辞，受到了欢迎，没有人认为在我的颂词里有对教会哪怕是极轻微的攻击。其后，我感到写好一部论义务的著作很艰难，西塞罗对义务的分类，亦即斯多噶学派对义务的分类也过于笼统，更主要的是我怕像西塞罗这样的对手，我似乎觉得我的思想在他的思想面前站不住脚。于是我放弃了这项计划，而当我着手写自己关于法的著作时，因为觉得我过去有过一篇已写好的关于斯多噶学派的作品片断，我就把它抄在了我的书里。这个全过程我不可能说得再详细了。

罗伯特·夏克尔顿对《论责任》一书所做的部分复原是非常有意义的，因为这使孟德斯鸠所受的影响显得十分清晰，也让人十分清楚地知道了他在知识和道德领域所关注的是什么。他在书中驳斥了斯宾诺莎的理论："但是，一位伟大的天才断言，我将像一个昆虫那样死去。他设法让我相信，自己是一种物质的变化。他用严格的程序和推理——有人说这推理有力，我却感到极为晦涩——来提高我的灵魂，使之与我的肉体相配，而且他告诉我，我就是组成自己的物质，在宇宙中只应占有三五尺大的一块地方，而不应占有我的思想能够拥抱的广大空间。"[50]他对阐述过绝对王权主义理论的霍布斯的抨击更为直截了当："比起前者来，另一个人比较不那么露骨，因而也就更加危险。他从总体上警告我，对人不要信任，而且不仅仅对人不能信任，对一切优于我的有生命之物都不能信任：因为他对我说，正义本身什么也不是，它不过是帝王们的法律所允许或禁止的那些东西。我对这种说法感到懊丧，因为既然我不得不和人生活在一起，我就很愿意他们内心里能有个原则，让我对他们放心，由于不能确信在自然界中有无比我更强有力的生物，我就很希望他们能有一项公正的规则，以防止他们对我进行伤害。”

由于孟德斯鸠研究各种义务是一般性的，所以他否认斯宾诺莎的宿命论。他把人与人之间的义务分为两类，一类是和我们自己关系更密切的义务，一类是和其他人关系更密切的义务。他重提《波斯人信札》中第八十三封信里的思想，即“正义是永恒的，丝毫不取于人间的习俗”。他肯定地说，正义“是建立在有理性的人的存在和社会性的基础之上的，而不是建立在人的特殊秉性和意志的基础之上的”。他在考虑“用什么办法使人把完美的正义当作习惯”时，认为“这就是要养成这样一种习惯，使人们在最小的事情上也都遵守它，并按照这种习惯的方式去思想”[51]。他也重新提到了这种想法，即把正义看成普遍关系：“几乎所有的美德都是一些人对另一些人的特殊关系，例如友谊、爱国、怜悯，都属于特殊关系。但是，正义是一种普遍关系，因此，所有那些破坏这种普遍关系的美德都不是美德”。另外，他也同意应对正义的概念加以注意，因为“正义一词经常是含混不清的：人们给路易十三的名字加上‘公正’二字，因为他不动声色地看着他的首相执行复仇计划。他严厉，不公正。”[52]

在分析人的义务时，孟德斯鸠用经常提到的一个公式解释义务的等级：“如果我知道某件事对我有利，而对我的家庭是有害的，我就把这件事从我的思想里排除出去。如果我知道某件事对我的家庭有利，但对我的祖国没利，我就设法把它忘掉。如果我知道某件事对我的祖国有利，但对欧洲有害，或者，对欧洲有利而对人类有害，我将把此事看成是一种罪恶。”[53]根据孟德斯鸠的说法，人的义务在历史上曾经常受到践踏，特别是在西班牙人进行的殖民征服中：“西班牙人在征服南美洲的过程中，把人的义务一点一点地忘掉了。而那位把剑给了西班牙人的教皇，那位使无数民族在西班牙人的征服中血流成河的教皇，把人的义务忘得更彻底。”从他的这些想法中，可以清楚地看出《论西班牙的财富》和《论法的精神》第二十章第二十二节“西班牙从美洲掠夺的财富”的出发点。总之，孟德斯鸠认为基督教是公正的本源，这种想法他后来在《论法的精神》中又两次提到过（第十五章第七节和第二十四章第三节）。

孟德斯鸠最终涉及了政治。他那篇题为《论政治》的论文，肯定是《论责任》最后一章的一部分；那篇按照普鲁塔克《希腊罗马名人传》模式写成的《论几位君主的性格及其一生中的若干事件》，也可能收入了《论责任》的最后的一章里。

保存下来的《论责任》一文的那些片断表明，事实上，孟德斯鸠受萨米埃尔·普芬道夫的《论人的职责》的影响，比受西塞罗的《论职责》的影响要大得多。孟德斯鸠手上有巴贝拉克译的1708年出版的《论人的职责》法文版本。夏克尔顿比照西塞罗和普芬道夫的情况，仔细研究了孟德斯鸠在学术上走过的路程，写道：“正如西塞罗写《论法律》和《论责任》一样，普芬道夫写过一本关于自然和人的权利的巨著，关于人的义务和公民的义务只是简略地提了提。事实上，从伦理学到法学的过渡，对孟德斯鸠来说，和他的这两位前辈一样，道路是平坦的。”

孟德斯鸠在其生活的这段时期，兴趣广泛。政治经济学也吸引了他，这可能是受了让·弗朗索瓦·默隆的影响。默隆是他的朋友，波尔多科学院的创始人之一，其著作《论商业政策》于1734年发表。这两个人极其相似，有相同的观点和倾向，有相同的道德理论和商业理论，有相同的自由贸易主义者、土地均分论者和和平主义者的思想，都主张宗教宽容，政策平稳，改革慎重。[54]在路易十四统治的后期，孟德斯鸠写过一篇论文，主张“削减神职人员、三级会议和各种团体的开支”，原文已经佚失，但以“使王国富强和重建财政的几项重大举措之我见”为题的《随想录》第274条，又提到了该文的主要段落。其后，他又给摄政王写了一篇《论国债》。这篇文章是1715年10月和12月之间写成的。他用这篇文章对1715年10月4日以摄政王名义写给各省省督的那封信做了回答。摄政王那篇公开印发的信，向所有的人发出号召，请他们提出“减轻国家开支，繁荣商业，缓解人民痛苦，使王国受益”的意见和建议，以减少路易十四驾崩时留下的债务。一个被人民戏称为“梦府”的办事机构，负责研究收到的意见和建议。

孟德斯鸠和他的朋友默隆意见一致，对当时正受公众欢迎的建立司法署对商人征税的想法，进行了抨击。他写道：“用大家想的对商人征税的办法，国家与其说是减轻了负担，毋宁说是报了仇怨。在先王路易十四及其前任们的治下，在这种情况下发生的事业已证实，这种做法可以止住人民的哭声于一时，但绝不能使他们摆脱不幸于永远。”他的这些建议没有起到作用。根据1716年3月的法令，司法署建立了，工作一年，收效甚微。圣西门对司法署的业绩是这样描述的：“沸沸扬扬失去了信誉，国王花了不少费用，没有任何收益，或者说收益小得让人耻于一提。”但是，当司法署在大奥古斯丁建立起来的时候，孟德斯鸠又改变了原来的想法，于1716年3月14日给皮埃尔·戴穆莱写了一封信，语带讥讽：“如今收税官们这样一些法国仅有的富人要进济贫院了，我们也就快成富翁了。因为一切都要按照比例考虑。这样，您有2000利弗尔年金，也就和有4个利弗尔年金一样，都是大老爷了。”

孟德斯鸠的论文还建议在四个方面进行广泛的改革：首先，他主张全面缩减国家开支或“王国开支”，即缩减“年金、国家证券、仆人工资、养老金、工资的开支”。他还对实施细节做了描述。在他看来，这种部分违约的作法，比圣西门和波旁公爵所竭力主张的宣布路易十四留下的债务全部作废的办法，害处要小些。孟德斯鸠虽然放弃了要求国债券持有者说出自己买了多少的主张，但要求他们申报自己的全部财产。这些要求更为严厉，因为孟德斯鸠在论文中提出的税率将会导致严重的瞒报，以致必须进行严格的调查。

其次，孟德斯鸠建议把“教会、三级会议、城市和各种团体负担的年金减少6%，同时强迫它们按照从这种减少中得到好处的比例，以国王的名义并代替国家支付市政厅的开支。减少年金对年金领取者们并非不公道，因为他们的状况不比向国王领取年金的那些人的状况差”。论文的第三项计划是赎回那些最沉重的、可以用王国期票支付的税收，他的主要着眼点是盐税。最后，孟德斯鸠建议取消税率为十分之一的所得税和人头税这一类“对百姓来说难以承受而对贵族来说带有侮辱性的税收”；他还建议设立省级三级会议，这将使“摄政不可动摇”。

这篇论文开出的药方没有被摄政王采用。况且，它们能被采用吗？转交孟德斯鸠这篇论文的默隆，在他的《论政治》一文中没有意识到实施这样一些措施的难处吗？他在文章中写道：“没有两个最基本的条件，论文是不可能有用的。一个条件是，产生论文的思辨应伴有实践经验：泥瓦匠无须有建筑师的学识，他只要有熟练的手艺就行了；但建筑师得知道泥瓦匠的工作方法，否则，他的建筑图纸就会往往是闭门造车。另一个条件是，论文不要受个人利益左右。”这篇论文无疑是勒佩尔蒂埃财政总监撰写的，本意是给路易十五用做教材的，历史学家加佐特曾引用过，不管怎么说，文章中毕竟有一些孟德斯鸠想必不会持异议的原则：“很长时间以来已经证明，只有臣民富了，国王才能富。这个原则看来是各国财政的基本原则之一，国王应该完全确信这一原则，心思应该用在国王向臣民要求的数目和他们的能力之间保持一个正确的比例上。”

从1720年起，孟德斯鸠全神贯注地以批判的眼光注视着约翰·劳的试验，“被这项计划搞得心花怒放的，正是那些有头脑的人，这也是天数，而这项计划似乎正是为了使他们出丑而制定的”[55]。孟德斯鸠在1723年写的《色诺克拉底致菲拉斯的信》里，把这项计划所带来的灾难性后果归结成一句令人触目惊心的警句：“他以为自己掌握了天底下所有的财富，这种幻想成了公众贫困的根源。”孟德斯鸠在《反对1725年2月27日的枢密院决议》里，把农业劳动力价格上涨归咎于约翰·劳，他在他的波尔多葡萄园里感觉到了这种价格上涨的影响：“大家知道，国内工价上涨是约翰·劳搞的那套方案的虚假繁荣造成的，是工人养成的要高薪的习惯造成的。工人不愿意放弃这一习惯，但是，终会有一天，他们不得不将这一习惯抛弃。”

但是，正是在《波斯人信札》第146封信里，孟德斯鸠最严厉地批评了劳的政策在物质方面造成的后果，特别是这一政策在使法国社会世风日下方面所起的作用：

一个普通人可以从他的默默无闻中得到好处，如果他不守信誉，只有几个人知道，其余的人则不识他的真面目。但是，一个寡廉鲜耻的大臣，他统治多少人，就有多少个证人，就有多少个审判官。

我敢不敢说他呢？一个没有廉耻的大臣的最大罪恶，不在于他没有侍候好他的国王，不在于他弄得民生凋蔽，在我看来，还有另一项罪恶，一项比上述罪恶危险千倍的罪恶，就是他做了个坏榜样……

孟德斯鸠用激烈的词句描述了人的堕落：

我看到一些契约失去了效用，最神圣的习俗沦于消亡，一切家规被推翻。我看到一些债务人的吝啬，他们穷得蛮横无理，而且自负，成了疯狂的法律和严酷时代的无耻工具，他们假装还钱而实际上不还，并且往他们的恩人身上捅刀子。

我还看到另一些人，他们更加卑鄙无耻，他们几乎不花钱就买东西，或者干脆就在地上捡些橡树叶子，送给孤儿寡妇当饭吃。

我看到，所有的人心里一下子都生出了发财的愿望，欲壑难填；我看到，忽然之间就形成了可恶的阴谋集团，他们要发财，但不是靠诚实的劳动和正派的职业，而是靠坑害君主、国家和百姓。

结论很明确地说明了孟德斯鸠对这样的政策感到的厌恶与愤怒：

还有什么罪行比一个大臣所犯的罪行更严重的呢？他使整个国家道德败坏，使最仁慈的灵魂变得卑微，玷污了人的尊严，使道德本身失色，使出身最高贵的人受到普遍的鄙视。

1726 年，勒佩尔蒂埃 · 戴福尔被任命为财政总监，取代了多登，他把币值恢复到 1 马克对 38 利弗尔，这个兑换率一直保持到 1785 年。

1726年6月24日，孟德斯鸠在一封可能是写给这位新任财政大臣的妻弟拉穆瓦尼翁·德·库尔松的信里，道出了他对这些整顿财政措施的看法：

> 在这种情况下，我觉得在国王的债务人和债权人之间会有一场打不完的官司。交献纳金的人想不断削减年金领取者的年金，年金领取者则希望一切都由交献纳金的人负担。这就是百分之二的所得税和其他这类可憎的措施的总根。由于不能使收支平衡，国王就一会儿扑到交献纳金的人身上，一会儿扑到年金领取者的身上，而且，使两方面都总是担惊受怕。因此，必须从治本入手，结束这种收支不平衡的状况，为此，国王的债务人和债权人均须作出贡献。

贝尔特洛·德·迪希在1726年6月29日写的一封信里，证实了孟德斯鸠对财政总监的财政政策所抱的兴趣："现金的增加似乎使您很高兴，知道总税收官们遵令交3000万，您会更高兴的。从7月到年底，每月要交500万。戴福尔先生现在要在间接税制度上下功夫了，除了重建信心，他没有别的目标。"1726年7月初，拉穆瓦尼翁·德·库尔松给孟德斯鸠写信的时候，用的是同样的话："头几项措施是好的，似乎相当受公众欢迎。我可以向您保证，他唯一的目标是重建信心和流通；在目前这种时候，这可不是一件小事。"

大约就在这个时期，总之是在1729年以前，孟德斯鸠写了《论西班牙的财富》。这篇文章发展了在《论责任》一书中已经表述过的思想。大约在1731—1733年间，他把《论欧洲普世王国》第十六节抽出，补入《论西班牙的财富》，后来又将此文大部分内容用于《论法的精神》第二十一章第二十二节里。

孟德斯鸠的思想没有只停留在道德问题、政治问题和财政问题上。如果说当时的这些作品包含着一些日后在《论法的精神》里成熟、深化和发展了的思想萌芽，他那颗知识分子的好奇心，此时又把他引向了其他问题，一些利害关系较小，或没有什么直接利害关系的问题，但这些问题对他思想的形成是必不可少的。事实上，孟德斯鸠关心美学的第一个迹象，表现在他1726年9月29日写给让-雅克·贝尔的信里；他是在旅行期间意大利才对艺术、绘画、雕塑和建筑发生兴趣的，但在那以前的若干年里，他已经渐渐地打下了思想基础，直到晚年，他才将这些思想加以发展，写成《论情趣》，刊载在《百科全书》上。在给贝尔的信里发表的那些评论还只是即兴之作，有了时间还要做进一步的思考，但如贝耶所说，从中已经可以发现孟德斯鸠对其“折中观点”的思考，他努力地在天生的乐趣和后天获得的乐趣之间、在天生的情趣和后天获得的情趣之间做出区别。

其实，贝尔刚刚在《法国学界或法兰西文学史》上发表了一篇论文，对杜博教士的观点进行了研究。杜博教士认为，在评判精神作品的时候，情趣的作用大于理论的思索。贝尔则认为，在美学评论中，具有决定性作用的是理性思索，而并非如杜博所说，是感觉或第六感官。贝尔征询孟德斯鸠的意见，孟德斯鸠认为他的朋友贝尔的想法是“强而有力的，生动活泼的”，并用以下的话语解释了自己的感觉：

> 我的第一个想法是：我采取折中观点。我认为进行评判的时候既凭感觉也靠理论思索，两位评论家都同样有才智，最富情趣和感情的那位是最敏锐的。在同一部作品中，有些东西属于情趣范围，有些东西属于感情范围。靠理性的思考是无法评论泰奥克利特、维吉尔、奥维德等人作品之美的。杜博教士先生错了——而您已明确指出——他错在用人的某种等级或职业来区分评判方式。不能因为某人是学者、诗人、演说家或上流社会人物，就说他是好评论家或坏评论家，正如不能因为某人是王就断言他幸福或不幸，某人是高贵妇女就断言她美丽或丑陋一样。
>
> 经验表明杜博教士的说法不对。精神产品的命运几乎只能由内行人来决定，这些人既有理性的思索，也有感觉。可以说，是这些人去拨动世人感官的琴弦并引起人们注意的。这一点在喜剧的唱段里可以看得很清楚。

> 普通人一般不善于判断，因为他们对其所要判断的东西毫无兴趣，既不怎么到剧院听歌剧，也不读书学习。可以把他们分为两类人，一类不敢冒冒失失地表明喜恶，一类则轻率地表明喜恶。我是经常写点东西的人，而我写东西是需要认真思考的。

孟德斯鸠继续就这个问题“写东西”，在《随想录》第 108 条至第 135 条中，把这些思考深化了。这部分随想题为“在我的许多想法中，下列一些想法未能进入我论情趣的著作和论精神的著作之中”。这些杂感最迟写于 1728 年之初，证据是，从这个时期起，他使用在朱伊公学时代学到的工作方法，做大量笔记，阅读和思考时做卡片，以便对各种问题作深入的思考。因此，1728 年写的那些关于情趣和精神的杂感是一部更为宏伟、构思更为缜密的著作的素材，他一直为写这部著作进行准备，不断地加以充实。他重复地看这些杂感，把它们整理成篇、章、节，完成后送交《百科全书》。

这几年里，孟德斯鸠的创作活动是很旺盛的，他动笔或完成了很多其他著作。他曾想写一本书名为《西班牙图书馆或西班牙报纸》的书，面世的只有被收入《随想录》中的几个片断。正如夏克尔顿假设的那样，这部著作可能是在贝里克的影响下构思出来的，和波尔多所处的地理位置也有一定的关系。这部书只开了个头。

被保存下来的另一些片断是：《鲜为人知的书籍志》，包括《色诺克拉底致菲拉斯的信》[56]，写于 1723 年，摄政王过世以后；《君主或几位君主》，其中包括《论几位君主的性格》，原是《论责任》一书里面的。《君主们》大约是 1725 年动手写的，大约在 1733 年放弃了，但在写作《罗马盛衰原因论》、《阿萨斯与伊斯梅尼》和《论法的精神》时，使用过这些材料。大约在 1748 年，孟德斯鸠甚至曾想过再把这个题目捡起来写下去。这些已经计划要写、如今只剩下一些残篇的作品的错综复杂情况，这些动手以后又放弃，有时又重新拿起来再写的作品，以及这些作品之被利用在那些成熟了的作品中的情况，表明了孟德斯鸠思想发展的轨迹，说明了他外出旅行以前那一时期的重要性，也表明他不愿轻率地发表那些难以令公众满意的作品。他吐露过的话就是证明："我有写书的癖好，而书一旦写成，又因之感到惭愧。"[57]促使孟德斯鸠不发表那些有可能损及其声誉的作品的原因，虽然部分地可以归之于爱面子和自尊心，但事实上他是感到需要得到人家的赞同，需要听取朋友们的意见。这种慎重和顾虑，曾使他在1725年匿名发表《尼多斯的神殿》，就像当初他发表《波斯人信札》时一样。

当时没有谁能对有刺激性的事情不发生兴趣；《尼多斯的神殿》在1725年复活节前一周里出版后，传得沸沸扬扬。在一段时间里，孟德斯鸠耽于《尼多斯的神殿》那类风流韵事的混乱气氛之中。杜撰的作者*是维纳斯的祭司的儿子。他离开出生的城市锡巴里，因为在这个城市里找不到满足自己激情的办法，于是他外出游历，到了克里特岛、勒斯伯、朗诺、代洛，最后抵达尼多斯，在那里他终于在泰米尔身边找到了幸福。

这本书在《法兰西文丛》上发表，并由巴黎书商西马尔出版，几乎是在同时。书的正文前有一段按语："本书深受读者大众喜爱，将会被列入值得保存的一时之作的行列。"孟德斯鸠描绘了尚蒂伊的生活，特别是德·克莱尔蒙小姐和德·穆伦公爵之间的人所共知的爱情。1724年7月29日打猎时发生的一桩意外事件，导致这段爱情的悲惨结局。孟德斯鸠在1724年写的一封诗文相间的书信，不正是写给德·克莱尔蒙小姐的吗？弗朗索瓦·热布兰在这封信里看出了写信人的初衷，这封信后来被用在《尼多斯的神殿》里了。在这封经过细心推敲的信里，孟德斯鸠看到了梦想中的爱神正在追求王妃，并终于得到了她：

> 我看到，爱神的手在摸索，
> 他在抚弄着您的酥胸；
> 疯狂地吻啊，在那里吻个不停。

---

* 孟德斯鸠在书中诡称该书是一本自传体外国作品的法文译本，因而杜撰了一个作者。——译者注

百般求饶，
又使他把手拿掉。
“美妙的酥胸是我造就，
我要用我的箭把它穿透！”
爱神此时怒气冲冲，像是在诅咒。
“不用多久，不管您如何挣扎，
也不管您勇气多大，
我还是会看到那最后一幕，
我的圣母玛利亚。”

在《尼多斯的神殿》里，这个主题又被重新提起：“您以为我在何处找到了爱神？先是在泰米尔的唇边，然后是在她的胸间。爱神逃到泰米尔脚下，我在那里又找到了他；它又藏在泰米尔膝下，我追踪着，即使泰米尔哭成泪人，我也追踪不放；哪怕她恼羞成怒，我也不会放松。”

德·克莱尔蒙小姐和她周围的人，确实给了孟德斯鸠创作《尼多斯神殿》的灵感，加斯科也确认了这一点：“德·克莱尔蒙小姐和她的小圈子给了这种想法一次表现的机会。”按照弗朗索瓦·热布兰的推测，德·格拉伏侯爵夫人就是《尼多斯的神殿》里的泰米尔，这并不能令人信服。孟德斯鸠说手稿是希腊文，被法国驻奥斯曼帝国苏丹宫廷的大使发现了。这套手法没有骗过任何人，匿名很快就被揭穿了。最初，马蒂厄·马莱大使对作者是谁把握不定，他于1725年4月5日给布依埃庭长的信里写道：“这里正在出售一本12开82页的书，人们交口称赞，很是抢手。书名是《尼多斯的神殿》，有人故意让人相信是从希腊文翻译过来的……但是，这书是出自某个浪荡公子的手笔，他在讽喻的幌子下写了许多下流东西，而他做得相当成功；只是他想表达的意思太多，且又故作爽直，结果流于粗俗。若是这部手稿存在尼农*的图书馆里，

* 尼农（Ninon）夫人（1620—1705），以美貌和才智著称，进出她的沙龙的，都是当时的杰出人物。——译者注

我不会感到奇怪，但我在巴黎于复活节前一周里看到这样一本书备受青睐，就不能不吃惊了。书末增加的部分写到爱神又让他的翅膀回到维纳斯女神的酥胸上，倒不失为调侃之笔。女人们都说她们想学希腊文，因为在希腊文里可以找到这么有趣的东西。”

然而，到了 4 月 10 日，马莱终于发现了真正的作者：“有人说《尼多斯的神殿》是《波斯人信札》作者的作品。这是可能的。还有人说是埃诺庭长写的，这我倒一点不信，因为他是典型的法国人，不可能给作品带上希腊色彩。”尽管孟德斯鸠一再否认，朋友们还是很快地认定了他是这本书的作者。开始时，书卖得不快，到 4 月 22 日为止，西马尔印的 2000 本才卖出去 600 本。但是，波旁公爵叫宫里很多女厨师买了这本书，他甚至叫人向书商打听该书作者的名字。孟德斯鸠此刻还拿不准当局将做何种反应，也不愿让自己的名字和一本很多人认为是引人犯罪的书挂钩，就仍然坚持否认自己是该书的作者。这一年的 5 月，他还在给贝尔特洛 · 德 · 儒伊的信里说：“我根本不是《尼多斯的神殿》的作者，这并非因为我对是此书作者一事全无好感。我不是此书的作者，我因此而懊恼，因为，既然像阿里斯泰这样一个人物令您喜欢，可能创造了阿里斯泰这个人物的人也会令您喜欢。”

在《波斯人信札》发表以后至《尼多斯的神殿》发表的这段时间，即 1721 年至 1725 年间，孟德斯鸠每年都在巴黎住好几个月。他在巴黎过的是一种相当放纵的社交生活，但他同时也在那里学到不少东西，进行了不少创作，而这是更为主要的。他的感情生活也遇到过几次风暴，同“美丽的伯爵夫人”断绝来往，使他在 1726 年 6 月未及向朋友们辞行，就突然离开了巴黎。

如果说断绝往来一事是他回波尔多的直接原因，那么，高等法院检察官向他发出的警告，叫他不要忽略了自己的职责，也不能说与他返回波尔多无关。1725 年至 1726 年间，孟德斯鸠度过了一次危机。他对高等法院庭长的工作兴趣不大，在巴黎过的惬意生活对他的吸引力却越来越强。但在同时，他又感到需要给自己的生活和文学活动确定一个新方向，以便和他的情趣和志向更加协调。在做出决定之前，他需要考虑，需要和他那久已被忽略了的家庭以及他在波尔多科学院的朋友们重新进行接触，需要对他的家务进行一番安排，要让家里人安心。

1716 年 2 月 10 日出生的儿子让－巴蒂斯特的教育问题，成了他最为关注的事情之一。为了让他能选个“身份”，孟德斯鸠在儿子八岁的时候就让他进了“人路易中学”，这是享有盛名的耶稣会学校之一。另外，他还委托他的朋友耶稣会士卡斯泰尔神父，请神父对让－巴蒂斯特的学业与品行进行监督。卡斯泰尔神父在自己的《论人的身心》一书里，曾提及使孟德斯鸠向他提议做自己孩子监护人的背景。和孟德斯鸠一直有来往陪伴贝里公爵夫人的贵妇人蓬斯侯爵夫人，也把自己儿子的教育托付给了卡斯泰尔神父。

一年以后，孟德斯鸠在金钱问题上遇到了严重困难，想让儿子从“路易大王学校”退学，而他的妻子和岳母，也以孩子这么小就不在身边为憾事，这与让－巴蒂斯特回波尔的想法也不无关系。孟德斯鸠本人对儿子离家在外也并非无动于衷，他的父爱表现得腼腆而含蓄：“女人们在家里谈论天生的感情，谈论父亲对子女的爱，子女对父亲的爱，谈论被遗弃时应保持一定程度的体面，以及对婚姻应尽的义务。我说：‘不要大声谈论，那样人家会把你们当成长舌妇。这些事可以意会，说出来就没意思了。’”[58]

卡斯泰尔神父在 1725 年 8 月 7 日写给孟德斯鸠的信里，极力劝他改变自己的决定：“您会作何想法？我不是指针对我的遗忘，因为我是不会把您忘记的，可是我长时间不是没给您写信吗？……我保持沉默却是有理由的，因为我知道您想让您儿子退学，于是我怕让您生疑，以为我是要在这件事上说点儿什么才给您写信；因为，如果我给您写信，说您让孩子退学是不对的，您就会有理由认为我把学校的利益看得比您的利益重要；若是我对您的想法表示赞成，那我就会被怀疑为计较个人利益，特别是因为蓬斯侯爵夫人说了，您的公子一旦退学，她也不打算让自己的孩子接着上了，这将使我的工作减少一半。因此，我一直等待着，等着令郎离去之后，或者您做出最后决定之后，再把我的想法奉告。这就是我的想法，先生，我以一个朗格多克人能有的全部爽直把这个想法说了出来，我指的不是图鲁兹的朗格多克人的爽直，我指的是蒙彼利埃的朗格多克人的爽直。”

卡斯泰尔神父在申辩理由以便把让－巴蒂斯特留在耶稣会学校时，也详细地谈了他的学生在品行和学业方面的情况，使我们对这位少年的个性有了清楚的认识：“……我非常喜欢这个孩子，他很让人省心省事，以至于几乎让我觉得带的学生不是两个，而是一个……他身体好，十分健康，从没有得过所谓的重病。开始的时候，他总有些小病小痛，我敢说，不管在任何别的地方，这些病都会变得严重起来，或是因为不当一回事，或是因为小题大做。我很爱他，一直关注着他，但我又爱得得体，就是说不会像母亲那样用爱抚、柔情、各种各样的药品、烦人的小事压得他喘不过气来。我的最大秘密是凡事采取中庸之道，防患于未然。此外，他高兴，愉快，知道娱乐，玩耍，跑跑跳跳，吃饭睡觉，一切都十分正常。您刚把他交给我的时候，他显得没有一点儿灵气，总是迟迟呆呆的，十分严肃，沉默不语，头五天里连水都不倒。您知道，我的办法在于使一切流动起来。好了，现在循环流动已在他小小的身体里重新建立起来了，那种死板迟钝的情形再也见不到了，这就是情绪与心境自由运作功能的力量所在。因此，这个孩子眼见着长高了，因为他的天性已不再为其他的事情所困扰。”

卡斯泰尔神父成功了，他使让－巴蒂斯特身体强健起来了。他对自己学生的智能也感到满意：“在智能方面，情况也十分之好。您可能是一年前让他升入六年级的，他上五年级时有些跟不上，可是从复活节以来，他一直名列前茅。他在悲剧课上得过奖，最近又在年级的作文课上得了第一名，因此，如果您愿意，读完四年级的几个月以后，他就可以升入三年级，进到一个新学年了……不过我不劝您这样做，他还太小，身体可能吃不消。”

这位监护老师对让－巴蒂斯特的品行也感到满意：“这是个小天使，温顺得像个羔羊，他没什么恶习。但我不是要对您说他和别人不同，绝没有恶习的根性。不过，谢天谢地，我敢说我不娇纵他。他使我无法太严厉，我也一直还没有理由对他进行过什么惩罚，我只是说过他几回，责备过他。但我知道得很清楚，他怕我，也爱我。他的最大缺点是有时说两句谎话，这时就要受到严厉的批评。全部情况就是这些。另外，他的母亲和外祖母想看看他，这是合乎情理的。马上就要放假了，请您叫他在她们身边待上两三个月。”

毫无疑问，孟德斯鸠被卡斯泰尔神父说服了，他把孩子留在了“路易大王学校”。1728 年他外出旅行的时候，把儿子的教育问题委托给秘书杜瓦尔神父照顾。在孟德斯鸠外出期间，杜瓦尔神父细心地、一丝不苟地完成了此项任务。他经常和孟德斯鸠夫人让娜 · 德 · 拉尔蒂克通信。那么，朱利斯 · 德尔皮引证过的格里姆所说的情况是否符合事实呢[59]？据格里姆的说法，孟德斯鸠起程前让他儿子进了阿尔库尔中学，请求他的一个朋友凯内尔神父给以关照。回到法国以后，孟德斯鸠急着向凯内尔神父了解情况。凯内尔神父把孩子的品行大大夸耀了一番，说他用功，待人和气，深得同学们喜爱；然后，为了让孟德斯鸠高兴，又加了一句，说让－巴蒂斯特 · 德 · 色贡达对科学有所偏好，尤其喜欢博物学，在这方面的进步，就他的年龄而言，是惊人的。听了这话以后，孟德斯鸠脸色变得苍白，显得非常失望，说：“这么说我的希望破灭了……他充其量只能成为一个文人，成为像我这样的怪人，我们无法改变他了！”

虽然这个说法不可靠，却也道出了让－巴蒂斯特的志趣。日后他拒绝接受父亲在波尔多高等法院的庭长职务，把主要活动放在了自然科学的研究上面。孟德斯鸠对他的实验也一直给予关心。

孟德斯鸠夫人对丈夫在巴黎过的放荡生活肯定不是毫无所闻。她表现得十分自尊，似乎是听之任之。1726 年孟德斯鸠重返波尔多，给夫妻关系带来了和解：1727 年 2 月 23 日，让娜 · 德 · 拉尔蒂克生下了玛丽－约瑟夫－戴妮丝，他们的第二个女儿。孟德斯鸠对这个女儿的出生似乎漠不关心。就在这个虽不被热烈期盼、毕竟已被等待的孩子降生于世的两个月前，孟德斯鸠于 1726 年 12 月 28 日离开波尔多去了首都，而且一去就长时间离家在外。孟德斯鸠于 1727 年年初到了巴黎，出国旅行回来以后再回波尔多，已经是 1731 年了。戴妮丝已经 4 岁的时候，她的父亲才第一次见到她。这种冷漠令人难以置信，但是，各种资料表明，孟德斯鸠在这次长途旅行当中，确实没有回过波尔多。我们找不到任何信件可以帮助我们了解，在孟德斯鸠和他最亲近的家人之间，何以这么长时间音讯全无。

自从伯父让-巴蒂斯特去世以后，孟德斯鸠作为色贡达家的长子，一直还受着在世叔伯们的道义上的监护。他们是伊尼亚斯·德·色贡达，巴扎斯主教区丰特吉尔昂的教士，以及约瑟夫·德·色贡达，费兹的教士。两人都在1726年过世。孟德斯鸠保证了弟弟夏尔-路易-约瑟夫的前程，他在1725年成了圣-瑟兰的长老，第二年，孟德斯鸠又让他得到了费兹修道院院长的职务。

然而，孟德斯鸠还有一项后果严重的决定要做：是否要把波尔多高等法院庭长这个职务卖掉？如果卖掉，他也就放弃了这项职业，这是一项他在年轻时期为之做过准备，但对他又没有什么吸引力的职业。我们不知道他是何时做出这一决定的，但可以肯定，是在他仔细地盘算过这样做对他和他的家庭的利弊得失以后。放弃这个对他变得越来越成为负担的职务的想法，他早就有了。想更好地投身于巴黎的生活，把由于经常得在巴黎与波尔多之间奔波而变得疏远了的朋友关系紧密起来，几年中曾打算过的和过去的生活决裂，这些想法肯定都和他所做的决定不无关系。

甚至在1726年6月离开巴黎之前，孟德斯鸠已委托巴尔博谈判售职事宜。他这位朋友反应激烈，极力劝说孟德斯鸠三思，以免犯下无可挽回的错误。巴尔博是诚心诚意的，他在此事引起的激动尚未过去的情况下，于1726年4月9日给孟德斯鸠写了一封信，提出种种理由，要孟德斯鸠放弃这一在他看来可憎的决定：

> 不，我亲爱的庭长，我希望您不要把庭长的职务卖掉。这个职务您得之于祖先，应传之于后世。这个职务属于您本人，也属于波尔多省，府上已为波尔多省培养出了数位庭长，有什么东西使您非要把它卖掉不可呢？您是否找到了一个更好的职位来取代将要失去

的职务？如果不到光荣退休的时候，怎么能让位呢？在您这样的年龄，把自己变成一个平民或者变成一个听凭命运摆布的马车夫，去追逐您觉得光耀的职位，这对您合适吗？这是我一下子就想到的一些问题，我把这些问题说给您，其实只是重复，因为我确信您已经把这些都考虑过了。我接着又想到您这样做会给费兹神父先生（他精神体力都好）、孟德斯鸠夫人和您弟弟带来的极度悲伤，他们是怎么想的，您比我清楚，跟您要做的不正好相反吗？

孟德斯鸠做出这个决定之前，肯定和家里人进行过长时间讨论，他们也提到了巴尔博提的那些想法，特别是让娜·德·拉尔蒂克，她不能不对和高等法院就这样断了关系感到担心。她也从中看出，这样做就等于宣布自己的丈夫要更经常地离家在外，把孩子们的教育和家庭财产的管理都留给她一个人。这些年来的经验，以及她对孟德斯鸠弱点的认识，都使她对出售官职不能不感到害怕，这个职务是还能使孟德斯鸠和家庭保持联系的最后一条纽带了。

他的朋友巴尔博想说服他，在承认“法院的职业并不可爱”的同时，列举了这一职务的好处：“很多工作都是例行公事，也不过就是让您从别的工作或娱乐中分一点儿心，您若想每天拿出一个小时来做做这方面的事，您会觉得这是非常容易的。其余的事情就由经常在法院里的人和各种会议很方便地解决了，既不让您知道，也不劳您操心。”

但是，这样的前景是和孟德斯鸠的意愿相违背的，他想要得到的是完全的行动自由，不能受职责的限制，即使把职责减少到最低限度也不行。他一旦坚持自己的想法，面对很快就在波尔多传开来的流言，他也不为所动。巴尔博婉转地提到了这些流言：“总之，我亲爱的庭长，您得想想，大家都认为您要变成一个游手好闲的无用公民，一个不想承担任何社会责任的公民，一个不想承担其出身与地位要求他承担的政治义务的公民。我担心，您这个决定是因庭长事务中的一些意外事件给您带来的气恼而做出的，可是，上帝啊，根据一点点事怎么能做出这样的决定来呢！”

然而，巴尔博虽然不得不说出那些保留意见，他还是把孟德斯鸠交办的事急急忙忙地都办了。“在谈判完全卖断之前”，孟德斯鸠希望找到一位同意接受一项对让－巴蒂斯特说来是可复归性条款的买主，因为说不定让－巴蒂斯特有朝一日想要从事法院工作。事情于1726年7月7日谈成了，买主是让－巴蒂斯特·达尔贝萨，每年交5200利弗尔，买主去世，职位还给孟德斯鸠。售职契约规定，如果孟德斯鸠或他的儿子在达尔贝萨之前去世，达尔贝萨可以把这个职位买断。这样，孟德斯鸠在解除日益变得沉重的职务负担的同时，就着手安排自己的未来了。庭长的职务暂时还是孟德斯鸠家的，他本人想重操旧业或转给他儿子都行；家庭的传统因而也得到了尊重，至少表面上如此。孟德斯鸠终于做成了一笔于他有利的金钱交易，使他有了一笔稳定的收入。正如贝里克在7月15日写的信里指出的那样：“这笔买卖好像不错。”

对孟德斯鸠的这项决定，巴黎的朋友们表示欢迎，但波尔多科学院的朋友们感到遗憾，因为他们因此而失去了一位可靠的顾问，而他一直积极参与团体的工作，并且是团体权益的坚决维护者。然而，孟德斯鸠这样确立的方向，和他内心深处的想法是合拍的：“至于我那个庭长职业，我干的时候一直是心地纯正的。法律本身我熟悉，但诉讼程序我就完全不明白了。但最让我觉得讨厌的是，我看到那些蠢人有那样一种才能，想方设法把我冷在一边。”[60]我们也不会忘记，他在1725年给塞蒙维的信里承认：“我并不那么兢兢业业，有时不是想着审的案子，而是想着未来的案子。”

从此以后，除了他的家庭和朋友，波尔多再也没有什么可以留住孟德斯鸠了。虽非轻而易举，孟德斯鸠却也在巴黎的文学界获得了声望；他现在要做的，就是作家们梦寐以求的，争取被法兰西学士院接受，当选为院士了。

法兰西学士院对学识渊博的人所具有的吸引力和魅力，孟德斯鸠是不能漠然视之的。他少年气盛，在年轻人的狂热和加斯科尼人秉性的驱使下，对这个著名团体也曾不吝其冷嘲热讽。在《波斯人信札》第73

封信里黎伽所说的话语的回声尚未消失之际，时年 39 岁的孟德斯鸠已经在雄心勃勃地恳请那些作家投他的票了，而在不久之前他还借黎伽之口，说了以下一些毫不客气的话，给这些作家画了一幅不怎么讨人喜欢的肖像呢：

> 我听人说起过一种法庭，人们称之为法兰西学士院。世界上再没有比这个法庭更不受尊重的了，因为听人说，这个法庭决定了的东西，人民立即就予以撤销，而且强迫它遵循另外一些法规。
>
> 不久之前，为了确立自己的权威，这个法庭发布了审判法典。这个有这么多父亲的孩子*，几乎一出生就老了。虽然他是合法的，但一个先于他出世的私生子**，几乎把他扼死在襁褓里。
>
> 这个法庭的组成人员没有别的本事，只会不停地唧唧喳喳，在这永无休止的喳喳声中，自然地就有赞颂，一旦他们了解到个中奥秘，吹捧的狂热就把他们控制住了，再也不能摆脱。
>
> 这个团体的身子有四十个脑袋***，每个脑袋都装满修辞、隐喻和对照法；这么多张嘴巴，几乎都用感叹的语气说话；耳朵总要听那些抑扬顿挫的、和谐的声音；眼睛没有问题，似乎是为了说话而不是为了看的；它立足不稳，每时每刻都在动荡，因为时间是它的灾难，把它做的一切都给摧毁了；听人说，它的手以前是很贪婪的，这我就不好说什么了，只好留给那些比我更了解情况的人去确定。

曾用这样一些言词谈论过法兰西学士院的孟德斯鸠，几年之后又来请求曾被他冷嘲热讽过的人投他的票，可能有点太自负了。当然，孟德斯鸠并非他那个时代里批评法兰西学士院的唯一作家。他批评学院编纂

---

* 指《法兰西学士院词典》，因经长时间讨论，问世之后，已赶不上社会生活的需要。——译者注

** 指同时由私人编的词典比较切合实际。——译者注

*** 法兰西学士院由 40 名院士组成。——译者注

《词典》工作拖拉，或者批评一些不干活只拿薪水的院士贪婪。德·圣-皮埃尔神父就曾直率地提出过这样的批评："学士院忙于宣布某些词、某些句子现在这种用法的正确与否，但用法必然是在变化着的，因此，今天不正确的用法，50年以后将是正确的。"

维安肯定地说，孟德斯鸠于1723年向法兰西学士院提出过申请，但遭到拒绝，借口是申请人当时身任波尔多高等法院庭长，尚未在巴黎选定住所。不过至今尚未找到支持这一说法的证据。[61]维安似乎是被特吕勃莱《回忆录》中关于丰特奈尔的这段文字误导了：

> 德·丰特奈尔先生1723年和1727年任院长时大概还接见过多利弗教士和德·孟德斯鸠先生，但由于他们一时不在巴黎，接见的时间推迟了几个月，那时丰特奈尔已经不再是学士院的首脑了。不过，他事先已把在这种场合他必须发表的讲话写好。讲话手稿的下落，我不得而知，我只知道，在接见这两位院士时，丰特奈尔宣读过这些演讲稿，而孟德斯鸠向丰特奈尔要了和自己有关的那篇，丰特奈尔先生给了他。然而，德·色贡达先生虽然根据我的请求把他父亲的文件都翻遍了，却没有找到这篇讲演稿。

根据这段文字，孟德斯鸠可能于1723年向法兰西学士院提出过申请，当时丰特奈尔正担任院长。但没有任何证据支持这一假设。1723年，《波斯人信札》还刚刚发表不久，由庭长的辛辣讽刺点燃的怒火尚未熄灭。更主要的是，在这个时期，孟德斯鸠在巴黎社交界的关系还不多。为了推开法兰西学士院的大门，沙龙的支持几乎是不可或缺的，而他这时还没有取得他几年后取得的这种支持；能够为他的当选提供方便的中二楼俱乐部，此时他尚不得其门而入。

特吕勃莱这段话可能说的是1727年的情况。孟德斯鸠在巴黎的朋友，以德·朗贝尔夫人为首，肯定为他们喜爱的这位候选人的当选做过长时间的准备，他们的谋划，他们施加的压力，不会等到选举前的几个月里才表现出来。但只有当院士的位子在有利的时刻空出来，才能轻而易举地得到。1727 年，丰特奈尔担任法兰西学士院院长，而这位老哲学家也是侯爵夫人星期二聚会上的常客，是他的对手们称作“朗贝尔派”的成员。对孟德斯鸠和他的朋友们来说，开始战斗的时机这就成熟了，可以提出申请做候选人。但是，孟德斯鸠那些顽强的对手略施小计，推迟了选举。到了投票的时候，丰特奈尔已经不再是院长了，因而也就未能发表演说，而演说的稿子，他可能给了孟德斯鸠。至少，这样的解释可以说得过去。

孟德斯鸠的朋友们希望看到法兰西学士院里“学识渊博”的才子们队伍不断壮大，他们经过长时间的秘密准备，孟德斯鸠的候选人问题只要等待有利时机，即可公开宣布。1727 年 10 月 26 日，路易 · 德 · 萨西于巴黎逝世。朗贝尔派的人立刻行动起来，说服孟德斯鸠提出了申请。路易 · 德 · 萨西是律师，翻译过普利纳的《书简》、特拉让的《颂词》，写过《论友谊》和《论荣耀》，并因这些译著而闻名。他和孟德斯鸠一样，经常出入德 · 朗贝尔夫人的沙龙。德 · 朗贝尔夫人对他的印象是：“他文笔优美，凡经他手的，他都要为之增色，即使是题材最枯燥的文章，也充满着轻快和优雅，而凡经他手办的诉讼文件，也都要改变形式。”

孟德斯鸠要接替的就是这样一位作家。他的候选人提名受到德 · 朗贝尔夫人及其周围人士的大力支持，却遇到宫廷和一些文人的反对。这些文人不管是不是院士，都对《波斯人信札》作者的讽刺挖苦怀有敌意。孟德斯鸠的对手用的是惯用手法：他们提名律师马蒂厄 · 马莱做候选人。对立和竞争就围绕着这两个人展开，一个是名满京城的孟德斯鸠，一个是在一个内行人小圈子里很有名气并受到器重的马莱。其实，提名谁和孟德斯鸠竞选并不重要，目的只有一个，即挫败庭长，而且要通过庭长，挫败围绕着德 · 朗贝尔夫人形成的团体。

孟德斯鸠候选的种种波折，他的希望，乃至他的担心，对手们几乎逐日地都有记述。马蒂厄 · 马莱在自己的《日记》里多次提到这场选举中发生的一些事件。不过，马莱有声有色地讲述反对孟德斯鸠的这场不愉快的争吵的各阶段情况，则是在他写给布依埃庭长的信里。布依埃在第戎，他于1727年6月16日被选入学士院。

法兰西学士院的终身秘书杜博神父于当天就把路易·德·萨西的死讯通知了弗勒里红衣主教。10月27日，弗勒里红衣主教用下面这样一段话对杜博做了回答："先生，您告诉我德·萨西先生已经去世，对于填补他遗下的空缺，我没有任何特别的意见。我将站在学士院大多数一边，我所希望的是，学士院留意做出最好的选择。我相信，孟德斯鸠庭长先生已提出申请，但我对他未做任何承诺，而且，在这种事情上我不对任何人做承诺。"

在这场学士院之战的初期，弗勒里对孟德斯鸠可说没有任何敌意。波尔多高等法院的这位前任庭长提出当候选人是意料中的事，既然德·朗贝尔夫人和当过奥尔良公爵私人教师的蒙戈尔神父都赞成，此事似乎已是水到渠成，不应遇到任何克服不了的障碍了。从11月2日起，孟德斯鸠的候选人身份即已尽人皆知。这一天，马蒂厄·马莱给布衣埃写的信里说："萨西先生病故了……人们都在谈论由孟德斯鸠庭长接替他。孟德斯鸠无疑是个富有才智和长处的人，既然您将成为评判者，您对这一点的判断将比我准确。"

孟德斯鸠的对手们谴责这位前庭长的，正是这种"才智"，尤其是由《波斯人信札》所表现出来的这种才智的尖刻的一面。因此，尽管马莱的这段话不带什么感情色彩，而且表面上很客观，也不能因此而不把他算作孟德斯鸠的对手之列。他本人不是也由所有那些害怕孟德斯鸠成功的人暗中推上了接替路易·德·萨西的位置，成了非正式的候选人吗？马莱于是怀着颇为复杂的心情，注视着孟德斯鸠如何通过布满荆棘的道路走向法兰西学士院，这里有好奇心，是那种对与己有关的事情的好奇心，也有因自己的愿望得不到满足而生的嫉妒。通过他和布依埃之间的往返信件，可以感觉到，马莱在窥伺着沙龙里的各种传闻，以及那些尽管微小但可能使学士院的天平向于他有利的方向倾斜的事件，然而这架天平倾斜的方向早已于他不利了。

布依埃采取的立场比较谨慎；的确，他在11月12日给马莱写过这样的信："我因故在外，无法参加将要举行的选举。我不知谁将受到青睐。当然，朗贝尔派的人一定是赞成孟德斯鸠庭长的，但我不知道的是，其余的人会不会只是为了将庭长排除，而去劝告掌玺大臣先生考虑这个位子。”

马莱在 11 月 24 日致布依埃的信中，把反对孟德斯鸠做候选人的意见巧妙地概括为这样一句话：“如果《波斯人信札》是您写的，那么，其中有一封信是反对法兰西学士院及其成员的。如果您没有写《波斯人信札》，那您又作了什么？”伏尔泰用差不多相同的字眼表达了同一个意思：“矛盾。孟德斯鸠被迫否认是这本书的作者，而他却又因为写了这本书而成为院士。”[62]

孟德斯鸠当时也确实处于进退两难的境地：要么否认自己是用匿名出版的《波斯人信札》的作者，但早已被识破而拒绝承认这本书出于自己之手，那就差不多是两手空空地面对学士院的投票选举。要么对所写的这些东西承担责任，但那样就要冒被拒绝接受为院士的风险。面对对手们的敌对行为，孟德斯鸠——大家都知道他不太喜欢搞阴谋诡计——确实想放弃了。对手们的敌对行动是顽强的，而支持和鼓励他的友谊同样也是忠诚的，如果没有这种忠诚友谊的支持与鼓励，孟德斯鸠大概会放弃这场和他的性格倾向相悖的斗争。他没有放弃，但至少经受了犹豫不决的折磨。

布依埃表现得谨慎持重，他在 12 月 1 日写给马莱的信里说：“孟德斯鸠庭长大概不会让人家给他设置的障碍难住的。进退两难的处境他也不好对付，但我相信，只要身为大臣的主教（弗勒里）不了解情况，他是能占上风的。说到底，一个为法兰西学士院做过过去人们为了耶稣的教义所做过的事的人，即离开妻子、孩子、职位和祖国的人，是值得人们爱戴的。”

经过一个月的战斗，没有任何人正式提出申请候选人资格来和他竞争，孟德斯鸠的形势显得不那么绝望了，正如马莱在 1727 年 12 月 5 日给布依埃的信里所承认的那样。马莱在信里写道：“多利弗教士来看我了……他告诉我，孟德斯鸠庭长至今还没遇到竞争对手。进退两难的处境可能难于解决，但是，人们将会在新语体的语法学家的辩证法里为此找到微妙的解答。”不过，由弗勒里提出的任何反对孟德斯鸠为候选人的意见，都有可能给他带来致命的一击，因为他反对这件事的本身就会导致国王拒绝批准选举结果。可是，直到12月初，这位主教似乎没有表示丝毫的不同意，他完全不动声色。可能他没有读过《波斯人信札》，也可能他读得匆忙，只是随便翻翻，没有发现作品中对学士院的攻击，特别是对教会和绝对王权制度的攻击吧？

这种沉默对孟德斯鸠有利，他的对手们感到不安了，决定说明情况，让红衣主教睁开眼睛，看看《波斯人信札》一书所显示的危险，并指出把孟德斯鸠选为院士有可能带来什么样的丑闻。图尔纳米纳神父被选定到主教身边去进行活动，向他阐明，万一孟德斯鸠当选，将会有什么样的危险。最好的办法不就是让弗勒里读一读《波斯人信札》吗？但图尔纳米纳神父和他的朋友们认为这个办法还不够，有可能达不到目的。这位耶稣会士从《波斯人信札》里巧妙地剪下一些摘要，呈请弗勒里过目。这样呈上来的没有上下文的段落，使这位主教大为愤慨。

孟德斯鸠对这种不光明正大的做法感到气愤，是可以理解的。这种做法是选择一些特别具有挑衅性的段落，以突出这本书的不得体的特点。弗勒里看了过分机灵的图尔纳米纳神父放在他面前的摘录，确实被文章的内容激怒了。他在写给伐兰库尔的信里说：“您寄给我的摘要让我感到吃惊，如果我早些知道此事，我会把这次选举停下来。这使我为德·朗贝尔夫人的沙龙感到担忧，深恐这是一个大逆不道的派别。我昨天给戴斯特里元帅写了一封信，让他请那位候选人写个东西，实实在在地否认自己是那本可恶的《波斯人信札》的作者，并拿到学士院去宣读，否则就把选举推迟……讨厌的是，很多事情都已经办得差不多了。”

通过这封信的字里行间，可以推测出弗勒里是多么烦恼，面对可能爆发的丑闻又是多么担心，但事情进展得很快，在弗勒里身边进行的活动迟了。双方立场已经确定，拥护者和反对者的数目已经计算出来了。事实上，学士院也就要开会选举了。对孟德斯鸠来说，十分幸运的是，身为学士院院长的戴斯特里元帅关心他的命运，把选举推迟了八天。拿来给大家进行考虑的这一周时间，得以使人们冷静下来，也使得在弗勒里身边做些工作让他改变自己对此事所持的反对态度成为可能。

在孟德斯鸠当选的机会变得朦胧起来的时候，马莱以为自己的机会来了，因此，他于12月17日满心欢喜地给布依埃写了一封信，述说了这个让人上当受骗的一天里发生的事件：

> 德·孟德斯鸠庭长先生当天就对学士院表示了感谢，感谢学士院开会选他为院士。孟德斯鸠的谢意是戴斯特里元帅宣布的。我确实知道他为《波斯人信札》感到苦恼，也知道红衣主教说过：这本书里有对以往的政府和现存制度的嘲讽，表明作者的心智是反叛性的；书中对宗教和风俗也表现出某种放肆，对这本书必须予以否认。可怜的父亲不能否认自己的孩子，虽然用的是假名字，孩子们向他张开波斯小臂膀，于是他就为他们放弃了学士院。

马莱的热情表示得早了点儿，孟德斯鸠并没有像他想的那样把此事放弃。然而，布依埃接到这位朋友的信以后，又削了削鹅毛笔，于12月22日修书一封，鼓励他去碰碰运气：

> 可怜的孟德斯鸠庭长勉强表示的谢意对他自己是侮辱性的。有人对我保证过，如果对他施加压力，他会否认自己是《波斯人信札》的作者。我想像得出，朗贝尔府上正为此事吵嚷不休呢。我一得到他被排除在外的消息，就立刻给德·伐兰库尔先生和多利弗先生写了信，请他们把您排入竞争行列，我只怕我的信到得太晚……

和布依埃通信的另一个人，多利弗教士，虽然对孟德斯鸠没什么好感，但对这些事情的判断却比较客观，没有那样地急不可耐。他在12月11日写给布依埃的信里，对局势的分析倒有种种理由引人注意。他是学士院成员，亲眼目睹了他所记述的事情。他写道：

> 我到的时候，发现同事们正在忙着准备选举，这方面我想等有

了一些结果以后再告诉您。朗贝尔乱党大占上风，以致在竞争的行列里只有那位加斯科尼来的庭长。人们支持他的决心之大，使竞争者没有一个人敢让人说出自己的名字。

但多利弗教士肯定知道马莱的非正式候选人身份，他们的共同朋友布依埃庭长不是鼓动这位巴黎律师最起劲的人吗?

多利弗继续写道："在今天这个指定的选举日子里，我们终于得知，身为大臣的红衣主教先生不喜欢《波斯人信札》，红衣主教大人并已对该书表明了自己的意见，而我们若是选举这个加斯科尼人，国王就可能拒不同意。"

然而，弗勒里为使学士院了解自己的反对意见而使用的方法，多利弗知道得并不准确。红衣主教本人说，他给戴斯特里元帅写了一封信，要求孟德斯鸠写个书面东西，表示收回前言，公开否认自己是《波斯人信札》的作者。据多利弗说，弗勒里认为自己在一个小范围里，当着三四个院士的面表明不同意就行了：

不是红衣主教先生就此事写了什么或叫人在学士院做了什么，而是昨天，在房间里当着三四个人的面，他清清楚楚地对比尼昂神父说："学士院要做的选择将为所有正直的人所不取。"我听到的消息是，让红衣主教大人生气的是《波斯人信札》的第22封信，那封信里提到了两个魔法师。对那位庭长和他那一帮乱党来说，这可是太悲哀了。

多利弗感到，尽管国王有否决权，事情已经定了，孟德斯鸠已经得到了院士的多数赞同。因此，不管内心感觉如何，他仍不失其谨慎持重：

谢天谢地，我与此事没有多少牵连。我甚至没有招人怀疑，蒙戈尔神父先生把那位加斯科尼人的主要朋友即那位老夫人家的常客都聚集到一起了，晚饭我也在座。选举的事推迟到本月20日星期六了。

就这样，多利弗教士一方面暗自庆幸弗勒里进行了意外的打击，一方面也没有拒绝和那位加斯科尼人在“老夫人”即德·朗贝尔夫人家共进晚餐。可以设想，孟德斯鸠和他的朋友们在餐桌上研究过使形势转而对自己一方有利的办法。戴斯特里元帅把选举推迟到20日举行，是个妙招，使他们有了行动的时间，也有了使弗勒里让步的可能。弗勒里素性不是那种宁可失去学士院多数同僚的好感也坚持原来态度不改的人。

我们对12月11日至20日期间所进行的交易一无所知，知道的只是交易的结果。所进行的交易导致弗勒里和孟德斯鸠之间的一次坦诚解释。候选人提出的辩白，无疑使红衣主教感到了满意。红衣主教改变了自己的决定，不再以国王的否决权进行威胁了。这次见面过程中双方交谈的内容是什么？没有任何记叙留下蛛丝马迹。伏尔泰以为，弗勒里是中了孟德斯鸠卑鄙的计谋才转变态度的。

我们已经看到，伏尔泰的话和实际情况相去甚远。孟德斯鸠既然谴责了图尔纳米纳对他使用了不光明正大的手段，他自己当然不会降低到使用这种手段的地步。并且，谁会相信弗勒里会这样天真，会被如此明显的诡计所愚弄呢？谁会相信他会这么快就把图尔纳米纳神父呈给他的那些告发孟德斯鸠的摘录忘掉呢？

孟德斯鸠在弗勒里面前态度又是怎样的呢？这次的会见对他来说是至关重要的，因为会见的结果将决定他进军学士院的成败。孟德斯鸠心里一定想以自己用心的正直来说服主教；纵然他不能同意发表一项收回前言的书面声明，表示遗憾，但对某些过于激烈的说法和某些极端的言词表示真诚的歉意，却不会有任何难处。不管这次单独会晤中孟德斯鸠做了些什么样的解释，反正弗勒里同意了和解，并表示不再反对了。

在1728年12月5日致杜博神父的信里，他含而不露地写道：

有些事情，不宜深究，不要去想将来会怎么样，走得太远了，就会过犹不及。

> 德·孟德斯鸠庭长的屈服是彻底的，用不着再留下什么能够损及其声誉的东西。世人对所发生的一切了如指掌，所以也不必担心学士院保持沉默有什么不宜。我情不自禁地想，防止纠缠的做法永远是最明智的。这就是我的想法，但我不是要把这个想法当作决定告诉您，我从不愿意对团体将要做的事以仲裁者自居。

就这样，一场由孟德斯鸠的对手们挑起的有害争斗，靠弗勒里的聪明才智，让孟德斯鸠的对手们乱了阵脚。不过，当中也有过一段令人胆战心惊的日子。12 月 20 日的选举，只能是确认孟德斯鸠的对手们的失败和增加孟德斯鸠自己的声望，这对任何人都已经成为毫无疑问的事了。在 18 世纪，选举分两次进行，间隔半个月。1727 年 12 月 20 日星期六，到场的院士们投第一轮票，结果是："由于大多数票投了孟德斯鸠先生，投了这位吉耶纳高等法院的前庭长，选举结果对他有利。"

经过无数的曲折，尽管有重重障碍，孟德斯鸠的当选总算有了把握。多利弗教士没有再等待什么，当晚就把这些使《波斯人信札》的作者获得成功的事件告诉了他的朋友布依埃：

> 正如您想的那样，有反对票，但不足以成为多数。这件事不能不在巴黎闹得满城风雨。对庭长的损害，绝对会使他名誉扫地。这种损害也波及我们自己的几个人，这些人觉得与其赞成这个丧失了名誉的疯子，不如冒损害学士院荣誉的风险。至于我自己，我的想法只能向我的守护神倾诉。

马蒂厄·马莱也对选举作了评论，他于 12 月 22 日给布依埃写了一封语调忧伤的信："有人对我保证说，德·孟德斯鸠进了学士院，我不知走的是哪个门。"第二天，他又加了一句："我还不知道德·孟德斯鸠庭长进学士院走的是哪个门，但他进去了。他否认了他的孩子吗？我们这位长着波斯小臂膀的人物不是依然故我吗？为了成为您也名列其间的那个团体的一员，他什么事干不出来呢？”

第二轮选举于1728年1月15日星期一举行。16位院士参选，孟德斯鸠得到了大多数票。布依埃在几天以后写给马莱的信里，从这些事件里得出了结论。在几周的时间里，这些事件在学术界、政界和文学沙龙里令人激动不已。马莱的结论是：

> 多利弗教士将会告诉您，德·孟德斯鸠庭长是从哪个门进入我们这个学术团体的。他进入这个团体完全是因为德·朗贝尔夫人的恩典，她在我们的朋友们中间有极大的影响。

1728年1月24日星期六，孟德斯鸠被接受为院士。他这天发表的演说平淡无奇，颂扬了路易·德·萨西，并依照传统，颂扬了黎胥留和当朝的国王。致答词的任务落到了马勒肩上，他这时是学士院的院长。马勒无疑属于新当选院士对手的营垒，情不自禁地对孟德斯鸠说了一些十分尖刻的话：

> 您出生在一个富于才智、辩术和讲究礼仪的省份，因为在波尔多科学院发表了几篇博学的论文而出名。如果您不抢先采取行动，波尔多科学院就会先于您而采取行动。波尔多科学院在您身上发现的才华会使他们把那些匿名著作归于您的名下，他们在这些匿名作品里将会看到幻想、机敏和一些大胆的俏皮话，而为了夸耀您的才华，他们会把这一切都算作您的，尽管您出于谨慎而小心提防，也无济于事。最伟大的人物也曾经遭遇过这类不公正的事，因此，请您尽快地发表您的作品，去迎接您应该享有的荣耀。您使人了解得越多，人们对我们所做的由您接替德·萨西先生的选择就越称赞。

玫瑰没有把刺藏住，孟德斯鸠非常强烈地感受到了对他的攻击的不公正。连马莱也对马勒的这些话进行了谴责：“孟德斯鸠庭长由于不想把自己的演说和马勒先生这通全是讽刺挖苦的演说收入同一本文集，他单独发表了演说。这两篇东西我都还没有看到，这些纠缠让我感到厌烦。”

多利弗教士也还没有偃旗息鼓，他听说马勒“当面对孟德斯鸠说了一两句激烈的话”而感到高兴。如果说，孟德斯鸠进入法兰西学士院引起的热情，在官方似乎只是温和的，波尔多的情形可就不一样了。正如孟德斯鸠的一位女友写的信所证实的那样，这个消息在波尔多大受欢迎：

> 您大概以为我会告诉您，这个演说受到了大家的欢迎。完全相反，我乐于告诉您，布歇先生和夫人以及达尔维尔先生都觉得这个演说很糟。贝尔先生告诉了我这件事，他们对这个演说的批评好像使他很高兴。我们两人都认为，对您来说，没有比这更令人得意的事了，要是不告诉您，那就是心地不正了。我想他大概会专门给您写信，把他们的这些看法详细地告诉您。相反的是，全城其余的人都陶醉了，有才能的人，通情达理的人，傻瓜，妇女以及小老板们，都齐声欢呼，反对您的人，只有我和您谈到的那三个。

在1728年头几个月里，孟德斯鸠出席了三次学士院的会议。多利弗教士情不自禁，在1728年4月20日写给布依埃的信里，对孟德斯鸠出席的情形进行了嘲笑：

> 我还不知道德·孟德斯鸠先生的教名，只知道他姓色贡达。他只到学士院来过三次。我在学士院宣读了我们的历史（学士院的历史）。他没有开过口，我甚至没有看到他的那些朋友们敢怎么对他表示欢迎……

跻身于40个不朽的院士之列以后，体魄健全，满腹经纶的孟德斯鸠，感到踌躇满志。因为卖掉了庭长职务，也因为他那一份殷实的地产得到了精明的管理，他摆脱了事务上的烦恼，感到一身轻松。通过激烈的斗争，他得到了法兰西学士院院士的宝座。他仍然经常出入于可以树立和搞坏文人学士声誉的德·朗贝尔侯爵夫人的沙龙。他想涉足外交界，就把妻子和三个孩子留在波尔多，他从 1728 年 4 月至 1731 年 5 月完成了一次长途旅行，经过德国和奥地利去到意大利，然后经过荷兰抵达英国。

第四章　游历欧洲（1728—1731）

在 1699 年发表的《重游意大利》中，弗朗索瓦 · 德塞纳指出："如今旅行的习惯已极为普遍，尤其是在北欧人中间，竟至对一个不曾有过离乡背井经验的人有些看不起了。确实，旅行增强判断能力，使人变得完善，就像有人说的，植物要经过移栽才能结好的果实。"孟德斯鸠于 1728 年 4 月开始的长期游历的目的也正是这样：做出自己的判断，研究外国制度的多样性及其与法国法律的异同，结交学者和作家，通过和读书人的谈话了解情况，通过参观历史古迹和博物馆培养自己的情趣。拉布莱德藏书室里的那些与他将要访问的国家有关的著作，说明他曾为这次旅行进行过细心的准备。和那个时代的旅行家一样，他遍游意大利时手头总带着米松、罗日萨尔或阿瓦尔的旅行指南。在他之前很久，米歇尔 · 蒙田曾于 1580 年遍游意大利，在他以后游历意大利的众人之中，有两个人曾写下意大利游记：艾蒂安 · 德 · 西鲁哀特写了《法国、西班牙、葡萄牙、意大利游记》，记的是 1729 年 4 月 22 日至 1730 年 2 月 6 日的情况；夏尔 · 德 · 勃劳斯写下了著名的《意大利书简》。

孟德斯鸠写了旅行日记，从 1728 年 5 月 20 日到奥地利开始，至 1729 年 10 月 17 日在海牙上船结束；在英国期间写下的笔记散失了，剩下一些片断。1749 年至 1753 年间，孟德斯鸠曾让他的秘书中的两个人抄写他在旅行期间记下的笔记。他肯定参阅过这些笔记，以便在自己的作品里使用。他甚至可能在让人誊清之前，曾对这些笔记作过修改，以备发表。但原稿遗失了，何处是增加的，哪些地方做了改动，已无从分辨。他的笔记不是沿途逐日写来的那种，日期顺序常常不准确，甚至前后矛盾。有些段落极有可能被抄进了《随想录》或《随笔》；他的日记“带有某种奇特性和某种自发性，是那种引人入胜、让人想弄个水落石出的奇特，是那种孟德斯鸠式的即受到控制的自发，甚至在一些专供他自己看的笔记里，也是如此”[1]。为了对孟德斯鸠的旅行有个尽可能正确的概念，为了了解他所游历过的这些国家对他的思想产生的影响，这些笔记还有待于由他后来写的东西以及他在这个时期里写的信件来补充，人们希望他这个时期里的信件内容更为丰富。

1728 年春，孟德斯鸠遇到了一个不可多得的机会，使他得以在非常舒适的条件下旅行，并被引荐给奥地利政界。贝里克的外甥沃尔德格里夫勋爵作为乔治二世的大使前往维也纳，建议孟德斯鸠同行，在车里给他留了一个位子。他们于 1728 年 4 月 15 日离开巴黎上路。虽然车子“翻了两三次”，使他们不得不策马而行，结果延误了行程，4 月 26 日才到达维也纳，但一路上还是“相当愉快的”。他们途中在雷根斯堡稍事停留，孟德斯鸠在那里访问了议会。他后来在给他的一位我们不知其名的女友的信中，曾不无幽默地请她不要把这个议会当作“德国妇人”。

孟德斯鸠离开维也纳之前，得以拜会路易－弗朗索瓦·德·普莱西，即那位 1725 年被派到皇帝身边的德·黎胥留公爵，那位“受女人爱慕并很为有识之士景仰的人”。孟德斯鸠觉得维也纳城市“狭小，被堡垒搞得很不方便。但有不少漂亮房子和非常漂亮的房间，不便之处是很少有人单独住一所房子，甚至皇宫也把二层楼都安排住了官吏们，因为房租贵得惊人”。对孟德斯鸠来说，维也纳似乎“从外表看特别美。这确是一座很美的城市，我们看到的是一座工事坚固的小城，城里是一些漂亮的建筑”。他接着写道：“城市、狭小，市区和郊区之间的大片空地带来灰尘，因此，夏天住在郊区的房子或花园里，比住在市区强。”

他 4 月 30 日写的第一封信是致德·朗贝尔夫人的：“夫人，我将在没有您的情况下，做一次愉快的旅行；我无时不念及那些星期二聚会，和我每天都能见到您的那种高兴心情。不过，这里也有一批很好的人物，而且还有个好处，那就是这些人都聚在一起，因此，不出一周就可以结识一批最优秀的人物，有奥地利的，也有外国的，这里的外国人为数不少。”孟德斯鸠显得“对小住维也纳相当满意：在这里很容易结交朋友；王公大臣易于接近，因为皇宫和城市是混在一起的。外国人之多，多到使外国人感到自己既是异邦人士又是本地公民”。孟德斯鸠虽不懂德语，却感到相当自如，因为“我们的语言真是世界性的，这里的上层人物几乎只讲法语，而意大利语几乎用不着”。

5 月 20 日，孟德斯鸠去了距维也纳约 20 公里的拉森堡，这里是皇帝打猎的行宫，“皇帝在那里就像一个普通人一样，住得也不舒服”。孟德斯鸠注意到了，这里城堡四周的水沟却“没有拉布莱德的漂亮”，他对这点感到得意。他在那里荣幸地吻了查理六世皇帝的手，皇帝的“仪态举止具有王者风范”，也吻了伊丽莎白·德·布伦瑞克皇后的手，他在皇后身上发现了“最美丽的公主尚存的风韵”。在施瓦岑贝格公主府上吃过晚饭以后，孟德斯鸠来到“距拉森堡半公里之遥的”行宫，皇帝在那里建有一座呈鸽楼状的小城堡。皇后和她的那些宫廷贵妇住在上层，皇帝（及其随从）住在底层，人们在这两层里游玩，直到白鹭出现的时候。

孟德斯鸠在自己的日记里，对他在维也纳期间遇到的那些人物有详细的描述。他感到特别幸运的是结识了弗朗索瓦－欧仁·德·萨瓦，即欧仁亲王，他是马扎然一位侄女的儿子，这时在为皇帝服务。德·布荣公爵把孟德斯鸠介绍给亲王，两人谈话时说到了法国的宗教情况：“有一天，亲王问孟德斯鸠，教皇圣谕‘唯一圣子’在法国引起的反响现在如何了。德·孟德斯鸠先生回答说，内阁采取了一些措施，逐步扑灭詹森派，几年之后，詹森派就不再是问题了。‘你们摆脱不了这个问题’，亲王说，‘先王介入了一件他的曾孙也看不到结果的事。’”孟德斯鸠还见到了吉多元帅，即施塔伦堡伯爵，他发现这位元帅是“一位哲学家，一位不拘小节的人，有点尖刻，爱讲故事，喜欢谈论自己，从不讨好别人，颇有文学修养”。

孟德斯鸠很高兴地“把我们法国的好意见”讲给别人听。他请求多利弗教士给他寄“两本德·朗贝尔夫人写的《子女训诫》和另外两本书，即《沙皇颂》和《牛顿颂》”，都是丰特奈尔写的。德·朗贝尔夫人的这本书备受贝康坦的青睐，他打算译成德文，献给奥地利皇后的一个女侍从。“您的伦理学著作很好，所有的人都接受，”孟德斯鸠在给德·朗贝尔夫人的信里这样写道，“对丰特奈尔来说，他在国外声名显赫，到了只要是他的作品就被看成好作品的程度，人们在读他的作品之前就对这些作品交口称赞了。要是所有的先入之见都如此有道理就好了。他的《沙皇颂》，读者比《牛顿颂》多。”

孟德斯鸠留给在维也纳结识的一些人的印象，在萨克森全权公使冯·瓦凯巴赫特伯爵于1728年5月29日写给他的外交部部长冯·曼陀菲尔的信里被提到过。这封信里说：“……就机智和风趣而言，这位法国人比其他法国人都有过之，他想不惜一切代价地讨好德国人，因为听说‘阁下’这一头衔在维也纳颇为流行，他就对在聚会上遇到的每一位小姐都卖力地这样称呼。人家告诉他搞错了，于是他大胆地回答说，年轻人比起老年人来说毫不逊色，因此，如果他给年轻人以对老年人同样的尊称，人们不应大惊小怪……”[2]

5月20日，皇帝动身去格拉茨和的里雅斯特，请孟德斯鸠“去看看匈牙利的一部分”，以便参观一下煤矿，但也“因为所有的欧洲国家都曾经和现在的匈牙利一样，我于是想看看父辈的风俗习惯是个什么样子”[3]。这个想法后来在《论西班牙的财富》中几乎是用同样的词句表述过：“在今日的匈牙利和波兰，我们还能找到从前的欧洲的准确概念。”孟德斯鸠在欧游之初，就以他在匈牙利的短暂逗留清楚地表明了他这次旅行的两个主要目的：一是实地研究和煤矿及其开采有关的某些科学问题，以便将结果记录下来，留待以后使用；一是考察匈牙利的风俗习惯和制度。

5月27日从维也纳出发，28和29日在普勒斯堡即今天的布拉迪斯拉发参加了两次议会会议。议会里讨论的是礼仪礼貌问题，主要是议员向国王呈递谏书的方式问题。在一般地讨论过国王想让议会批准的新财政制度的利弊之后，议会做出决定：议员如有谏书上呈，要单独呈递，但是，议会的会议记录上却没有提到有一位外国人出席会议的事。在主要的讨论之外，有不少意外的小事，肯定使这位旅行者发生了兴趣，或者说让他感到困惑。孟德斯鸠在1728年6月初给沃尔德格雷夫写了一封信，嘲笑匈牙利贵族对尊称过分热衷：“我很高兴找到了一个匈牙利仆人，他每时每刻都称我为尊贵的和特别尊贵的，当我训斥他的时候，为了平息我的怒火，他称我为高贵的，给我端上一碗鳖脚的汤时称我为尊敬的。”他感到厌烦了，又加了一句：“我不打算走远了，就到布达佩斯为止。”

在议会的公开会议之外，孟德斯鸠在普勒斯堡度过的12天里，还同匈牙利的一些议员和贵族进行过一些私下里的谈话。他在那里见过的人中，值得特别一提的有上法尔茨人尼古拉·帕尔夫里亲王，首席主教埃斯泰尔戈主教，厄默里克·埃斯泰阿齐，以及拉迪斯拉·克扎尼主教。他把克扎尼当成了贝尔格莱德的主教。据孟德斯鸠记载，在帕尔夫里举行的一次晚宴上，“拉迪斯拉对我表现得异常亲热，不断地为我的健康而干杯，为他们尊敬的国王陛下，为可敬的王公显贵，为匈牙利王国各阶层各等级的臣民以及团结一致的基督世界的要人们干杯。我们彼此都有些醉了，他不停地对我说，在贝尔格莱德，他们的优秀骑兵，以一当十的坚强。我回答说，他们的可敬同胞和我一样，渴望着在第一天就击败敌人”。

在乡村旅行期间，这个国家的贫穷给孟德斯鸠留下了深刻印象。农民状况悲惨，手工作坊奇缺；照他的看法，农业还处于古代的奴隶式的行业状况之中。忆及在匈牙利之所见，后来他在《论法的精神》的手稿中写下过这样一句话：“在波兰、波希米亚以及德国的某些地区，至今还存在着这种奴役景象，那里的人被迫从事着农业劳动。”这句话在1748年的版本中被删去了。

在克朗尼特兹、尚尼特兹和纳－索尔，即今日捷克斯洛伐克的克朗尼卡、斯底亚夫尼察和比斯特里察，孟德斯鸠参观了煤矿。他对那里的两处泉眼极感兴趣，泉水似乎把铁变成了铜。他带了一瓶泉水回维也纳请人化验。在维也纳和克拉克夫之间的柯尼斯堡，英国人波特斯向他介绍了一种蒸汽机，是用来“从矿井里抽水的，蒸汽机带动几台水泵”。

不过，主要的还是孟德斯鸠对矿业的效用有了个非常有趣的发现。他说："尽管开发金矿、银矿和铜矿只能赚回成本，这却是很有益的，因为在一个盛产粮食和酒类的国家里，矿业吸收一万劳力，这些人要消耗掉一部分食物，养活三四个地区的居民。匈牙利的矿业促进了土地的耕作。"孟德斯鸠在《论西班牙的财富》和《论欧洲的普世王国》里，都重提过这一思想，后来在《论法的精神》里再次重提。他在《论法的精神》一书中写道："德国和匈牙利的矿业，除去成本，没有什么收益，但却是十分有益的。矿业存在于重要国家里，占用成千上万的劳动力，这些人消耗着过剩的食物。"他还附了这样的评语："矿业是国家特有的手工工场。"[4]

矿业的效用问题就这样成了孟德斯鸠的一个思考题目，我们可以在他的著作里追寻到他的这一思想的演变过程。回到法国以后，他利用旅行中做的这些笔记，写成了《关于矿山的论文》，于 1731 年 8 月 25 日在波尔多科学院宣读。

回到维也纳以后，已是 6 月底，孟德斯鸠收到贝里克长子雅克－弗朗索瓦·德·弗兹－詹姆斯即利里亚公爵的信，请孟德斯鸠到莫斯科去找他，他当时正担任西班牙驻莫斯科的使节。信中写道："您离我们这里只有几步了，下个决心来我们这里做个短暂的访问吧。您将会看到您一生中从未看到过的最美丽的国家，气候好得非比寻常，沙皇像天使，皇后极具魅力。您还会看到西班牙大使张开双臂对您表示欢迎。如果您认为合适，可以从这里经乌克兰和鞑靼去君士坦丁堡，再从那里乘船去威尼斯，从威尼斯您可以把计划好了的意大利行程走完。"但是孟德斯鸠未为利里亚公爵的邀请所动，相反"如果他在那里感到厌倦，那是他的过错"。

事实上，孟德斯鸠正在进行另一项计划。在他这次旅行期间，他对这项计划做过反复的考虑。此时此刻，这项计划似乎正特别使他挂在心上，这就是进入外交界。一到维也纳，孟德斯鸠就给弗勒里和掌玺大臣热尔曼－路易·肖夫兰写了信，把自己的意图告诉了他们，并请求他们关照。这些信散失了，但从孟德斯鸠 1728 年 5 月 10 日写给多利弗教士的信里，可以得知这些信的主要内容。这封信里写道："几天以前我给红衣主教先生和德·肖夫兰先生写了信，说我将很高兴被派驻外国宫廷，而且为了胜任愉快，我已做过很多努力。您如能为此去看看肖夫兰先生，设法了解一下他对此事的想法，我将十分高兴。在肖夫兰先生任掌玺大臣之前，我没有结识他的机会，他当了掌玺大臣以后，我又不愿让他对我产生不好的印象，以为我在找门路。我想知道，我是不是合适的人选，如果我应该打消这个念头，我很快就会打消的。我有如下一些使人垂青于我的理由：我不比别人愚笨，我有财产，我工作是为了荣誉而不为了谋生，我是个善于交际的人，我有足够的好奇心，无论到哪个国家，我都能学到东西。"

孟德斯鸠很少像在这封信里那样，把自己内心深处的想法和他对自己的看法和盘托出，既没有故作谦虚，也没有对自己履行这样的职责所具有的德才做过高的估价。弗勒里以"乐观其成的态度"给他回了信，但给肖夫兰的信却似乎未见回音。

孟德斯鸠不想延长他在奥地利逗留的期限："维也纳太寂寞，主要是缺少人。有人说，皇后在格拉茨极为烦闷，在皇帝去的里雅斯特旅行期间，她将回到这里。"于是，孟德斯鸠于 7 月 9 日仍由沃尔德格雷夫陪同，出发去了格拉茨。景色吸引了他："从维也纳到格拉茨有 24 德里，从肖特维安开始登山。这座山很高，叫桑默兰格山。沿着修好的路和精心设计的弯道，几乎感觉不到在登山就已到了山顶。从前要用六头牛拉一辆车，两个小时才能爬上去，如今两匹马拉的车，半个小时即可到达。山顶上有一根柱子，把奥地利和斯蒂里分开。柱子上刻有献给查理六世的题词……打从进入斯蒂里开始，我们就是沿着木耳兹河走，这条河在布鲁克地方汇入木耳河。我们就沿着这些河流，在两条山脉形成的峡谷里行走，一直到达格拉茨。我从未见过如此赏心悦目的景色，也没有经过这么美的路程到过这么美的地方。"

孟德斯鸠在从格拉茨写给贝里克的信里，极力强调在这样一个山地国家里兴建公路网工程的重要性；后来他在《游记》里几乎用同样的字句又重提此事，证明了他对改善奥地利和亚德里亚海之间的公路交通状况的关心。他写道："皇帝在这个国家里下令兴建道路，是一件令人敬佩的事；这是古罗马人的工程，走在这些山上就如同走在卢瓦尔河的堤坝上一样。从这里到的里雅斯特，以及从卡尔斯塔德到亚德里亚海的另一个叫作布夏里兹的港口，就完全是另一番景象了，在那里能乘四轮豪华马车的地方，过去连骑马都不行。"

在格拉淡，丹麦大使贝康坦把孟德斯鸠介绍给了维尔姆勃兰特伯爵，此人是德国枢密院的首脑，"这是个在王朝事务和宪法方面最有才学的德国人"。孟德斯鸠向他谈了多利弗教士"编写自从费迪南二世当政以来的德国史"的意图。维尔姆勃兰特没有向孟德斯鸠隐瞒写这个题目会遇到的困难，因为"只有少数作家写过费迪南所进行的那些战争，而对瑞典人在波希米亚、摩拉维亚和奥地利进行的战争，更几乎从未有人提及过"。然而，他还是指出了某些原始资料，有的已经印刷成书，有的还只是手稿，孟德斯鸠急忙转告多利弗教士做参考。孟德斯鸠也从萨克森大使瓦凯巴尔特伯爵那里了解了这些问题，大使持有一本"包含有皇帝派驻蒙斯特第二任全权大使所有信件的手抄本……最近这个手抄本在德累斯顿他的家里被烧掉了"。孟德斯鸠希望他保存有这个手抄本的抄件。同时，孟德斯鸠把多利弗介绍给贝康坦，以便可以和他通信，并从他那里得到一些有用的资料。孟德斯鸠在写给多利弗的信里说，贝康坦的确是个"很有才学的人，特别是在德国史方面。他有一个很大的藏书室，另外他还可以向维尔姆勃兰特伯爵求教，如果需要，他还可以让您和维尔姆勃兰特伯爵建立联系。他向我指出：德国的作家分两类，一类把一切都归功于皇帝，一类说皇帝什么好事也没做过。因此，对一位法国人来说，最好做到完全公正，不带偏见，唯有如此才能使他的作品有很大价值。他借给我一本普芬道夫以假名蒙桑巴诺发表的著作，我觉得这是一本很出色的书，有助于了解帝国的情况"。

这样，孟德斯鸠不只是满足于向他所接触到的那些最有知识的人了解所访问国家的历史，他还急忙把自己所能收集到的资料传给多利弗教士，并为其物色一些可以在研究工作中给予帮助的朋友。他善于交际，很快就建立了许多关系，但他的短暂逗留难于把这些关系维持下去。他在给德·朗贝尔夫人的信里写道："人在国外，和所结交的朋友不久就得分手，永不再见，而和他们经常过从又很可能十分惬意。想到这一点有多么难受，您是无法相信的。我觉得人的心太细小了，不足以把所能爱的一切善良的人都包容进来。"但是，他并未因此而忘记对政治的关心，正在注意着苏瓦松会议的进展情况。

孟德斯鸠离开格拉茨的时间到了，他不无遗憾地丢下了这次长途旅行中的第一个伴侣："我把沃尔德格雷夫勋爵留在了这里，留在这个大世界里；他的家里总是人来人往，以致使他没有喘息的时间。"孟德斯鸠感受到了格拉茨城的某些魅力，"这是个亦城亦乡的城市，在这里生活比在维也纳自由得多，而这里的女人也更漂亮"。但他也发现，"在格拉茨烦闷得很，大部分外国人这段时间都要到威尼斯去"。他补充说，"我即将去那里，虽然对那个城市说来我已经太老了。"

孟德斯鸠模仿蒙田，他对蒙田的怀念，常常出于对生活模式和思想模式的仿效。他希望身上浸透着古拉丁气息，可能还更希望发现一个现代的意大利，风俗习惯都是现代的，因为对他来说，过去的作用是解释现在和推测未来的。他把磊迭在《波斯人信札》第 31 封信里向郁斯贝克说明的计划当成了自己的计划。他说，他将高兴在这样一座城市里生活，在那里，他的心智"日渐成熟"，并且说："我学到一些商业上的秘密，明白国王们的利益所在，了解他们的政体形式；我甚至对欧洲的迷信也没有忽略；我努力学习医学、物理学和天文学；我研究艺术，最终从我出生的国家里蒙蔽我双眼的云雾中走了出来。"

孟德斯鸠容易适应新的环境，这对了解他所访问的国家很有帮助。他写道："当我在外国旅行的时候，我像依恋自己的祖国那样依恋这些国家；我关心这些国家的命运，希望它们繁荣昌盛。"[5]他因此能比一般旅行者更容易获取那些和他交谈者的信任，从他们的真心话里吸取更为有价值的教益。收集有实用价值的资料的愿望，促使孟德斯鸠在专家中去寻找朋友，康蒂、博纳瓦尔、约翰·劳或傅圣泽神父，都是一些不仅能为他提供有关意大利情况，并能在一些诸如中国和财经政策这类重大题目上向他提供资料的人，对这些人提供的东西，他总是立刻把要点记下来。大量的笔记成了一个集子，记录着有关政治、商业、工业和农业的重大事件和数字。这些专门资料的准确翔实，和他旅行时所做的笔记的平淡无奇形成鲜明的对比。他在旅行期间所做的笔记，很少有个人风格，而且常常受到他随身携带的罗日萨尔和阿瓦尔写的那本“坏书”《快乐的意大利》的影响。

8 月 12 日，孟德斯鸠离开了格拉茨，陪同的是沃尔德格雷夫的朋友希尔德勃兰特 · 雅各布骑士。雅各布是 1728 年渡过英吉利海峡到大陆旅行的，孟德斯鸠在维也纳的时候他也还在那里，成了孟德斯鸠的第一位艺术引路人。孟德斯鸠说过：“我的绘画艺术概念得益于他。”[6]虽然雅各布于 1735 年以《从巴黎寄给 B.B. 的一封信》为题发表的旅行印象记里对他的这位旅伴只字未提，在参观意大利的艺术画廊和博物馆时，孟德斯鸠和雅各布之间的交谈还是很多的，这在孟德斯鸠的《随笔》[7]里有所反映。《随笔》中有一段是关于“自然”和“美的自然”之间的区别，用以反对弗拉芒画家的粗俗，这些画家达不到“美的自然”的高尚境界即意大利艺术家的情趣：“卢本斯为卢森堡宫的长廊作了画，他从未到过意大利，他画的那些天使都像荷兰的胖婆娘。”[8]

匆匆忙忙地赶了五天路——这种匆忙是“性格好静的雅各布先生”的急躁引起的，他“从格拉茨起就张开了爱情的翅膀飞翔……一刻也未曾停止过”——孟德斯鸠和他的旅伴于 1728 年 8 月 16 日星期一抵达威尼斯。孟德斯鸠所得的初步印象表明了他的精神状态，在这次意大利之行的其余日子里，他一直处于这种精神状态之中。他用两句话就把他见到这个城市时的喜悦和对这个督治城邦状况的不安，都表达出来了：“威尼斯初看起来是迷人的，我不知道还有哪个城市能让人一见就这么喜欢住下，气象新，娱乐奇。某种麻木不仁的状态和悲观失望情绪，令人不敢直面这个国家的形势——没有比这样的国家更糟糕的了。”即使他的这些想法在回到法国之后有所改变，却也证明，在其后他逗留意大利的日子里，孟德斯鸠对那里的情况的感觉，一直是含混不清的。直到 9 月 14 日他离开此地前夕，他仍毫不犹豫地在给贝里克的信里写下了这样的话："这个城市保存下来的只是个名字了，没有了活力，没有了商业，没有了财富，没有了法律，剩下的只是美其名曰自由的放荡。"

除了雅各布骑士，孟德斯鸠还有一位向导，名叫安东尼奥·康蒂，是个教士，1718年至1726年住在巴黎。孟德斯鸠和康蒂有很多共同的朋友，其中有多利瓦教士、弗雷莱和丰特奈尔。康蒂是帕多瓦人，学识渊博，是当时折中主义的代表人物，但并非最具特色。他给孟德斯鸠"以殷勤的接待，尽了地主之谊"。孟德斯鸠得遇此人，感到庆幸。他在1728年9月15日给德·朗贝尔夫人的信里写道："在这里遇到康蒂教士，我感到高兴，他让我看到了威尼斯人，这正是必须在威尼斯而不是在别处看到的；然而相反，外国人在这里见到的一般只是大使和贵妇人。"康蒂教士介绍孟德斯鸠认识了总督的侄女瑟西莉阿·默莫和他自己的一个侄女，"美丽的康蒂小姐"。

在仔细地参观一座城市之前，孟德斯鸠喜欢先看个大概，他跑遍了泻湖和湖中的小岛："在威尼斯附近的小岛上有些花园，几乎是人迹罕至的地方。"妓女之多，令下车伊始的孟德斯鸠感到吃惊，因此从第一天起，他就指出"女人对雅各布骑士"尽了该城的地主之谊，"他已经想在这个城市里住下来了"。孟德斯鸠在和这类女人的关系上是慎重的，对她们的评价严厉："威尼斯的妓女可恶……能把最坚定的人缠得厌烦起来；糜烂，不美，其所具有的职业缺点，比世界上任何国家的妓女都多。"8月18日他在给沃尔德格雷夫的信里写道："我承认，对那些摇船的人，我真的生气了。他们看到我这副健壮的样子，一定搞错了，在每个有妓女的门前都想让我停下，我叫他们往前走，他们就摇头，好像是我的过错似的。"但沃尔德格雷夫对孟德斯鸠的反应倒没有搞错。他写道："在这一点上，我也没搞错，虽然关于这一点您的解释没有我希望的那样清楚。但我觉得我的预言实现了，而您……要多少有多少。"确实，孟德斯鸠对威尼斯美女的魅力也不总是浑然不觉的。9月13日，他在给沃尔德格雷夫的信里写道："我在此地生活在一个美人的管辖之下，她总是对我说'嗳，亲爱的！'"但他又谨慎地补充道："由于她耗掉了我所有的钱财，我要放弃她，把她让给雅各布先生了。"

孟德斯鸠凡事不喜欢过分，但作为一个专心致志地考察风土人情的人，他却并未因此而不去搜集有关妓女的资料："20 年来，威尼斯的妓女少了 1000 人，这并非风俗改变的结果，而是外国人大量减少造成的。"他还提道："您会发现，在威尼斯，妓女是很有用的，因为只有她们能使这个地方的年轻人花钱，而且必须承认，商人们也只是从她们身上赚钱。"《波斯人信札》的作者最终还是对这种放荡不羁提出了严厉的批评："至于自由，这里享受的自由是大多数正直的人不愿享有的：光天化日之下去找烟花女子；和烟花女子结婚；复活节可以不领圣体；行动不受约束，可以完全不负责任。这就是这里的人所有的自由。但人必须受约束，因为人就像弹簧，拉得越紧才越好使。"

如同在奥地利一样，孟德斯鸠在威尼斯期间也利用机会去会见一些名人。他礼节性地拜访了法国大使热日伯爵，痛苦地发现："没有什么比法国驻威尼斯大使更无用的了，他就像个待在检疫站里的商人。"他和法国领事勒伯隆保持着联系，他让人把给他的信寄到勒伯隆那里，并在那里记下那些他后来收在《随笔》里的话。他经常见德·博纳瓦尔伯爵，在维也纳的时候他就听到人们谈起过伯爵。在快离开威尼斯的时候，孟德斯鸠承认："我们几乎总是在一起。"克洛德－亚历山大·德·博纳瓦尔伯爵的人品和冒险生涯，吸引了孟德斯鸠。博纳瓦尔很得欧仁亲王的宠信，但在几年前流亡到了威尼斯，当时他还没有改信伊斯兰教，也尚未以阿赫迈德帕夏的名字，作为土耳其的一位要人，在君士坦丁堡露面。

虽然他们的性格不同，但两人之间很快就建立起了相互信任的关系。博纳瓦尔借给孟德斯鸠一些手稿："先生，我还希望，在认真、适当地进行修改并使其在语言表达上尽可能顺畅之前，您不要把珀泰瓦尔丹的记述给任何人看。"后来，孟德斯鸠曾试图弄清楚博纳瓦尔失宠的原因。[9]

博纳瓦尔让孟德斯鸠看了"一架制造精巧的机器"，他说"用这样的机器可以清理河床，挖掘运河，清洗港口"；他和博纳瓦尔去了玛拉莫科岛，在那里看到了一些"构造特别的小船，船底呈圆形，但（我觉得）不是好帆船”。后来写《论法的精神》时，他还想起了这些船。[10]孟德斯鸠也用了很长时间参观兵工厂和兵工厂的“制造军舰和战船的加工台”。

孟德斯鸠还认识了一位方济各会修士、名叫洛多里的神父，此人是数学家和作家，是康蒂和马费伊的朋友，他造了一台抽气机，使博纳瓦尔很感兴趣。[11]在康蒂的支持下，洛多里神父想在威尼斯出版维柯的《新科学》的新版本。孟德斯鸠日记里的这段文字可能是在和洛多里神父交谈之后立即写下的：“在那不勒斯购买维柯的《新科学原理》。”

8 月末，孟德斯鸠和约翰 · 劳见了两次面。1720 年的那套做法失败以后，约翰 · 劳就隐居到威尼斯，并于 1729 年 3 月死在那里。在《波斯人信札》中，孟德斯鸠从 1721 年起就对这位金融家的政策进行了批评[12]。孟德斯鸠于 1715 年把《论国债》进呈摄政王，从那以后他越加倾向于反对劳的理论。《论国债》主张对教会人士、国家和修道院的收入实行削减。

“1728 年 8 月 29 日，我在威尼斯见到了劳”，但“到 1728 年才认识他，太晚了”，“关于他那套办法，他对我说了很多，但还仅仅刚开了个头”。第二次谈话中，劳对他讲了自己的失败，但没有说服他，这从孟德斯鸠对这位金融家的严厉看法中可以看出：“这个人善于诡辩，有推理能力：他把全部力量都用于以子之矛攻子之盾，把你的回答变成反对你自己的话语，同时在你的答话里寻找不妥之处。但比起他的金钱来，他却更爱他的思想。”

孟德斯鸠的笔记里用“他说”标出了劳的话，清楚地反映了劳所说的一切。大致在同一时期写成的《随笔》里，孟德斯鸠把自己关于交换的想法和这位银行家的想法[13]针锋相对地摆了出来。孟德斯鸠的这些想法，在写《论法的精神》时做了发挥，因此，孟德斯鸠在威尼斯写下的这些笔记里，已经包含有不少他日后再次提起并加以发挥的想法，只是这时尚处于萌芽状态。[14]

孟德斯鸠在会见这些人的同时，开始对艺术作品产生了兴趣。在威尼斯的教堂和宫殿里，这类艺术作品比比皆是。他对艺术的好奇心和敏感，在接触到这些艺术杰作之后，都活跃起来了："在威尼斯，我大饱眼福，但心灵上却感到不满足，我不喜欢没有什么东西能让人变得可爱和高尚的城市。人家纵然给我们一些欢娱，那也是为了填补从我们身上拿走的一切，这些欢娱也开始让我不喜欢了，不过，与罗马皇后萨琳不同，我感到的是欢娱太多，而不是厌倦。"他郑重其事地参观了圣·马克教堂："今天，9 月 1 日，我和康蒂神父及德·博纳瓦尔先生去看了圣·马可教堂的艺术珍品。圣·马可教堂的总管查士丁尼亚尼先生亲自陪同，带着我看了所有的东西。"事实上也确是如此，几乎没有什么东西逃过他的眼睛。但是，他称赞了大理石，数量多，品类全，但对建筑物本身却只字未提："和这种沉默形成对照的是他对那些微小细节的关注，这可能表露了他的慌乱不安。对于一个突然置身于拜占庭氛围的西方人来说，这种慌乱不安是可以理解的。"[15]孟德斯鸠似乎对 17 世纪的城市更感兴趣："威尼斯的房子都是一些小楼，门面狭窄，不过门面很漂亮。"由巴拉迪奥建造的圣－乔治－勒·马热尔本笃会教堂，似乎相当吸引孟德斯鸠，他对这座教堂的回廊和祭坛的雕刻，赞不绝口，但对保罗·韦罗内瑟的《卡娜的婚礼》这辐油画，却没有发表任何个人的评论，"人们都说这是威尼斯最美的一幅油画"。不久以后，在参观意大利其他城市的过程中，孟德斯鸠学会了如何鉴赏巴洛克建筑的风格，这无疑是受了在圣－乔治教堂所见的影响。

然而，孟德斯鸠在威尼斯见到的艺术品并不多。对建筑艺术的了解还算比较全面，至于雕刻和绘画方面，就相当贫乏了。在观赏雕塑家安东尼奥·科拉迪尼《美男子》这幅作品时，孟德斯鸠感到了某种美学的激动，照他的说法，这幅作品"似乎是人们所能看到的最美的东西之一，因为您会觉得那大理石好像肌肉，那只不经意地垂下来的手臂，似乎没有任何东西支撑"。可是，面对油画和壁画，他仍然无动于衷。但不久以后他却在日记里写下了这样一段话，说明他对威尼斯的艺术并非不感兴趣："我希望国王在威尼斯也办一所专门学校，像在罗马办的专门学校一样，派那些从罗马专门学校出来的学生去学习。"

格罗斯莱记载了一段逸事，说孟德斯鸠在离开威尼斯之前好像听到了一个消息，在他离境时警察将搜查他的行李，没收他那些和政治有关的笔记，甚至可能逮捕他。据说，孟德斯鸠于是把手稿烧掉了，烧了以后才听说，这不过是切斯特菲尔德搞的恶作剧[16]。孟德斯鸠关于威尼斯的笔记相当丰富，若是他真的把这些笔记销毁了，想把有关博纳瓦尔的趣闻逸事、勒伯隆提供的附有统计数字的精确资料以及大量如实记载下来的细节与印象统统恢复旧观，对孟德斯鸠说来，应该是困难的[17]。

因为怕赶上罗马的酷暑天气，孟德斯鸠决定“返游意大利”，从米兰开始，然后去都灵、热那亚和佛罗伦萨。虽然他有三封信写的是9月15日发自威尼斯，事实上他在9月14日已离开这个督治城邦，乘船经布朗达“这条被用四道船闸改成的运河”，于当天抵达帕多瓦。

康蒂事先把孟德斯鸠介绍给了安东尼奥·瓦利斯内里，但正赶上这位博物学家不在，所以孟德斯鸠是在吉勒尔莫·斯库托医生的指引下参观焦托这座城市的。在参观教堂与宫殿的过程中，孟德斯鸠学会了根据一幅画的局部来分辨原作和复制品的方法：“判断一幅作品是原作还是复制品，要靠原作中的粗线条来分辨……当你想要知道一幅画是否被修改过时，你只需把这幅画成水平方向放好，再从水平方向望过去即可，修改过的地方立刻就在原有部分的上面出现，样子像是加上去的一层新的。”他对一幅画中的各个不同的平面与色调之间的关系也有了兴趣，他长时间地欣赏一幅木刻的耶稣受难像。“这是一件杰作，技巧高超：肌肉刻得极为出色；死的主题表现明显；一般都雕成伸直的脚趾，这里是收缩着的；血一般处理为流动的，这里的是血块；耶稣张着嘴，好像死的时候还在说话。”

孟德斯鸠于9月16日离开帕多瓦，当晚到达维琴察。第二天，参观了位于圣母广场的图书馆（又称旧宫）、当铺和总管宅邸，于当晚到达维罗纳：“没有比从帕多瓦到维罗纳的这一路上所见更美的了，田间每隔五十步就有一行树，这是一种槭树，上面爬满了葡萄藤，把槭树都覆盖起来了。两行树中间种着小麦和黍类作物，和西班牙的蜀黍和小麦相仿。田地的周围是桑树，这种种植方法就使一块地同时出产小麦、酒、蚕丝和木材，核桃树一类的果树还不算在内。”他在这里大概会见了希皮奥内·马费伊侯爵，这是个多才多艺的人，和耶稣会关系密切，是个“派别首领”，他的家就是个私人学术团体的活动场所，那些贵妇人们经常在他家里聚会。[18]孟德斯鸠对他回到维罗纳时又去看过的古代圆形剧场赞不绝口，他知道马费伊于1728年在维罗纳出版的《古代圆形剧场和关于维罗纳的两本书》这部作品。在《随笔》[19]中，孟德斯鸠引用了他的《外交史》。孟德斯鸠也看过他那篇题为《骑术》的论文，以及他写的关于高利盘剥的文章，这篇东西孟德斯鸠在写《论法的精神》时参考过。关于帕多瓦的古迹和绘画，孟德斯鸠的游记写得相当简略：“教堂里有一幅漂亮油画，说是蒂蒂安的作品，是一幅圣母升天图。”

孟德斯鸠写道：“20日，我从维罗纳出发，当天到了佩斯希厄拉。我们沿着加尔达湖走，差不多一直到德方札诺。”从9月21至23日，他一直在赶路，经帕拉佐洛和卡莫尼卡，于9月24日到达米兰。

孟德斯鸠靠着所带的那些介绍信，立即进入了米兰的上层社会。他首先拜访了热那亚的塞莉阿·格里奥，她嫁给了让－伯努瓦·博罗梅厄伯爵，是康蒂把孟德斯鸠介绍给她的。孟德斯鸠在给康蒂的信里写道：“由于有您的介绍，博罗梅厄夫人给了我盛情的接待，就好像我是从巴纳斯山*上下来的一样，这样的接待，让我感到受之有愧。她对我说，既然我是您介绍给她的，我一定是个博学的人。”孟德斯鸠面对的这个女人才华出众，除了母语以外，她还懂法语、英语、德语和拉丁语，甚至还懂阿拉伯语、数学、物理学和代数。博罗梅厄伯爵夫人安排他参观了安布罗斯图书馆，孟德斯鸠对馆藏手稿发生了兴趣，他走遍了一座大厅，“里面有好几个依照古罗马美女制成的模特儿”和“一间里面有一些价值连城的油画的房间”。博罗梅厄伯爵夫人的府邸已经变成学者们聚会的场所，变成反对奥地利、主张在米兰重建西班牙制度的造反中心[20]。通过交谈了解到这种政治形势以后，孟德斯鸠指出：“德国人正在毁灭这个国

---

* 巴纳斯山，古希腊名山，是阿波罗和缪斯等诸神的驻地。——译者注

家，人们恨他们恨到了无法形容的程度。”

拿着博纳瓦尔的介绍信，孟德斯鸠造访了特里维尔瑟亲王和王妃。从第一次见面起，孟德斯鸠对这位王妃就感到了一种强烈的爱，此后他很少见到她。他给她写了两封信表达这种感情，词句中间充满了激情："我的小人儿，我向您发誓：无论我在哪里，您只要一句话，就总能把我召到您的身边；牺牲一切，去盲目地遵循那使我向您身边靠拢的不可克服的爱恋之情，是我最大的快乐；知道您幸福，我会永远高兴，假如我了解到您不幸福，我会十分痛苦；如果命运允许，我会用我的全部心智来取悦于您。我觉得我一生之中从未有过这样的激情，因为我看到您就突然感到爱您的喜悦。我亲爱的小人儿，我相信，如果我拥有了你，我会死在你的怀抱中。”一般说来，孟德斯鸠比较善于克制，不习惯于使用这种充满激情的语言。10 月 19 日，孟德斯鸠从诺瓦拉又用同样充满激情的话语给王妃写了一封信，原稿改动的地方很多，证明他写信时感情激动。但这是一桩柏拉图式的爱情，而且维持的时间不长，因为孟德斯鸠是这样对王妃说的："尽管我只能在大庭广众之中、众目睽睽之下见您，我还是感到无限幸福。"

在米兰逗留期间，孟德斯鸠还会见了另外一些人：博罗梅厄红衣主教和他的弟弟唐 · 卡尔罗、特里维尔斯王妃的父亲夏尔 · 阿尔香图伯爵、吕希尼侯爵夫人、西莫纳塔伯爵夫人、陆军元帅菲利浦、米兰总督德 · 达恩伯爵等。9 月 29 日，孟德斯鸠在歌剧院过了一个晚上，他觉得歌剧院"很可爱，因为大家在那里游戏、吃东西、找人聊天，不怎么听歌剧"。起初，孟德斯鸠对意大利歌剧不怎么感兴趣，但经过一段旅行他有了改变："在意大利时，我对意大利音乐的看法完全改变了。我觉得，在法国音乐里，乐队为歌声伴奏，而在意大利音乐里，乐队带着歌声走，把歌声压倒了。意大利音乐比法国音乐活泼，就像一个反应灵敏的斗士，法国音乐则显得呆板。意大利音乐声声入耳，法国音乐折磨人的耳朵。"

法国驻米兰临时代办勒伯隆在 1728 年 10 月 5 日写的报告中提到，他觉得孟德斯鸠的态度有些可疑："几天前有个叫孟德斯鸠的法国人来到这个城市，此人是或至少曾经是波尔多高等法院的庭长，他是法兰西学士院的。他不承认是《波斯人信札》一书的作者。这个人是我在威尼斯的兄弟应朋友们的请求介绍给我的……由于这种巡行对一个仅由好奇心驱使来旅行的人说来，我觉得不够谨慎，于是我怀疑他也许有其他目的。我认为向您报告此事是我应尽的义务。”那位大臣的回信，大概能使勒伯隆对孟德斯鸠的意图感到放心了：“您通知我经过米兰的那位孟德斯鸠庭长，是一位才华横溢、学富五车的文学家，如同他所说的那样，他外出旅行是因为好奇。”[21]

孟德斯鸠在米兰得到的艺术方面的印象非常一般，但是，面对莱奥纳多·达·芬奇的《最后的晚餐》，他感受到了一幅重大作品对人所产生的冲击，于是他第一次试图在这方面进行一次较为深入的分析：“在四组十二个使徒身上，人们看到了生命、运动和惊愕；人们看到了各种各样的表情，有恐惧，有痛苦，有惊愕，有依恋，有怀疑；犹大是惊愕中透着厚颜无耻。有人说，他（芬奇）画完十二使徒之后，感到在其中两个使徒的脸上付予了太多的仁慈，在画耶稣的面部时就觉得难于落笔了，于是有人对他说：‘这幅画你开了笔，只有上帝才能完成。’在这幅画上，通过房间，可以看到一片深邃无垠的蓝天。总之，这是世间的一幅好油画。”

博罗梅厄伯爵夫人借给孟德斯鸠几本书，其中有达维莱的《建筑学教程》。这不是一本平庸的旅游指南，而是由一位专家写给未来建筑师的课本。读这本书，对孟德斯鸠情趣的培养不能说没有影响，“读这本书，实际上是他和自己喜欢的在威尼斯和维琴察所见的那种古典主义有着很大区别的一种古典主义的初次接触，这是一种不那么轻巧有时反而显得浑厚的古典主义，风格朴实无华，追求的与其说是典雅，毋宁说是雄伟和庄严”。[22]

因为特里维尔瑟王妃和博罗梅厄伯爵夫人离开米兰而“悲伤欲绝”的孟德斯鸠，于 10 月 16 日离开了这座城市，去参观博罗梅厄群岛，当晚到达瑟斯托。17 日这一天“因为风雨交加”，他是在瑟斯托度过的。18 日，岛上的景色使他开心起来：“对这座叫博乐的小岛来说，不能看到比这更美的东西了……可以说，离开这个赏心悦目的地方，是会感到遗憾的。”

同一天，孟德斯鸠从瑟斯托出发前往都灵，中途停在诺瓦拉。“因为河水在雨后溢出了河岸”，第二天仍然留在诺瓦拉。孟德斯鸠在诺瓦拉参观了老城墙和圣·戈当瑟教堂，教堂里光线的效果给他留下了深刻印象；他还参观了巴尔纳伯会修士的教堂。他又一次在激情的驱使下给特里维尔瑟王妃写了一封信，信里充满了激情和痛苦：“我处于一种可怕的无法形容的绝望之中……我要发疯了……我觉得，失去了您，我也化为乌有了……”

关于诺瓦拉和都灵之间这段路程，孟德斯鸠没有记下任何细节；10月23日，他到了撒丁王国的首都，“这时宫里正在服丧，王后（安娜－玛丽·德·奥尔良）死了。宫里本来就显得凄凉，现在就更悲惨了”。初看起来，他觉得这个城市喜气洋洋，但过了几天以后，“这个大村庄”对他来说就变成了“一个相当令人厌倦的城市”。到达的第二天，孟德斯鸠就去了王宫，国王维克多－阿玛戴乌斯二世问了问他叔叔约瑟夫－色贡达神父的情况，“他记得在摄政时代曾和戴斯特拉德神父一起见过他”。孟德斯鸠回答说：“陛下，您和恺撒一样，永远不会忘记任何人的名字。”孟德斯鸠见了宫中不少人物：德·皮埃蒙特亲王，他是王位继承人，“非常和蔼可亲，喜欢受人奉承”，朱塞佩·加厄塔诺·德·桑托马索侯爵、瑞典子爵，将军贝尔纳多·奥托纳·迪·雷班代和外交国务秘书索拉罗·德尔·博尔戈等。他发现外国代表生活在被隔绝的状态之中，“大使们的礼仪很严格，当地人不敢到他们那里去。德·康比先生在那里是孤零零的，赫奇斯（英国大使）见不到一个人影”。只有热那亚的使节德·马利侯爵感到比较自由：“这个人自以为得宠于国王和德·皮埃蒙特亲王，因为他每次到宫里来，国王和亲王都要把他从头到脚地奚落一番。”

孟德斯鸠和都灵大学教雄辩术的教授贝尔纳多·拉马教士旧友重逢，分外高兴。他和拉马教士是在1720年前在巴黎认识的，当时孟德斯鸠去巴黎是为结识马勒伯朗士。孟德斯鸠和拉马当时经常和同一些人交往。在《随笔》[23]里，孟德斯鸠曾两次提到过这个人，一次是在关于《旧约》的谈话之后，一次是在谈论希腊作家提到过的那些希伯来人的名字之后。拉马当时曾向他证明：比起其他主教来，教皇只不过是他们当中的第一名，教皇克莱门特十一世的圣谕“唯一圣子”是可悲的、无效的；耶稣会是耶稣教义的敌人，是为魔鬼服务的。[24]孟德斯鸠还认识了都灵大学的物理学教授约瑟夫·罗曼神父，此人是“意大利的主要学者”之一，孟德斯鸠把博罗梅厄伯爵夫人借给他的书交给了罗曼神父。

虽然认识了这些人，孟德斯鸠在都灵并不感到惬意，他觉得这个城市“是专门为那些在米兰享乐过的外国人到这里以苦行赎罪而设的”。这里的社交活动之难于进行，给了他极为强烈的印象：“至于那些大臣们，那些在都灵执法的官吏，他们干脆就没有任何社交活动：与世隔绝，性情高傲，这是在世界其他地方见不到的一些人。”“在都灵很少请客，为某个外国人举行一次晚宴，就成了市里的一大新闻，并成为街谈巷议的话题。”不信任和猜疑的政治气氛使他感到不安：“无论如何我也不愿意当这些小国王的臣民！他们知道您所做的一切事，您总是在他们眼皮底下。他们准确地知道您的收入，若是您的收入多了，他们就想方设法叫您花掉。他们会让稽核员去找您，让您把葡萄拔掉种牧草。就是下降到一个大家长的地位，也比这样要好些。”再有就是这样一些充满讥讽的话：“大臣们虽然没有威信，但终归是大臣，他们连今天天气如何都不愿意对你说，他们也从不外出。”还可以痛苦地看到：“国王颁布的新法令，对贵族来说是令人懊恼的，未经允许，不能出国，否则就没收财产并受到专横惩罚，而由于国家小，这种束缚就更显得严厉。”

上述一些感想，说明孟德斯鸠在这个小小的专制君主国里进行了仔细观察，看到了这个国家各种事情进行的情况。关于撒丁王国的专制主义的令人窒息的气氛，他所得出的结论是悲观的。

在这座现代城市、“世界上最美的村庄”里，孟德斯鸠发现了作为伟大的巴洛克建筑主要方面之一的宏伟的透视手法的意义。他爱好的依然是古典式的，喜欢典雅与朴实胜过一切。[25]

我们的旅行家11月5日离开都灵，起程去热那亚。11月6日，夜宿维拉诺瓦，7日和8日，他在亚历山大里亚停留，8日当晚，经诺维相加维，他到达沃尔塔日奥。景色的变化立即给他留下了深刻印象，而他把这一点归因于在这个热那亚共和国里散发着的自由空气："从沃尔塔日奥起，我们看到的都是光秃秃的山，这里不出产小麦，只有一些橡树，然而这些丘陵上满是农民的房子，这块不毛之地似乎住满了人。我们可以把这看成是自由的效应。"后来他写《论法的精神》(第十八章第五节)，在论及有教养的国度时，又重新提到了这一思想，他写道："那些国家所以得到发展，不是因为土地肥沃，而是因为自由。"

然而，这种好情绪持续的时间很短。其实，孟德斯鸠刚一到这里，就觉得"从海上看，这个城市很美"。他对那个他认为对法国没有任何用途的港口也很有兴趣，他欣赏多利阿别墅花园的美景，赞赏诺瓦大街"有很多漂亮宫殿"，但很快他就觉得热那亚人"非常不好交往，这种难交的性格主要不是源于怕见生人的性情，而是他们那种极度吝啬造成的，因为，您很难想象这些人精打细算到了何种程度"。他谴责热那亚的所有贵族都是"名副其实的商人：总督本人都常常做生意"。

他在那里遇到的人，在他看来都不怎么优雅。他甚至记载着，有一半介绍信"不愿意拿出来"。他对法国公使康普勒东的批评是严厉的："低能，是那种由于不可比拟的愚蠢而造成的低能。"他认为热那亚的妇女"太爱虚荣"，"她们头脑里的虚荣心等于整个地球上所有公主头脑里的虚荣心加在一起"。他感到庆幸的是，摄政王的女儿莫代娜公主知道如何"让"这些热那亚妇女"尊重自己"，因为她"用自己的才智和高贵的出身制服了她们"。他补充道："把热那亚妇女与法国的公主们相比，就如同把蝙蝠比作鹰一样。"

为了排遣心中的郁闷，孟德斯鸠于11月14日上午10点走出了热那亚这个"意大利的纳尔榜"，"乘上一条斜桅小帆船去参观萨沃纳"。其后的几天，他一直往西走，停留在那些港口，以便对那里的商业活动继续进行考察。在1731年左右写的《热那亚书简》里，孟德斯鸠对这座成市的评价也很严厉。然而，当他离开热那亚去托斯卡纳时，他这次旅行的第一阶段结束了，与此同时，他作为业余艺术爱好者的第一个学习阶段也就此结束。这位懒懒散散东游游西逛逛的人，变成一个做事有条不紊的大学生了。[26]

11月20日，孟德斯鸠离开热那亚。他的记载是这样的："逆风使我未能像我希望的那样于当天抵达波尔图－弗纳勒，结果我在波尔图菲诺过了夜，此地距热那亚二十英里。风急浪高，我一整天晕船，非常厉害。我在一个小旅店里吃了点东西，胃才好受了点儿，那里有上好的绯鲤、酒和好油。"11月21日滞留波尔图菲诺，他可能正是利用了这次被迫停留的功夫，写下了讽刺诗《告别热那亚》，"一时心血来潮开的玩笑"，却成了这个城市给他留下的坏印象的明证：

别了，可憎的热那亚，
别了，普鲁图斯住过的地方，
如果苍天垂怜，
我将和你永不再见！

别了，贵族和布尔乔亚，
你们的全部美德，
不过是些无用的财产，
我将和你们永不再见。

"22日，我们重又上船，"孟德斯鸠写道，"由于风向又逆转，我们想到可能要遇难，结果是经历了千难万险，我们才抵达波尔图－维纳勒。"接着他在海上围着斯培西亚海湾兜了一圈，"这是意大利最令人心醉的地方之一"，他还画了一张海湾示意图。从勒里亚到卢卡途中，他"经过了马萨和卡腊腊国王领地。这是所有君主中最小的君主，他的臣民是各国人民中最粗鲁、最不开化的人民。我在那里过了一夜。我在那里见到的人，不论男女老幼，没有一个不是粗野无比"。在卢卡，由一位叫科罗纳的先生陪同参观，孟德斯鸠对那里的政治形势发生了兴趣："这座城里有400或500个有贵族身份的家庭，也就是说可以参与政府管理。像在威尼斯一样，这种贵族身份是花钱买来的，价格约12000埃居，即10000皮阿斯特。和热那亚不同的是，卢卡人穷，但他们的国库比较充实，他们除了意大利那些小君主们的花销以外，几乎没有别的花销，而这项花销是用来从皇帝那里买个自由和安静。卢卡没有任何公共娱乐。"

孟德斯鸠在一天之中，在老城墙上转了转，参观了阿勒桑德罗·博维西和斯特法诺·康蒂两个画廊及五座教堂。虽然他的偏好还不能很肯定，如饥似渴地看这些东西，却使他在欣赏S.德·皮肯博的两幅油画时，平生第一次体会到威尼斯的明暗对比的妙处。

11月24日一到比萨，孟德斯鸠在阿尔诺河边散步和参观战船造船厂时，就站在码头上高兴地观看"一座叫作斯皮纳的小教堂……一座我所见过的最完美的哥特式建筑，这座小建筑物，即使在审美能力不高的人看来也是尽善尽美的"。比萨斜塔、迪多默教堂、洗礼小教堂和名人公墓，都吸引了他，因为"它们各有千秋，而且相距不远，这构成了一种相得益彰的效果，使人可以清楚地看到这些建筑的伟大之处"。

画家默拉尼两兄弟在孟德斯鸠参观比萨及其古建筑时，大概为他当了向导。如同他在其他城市时所做的一样，孟德斯鸠依然对技术方面的东西显得很好奇，他详细地丈量了斜塔的大小，进行声学现象试验，并和雷声做比较，这是他一篇散失了的论文的延续。1720年，孟德斯鸠在波尔多科学院宣读的那篇论文，题目是《论雷的成因及效用》。这项试验也是他在1718年5月1日宣读的题为《论回声的起因》那篇论文的延续。

在比萨期间，正值11月25日圣喀德琳节，孟德斯鸠观看了小学生们的庆祝活动："他们跑遍全城，点燃节日之火，放鞭炮，并且把班长们抬在肩上，当他们能够捉住一个犹太人的时候，他们就秤他，这个犹太人就必须给他们果酱；他体重有多少斤，就得给他们多少斤果酱。”这种戏弄人的做法，本也无伤大雅，但似乎使孟德斯鸠感到不快。后来他写《论法的精神》（第二十五章）时，对西班牙和葡萄牙的宗教审判官们强加给犹太人的苦难，进行了强有力的谴责。

关于我们这位旅行家在 11 月 25 日至 30 日之间的行程，我们知道得不很清楚：26 日，他参观了里窝那，对那里的港口和防御设施表现出很大兴趣，进行了长篇的描述。他从这次参观中得出了这样的结论：“看到这个城市，不能不对大公们的治理怀有一种敬仰之情。虽然这里有海，又是这样的环境和自然条件，大公们还是在这里兴建了这么好的工程，建起了一座繁荣的城市和港口。”人们曾经想过，而且并非毫无可能，孟德斯鸠是否利用这几天到厄尔巴岛上走了一遭儿。[27]

孟德斯鸠于 12 月 1 日到了佛罗伦萨，他原想在那里只住几天，却一住就是一个半月。他感受到了托斯卡纳首都的魅力。那里的日常生活异常简朴：“佛罗伦萨人过日子很节俭。男人们步行，晚上只用一盏小提灯照明。妇女乘四轮马车。在家里，没事的时候晚上只点一盏灯，如果人不多，只点一盏小灯，来了人，就点三盏小灯。”那里的社交生活是令人愉快的：“这里的人很有礼貌，有才智，甚至有学问，但礼仪简单，思想也简单。很难看出一个多挣 5000 利弗尔年金的人和别人有什么不同。假发没有戴好，不会使任何人在和公众相处时感到有什么不自在；小事无人计较，大事才受处罚。人们都过着小康生活，因为必需的只是很少一点东西，多余的东西很多。这一切都使家庭总是处于安宁和愉快之中，和我们总是被债主纠缠得不得安宁的家庭不同。”下面又以同样的笔调记着：“没有一个城市的居民像佛罗伦萨人那样不讲奢华地过日子：夜里一盏灯，下雨天带把伞，这就是外出时带的全部装备。妇女们花销多些也是真的，因为她们有一部旧马车。”

孟德斯鸠很欣赏“这些意大利歌剧”，他去了几次歌剧院，拉·蒂尔科塔正在那里演唱。1729 年 1 月 2 日，孟德斯鸠“去过一个酒家。这类宴会上大家都是随随便便的。我在那里几乎看到了佛罗伦萨所有的贵妇人……这些贵妇人都不抹口红，但是，她们都显得非常年轻，40岁的人多数都像20岁那么光彩照人。您看到一些已经生过十胎或十二胎的妇女，她们仍像只生过一胎的那样漂亮，鲜艳、可爱。我相信，这是有规律的生活，节制食欲，除此之外，再加上特别喜欢新鲜空气，才使她们保养得这么好的”。

“我是这样旅行的：到达一个城市以后，前三天我用来在这里结识人。”在佛罗伦萨和在别处一样，孟德斯鸠遵循的也是这个程序。“国王使者拉·贝蒂德”对他“优礼有加；此人在当地备受尊重，与人友善”。他带着给洛朗齐大法官的介绍信，会见了漂亮的斯特罗齐伯爵，参加了热里尼侯爵夫人的聚会，出席了弗罗尼侯爵夫人每周五举行的“名人”聚餐会。“弗罗尼侯爵夫人是佛罗伦萨最出色的女人，美容颜，有才智。”孟德斯鸠和安东尼奥·尼科里尼侯爵建立了深厚的友谊，后来他们又曾在罗马见面。德·勃劳斯院长对尼科里尼侯爵是这样描述的：“这位尼科里尼教士是个能干的人；一路上我还不曾遇到过像他这样头脑清楚而又可爱的人，他记忆力极强，很有口才，对于凡是可以想象得到的东西，他都有广泛的知识，从整理妇女戴的薄纱头巾，到牛顿的积分学，样样都会。他如果不是因为说话太放肆而被人预谋杀害，是可以达到他所要达到的高度。那些话让人把他当成了詹森派，这其实是错怪了他，因为他和这一切都毫不相干。”[28]

索勒尔贵族家庭出身的瑞士人德·伯藏瓦尔先生，同孟德斯鸠谈了罗马对瑞士天主教地区事务的干涉。12月25日，孟德斯鸠和犹太人阿蒂亚进行了一次长谈。这位阿蒂亚是意大利18世纪最为奇怪的人物之一。他的父亲是萨拉芒克的一位律师。在利沃诺安顿下来的儿子，兴趣庞杂，化学和希伯来语都喜欢，而且在知识分子圈内交了些朋友。阿蒂亚和孟德斯鸠讨论了葡萄牙的宗教和商业，讨论了利沃诺的人口问题。使孟德斯鸠和那不勒斯知识分子中的重要成员建立联系的，可能就是这个阿蒂亚。[29]

孟德斯鸠还认识了马尔瑟罗·维努蒂骑士，维努蒂为他谋得了“在科托纳科学院占有一个席位的光荣”。马尔瑟罗此时正在埃居拉农组织考古发掘工作，他的弟弟菲利波·维努蒂是个教士，1738年在克莱拉克任教职，孟德斯鸠后来经常和他见面，并使他被任命为波尔多科学院图书馆管理员。

孟德斯鸠中意的另一个题目是政治形势："佛罗伦萨的统治是相当温和的。没有人认识国王和宫廷，也不大感觉得到国王和宫廷的存在。"孟德斯鸠本人似乎也没有见到那位大公。他对大公的评论是客气的："这是个好国王，有头脑，但是太懒，可他不怎么贪杯中物，甚至连甜烧酒也不喜欢。大臣中没有一个他信任的，他经常很粗暴地对待他们，而这经常发生在喝了一点儿酒之后。除此以外，他就是全世界最好的人了。"不过，孟德斯鸠从德·当塔－玛利阿口中得到了不少关于这位大公的资料，当塔－玛利阿可能是教皇本笃十三世亲随人员中的高级神职人员之一。

参观名胜古迹和艺术品陈列馆，在孟德斯鸠的日程表中占据主要地位。毫无疑问，他为了解佛罗伦萨的艺术做过准备，读过他自己图书室里的拉法厄罗·德·布鲁诺的作品，即1719年在佛罗伦萨出版的《佛罗伦萨著名景物简述》。他那些关于佛罗伦萨的笔记是一本枯燥无味的目录，很难分辨其中哪些是他个人所得的印象，哪些是他那两位向导的主张和见解。两位向导中，一位叫塞巴斯蒂安·比昂希，大公的石刻作品及纪念章陈列馆的管理员；一位叫约瑟夫·皮阿蒙蒂尼，是个雕刻家和博学的艺术家。两人都是佛罗伦萨的艺术专家。

孟德斯鸠一直是很专注地、带着审慎的热情参观佛罗伦萨的。但我们不能确定他是否喜欢"现代的"佛罗伦萨，"现代的"佛罗伦萨在风格上属于巴洛克晚期，是和科斯默三世（1670—1723年）治下佛罗伦萨的反改革运动的气候合拍的。孟德斯鸠对圣·洛伦佐国王小教堂这座最具佛罗伦萨巴洛克风格的豪华建筑提出的严厉批评，让人读过之后不能不产生这样的怀疑。他的批评是这样的："可以肯定的是，建筑物的整体让人看了感到不快，人们看到的只是一座由六根壁柱支持着的庞然大物。"对他来说，正如对他的同代人一样，佛罗伦萨艺术的伟大时代不是意大利15世纪的文艺复兴运动，而是16世纪。他在给德·朗贝尔夫人的信里写道："到处可以看出，米开朗琪罗的伟大风格在他前人的身上已逐渐出现，并在他后面的人身上保持下去。"关于米开朗琪罗的工作方法，他曾问过比阿蒙蒂尼。孟德斯鸠在造型方面的敏感，依照让·厄拉尔的说法，事实上与其说是绘画家的敏感，毋宁说是雕塑家的敏感。他为佛罗伦萨的明亮手法所吸引，比起威尼斯、波伦亚和弗拉芒的明暗对比，他更喜欢佛罗伦萨的明亮手法："在佛罗伦萨派画家那里，我体验到了线条的力量，这是我在别处不曾体验过的。他们画的人体，姿态很不平常，但让人看了没有任何不舒服的感觉。有时色调显得有些不柔和，但线条分明，总给人以非常强烈的印象。"[30]

大公的艺术品陈列馆，即当今的奥菲斯博物馆，"不仅是漂亮物品的所在，而且是绝无仅有的物品的所在。有些人参观这个陈列馆只用一刻钟的时间，而我在一个月中每天上午都去，也仅仅看了一部分"。孟德斯鸠尽管参观陈列馆看得很细，花了很多时间，但他对佛罗伦萨艺术的探索并非到此为止。他还参观了元老院议员吉诺尼的艺术品陈列室，尼科里尼的家，加迪骑士的画廊和皮蒂宫。孟德斯鸠为自己的发现所陶醉，他在给德·朗贝尔夫人的信里吐露了真情："自从我到意大利以来，我对艺术张开了双眼，从前我一窍不通。对我来说，这是个全新的国度。"

1729 年 1 月 15 日，孟德斯鸠离佛罗伦萨去罗马。16 日他在锡耶纳停留一天，参观了那里的教堂，在那里他看到了"由多米尼克·贝卡弗米制作的著名的明暗对比拼镶地面，整体构思之妙，制作艺术之高，使地面如同画的一般"。他在教堂里还欣赏了"带有贝南骑士图的拱顶"，其"手法之高妙，无人可以企及；大理石像肌肉一样，人物栩栩如生"。他继续朝罗马行进，在阿卡庞当特这个"穷乡僻壤的山区"，住在一间"陋室"里。孟德斯鸠离开大公的领地向教皇的国度进发，他匆匆地参观了一下维泰伯，于 1 月 19 日晚经"卡西亚"路到达罗马。他把罗马护民官卡西乌斯修的这条路与罗马检察官阿皮乌斯修的"阿皮亚路"搞混了："我们看到路牙子至今犹在，我相信正是路牙子使这条路存在了两千多年，因为两边的路牙子保护了铺路石，使路面没有缺损，而我们法国的铺路石，边缘上毫无遮挡。”

孟德斯鸠对罗马的初步印象是枯燥乏味。如果考虑到18世纪的罗马对一个法官和受古典文化熏陶的、虽然还有保留但仍信奉天主教的作家意味着什么，这些印象是相当令人吃惊的。这位旅行家的看法逐渐地变了，变得比较确切、比较有热情了，变得和一般旅行者的感觉相符了：“我在罗马发现，这是个永恒的城市。我在佛罗伦萨的一个墓碑上读到过这样的话：‘他曾生活在永恒的城市罗马，罗马至今已有2500年或2600年的历史。’不管从哪个角度说，它都是这个世界上一大部分地区的首府。”他很快又接着写道：“在罗马逗留是愉快的，一切都令你高兴，好像石头都会说话，有永远看不完的东西。”日常生活中的许多细节慢慢地给了他深刻的印象，帮助他了解一个城市，“城里有很多喷泉，这是夏季里，除了中午的几个小时之外，人们在这里感到凉爽的原因……”有这么多喷泉，令他高兴，但他也发现城市的治安情况不好：“在罗马，祈祷和杀人，没有什么地方比教堂更便当的了，不像在别的国家那样让人感到为难。当你感到一个人的样子让你感到不高兴时，只要让仆人闯进教堂给他几刀就行，然后再换上某位亲王或主教家丁的号衣出来。”

孟德斯鸠大概是住在西班牙广场的勒·蒙特·托罗饭店，法国名画家雅各布·韦尔内在这家饭店住过，他说过，这是外国人在罗马唯一可住的地方。根据孟德斯鸠的习惯，而且他也总是受着搜集经济状况方面资料这一想法的驱使，他注意到“意大利人的财富是靠五六代人省吃俭用积累起来的，而很多大国的财富是一夜之间搞到的，这中间有很大区别，花钱的方式也不同”。罗马的贫穷给孟德斯鸠留下的印象极深，而“这些体面的罗马人的敲诈勒索”令他吃惊：“您去拜访一个人的时候，仆人们立即过来向您要钱，甚至常常是在您没有见到要拜访的人之前。一些穿着比我好的人常常向我求施舍，而且，各种各样的下等人总是跟在您身后。”

孟德斯鸠也带着讥讽而不无遗憾的心情指出了罗马民众尊严的堕

落："罗马民众如今分成了两类，即妓女和男仆或马夫，在平民之上的那些人，除去微不足道的约五十个男爵或亲王以外，都浑浑噩噩地过日子，顺手发点财，在政府里谋个差使。每个人在那里都像在旅馆里，只要在他住的时间里搞得舒适就行。"

关于这座城市社会状况的这番具有讽刺意味的清醒思考，却没有妨碍孟德斯鸠和罗马本地的或在罗马逗留的不少名流来往："我在这里认识了一个我今生见过的最可爱的人之一，此人是罗马的偶像，他就是波利尼亚克红衣主教先生。"这位红衣主教是驻教廷的临时代办，是博纳瓦尔把孟德斯鸠介绍给他的。孟德斯鸠在罗马逗留期间，经常去看望这位红衣主教，红衣主教在自己家里接待他。孟德斯鸠还把他们谈话的内容记录下来。他们谈到罗马的反常天气，教会的特权，教皇克莱门特十一世的圣谕"唯一圣子"和巴黎总主教德·诺埃尔的屈服，这最后一个问题一直困扰着孟德斯鸠，在《波斯人信札》第 24 封信里就已经谈论过："两年以前，他（教皇）给他（法国国王）寄了一份重要文件，他称之为'敕令'，想强迫国王及其臣民对里面所包含的一切确信无疑，否则就要重重惩罚。教皇在国王方面取得了成功，国王立即屈服，并给他的臣民做了个榜样。但是，臣民中有几个人造了反，说他们不想相信这份文件里的任何东西。这次造反，带头的是妇女。整个宫廷，整个王朝以及所有的家庭，都被这次造反给分裂了。"

此外，德·波利尼亚克红衣主教还向孟德斯鸠吐露了自己的行动准则："在我一生中，当我采取通常的行动时，总有一个有效的理由，这个理由使我获得行动的自由，否则我就不能行动。从事宗教活动也是一样，需要有一种为人谋福之心。我也以同样方式行动，自由地、有效地行动，依据为他人谋福这个来自彼岸世界的理由而行动。因为，倘若我对上帝启示的真理一无所知，我就不可能下决心做好事。"[31]

孟德斯鸠在罗马又见到了他在威尼斯时的伴侣之一雅各布骑士。他在那里结识了让－弗朗索瓦·福凯（傅圣泽），此人于 1699 年至 1721 年间曾旅居中国，他与另外几位传教士一起被称为"索隐派"，这些人把中国古代宗教说成和犹太教有某些共同点。傅圣泽和耶稣会士完全相反，对中国的宗教有很深的研究。他被耶稣会开除以后，自1723年起，一直生活在罗马教廷传信部。孟德斯鸠曾于1726年2月1日和傅圣泽做过一次长谈，并做了记录[32]。我们都还记得他对中国感兴趣，也记得他和那位姓黄的先生以及和尼科拉·弗雷莱进行的那些关于中国问题的谈话。孟德斯鸠常会见傅圣泽，傅圣泽的谈话对孟德斯鸠关于中国各种制度演变的想法产生过影响。

《游记》也提到了他和当时出任大使的诗人马特奥·萨盖蒂侯爵以及博洛涅蒂侯爵见面的情况，孟德斯鸠可能就是由博洛涅蒂引荐给罗马上流社会的。尽管孟德斯鸠在笔记里只字未提，他肯定和罗马的上流社会有过交往，进出过一些沙龙，十年之后德布罗斯院长也到这些沙龙里来过。孟德斯鸠1720年在巴黎碰到过的那位热那亚人雅各布·韦尔内，于1729年初到了罗马，两人经常去波利尼亚克红衣主教的沙龙，"晚上在他们住的地方相聚，谈论各自得到的印象"。

孟德斯鸠和罗马教廷的一些人有过交往。他认为教皇本笃十三世是个平庸之辈："罗马民众非常恨他，宗教虔诚也因此而遭蔑视，因为这使他们沦为饿殍。此外，他处处显出对贝内文托人的偏爱，罗马的金钱都流到贝内文托去了。"他还严厉指出："本笃十三世其人在这个国家里非常让人看不起，人们都说，这是个疯子，他净干傻事。"孟德斯鸠指责教皇买卖圣职："现在，罗马公开买卖圣职。在教廷的管理中，人们还从未见过像现在这样公开犯罪的情景。"事实上，"这位教皇使教廷背上了三百多万埃居的债务，他又切断了财源，他死了以后，人们将会因他的所作所为而为接任的教皇立下新规矩。这个人只喜欢渺小中的奇特事物，正如同其他人喜欢伟大中的奇特事物一样。他干什么事都只凭心血来潮，他只想着维修罗马那些洗礼小教堂，以便人们像过去那样用浸入法施洗礼。他想的都是类似这样的事情。除此以外，这是个不知疲倦的人。"3月19日参加圣·让·内波米塞纳的列圣仪式时，孟德斯鸠又情不自禁地批评起本笃十三世来："老教皇已经衰老得不行，好像行将就木了，而他对于主持宗教仪式显得很得意。"

在《波斯人信札》里，孟德斯鸠已经用嘲笑的口吻对罗马教廷进行过批评："这个魔法师自称教皇，有时他让国王相信三等于一，他吃的面包不是面包，或者他喝的酒并不是酒，以及成千上万的这类事情。"[33]这些不说是亵渎神明，至少也算是大不敬的话，也说明了孟德斯鸠对本笃十三世的敌视。

孟德斯鸠在和罗马那些红衣主教的来往中，就显得客气得多，对红衣主教们行为的评价也公正得多。孟德斯鸠虽觉得阿里山德鲁·阿尔巴尼红衣主教和蔼可亲，却说他"在罗马不大被人看重"，但他是一个非常富有的人，拥有一座高大华丽宫殿式的房子，一座图书馆，一个博物馆，这些都是可以和博尔盖塞家族的亲王们相媲美的。他的兄弟阿尔巴里·阿尔巴尼红衣主教向孟德斯鸠提供了有关教皇国的财政和商务的第一手材料。阿尔贝罗尼红衣主教"粗鲁少礼"，"只谈过四五次话：关于意大利战争，法国宫廷和它的西班牙事务"，全是些政治问题，是一些当年他任罗马宫廷驻马德里官方代表时亲身参与过的事。对所有这一切，后来的《论法的精神》的作者一直在洗耳恭听。在《随笔》里，孟德斯鸠用十分不恭敬的讥讽语调谈及阿尔巴尔·德·西昂菲古斯红衣主教关于秘传教义的著作《生命之消失或圣体之伪装》："他认为，如果上帝想再次化为肉身，他只能在奥地利的那个家庭里化，只能化为圣体，耶稣基督的灵魂附着在初领圣体者的灵魂上，直到罪恶把它分离。"[34]

孟德斯鸠在罗马见得最多的人中，有洛朗·科尔西尼红衣主教，因为他的沙龙里总是聚集着那些被他的声望和谈吐吸引来的饱学之士。1730 年，他被选为教皇，称克莱门特十二世，这和孟德斯鸠的预见相反。孟德斯鸠稍后在他的笔记里却也加了一句："我在这一点上真是跌了眼镜！"承认自己判断失误。孟德斯鸠也和阿尔贝罗尼有过交往，阿尔贝罗尼于 3 月 5 日请他到自己乡间的家里做过客。第二天，他见到了本蒂沃廖红衣主教，这是一位作家，生性可憎，却没有使孟德斯鸠感到不快。其后的几天里，他又见到了负责执行教皇克莱门特十一世圣谕"唯一圣子"事务的皮厄尔乌瑟利诺·科拉迪尼红衣主教。

孟德斯鸠在佛罗伦萨时曾多次和安东尼奥·尼科里尼教士来往，离开罗马时，又把他列在见的次数最多的人中的首位，但在两次逗留罗马期间，却从未提及此人。通过这个人的关系，孟德斯鸠于2月下半月和他的朋友切拉蒂神父建立了联系。切拉蒂神父于1742年至1745年间旅居法国时，孟德斯鸠又和他见了面。孟德斯鸠对这两个人只字不提，是令人非常遗憾的，因为他们的人品、思想和影响力，使他们非常引人注意。这两个人都是耶稣会派的对头，属于“天主教启蒙派”，和货真价实的詹森派有所区别，他们主张教廷和乌特勒支教会之间实行和解。

3月19日，孟德斯鸠在圣－让－德－拉特朗参加了圣·让·内波米赛纳的列圣仪式，参加者有150人到200人，外国人中有英国王位觊觎者詹姆斯－爱德华·斯图亚特。孟德斯鸠写道：“这位亲王相貌端正，但显得忧郁而虔诚。有人说他能力不强但很固执，我本人不知他是否如此，因为我不认识他。”其实，在他一生中的这段时间里，孟德斯鸠虽然在巴黎的詹姆斯分子的圈子里有些关系，却还没有和这位住在阿尔巴诺的觊觎王位者见过面。6月25日，孟德斯鸠“谒见了这位亲王的夫人，受到了很好的接待”；他见了两位王子，查理－爱德华·达尔巴尼伯爵和未来的约克郡红衣主教亨利－伯努瓦，“他们仪表堂堂，前途无量。他们夫妻间始终不和睦……在命中注定的不幸之上又添加了不幸。觊觎王位者说话极少，总是一副愁眉苦脸的样子”。

在会见罗马宗教界、知识界和上层社会的人物之外，孟德斯鸠用晚上的部分时间去了剧院和歌剧院。2月21日，孟德斯鸠陪波利尼亚克红衣主教在克雷芒坦中学看了《罗慕洛》的演出，这是一部被译成意大利文的乌达尔·拉莫特的作品，“一些男人穿上妇女的衣服扮演女角。耶稣会士也看悲剧，但他们不愿意让男人穿女人的衣服，女扮男装倒可以，他们可以去看”。他也去过罗马的三个剧场：“被称作‘自由’的大剧场、卡普丽纳卡剧场和‘和平’小剧场。剧场总是场场满座。教士们到这里来研究神学，全体民众乃至最不起眼的市民都竞相来此，发狂地喜爱音乐，因为皮鞋匠和裁缝都是内行。”从11月到封斋节，是听歌剧的季节。孟德斯鸠听了法尔法利诺和斯卡尔齐的演唱；在卡普丽纳卡剧院里，听了“马里奥蒂和基奥斯特拉两位去了势的小个子的演唱，都是女装，是我平生仅见的最美丽的人儿，他们能以罪恶的城市的趣味使很少有低级下流趣味的人也会在这方面想入非非。有个年轻的英国人，以为两人之中有一个是女的，竟对之起了爱慕之意，爱到了发狂的程度，而人家也就让他在这种激情中熬了一个月之久”。

在 1729 年 2 月 19 日开始的狂欢节期间，孟德斯鸠观看了坐落于科尔索的芒奇尼宫的跑马比赛；波利尼亚克红衣主教在宫里接待了上流社会人物。孟德斯鸠写道：“杜库尔大街上停满了马车，甚至车上还有船，到处是车夫，四轮马车里坐满了带着假面具的人，车夫和仆人也都带着假面具。走起来时鱼贯而行，就像我们巴黎人行大道上的情景一样。人山人海自四面八方涌来，至少半个罗马城的人都来到了这里。人们把马放开，让它们从街的这一头跑到那一头，先跑到的获胜。马上是没有骑手的。”

关于 1729 年的狂欢节，孟德斯鸠不曾记载其他细节，但芒奇尼宫总管弗勒格厄尔在信里却对这些庆祝活动做了些有趣的记述。他在 2 月 17 日的一封信里写道：“后天就是狂欢节了，因为有个约定的日期，这是个重要节日，教堂的钟声已经宣布了这一天的到来。为了接待好所有到这里来的人，我已一切准备就绪……但天气不好，这几天很冷，而且一直下雨，在意大利，从没见过这么多天连续不断地下雨。”2 月 24 日他又写道：“我们正在过狂欢节，在这个国家里，这是大事，罗马的贵族都到我们宫里来了……漂亮的桌子、分枝吊灯、玻璃器皿、美丽的雕像、挂毯，还有高雅的人物，共同组成了一个令人感到惊奇的场面。”[35]

和这么多人的接触，以及这些消遣活动，远非这位旅行者在罗马逗留期间的全部活动。他在罗马待的时间比预计的长得多，差不多待了半年，中间去过一次那不勒斯。他的旅行日记显得枯燥无味，但这种无动于衷只是表面现象，因为他远不是无所谓的：“如果说他只是作为一个知识分子，而不是作为一个神秘主义者或诗人，感受了罗马的迷人之处，美学的快感却是他在罗马期间享受到的东西中最基本的组成部分。”[36]孟德斯鸠在晚年还曾以一种怀旧的心情想起过这些事情。1754 年 2 月 21 日他在给一位不知名的教士的信里写道：“在八个月的时间里，我度过了我一生中最幸福的时光，在这段时间里我学到的东西也最多。”

的确，他这几个月一直在教堂和宫殿里长时间地游荡，他的朋友给他做口头讲解，而他也为此做过准备，读了不少书。除了米松和罗日萨尔写的东西之外，他还参阅过刚刚在意大利出版的一些著作，这些著作都收藏在他在拉布莱德的图书室里，它们是：1727 年在罗马出版的《古代罗马与现代罗马概述》和 1725 年在罗马出版的弗朗切斯科 · 波斯特尔拉写的《神圣的和现代的罗马》。一到罗马，孟德斯鸠就照自己的习惯，从雅尼居尔山顶，从潘奇奥山顶，或从特里尼泰－迪－蒙特的平台上纵观罗马城全景，作为和这个城市的第一次接触：“当我到达一个城市的时候，我总是要到最高的钟楼或最高的塔上去，在看局部之前，先看看全景。而离开那里的时候，我要再次登高一望，以巩固我的记忆。”稍后一些时候他又写道：“登上僧侣修道院（在卡皮托利山上）的最高处，可以从从容容地看到整个罗马。上面有一间小屋，一位修士给了我小屋的钥匙，我曾想把它装在衣袋里带回法国。”

正如让 · 厄拉尔以一种精炼而细腻的说法指出的那样：“所以，孟德斯鸠在罗马发现的是一种比在佛罗伦萨更显著的灵感和风格上的二重性，这种二重性对他说来已经是很熟悉的了。朴实或华丽，静或动，古典式的刻板或巴洛克式的生动活泼，在这两种对立的价值中，孟德斯鸠从不以固执的方式进行选择。拉斐尔的城市和贝南的城市同样都可以留住他，即便他在理智的评论上更喜欢拉斐尔的城市，也仍然会如此。”[37]

事实上，拉斐尔是孟德斯鸠最赞赏的画家。他在那位没有告诉他名字的画家引导下参观拉 · 龙加拉的法尔内泽行宫，使他受到启发，写下了不少评论。行宫的画廊是拉斐尔的手笔，画的是普赛克的故事。在收入《随想录》[38]中的一篇写于 1728 年之前的文章里，他已经流露出这种赞赏：“看到一幅由拉斐尔画的美女出浴图，我所受到的感动，可能比维纳斯从水波中现身还要强烈。这是因为此画呈现给我们的只是女人的美，而没有任何能使人看到女人缺点的东西。我们在画上看到的都使我们感到愉悦，而没有任何东西使人感到乏味。”在《随笔》第 461 条中，他也记下了和雅各布先生在维也纳看了“很多油画”以后的想法：“更新时期的画家跟着古人走，他们模拟自然，只是真实而简单地模仿自然状态。正是这一点造就了拉斐尔绘画作品的特点。”

领着孟德斯鸠参观的那位画家，依据生理学进行了详细的分析，这些话和迪·弗勒斯努瓦 1868 年[39]在巴黎出版的著作《论绘画艺术》中的说法相近。这部著作的理论和这位不知其名的画家同属一家。参观了拉斐尔的画室以后，孟德斯鸠以《论绘画的一般规则》为题，加了一小段话，这也是受迪·弗勒斯努瓦启示的结果。在艺术领域，孟德斯鸠不是个理论家，这个领域的一切都有待于他去学习。他的笔记是他搜集的关于艺术的一些资料，既丰富又准确，大大丰富了他的知识，由于认识到了艺术和绘画是受一些法则制约，他就想了解这些法则，以便对艺术和绘画作品提出正确的评论。孟德斯鸠用同样的方法描述了收藏在法尔内泽行宫的另一个厅里的《加拉泰的胜利》，面对这幅油画，他产生了一种强烈的感受：“拉斐尔的这幅成功之作和这位令人钦佩的画家的其他作品一样：初看起来不令人激动，原因是他模拟自然模拟得太像了，令人觉得这不是画，而是自然，因为我看到一个男人或一个女人的时候不会赞不绝口。所以，拉斐尔的画由于都像真人，一眼看去只感到真实；反之，在某个不那么优秀的画家的作品中，某个不寻常的姿态或表情会立即引起您的注意，因为我们很难在别处看到这种姿态或表情。”

孟德斯鸠后来在写《论情趣》第十四节《惊奇的演进》时，记起了这次的观察所得：“能产生高度美感的是这样的东西，开始时让人不感到惊奇，但是耐看，越看越感到惊奇，最后引人赞赏。拉斐尔的作品，第一眼望过去不使人感到惊奇，因为他模拟自然模拟得太像，所以初看起来人们不会比看到他所模拟的对象本身印象更突出，这样的作品不会引起惊奇。但是，一位较为逊色的画家笔下的一个不寻常的表情，稍微强烈些的色调，一个奇怪的姿势，能一下子把我们吸引住，因为人们在别处看不到这些。”在这一节的最后一部分，孟德斯鸠把拉斐尔和维吉尔做了个比较。我们怎么能不把他对拉斐尔这位古人的弟子的赞美和他的《随想录》里的这段文字对照起来看呢？他在《随想录》[40]里写道：

“我一生中对古人的作品有明显的爱好。读过今人写的一些对古人的批评文章以后，我对其中的一些批评文章也很欣赏。但是，我仍然总是欣赏古人。我研究过我这种偏好，也考虑过这是不是一种病态的、没有任何根据的偏好。可是，我考虑得越多，越觉得有理由像我所感觉到的那样去思想。”

孟德斯鸠对拉斐尔的赞赏，在他参观梵蒂冈的一些大厅时也表现了出来：“拉斐尔是可钦佩的，他模拟自然。他没有为了让他的人物脸部带些阴影就让他的人物处于一种受约束的姿势之中，而是巧妙地运用明暗对比的手法。人物的姿势，该怎么摆就怎么摆，怎么摆自然就怎么摆，而绝不是为了这一类的方便就随意地摆。”

但孟德斯鸠的这种偏爱不是排他性的，因为他也认为罗斯皮日奥利宫里吉德的那幅《曙光》是“令人赞赏的”。在斯特罗齐公爵府里，他也高兴地看到“各类大师的很多好画，其中有达·芬奇的肖像，也有蒂蒂安的一幅好画”。在特里尼泰·迪·蒙特，他欣赏了“著名的《耶稣降架图》，是达尼埃尔·德·沃尔泰的作品，在罗马油画中排名第三”；他觉得“虽然没有借助明暗对比的手法，这幅画还是有一股令人钦敬的力量”。事实上，根据普森所列，后来费利比安又曾提及的那份名单和等级表，一切有教养的外国人来罗马都至少应该看四幅油画，其排列顺序为：拉斐尔的《耶稣显容图》、多米尼坎的《圣·热罗姆》、达尼埃尔·德·沃尔泰的《耶稣降架图》和萨基的《圣·罗米阿尔德》。[41]

参观法尔内泽宫画廊时，孟德斯鸠对卡拉舍的壁画大加赞赏：“特别令人高兴的是，姿态万千，形象各异，肤色逼真，即使都是裸体，也绝不雷同。”孟德斯鸠看了西斯廷小教堂里米开朗琪罗的壁画后，做了如下评论：“但我发现了两处缺点，其一是画家没有注意透视法，结果使敞廊高处的画像比低处的还大；此外，在拱顶部分的同一幅画里安排上帝出现两次，因此在另一幅画里，两次安排了亚当，这就有悖于常识。”但是他并未因此而不对这些画表示赞赏：“没有比这部作品更能使人了解米开朗琪罗的伟大天才的了，我不认为拉斐尔画的敞廊比这个更好。”

孟德斯鸠对画家们的油画和壁画作品的评论和印象，还可以列举很多。但这样列举下去有可能掩盖他所发现的古代和现代罗马艺术的其他方面。那些纪念性建筑物，教堂，宫殿，也同样引起了他的兴趣，参观这些建筑物有助于培养他的情趣，使他学会了如何去评价艺术作品。他写道："所以，心灵在所见和所知之间是犹豫不定的。"[42]因此，他在参观过几次圣彼得教堂之后，得到这样的印象："圣彼得教堂和谐的比例，让人第一眼望过去觉得它比实在的体积要小。如果教堂再稍微窄一些，整个教堂就会显得长了；如果再稍微短一些，则整个建筑物又会显得宽了。而这都会给人一种强烈的印象。但是，其比例之准确，使人觉得它与其他东西完全一样，必须经过仔细审视与思考之后，你才能感觉到这座建筑的美之所在。"

圣·卡尔利诺教堂的正面使孟德斯鸠在艺术品和观赏者的眼光这两者之间的关系方面产生了一种很有意思的想法："教堂的正面很小，是博罗米尼的作品，值得称道，但样式很奇特。由于地方狭窄，他把正面建得部分凸出，部分凹进，结果就使得人的视线延长了。"在他看来，罗马教堂中没有一座比耶稣教堂"比例更协调"的了。

孟德斯鸠对罗马的纪念性建筑物和古代艺术品同样感兴趣，古代艺术品中 19 世纪才出土的众多物品，他是无由得见的了。波利尼亚克红衣主教使孟德斯鸠了解了考古学家比昂基尼的工作情况，以及当时正在进行的发掘工作："进行发掘时，在罗马是什么都损失不了的，因为仅是那些发掘出来的砖头瓦块就所值不菲。"在和波利尼亚克红衣主教参观帕拉坦山上的葡萄园时，他在那里看到了尼禄皇宫的遗址，觉得很美："华丽的客厅是大理石镶嵌的，厅里的柱子很美……有一座拼花饰面的楼梯，墙壁上是画，线条优美，但人物表情呆板。那里发掘出的所有廊檐和柱头，做工都很精美，这是因为尼禄让人从希腊找来了许多能工巧匠。"

孟德斯鸠在直接参与上层社会活动、谈话、参观名胜古迹和艺术品的同时，也拿出相当多的时间进行学习："比起在巴黎来，外国人在罗马既参与上层社会生活，又进行学习，是容易得多了。因为巴黎的社交聚会是一个与另一个相连的，您今天被邀请，是因为昨天您在场。在罗马，聚会不是一个接一个的。”为了准备去英国旅行，他学起英语来：“一个教我英语的爱尔兰人，把他所会的关于这种语言的一切都教给了我，但是还得从头开始。”他的笔记是一些谈话记录，也有读书摘要。他写《罗马盛衰原因论》的计划可能如福尔·哈里斯先生所提出的那样，在罗马就有了，而不是像夏克尔顿先生所暗示的那样，是在英国的时候产生的。但是，这项假设无法证实。同样可以设想，孟德斯鸠的题为《论罗马居民的节俭及其与古代罗马人饮食无度之对比》的论文，其中的部分研究和评价是在当地开始写的。这篇文章于 1732 年 12 月在波尔多科学院宣读时，孟德斯鸠没有在场。

孟德斯鸠在参加圣周仪式并听了“独特的、尖嗓子就像管风琴似的《上帝怜我》乐曲之后”，于 4 月 18 日复活节后的星期一离开罗马，“乘坐四轮马车，同车的有两个德国人，一位是军官，一位是利沃诺的领事”。“我们经圣－约翰门上了拉丁路……在马里诺停了半小时……沿着罗马平原，我们到弗尔特里过夜。”在以后的几天里，经过皮帕尔诺以后，这几位旅行者停在了标志着教皇国和那不勒斯王国之间分界的泰拉奇纳。“从泰拉奇纳出来以后，几乎一直在阿皮亚大道上行驶。”在《罗马盛衰原因论》第二章里，孟德斯鸠指出，罗马的这些大道是罗马人优于他们的敌人的原因之一：“操练出来的军队，他们所修建的那些值得称道的道路，使他们能够进行长途急行军，神兵天降，先声夺人。”

孟德斯鸠对直到那不勒斯的道路两旁的古代建筑一直在不停地进行描述。4 月 22 日到达卡普，当地总司令请他吃了晚饭。在卡普和韦萨没有耽搁多少时间，于 4 月 23 日即抵达那不勒斯，在那里一直待到 5 月 6 日。

孟德斯鸠满脑子里还都是在罗马时的良辰美景，初到那不勒斯，似乎感到失望：“我觉得，想寻找优美的艺术作品的人不应当离开罗马。在那不勒斯，似乎败坏情趣比培养情趣要容易。”直到后来人们也还记得他做过这样的肯定：“罗马，这是全世界最美的城市，即使艺术沦丧了，在罗马也可以找回来。”他当时的感受和德布罗斯院长十年后所感受到的相仿：“罗马的美真使我目不暇接，大饱眼福。”然而，孟德斯鸠对那不勒斯的城市风光也并非无动于衷：“那不勒斯地处港湾，没有比这再美的了，城市面对大海，像是一座圆形剧场，一座很大的圆形剧场。”他被总督请去做客，他对从客厅里能望到的景色非常欣赏：“从哪个角落都可以看到海，能看到船只来往，可以从一面看到维苏威火山，可以看到两侧的海岸，整个是一幅迷人的景色。”在他眼里：“那不勒斯环境优美，街道宽阔，铺着粗糙而巨大的正方形石块，房子大，而且高矮相仿。有许多宽敞美丽的广场，有五座城堡或防御工事，让人看了不由得不惊奇。”

他参观了港口，参观了当时正在修建之中，后来成了国家考古博物馆的斯都迪宫。他还欣赏了总督府的楼梯，“这是欧洲最美的楼梯”，是多米尼克·韦塔纳设计的。最后到了法院，“在那里，我们看到几位讼师，有的穿着齐膝短裤，有的穿着紧身上衣。司书们组成了一支小队伍，个个手持鹅管，严阵以待，他们坐在长凳上，有的两人一排，有的四人一排”。

孟德斯鸠和那不勒斯总督达拉克伯爵及其夫人在维也纳早已相识，甫抵那不勒斯，即前往拜访。4 月 16 日，他被请去总督家里进晚餐。他可能是经傅圣泽的介绍，会见了里帕（马国贤）教士，此人是在中国的老传教士，是那不勒斯中国学校的创始人。“这位正直的教士想了个主意，吸引中国青年来学习，然后再把他们派回中国去布道。他从中国带来四名青年，用教皇给他的钱买了一座漂亮房子，作为修道院和教堂。”孟德斯鸠对中国一直感兴趣，这无疑促使他不放过这个机会，和这些年轻人去交谈，以便充实自己的资料。他还结识了王家顾问康士坦丁·格里马尔迪，这是一位精通法学、神学和医学的法官。

对于孟德斯鸠在那不勒斯到底见没见过多利亚和维柯，人们经常感到没有把握。孟德斯鸠关于这两个人的事只字未提，一直让人感到奇怪，因为他的作品和这两个人的作品之间可能的相似之处，长期以来一直使人相信某些评论家的说法，即孟德斯鸠的缄默意在掩盖那些十分明显的受到他们启发的地方。这两个人也都和孟德斯鸠所认识的那些意大利饱学之士有着通信联系。马蒂亚·多利亚于1709年发表的《世俗生活》被看作《论法的精神》的来源之一。夏克尔顿曾经指出过，多利亚曾于1729年对他的著作进行过补充，补充的这一部分题为《论欧洲商业之今昔》，和孟德斯鸠在《论西班牙的财富》一书里所阐述的思想相吻合，但孟德斯鸠的这部著作是在1728年4月之前写成的。因此，夏克尔顿所做的入情入理的结论是："孟德斯鸠与多利亚的会面，本来已被认为是非常可能的，现在看来这种可能性更大大增加了。"因而，"他们之间的思想交流，也不再是单方面的，而是相互之间的了"[43]。

关于《论法的精神》的另一个来源，是维柯写的《新科学》，人们甚至曾谴责孟德斯鸠进行了抄袭。罗索指出，孟德斯鸠在那不勒斯想买的那一版《新科学》，当时已经售完。他还指明，孟德斯鸠的意大利语水平不足以在后来读懂维柯的这部著作，因为语言复杂，内容深奥。因此，他认为，比较正确的说法似乎应该是两部著作所见略同。[44]

孟德斯鸠于4月30日和第二天（大约是这一天）先后两次观看了圣·让维埃的血的液化，他对此事的反应，态度是科学的，但不排除任何假设，甚至不排除奇迹的说法。孟德斯鸠首先记下了他所看到的情况："我相信自己看到的这种液化，虽然很难看得十分清楚，因为人们只是把圣物在你面前晃一晃，而圣物上的血管又是早已被人们吻得干枯了的。"对于这一现象，他首先是寻求一项科学的解释："我认为，确切地说这是温度变化的结果，而这些血或什么液体，是从一个冷的地方弄来的，到了一个被很多人和蜡烛搞得热了起来的地方，就液化了……我确信，这一切不过是温度变化的结果……"但是，如果说孟德斯鸠满足于这样的科学说明，他却并未因此而不对这一现象抱有一种讥讽的态度，也并未因此而不像当时的很多旅行者那样去谴责教士们的诡计和欺诈："我因此认为，神职人员自己也被骗了，他们看到了凝血液化，就以为凝血液化是奇迹造成的。他们需要奇迹去安抚人民，这又驱使他们去研究奇迹发生的原因以便移用在圣体上。仪式一旦形成，就永不更改。"

孟德斯鸠的这个观点和伏尔泰在《论风俗》中所阐述的观点接近。伏尔泰写道："极为可能的是，炎热气候下强烈的想象力需要一些能看得见的迹象，而这些迹象反过来又使人们不断地想象成是上帝使然。"不过，孟德斯鸠尊重宗教感情，而这种仪式只是这种宗教感情的外在表现。他用一句话做出结论："这里只是一种推测：很可能真有圣迹。"这就为其他各种各样的解释敞开了大门。

他在《随想录》[45]里提到安东尼·范达尔1700年发表的著作《古代道德箴言》时，又说到这个现象，并起而反对关于欺诈的说法："范达尔先生关于圣迹是教士们骗人的把戏云云，我觉得完全无法证实，可以明显地看出来，教士们自己也感到失望。根据我对圣·让维埃凝血液化这一圣迹做出的判断，能证明这不是一个骗局。教士们是真诚的，那不勒斯人是真诚的，事情只能是这样。"

孟德斯鸠似乎很深入地了解了那不勒斯平民百姓的社会生活条件："老百姓是很悲惨的……必须善待那不勒斯的百姓，因为有五六万是无业游民，他们在世上一无所有；没有土地，也没有技能；他们靠野菜度日，衣不蔽体，只有一条短裤，这些人是最容易发动的。这些无业游民是地球上最悲惨的人，是最害怕凝血不液化的人，这将会给他们带来不幸。因此，由于存在着这么多无业游民，可以说，那不勒斯的百姓比其他任何地方的百姓更是百姓。"在《罗马盛衰原因论》论及提比略的第十四章结尾处，孟德斯鸠又重新提到这段笔记："再没有比那些对自己悲惨的生活条件处之泰然并和昂德罗马克*一起说'敬畏的上帝啊！'的人那样惧怕灾难的了！如今那不勒斯还有五万人食不果腹，衣不蔽体，只要维苏威火山冒一点烟，这些世上最不幸的人就会吓得魂不附体。他们愚蠢到竟然害怕成为不幸的人。"

孟德斯鸠利用在那不勒斯逗留的日子，到市郊转了转。他详细地记述了在普佐勒参观的情况，指出著名的吕克兰湖"还没有我们拉布莱德的护宅沟宽"。他对硫黄谷、狗岩洞和有毒雾气都很感兴趣："差不多过

* 特洛伊战争英雄赫克托之妻，城破被掠为奴。——译者注

了一分钟，那条狗就衰弱地倒下了，也不再喘气，好像不会呼吸了。我从水里捞上一只青蛙，过六七分钟就死了。”

5月初，他登上了维苏威火山，但对这次例行而费力气的远足，他只做了一点干巴巴的笔记，混杂着从卡西奥多莱和穆拉托里那里借用的技术评论。陪同他的是“一位属于查尔特勒修会的法国神父，正担任修会财务总管的助理”。他去了德卡普里岛：“虽然只剩下提比略时代水库的一些残迹，这个岛仍然很有韵味。水库的残迹如今还能起到蓄水池作用，水质好，对岛上居民很有用。”

5月6日，孟德斯鸠离开那不勒斯重返罗马。7日中午，他乘上莫勒－迪－热斯塔号船去了加埃塔。他对途中见闻未作细致准确的描述，只提了提在皮帕尔诺停留的情况，在那里，托马斯·奥卡罗纳先生和他谈到了沼泽地变干的一些情况。最迟在5月11日，他又回到罗马。

孟德斯鸠第二次在罗马待的时间比第一次短，到7月4日就结束了。他如饥似渴地想再看看一切，所以这一次他跑遍了全城，“那不勒斯两分钟就能看完，看完罗马需要半年”。这一次不能像头一年冬季那样可以根据他的旅行笔记看出他的去向了，笔记里只对几天的日程安排做了准确记载。随着罗马夏季难于忍受的炎热的临近，孟德斯鸠于5月底在弗拉斯卡蒂住了几天。1729年5月26日，弗勒格厄尔写道：“所有的人都到乡间去了，这在当地成了习惯，在第一个晴朗的天气里外出，直到圣·皮埃尔日再回来。”

孟德斯鸠在弗拉斯卡蒂又参加了上流社会的聚会，特别是和波利尼亚克经常在一起谈话。波利尼亚克正在他乡间住所附近从事发掘工作。从这时起，一直到孟德斯鸠离开罗马，波利尼亚克的谈话记录占了他旅行笔记的一半篇幅。根据孟德斯鸠的详细记载，可以看出，这些谈话所涉及的内容非常广泛：谈到了选举本笃十三世为教皇的那次选举会期间，波利尼亚克针对那位圣位觊觎者的所作所为；谈到了国王想让他主持的修道院和教区；谈到了1721年选举英诺森十三世为教皇的选举会上罗昂红衣主教的“数不清的蠢事”；以及这位红衣主教本人为了了结教皇克雷门特十一世敕令“唯一圣马”的事在罗马所做的种种努力。6月4日，孟德斯鸠去听了“波利尼亚克红衣主教先生宣读其《反卢克莱修》的第一章。这是一部值得赞赏的著作，共分九章。第一章抨击了卢克莱修主张的原则，根据这一原则，我们应该通过寻求感官或肉体的快乐去获得我们的幸福”。当这部著作在作者逝世以后于1747年由罗特兰教士操持发表时，孟德斯鸠在给莫佩蒂乌的一封信里提出了更为贴切的评论：“波利尼亚克红衣主教的《反卢克莱修》出版了，获得很大成功。这是一个酷肖其父的孩子。作者文笔优美，很有韵致。但失之于庞杂，浪费了笔墨。我以为本可以删掉约两千句诗。”孟德斯鸠的这个看法是和当时评论界的意见相符的。这种看法在这部著作中也有所表露：“一种上流社会人士的哲学，人们可能视之为一位对种种问题都感兴趣而没有时间对之进行深入研究的才子的游戏文章。”[46]

孟德斯鸠用一部分时间参观了弗拉斯卡蒂及其“布满了漂亮的乡村房舍”的周围地区，在他的笔记里穿插着写下了对西塞罗故居和马略故居等古迹的追忆，以及当时的一些观感。6月1日，他去了弗拉斯卡蒂和蒂沃利之间的蒙特·波尔齐奥，那里有“一座漂亮教堂，是一座精美的建筑”。他和切拉蒂神父一起，在蒂沃利的埃斯特别墅受到“摩德纳公爵驻罗马公使雅科巴希教士”的接待；他很欣赏那里“众多的清泉、池塘、花束和喷射的水柱”。他们还一道去了阿德里安皇帝在乡下的房子阿德里阿纳别墅：“这是一处令人肃然起敬的遗址，原来的建筑物似乎很高大。如今在这里看到的是一些圣堂、圆形剧场和戏水池的遗迹，还可以找到禁卫军士兵住过的房舍，做过马厩的拱形房屋。总之，在这里看到的是一位伟大帝王的宫殿。”孟德斯鸠对这座别墅的主人弗德伯爵和耶稣会士们处置这座建筑物的方式提出了批评，说他们“像哥特人和鞑靼人”。在后来写《罗马盛衰原因论》第十六章时，他颂扬了阿德里安：“在两位伟大的皇帝阿德里安和塞维鲁斯中，一位建立了军纪，一位放松了军纪。有什么样的原因，就有什么样的结果；阿德里安身后是太平盛世，塞维鲁斯死后，人们看到的是一片恐怖。”

6月8日，孟德斯鸠仍由切拉蒂神父陪同，参观了弗拉斯卡蒂的几所乡村房屋，其中有教皇在卡斯特尔·冈多尔福的行宫，“行宫总是开放的，里面空无一人”。在让萨诺，这两位朋友受到莫帕里埃尔主教的接待，“这是个可敬的人，通情达理，有才智，虽然已年届八旬，看上去也就是六十岁……他懂得并保护美术”。他接着参观了具有古典主义和学院派倾向画家的代表人物卡尔洛·马拉培的房子，“这里有一个小厅，画是他自己作的，情趣高雅”。孟德斯鸠于6月11日去了帕勒斯特里纳，“这是个有名的所在，古代罗马人在这里为命运女神建了一座神殿，人们经常到这里祈问祸福”。然后又到了扎加罗洛，参观了罗斯皮利奥齐公爵府。

他6月24日回到罗马，第二天受到那位王位觊觎者的夫人的接见。在其后的几天里，他参观了“特朗斯特维勒沿着罗马港的那些建筑，那是英诺森十二世为了安置各类手工作坊而下令兴建的，有地毯厂、毛纺厂、印刷厂”。孟德斯鸠大概是在这个时候见到西鲁哀特父子的，他们待在罗马的时间是6月17日至7月5日。见到漫画家皮埃尔·莱昂·盖吉也是在此期间，画家画了他一幅肖像，保存在梵蒂冈图书馆里。

虽然孟德斯鸠只字未提，他肯定参加了6月28日和29日的圣彼得节庆祝活动。对这次活动，西鲁哀特留下了一段绘声绘色的记述：“圣彼得节前夜，王室总管科尔诺被授予皇帝特命全权大使的头衔，期限为两天，向那不勒斯国王致意，并向他赠送蹓蹄马。这是一匹经过刻意装饰、鞍辔俱备的老白马。国王在圣彼得门厅接受致意。接着，王室总管骑上马作展示。王室总管一直由负责国王日常事务的西昂菲古斯红衣主教陪同，他们每个人都有十五部马车的随从人员。在圣彼得节前夜和节日当晚，王室总管科尔诺下令燃放烟花，并在他的府邸备清凉饮料待客。波利尼亚克红衣主教……把我带到了那里……到圣－昂热城堡观灯时，我也有幸陪着他。无数的烟花同时升空，把圣彼得教堂照得如同白昼。当时我们正在一所修道院里，修道院的窗子朝向台伯河，烟花和彩灯映在河中，空中水里，交相辉映，使我们看到了双重景色。”[47]

离开罗马之前，孟德斯鸠按照自己排好的顺序，向当地的好友一一道别，计有：尼科里尼教士、波利尼亚克红衣主教、切拉蒂神父、卡瓦衣翁的主教约瑟夫·德·吉翁·德·克罗尚、科尔西尼红衣主教、科尔西尼侯爵、傅圣泽、本蒂沃廖红衣主教、帕特里齐侯爵夫人。

孟德斯鸠一定是为了躲开罗马的污浊空气和弥漫于大气之中的腐败气味，才于7月4日深夜两点登上邮车启程的："一直到离罗马六个驿站的奥特里科利，我才觉得躲开了污浊空气。我在下午三点到那里——天热得连地都要烤焦了——谢天谢地，我身体很好！……我熬不住了，在车里睡了一会儿，空气污浊，但没觉得对我有什么不好。真是这样，7月还不是最令人沮丧的月份，8月和9月才是。"

这次开始时预兆如此不好的旅行，从特尔尼起有了转机，变得舒服多了。孟德斯鸠从那里动身，经斯波累特、福利尼奥、塞拉瓦尔、托朗蒂诺和马切腊塔，于7月6日抵达洛莱托。和作为朝圣者而来的蒙田相反，孟德斯鸠是作为匆匆的游客来到圣母殿的，他特别感兴趣的是神殿这里的经济状况，神殿"能有25000到30000埃居的岁入，而它必须维持的服务人员、乐队和济贫院的开支，超过了收入"。但他对神殿的浮雕也感兴趣，"圣母殿周围都是浮雕，是桑索万和别的一些人的作品"。在他细致地描述过的安科纳，他在阿德里安时代挖掘而成的人工港停留了一些时候。在可以和威尼斯比美的瑟尼加利阿，他曾大谈"使城市繁荣"的市场。其间，为了准备去英国，他买了两本书。此事他作了记载。一本是劳写的《英法贸易差额》，另一本是《贸易航海图》。

孟德斯鸠急于到达博洛尼亚，沿途只在大站停留。他在里米尼参观了圣－弗朗西斯教堂，而后经过著名的鲁比孔河，"这条河令人肃然起敬之处只在于人们对它的景仰"。离开罗马越远，进入山区越深，孟德斯鸠对所过之处就越喜爱："没有比这个罗马涅省再美的地方了，每一站都有一座漂亮城市，建造得好，四通八达。"

7月9日晨，孟德斯鸠终于抵达博洛尼亚。他把尼科里尼教士的一封信交给了珀希骑士，此人是圣－阿涅斯的红衣主教和教皇派驻博洛尼亚的特使乔治·斯皮诺拉的内务总管。另一封信交给了格罗希侯爵。孟德斯鸠在博洛尼亚参观了教堂和那些高大华丽的建筑物，所见的楼梯他都很称赞。他对阿尼巴尔·卡拉舍和路易画的那些画很感兴趣，一边欣赏一边读卡尔洛·恺撒·马拉瓦希阿于1706年出版的《波洛尼亚绘画》。在朗特主教的陪同下，孟德斯鸠在研究院参观了军事艺术馆、物理馆、博物学馆和天文馆，走马观花地看了看图书馆和药草园，但没有见到著名天文学家厄热尼奥·蒙弗勒迪。切拉蒂神父曾给过孟德斯鸠一封介绍信，是写给这位天文学家的。

在摩德纳，“这座小城……不美，而且阴暗”。他是7月17日到达这里的，就在他离开博洛尼亚的当天。孟德斯鸠在这里见到了一位当代最杰出的饱学之士、公爵的图书馆管理员安东尼奥·穆拉托里，他正在发表《意大利历史学家文集》。他是这样一种类型的学者，全神贯注地研究文献，辨析资料的真伪，用毕生的精力来保全人类的珍贵文献。孟德斯鸠多次去看穆拉托里，“一个博学的神职人员，纯朴、天真”，他“有善良的心，是个正直的人，为人真诚，总之，是第一流的人才”。我们不知道穆拉托里是否使孟德斯鸠对封建时代的研究产生了更浓厚的兴趣，因为孟德斯鸠对封建时期不像对罗马古代那样熟悉，但不管怎么说，在《罗马盛衰原因论》和《论法的精神》这两部著作里，都能感到这位博学的图书管理员及其著作的影响。

孟德斯鸠在摩德纳逗留期间，参观了正在建造中的公爵府，参观了画廊，曾在科莱热的《夜》前驻足，并看了“一幅镶在木框里的小画，这是他的《马德莱娜》。这两幅画都是他的晚期作品，是另一种手法，都没有什么价值。正是在这里人们欣赏这种颜色的混合，这是他独有的手法，而这种手法似乎是唯一使人体产生立体感，并使肌肉具有柔软感的”。但是，孟德斯鸠对某些画放得太远而感到遗憾：“那里有一件事让我感到不耐烦，就是把一些最杰出的大师的原作放在了拱顶，已经在视线之外。那些画被放在那里，就像被放在井里一样。”

孟德斯鸠承认在摩德纳过得很好：“那里有一家咖啡馆，是贵族们聚会的地方，他们从那里到瑟希伯爵夫人家去谈话。瑟希伯爵夫人是一位漂亮女人。有几位绅士很懂人情世故，那些贵妇人都很彬彬有礼。”

在勒日奥，他去拜访了“一位富有的犹太人，他有拈丝机，能纺出大量的丝”，他“在那里看到了各种工序的操作”。

从7月24日至26日，孟德斯鸠在帕尔马小住，由约瑟夫－切拉蒂神父的弟弟切拉蒂伯爵担任向导。他觉得帕尔马市“很可爱。城市街道漂亮，宽敞，开阔，都是大街”。他参观了圣－塞皮尔克勒、勒多默、圣－约翰和圣－安托万教堂，参观了帕尔马公爵府和他的剧场：“剧场盖成椭圆形的，有着古代剧场的某种味道；这样，声音可以容易地传到每个角落。”他见到了7月5日离开罗马的西鲁哀特，还记下了这样一段趣事：“西鲁哀特先生在罗马时，曾求见那位公爵，公爵当时在萨拉，房子和马尔利的一样，在那里他不见任何人……人家问西鲁哀特的头衔，他说他是‘国王的顾问秘书，管理国王的寝室、王冠和财政’。这个头衔在公爵看来极值得尊敬，他叫人传话，说现在自己不宜接待客人，如果他非要见，自己将去帕尔马接受他的来访。我提请这位西鲁哀特先生注意，国王的仁慈竟然使他向贵族迈进的第一步在外国人眼里就变得如此耀眼。”

7月26日至27日夜间，孟德斯鸠离开帕尔马去芒图亚，“太阳出来时”抵达。他刚一到就去参观泰宫，在那里欣赏了拉斐尔的弟子朱尔·罗曼的作品。他认为这座建筑“值得赞赏”，他对那些画赞叹不已，特别欣赏那幅《巨人的跌落和众神之宴》：“人物的热情、大胆、高贵，表现生动，恰到好处，不容稍有增损，整幅画是美得不能再美了。”他欣赏某种古代文化的再现，对现实的忠实反映，以及阅读古人著作时幻想出的场景的再现。

从这时起，孟德斯鸠加快了他的行程。7月29日到达他已经来过一次的维罗纳，对那里的绘画显得失望：“我承认，我在这里发现的东西不多，比第一次来的时候还少。”在前往特兰托途中，他在阿拉停了停，“这是卡斯特尔比昂科伯爵的领地，有大量纺天鹅绒的织机。在那里我才平生第一次知道天鹅绒是怎么织造出来的”。

孟德斯鸠的意大利之行就这样结束了，从1728年8月16日起，到1729年7月31日止。这次旅行使孟德斯鸠按照自己的意愿和自己安排的进度了解了意大利：在他喜欢的地方多待些时日，他觉得不高兴或没有得到所希望的那样的接待，就日夜兼程。他记下了自己感兴趣的东西，一直全神贯注地参观了古代文化遗迹，会见了意大利的“光照后人的学者”，同时也拿出一部分时间进行研究、思考，并为其将来要写的著作进行准备。他领略了一次辉煌的社交生活，从他和别人进行的那些单独谈话中大获裨益，在进行这些谈话时他总能从对方的谈话中听取到一些东西。当然，在他的旅行笔记中，孟德斯鸠没有把他所会见的人或所参观的有纪念意义的建筑物所引起的思考都记录下来，但是，这种不足是和他的工作方法有关系的，他习惯于把那些冗长的谈话记录收入《随想录》和《随笔》之中。福尔·哈里斯先生对这些不足提出了另一种解释，那就是孟德斯鸠还有另一些笔记汇编，今天都已散失，而从我们所知道的这些笔记的题目也可以看出他所关心的问题：政治、法律，神话和古代文化，解剖学，通史，商业。

他写《罗马盛衰原因论》和《论法的精神》时，这些集中起来的笔记究竟在多大程度上和以什么样的方式被使用了，想搞清楚这一点，是很难的。他的那篇《论哥特风格》以后似乎再没被提起过。1729 年他第二次在罗马逗留期间写成的《论罗马人的节俭及其与古代罗马人饮食无度的对比》，于 1732 年在波尔多科学院宣读。这篇论文充分体现了孟德斯鸠的经历：“那些到过罗马又记得自己所读过的关于古代罗马人惊人地贪图美食情况的人，必定会对今天罗马人的节俭感到吃惊。”

孟德斯鸠从在朱伊公学念书时起，就很熟悉古拉丁文化，这一次，他的书本知识和古拉丁文化有了直接接触。《论法的精神》一书中论述的某些主题就可以从在意大利积累的观察与思考中找到它们的渊源。大概是在英国动手、到 1742 年才完成的《论影响精神与性格的诸因素》，明显地有着意大利的影响。

意大利的状况为孟德斯鸠提供了极好的政治经验。在这么多互相争斗、尔虞我诈的小国中，他看到了不同的统治形式，有贵族政治，也有共和政治，对这一切，到那时为止，他只有一些理论上的知识。这个小国聚集之地，就是观察哨所，其中充满了欧洲政治的各式各样的阴谋诡计，外交家、政治家、商人和冒险家在这里比肩接踵，这是一个令孟德斯鸠心绪亢奋的大千世界。尽管他的记述显得缺乏热情，但其观察所得，日后对他却是十分珍贵的。他的这些观察是在一些经过精选的内行人的指点下进行的，他们提供的情况非常可靠。从他所访问的这些国家的地理位置、经济形势和社会状况到这些国家和奥地利、西班牙、法国和土耳其之间的复杂而多变的关系，所有这一切都令他感兴趣。作为一个正直的观察家，孟德斯鸠就如此这般地面对了欧洲政治，看到了欧洲政治最微妙而有时又是最迂回曲折的方方面面。

如果说孟德斯鸠对商业和农业的技术细节，以及手工作坊和工场的技术方面的问题感到有兴趣，作为伦理学家，他也特别注意了风土人情，并特别注意观察了政治制度。在他看来，政治制度只是在它们能确保人的幸福和尊严时才有价值。这也就说明他为什么对威尼斯不怎么感兴趣，而对佛罗伦萨人的生活却很满意。

接触到意大利，并且接触到意大利的建筑、绘画和雕刻方面的那些杰作，对孟德斯鸠来说，确实是见到了一些意想不到的事物。到他外出旅行时为止，他的尚未最后确立的美学思想，按照夏尔－让·贝耶的说法，根基还是在朱伊公学所受的深受笛卡尔主义影响的教育，还是他和丰特奈尔的接触。丰特奈尔对他的引导是偏向于怀疑论的相对主义和主观美学的。主观美学由杜博教士于荷马之争时期提出，按照孟德斯鸠的看法，后来是由比菲埃神父在他的《论诗的哲学与实用》中完善起来的。孟德斯鸠在他大约写于 1728 年的一条《随想录》[48] 中接受了比菲埃的观点：

> 比菲埃神父为美下了定义：最普通的事物集合起来就是美。美的定义一旦得到阐释，这个定义就是最出色的，因为它把一件很模糊的东西解释清楚了，因为这是一个情趣问题。
>
> 比菲埃神父说，最美的眼睛是那种最多的、长相相同的眼睛，同样的道理，最美的嘴，最美的鼻子等，都是如此。这并不是因为丑鼻子比美鼻子多得多，是因为丑鼻子是各式各样的，但每一种丑

> 鼻子比起每一种美鼻子都少得多。这正如在100个人里有10个人穿绿衣裳，而剩下的90个人，每人穿一种特殊颜色的衣服，在这种情况下，占压倒优势的是绿衣服。
>
> 总之，我觉得畸形是无限的，雕刻家卡洛的那些奇形怪状的脸型可以各不相同，但五官的位置毕竟还得为一定的规则所限。

意大利之行使孟德斯鸠在造型艺术方面开了眼界，他自己也承认这一点。他在1728年12月26日给德·朗贝尔夫人的一封信的草稿里是这样写的："我怨我自己，直到35岁还拒绝这样的享受：去看一幅画或一座建筑的门面。所以我还要回巴黎去，因为我还没有游览它。"不过，他的美学原则几乎没有受意大利之行的影响，他是逐渐地发现这些原则的。如果说他表现出个人的某种爱好，他也知道自己在这些方面是个新手，并且承认他得益于雅各布骑士："多亏了他，我才对绘画艺术有了个概念。一幅画所显现的是瞬间的动作。绘画有三个要素：构图或轮廓或取景，以及色调和布局。"[49]这些笔记扼要地记述了雅各布这位教条主义美学理论家的教导。在这方面，孟德斯鸠的思想演进，特别受到了伊夫·安德烈神父1741年发表的《论美》的影响，他最终于晚年写出了《论情趣》，发表于《百科全书》。

在宗教方面——孟德斯鸠在《波斯人信札》中曾放肆地谈到宗教问题，他的意大利之行，特别是在罗马的逗留，似乎没有明显地改变他的成见和他所持的批评，至少在当时是这样。他仍然对那些神学论战感到遗憾，在同波利尼亚克红衣主教的谈话里，仍对实施克莱门特十一世的敕令"唯一圣子"的后果感到忧心忡忡。对待耶稣会士，他的看法和当时相当普遍的看法一样，不予信任，但是在那不勒斯他却客观地，甚至是怀有敬意地观看了圣瓶里的凝血液化。当孟德斯鸠在其荷兰游记中写下这样一些话时，他也许是在向我们透露他在罗马观察教会时暗中所受的影响，即一种缓慢演变的萌芽。他写道："人是多么愚蠢啊！自从我参观了罗马和那里教堂的艺术杰作以来，我和我的宗教联系得更紧密了。我就像斯巴达城的那些首脑们一样，他们不愿雅典沉沦，因为雅典产生过索福克勒斯和欧里庇得斯，因为雅典是无数先哲的父母之邦。”

总之，孟德斯鸠成熟时期在意大利的这段经历，对他具有决定性意义。如果说我们还找不到什么证据可以肯定他是在意大利构思《罗马盛衰原因论》和《论法的精神》的，但发现一些对他来说是全新的政体形式，他同科学家和文学家的接触，他同教会人士和政治家的谈话，他参观古代、近代和现代的艺术杰作，凡此种种，至少对他的政治观点、经济观点、美学思想甚至关于宗教的看法，是发生了影响的。尽管难于确定这种影响的程度，但产生了影响，这一点是确定无疑的。

孟德斯鸠丁 1729 年 7 月 31 日离开特兰托，在等待 10 月 31 日乘船赴英国前的三个月里，他走遍了德国和荷兰。穿越蒂罗尔山区和勃伦纳山口，都给他留下了坏印象。因为他对山路不习惯，盛夏温度骤降使他感到不舒服：“令人惊奇的是，在芒图亚热得要死，如今却要在蒂罗尔忍受严寒，我带着冬天的衣服也不管用，而这时只是 8 月的第一天。”然而，尽管如此不便，他并没有放弃写笔记。他记下了对地理情况的观察所得，以及这一地理情况对意大利历史命运的影响：“凭着这样的分界线，德国可以很容易地防御外来侵略，意大利也是如此。蒂罗尔就是一座屏障，如果罗马人把我们今天称之为意大利的地方搞成一个省，而罗马共和国又以一种唯恐有失的心理去保卫它，那么，这个省也许可以存在更长的时间。非但没有如此，反而把内高卢分给了一些总督，这就使得意大利的其余部分自恺撒度过鲁比孔河战役起，就不能自卫，而庞培也就不得不把它放弃。”

孟德斯鸠急于离开这个荒凉地区，只为了“吃饭喝水”才在途中稍事停留，他对“蒂罗尔北部和巴伐利亚有数不过来的驿站”感到惊奇。这个地方的落后情形给他留下了深刻印象：“巴伐利亚农村妇女穿的裙子只到膝盖，像男人一样戴着帽子，裙子短得就像宽大的短裤。像蒂罗尔山区的人一样，巴伐利亚农民大多数留着胡子。蒂罗尔山区和巴伐利亚的农民离时髦还不知有多远呢！”他对皇帝们为保卫边疆而修建的工事很感兴趣，他也对巴伐利亚人的风俗习惯感到吃惊：“在德国的小店里讨一点水，竟成了一件非同寻常的事，就好像在巴黎向饭馆老板要一罐牛奶一样。当你在巴伐利亚向一个老百姓打听时间，或者问谁的家在哪儿，他就停下脚步，沉思默想，就好像你给他提出了一个什么大问题一样。巴伐利亚人是日耳曼人中最蠢的人。”孟德斯鸠于 8 月 3 日抵达慕尼黑。6 日这天是巴伐利亚选帝侯的节日，他在这天在宁芬堡被介绍给这位选帝侯和他的夫人。选帝侯府的生活没有引起他多大热情：“晚宴上演奏了田园曲，晚上有歌剧。田园曲和歌剧都不好，没有好音乐，嗓子连一般水平都够不上。当晚在公园里狭长的水池子上放了烟花。烟花很好看。燃放工作组织很好，井井有条，而且颇为艺术。夜宵十分简单。”在一次晚宴上，托林－瑟弗尔德伯爵向孟德斯鸠展示了一张 1717 年贝尔格莱德战役的地图，并指给他看进军路线。8 月 15 日，孟德斯鸠由法国代办勒泽先生陪同，来到选帝侯府邸。他发现了“建筑上的许多缺点：门小得像窗子，某些场所的窗子太低，低到了窗子的宽度和高度相等的地步；柱廊和楼梯是意大利式的，但格调不高，因为夹层太矮了。尽管如此，总还是一所大宅院”。

8 月 16 日，孟德斯鸠离开慕尼黑。他发烧了，“我把这归咎于气候的变化，在意大利我热得要死，在慕尼黑……当我在此地的时候，有几天冷得冻人”。在奥格斯堡，他发现城市“一半是路德教派的，一半是天主教派的，加尔文教在这里是不准许存在的。在富裕市民中，路德教徒多于天主教徒，在穷人中，天主教徒又比路德教徒多。既有天主教教堂，也有新教教堂”。他还饶有兴味地指出，“奥格斯堡是德国和意大利之间的货物集散地”，和威尼斯有大量的贸易往来。孟德斯鸠对于巴伐利亚人的特性极具夸张的看法，带有不少偏见。他写道：“巴伐利亚人比德国人还愚蠢，确实，这些民族反应慢，让他们明白一件事，需要好长时间。不管你让他们干什么，你都会看到，他们要沉思良久才能明白，就好像你给他们出了一道几何题一样，不过他们最后还是明白了你的意思。但是，如果你叫他们干一件事，他们又终于搞明白了，切莫再叫他们干第二件事，因为要搞清这第二件事，必得花更多的时间：他们总在回想着第一件事。”

孟德斯鸠一直因发烧而感到疲惫不堪，是在途中恢复的。他于8月23日离开奥格斯堡，24日住在路易斯堡，他在这座城堡里耽搁了较长的时间，还画了一幅路易斯堡平面图。“到处都是装成大人物的小角色，”这使他吃惊，他指出：“这里最好的东西是大自然造就的，因为在居屋群落的背后，是深深的峡谷，过了峡谷是一座圆形的山丘，上面有一座别墅。”

他于8月26日到达海德堡后，感到吃惊的是：“签订时对君主们有利的威斯特伐利亚条约，如今反过来了，成为对君主们不利的了。这项威斯特伐利亚条约把德意志的天主教摧毁了。”在孟德斯鸠看来，曼海姆是“德国最美的城市之一，而且将成为最强大的城市之一。纵横交叉的七条街道，构成了这座城市，街道宽阔、笔直。有不少漂亮广场，房屋多是建筑精美的两层小楼。此地的地理位置相当好，正是内卡河汇入莱茵河之处。这座城市将成为德国的主要城市之一，若是法国人据有了这座城市，美因茨、斯皮勒、福尔默、海德堡、菲利浦斯堡、特里尔等，都得陷落或受到围困”。孟德斯鸠这是在重温法兰西的君主们一直难圆的以莱茵河为法德天然边界的旧梦。他和耶稣会士的谈话，进一步强化了他对威斯特伐利亚条约性质的看法，即条约是有害的，给天主教带来了损害：“耶稣会士们告诉我，事情进展缓慢，得有无限的耐心才行，说罗马的神父们写信给他们，对于在法尔茨地区还有这么多新教徒感到吃惊。但这些神父又说，如果他们开展工作，他们就将遇到比自己强的对手。确实，选帝侯的意志的执行者都是天主教徒，但他们必须是好教徒才行……他们说，他们可以用钱使很多穷人改宗。他们的得意之作是，他们几乎使所有的士兵都改了宗，士兵们说：‘我改宗，因为这样能讨队长的欢心，而且我觉得那些仪式也挺有意思。’”

然后，孟德斯鸠于8月30日和31日在法兰克福待了两天，9月1日抵达美因茨。由于是乘船过莱茵河去波恩，他情不自禁地觉得“莱茵河岸……迷人，大部分土地都种着价值很高的葡萄，因为莱茵河的葡萄酒在这里是很贵的，相当于（好像是）吉耶纳卖的酒价的两倍”。他只是干巴巴地做了这样一个概括，比起维克多·雨果的浪漫主义热情可是差得远了。事实上，孟德斯鸠特别关心的是这些城市和他所经过的地区的政治机构和经济形势。他的旅行笔记本上，有好几页是用来记述科隆选帝侯的收入及其部队的情况、防御工事的情况。他搜集了不少数字材料，对这些德国王爷的法国政策也有所评论。这些从他会见过的人身上所获得的东西而形成的笔记，把本子占满了，没有留下抒发由美丽景色引起的情怀和记叙城市迷人之处的余地。孟德斯鸠在走马观花地浏览莱茵河畔景色时，冷淡得像个观察家，或者说，他没有流露出感情来，但他对在科隆过的几天还是很重视的。他于 9 月 8 日到达科隆。由法国特使布瓦西厄骑士陪同，他会见了教廷大使卡瓦利厄里和担任特雷齐邦德大主教、科隆议事司铎的德 · 拿骚亲王。他顺路匆匆地看了科隆教堂，那时只有祭坛这一部分刚刚建成。9 日他去了杜塞尔多夫，在那里走马观花地看了“德国同类画廊中最美的画廊……并且……即使在罗马也算得上是很美的”。

孟德斯鸠在蒙斯特只住了一天，这天是 9 月 11 日。他对这个城市的宗教情况特别关注：“那位在蒙斯特自称是再浸礼派教主的裁缝莱德的尸体，还在一个铁笼子里保存着。他曾经把所有善良的人搞得神魂颠倒，让女信徒们相信男女没有区别，把天主教徒和神职人员都赶走了。他的那些教徒们说他们手中有路德写来的一封信，路德表示支持他们造反，并说比起天主教来更赞成他们的宗教。对天主教来说，这一派的过火行为成了一件好事，其结果是天主教徒成了这里的主人以后，把这一派的人统统赶走了。”就这样，自从进入德国以来，孟德斯鸠一直不断地在考察并记下了天主教徒和新教徒之间的关系。

孟德斯鸠于 9 月 12 日到达奥斯纳布吕克，对普鲁士国王进行了激烈批评，批评他穷兵黩武，批评他进行高压统治：“当这位国王的臣民算是倒了霉，财产无保障，人身受折磨。有钱也白搭。法官、商人，都一样得应征入伍。其结果是，很多人离开了这个国家，父亲把孩子送到了别处。”

孟德斯鸠 9 月 24 日到达汉诺威，又见到了“英国绅士沃尔德格雷夫，这时他变成了沃尔德格雷夫伯爵和国务秘书。伯爵是终身的，国务秘书只能当八天。他深得（英国）国王宠爱，国王不停地和他说话，向他做出各种各样的宠爱表示”。他结识了罗伯特·沃波尔的妻兄查尔斯·汤森子爵。

汉诺威选帝侯乔治二世自1727年起成了英国国王。“贪婪，偏狭，讲究有条不紊到了怪癖的程度”，这是安德烈·莫鲁瓦用以描写此人的话。乔治二世任由卡罗琳娜王后左右，而卡罗琳娜是个“聪明女人，有教养，生性淡泊，尤其富有耐性”，但孟德斯鸠却被这位国王的人品所吸引。乔治二世“正因为曾迫使普鲁士国王做了自己不愿做的事而荣耀一时”，他使普鲁士国王“极度地丧失了威信”。国王接待了孟德斯鸠，请他大谈旅途见闻。

9月21日，“国王在汉诺威待腻了，出发去了英国”，而孟德斯鸠则去了布伦瑞克，23日他在那里应邀出席了公爵的晚宴，公爵是个“礼貌周全，和蔼可亲得出奇的人”。孟德斯鸠观察到德国王爷们之间的关系和他们与法国的来往以后，对法国遵循的政治路线感到担忧：“就我而言，我认为和新教王爷们搞联合的这项政策过时了，目前已不是一项好政策。法国现在和将来的死敌只能是新教徒，过去的战争就是证明。我认为，法国现在可以像每次事关抑制奥地利宫廷时就和新教诸王联合那样，和天主教国家的君主搞联合。我认为没有必要回到黎胥留主教的旧道德准则上去，因为这些道德准则已经是不可行的了；德国的新教徒必将永远和英国人及荷兰人串通一气；宗教的联系是久远的；奥地利宫廷不再可能像过去那样充当天主教世界的首领了；现在想要在法国搞掉我们的，是由新教国王领导的英国的入侵。”

孟德斯鸠对国际政治的这些思考，以及他所说的一些关于联合的复杂手法，表明他没有放弃涉足外交界的想法；他于1729年提出的想法没有下文，并未使他泄气，而且后来在英国逗留期间他又做了一次尝试，结果并不比第一次好，但是，孟德斯鸠在评论和批判法兰西君主国传统的外交立场的同时，由于在旅行中了解到德国和意大利那种小国林立、彼此成为对手的状况所造成的形势的多样性和复杂性，此行又使他得以见到自黎胥留时代以来欧洲所发生的变化和他这个时代的现实情况，他也在努力试图发现实行一项新的政策的可能性。孟德斯鸠由沃尔德格雷夫和布伦瑞克公爵的宰相斯坦男爵陪同，去了公爵府，尔后又去了沃尔芬比特尔，他很欣赏那里的建筑和图书馆的藏书："这是一座凸角方形建筑物，中间是一个围成椭圆形的大书架，书架两面都放满了书，四周墙上也是书。图书馆里有一些由现在执政的公爵的祖父亲手书写的对开本书籍……此外还有大量的马扎然图书馆的手稿卷宗。"我们还记得，1728 年 6 月，当孟德斯鸠外出旅行开始时，他曾参观过匈牙利的采矿业。他对这类参观一直抱有兴趣。9 月 28 日他从布伦瑞克出发去参观哈兹矿，根据这次在现场收集的材料写了一篇笔记，对这个矿进行了细致的描述，后来于 1731 年 12 月 2 日在波尔多科学院做介绍。这次参观持续了数日，是在专家们的指引下进行的。参观中，孟德斯鸠对各方面的问题都感兴趣：这座坐落在古老的希尔瓦·瑟马纳森林中的矿山的历史，矿石的成分和品位，采掘条件，矿工们的社会地位，采掘出来的矿石的加工，等等。这次为期数日的参观，在他的笔记中没漏掉任何一个技术细节。

10 月 8 日，孟德斯鸠离开了泽勒费尔德，"走了四天四夜"没出"他的驿站快车"，于 12 日早晨到了乌特勒支。尽管走得很快，他仍然觉得"从本特海姆到乌特勒支的整个地区糟透了"。他指出："从这里看荷兰会得到一个坏印象。"他对政治形势和社会情况也不看好："荷兰人有两类国王，一类是市长，他们分配各种职务……另一类国王是下层民众，是人们所能见到的最蛮横无理的暴君。"居民的贪婪特别令孟德斯鸠感到吃惊："人们告诉我的所有关于荷兰人贪婪、狡诈和骗人伎俩的事，丝毫没有夸张，全然都是事实。自从出了那个臭名昭著的犹大以来，犹太人中间再没有比荷兰人中间的一些人更贪婪的了。由于他们被苛捐杂税压得喘不过气来，他们就必须用各种方法搞钱。这些方法分两种，即贪婪和掠夺。下层民众的人会因为给你搬了一次行李就把你的钱包都要下来。酒店老板，特别是那些小酒店的老板，会跟你要比你实际消费的要高五十倍甚至一百倍的钱，而你还必须照付，因为在法官眼里，外国人就像由他们监护的孤儿，不承认你有正当的权利……居民的心完全被腐蚀了，他们不会给你提供一点点服务，只等着你去花钱买服务。”

孟德斯鸠发现，这种唯利是图有两个根源：“荷兰税多，有些税是可笑的。你的马车停在街上要付钱。什么都得付钱，什么事也都要钱，每走一步，你就会发现一种税。”据他的看法，赋税的繁重，根源在于“荷兰的商业急剧衰退”。

乌特勒支这座“非常漂亮的城市”的林荫道，使孟德斯鸠甚为欣赏，“长长的街道及其两旁的树木，使这条林荫道显得静谧优美。当年路易十四使这条街道免遭破坏”。在这座城市里，孟德斯鸠搜集了有关耶稣会派和詹森派的关系及双方对立所引发的权势斗争的一些资料：“耶稣会派和詹森派在乌特勒支将有一场大战，因为从荷兰被赶出来（我相信是不久之前的事）的耶稣会士，来到了乌特勒支这个天主教派富有而强大的省份。另一边是詹森派，其中的大部分人以乌特勒支的主张教会分立的主教为首领。”孟德斯鸠谴责他们对法国詹森派的态度。自从孟德斯鸠对这类问题发生兴趣以来，一直到他的晚年，尽管对耶稣会不信任，他自始至终不曾对詹森派表示过任何同情，在教义上如此，在对由詹森派的态度所引起的社会生活动荡不安的抨击上也是如此：

> 法国的詹森派和荷兰的詹森派甚至和逃到荷兰的法国詹森派教徒保持着通信联系，并和他们结成一体，是大错特错了，这就让人觉得他们是一个宗派，与他们前去寻找的那个国家里的宗派一样。这就给了教皇以口实，宣布他们为教会分立论者，而这是教皇在法国永远也做不到的事，除非他和整个法兰西民族为敌。由于他们的兄弟在荷兰是教会分立论者，他们会因为这种牵连而在法国也变成教会分立论者……总之，他们绝对不该建造或拥有自己的教堂。因为罗马的政策一直是很妙的，它不断地把它认为的坏种子挑出来，以此成功地抵制了路德和加尔文。如果不这样，罗马想以克制保住一切，非但不能保住，早就把一切丧失掉了。

孟德斯鸠也对荷兰的政治制度和财政制度进行了潜心研究，特别是对三级会议新成员的挑选和全国三级会议的职能进行了研究。对荷兰首相的作用他是这样界定的：“这位首相俨如共和国元首，但并非时时如此，因为在三级会议里，他只是荷兰众议员的首脑。不过，他另外还有两项职务，增加了他的威望和尊严。一个是全国三级会议的副议长……但最使他享有威望的是，他是向三级会议报告一切外交事务的报告人。此外，他的职务是终身的，连续掌握着共和国事务，而七位众议员每年一换。”

孟德斯鸠于 10 月 15 日抵达阿姆斯特丹，第三天就在给斯坦男爵的信里写下了他所得到的良好印象：“我在阿姆斯特丹体会到的是人们看到新鲜美好事物时的那种满足。人们在这里休息，不大会被大型娱乐活动所打断。我每天清晨到港口上去散步，看到整个城市都在工作，眼前是一派美好景色：男人女人和儿童都在扛着或拖着东西走动，当年被朱庇特变成人住到爱琴岛上的，似乎就是这样的一群蚂蚁。”他甚至觉得阿姆斯特丹比威尼斯更令人喜爱，“因为人们有水而又不缺土地”。管理城市的方式吸引了他：“阿姆斯特丹市政府是个贵族政府，这是一个最明智的贵族政府，人民由为数不多的一些人统治，这些人是选出来的，不是世袭的。”不过，孟德斯鸠也发现了那里越轨的情况也很普遍：“这个共和国的不幸在于，腐败情况相当普遍，连官员们都为了得到一笔酬金而和那些包税人串通一气，把捐税很便宜地包给他们。因此，三级会议的代表、市长等，首先想的是捞钱。”他的结论是：“在阿姆斯特丹弥漫着对这些官员的厌恶情绪，认为他们的行为应该受到谴责。这个共和国不经一位执政来一番治理，是振作不起来的。”

孟德斯鸠在阿姆斯特丹会见了当时最著名的新教传教士之一雅克·索兰牧师，会见了波特兰绅士的叔叔纪尧姆·德·邦坦克。特别值得一提的是，他在那里认识了英国大使菲力浦·斯坦厄雷·德·切斯特菲尔德伯爵，是沃尔德格雷夫把他介绍给这位大使的。

1728 年 4 月 5 日开始的这次漫长的欧洲大陆旅行，就这样在阿姆斯特丹结束了。孟德斯鸠此行经过的国家有奥地利、匈牙利、意大利、德国和荷兰。在一年半的时间里，孟德斯鸠考察和研究了这些不同政体的国家——王国、共和国和公国——的政治、财政和社会制度。他肯定将这些国家做过比较，结合它们的历史情况、地理位置和政治上结盟的情况，对他们的强弱以及优势和劣势进行过比较。在罗马、德国和荷兰，孟德斯鸠对宗教问题都很关心，尤其关心詹森派和新教徒的态度在政治上的反响。他的笔记尽管事后做过改动，仍然表明他对纪念性建筑物和艺术作品越来越有兴趣。他曾两次参观矿山，先是在匈牙利，后来是在德国。孟德斯鸠不满足于游山玩水，他进行的是一次严肃的游历，是一次做研究工作和搜集资料工作的游历。1729 年 11 月至 1731 年中，他在英国逗留，这段时间几乎与他这次游历的第一阶段一样长，其间的见闻、角度与在欧洲大陆游历时有所不同，对他在大陆的观察所得做了补充，为他的论著提供了素材。这次的游历所得，对他日后写《罗马盛衰原因论》和《论法的精神》都大有裨益。

1729 年 10 月 31 日，孟德斯鸠离开海牙赴英国："我此次是和切斯特菲尔德绅士同行，他在自己的快艇上给我留了一个位子。"孟德斯鸠在英国旅行的情况，人们知道的不多，因为能把这次旅行情况准确明白说清楚的文字材料很少。如同在意大利和德国时一样，他在英吉利海峡彼岸住的这段时间里也写了日记。1818 年，《英国旅行记》的手稿还在，已经誊清准备出版了，但是就在这时，手稿大概被他的孙子夏尔－路易·孟德斯鸠在伦敦付之一炬，剩下来的只有《旅英笔记》，总共 12 页，这个时期的信件，留传下来的已是凤毛麟角，不足以哪怕是部分地弥补这一缺失。

英国并不是孟德斯鸠为自己规定的旅行目的地。在旅游路线上加上去英国的打算，是他于 1729 年 9 月底在汉诺威写给贝里克的信里首次提到的。当然，去英国的决定是在写这封信之前就做出了的，他在罗马时不就已经在学英文了吗？一般人都认为，他去英国是为了研究英国君主制政府的情况，是为了以个人的亲身经历来丰富他在进行研究工作中和通过阅读所获取到的知识。但是,《旅英笔记》是收入《随想录》和《随笔》中的最具个人色彩的笔记,从中却找不到对这个根本性问题的令人满意的答案。即:孟德斯鸠在伦敦的一年半里究竟干了些什么?

到英国去旅行当时在法国作家中还没有成为一种风气。当然,伏尔泰从 1726 年 4 月至 1729 年春曾在英国居住;另一方面,1685 年南特敕令撤销以后出现的胡格诺派移民潮,对法国人更好地认识英国也起了作用。人们开始把英文著作译成法文,特别是《旁观者》一书,当时成了了解英国人生活必备的书。一些杂志,如《英国图书》或《不列颠图书》已在荷兰创办,宗旨就是让法国了解英吉利海峡彼岸的出版物,在这些刊物上宣传像英国那样实行宗教宽容。

当时越过英吉利海峡还会感到不安全。普莱伏教士就说过,英国人是被“危险的人海”和人陆隔开的。大部分游记作品都是以渡过英吉利海峡遭遇风暴的故事开篇的。伦敦的法式旅馆稀少而又昂贵,我们这位旅行者不得不在其同胞经常往来的莱斯特 · 费尔兹和索霍广场附近的居民家里,论周或论月地租一间带家具的屋子住。为了过得俭省些,他不去饭店或咖啡馆吃饭,而是在住的那个家里包伙。“供膳租屋”,这时已成了伦敦的一种基本制度了。

伦敦这座城市留给人的印象是一座庞大的建筑物群体,里面是熙熙攘攘的人群,其不便之处,令人吃惊。孟德斯鸠的笔记里写着:“没有比伦敦的街道更令人讨厌的了,街道非常不干净,路上的石面保养得不好,几乎走不了四轮马车,若是坐出租马车,你得先写好遗嘱!出租马车高得像个戏台,车夫的位置更高,因为他的座位和车顶层一样高。这些出租马车在坑坑洼洼的地面上跑着,把人摇晃得晕头转向。”

孟德斯鸠于 11 月 3 日到达伦敦。他和那个时候的其他旅行者一样,感到窘迫,不自在,但他的适应能力很快就起了作用,使自己镇定下来,没有去批评那些和他自己的风俗习惯不尽相同的风俗习惯,并形成一套在英国生活的“哲学”:“在伦敦的外国人尤其是法国人的抱怨,是件可悲的事。他们说,在那里找不到朋友,待的时间越长,朋友越少。

并且说，你以礼貌待人，对方却以为你在污辱他……总之，这些人希望英国人生来是和他们一样的。英国人怎么能爱外国人呢？他们彼此之间都不相爱。他们怎么会请我们吃饭呢？他们彼此之间都不请吃饭的，‘但我们到一个国家来是为了受到尊重和喜爱的呀！’这并不是一件必需的事情。因此，必须像他们那样行事，为自己活着，像他们那样，不为别人操心，不爱任何人，也不指望任何人。总之，必须入乡随俗。在法国，我和所有的人交朋友；在英国，我不和任何人交朋友；在意大利，我向所遇到的每个人致意；在德国，我和遇到的每个人一起喝酒。”

孟德斯鸠接触到英国的现实情况之后，把到那时为止仍是从书本上得来的知识加以提炼，变得更为确切了。在写《波斯人信札》时，关于英国政治自由的原因，他的有些提法还是含混不清的。因此，在第 104 封信里，他通过郁斯贝克的口是这样说的：“并非所有的欧洲人都同样地屈服于他们的国王，例如，脾气急躁的英国人就不怎么给他们的国王以时间去强化他的权力，他们并不认为屈服与顺从是什么值得炫耀的美德，在这方面，他们说的一些东西是出语惊人的。”在第 136 封信里，黎伽在参观“伊斯兰教苦行僧修道院里的一座大图书馆”即圣－维克多图书馆时，是用这样的话来评价英国历史学家的：“这里就是英国的史学家们，从他们这里可以看出，自由在不断地从纷争与叛乱的火焰中冒出。在不可动摇的王位上，国王坐得并不安稳。一个性情急躁即使在愤怒时仍然是聪明睿智的民族，称霸海洋（这是到那时为止仍不可索解的奇事）”并“把商业和帝国的发展结合起来”。

孟德斯鸠在拉布莱德图书室里藏有二十多部关于英国的著作。他读过拉尔夫·卡德沃思的作品，读过爱德华·德·克拉伦东伯爵翻译的《英国内战与叛乱史》。我们还记得，孟德斯鸠在意大利时曾学过英文，以提高他年轻时从马奥尼的《英语入门》中所学到的知识。《英语入门》在波尔多曾多次再版。

孟德斯鸠在去英国旅行以前的那些年里，曾和贝里克以及逃亡法国的詹姆斯二世党人的圈子建立了友谊。他认识英国驻巴黎大使馆的秘书鲁滨逊，在中二楼俱乐部见过霍拉斯·沃波尔，1724 年在拉布莱德留博林布鲁克住过半年，接待过爱尔兰人迈克尔·克兰西，在这同一年里还支持过亨利·萨利的科学实验。特别值得一提的是，孟德斯鸠于1728年结识了沃尔德格雷夫，又在不久之前结识了英国驻海牙大使切斯特菲尔德勋爵，这二人把他引荐给了英国宫廷，介绍给了伦敦政界。

1727年夏季，乔治二世继承了他父亲乔治一世的王位。在卡罗琳娜·安斯波王后的支持下，罗伯特·沃波尔留任首相。此人性情粗暴、无礼，公开地嘲笑一切原则、道德、荣誉和宗教。孟德斯鸠对乔治二世的品格未抱任何幻想："我把英国国王看成这样一个人：他有一个美丽的妻子，有成百的仆从，有华丽的服饰与车马，有美味佳肴；人们以为他很幸福。这些都是表面上的。当人们走了以后，大门一关，他就得和他妻子吵架，和仆人们发脾气，骂他的管家，这时他就不那么幸福了。"孟德斯鸠是1730年10月5日在肯辛顿城堡里被引荐给国王、王后和威尔士亲王的。王后和他谈到了他的这次旅行，谈到了英国戏剧。王后早已表示想认识《波斯人信札》的作者，并和他谈论科学、文学和政治方面的问题。作为一个善于奉承的人，孟德斯鸠知道如何讨好王后，因为"在那样的场合"，他的才智能使他应付自如，就好像他为此下过功夫一样。有一件小插曲证明了这点[50]：

> 散步的时候，英国王后对我说："英国的国王们能永远做好事而不做坏事，我真要感谢上帝！"我说："夫人，为了使所有的国王都像您这样想，是不会有哪个男人把手臂伸出来请您挽的。"过了一段时间以后，有一次我在里奇蒙公爵府上吃晚饭。一个普通的内廷侍从叫拉博默的，虽然当上了法国驻荷兰的特使，仍是个自命不凡的花花公子，这天他在晚饭桌上说，英国不比吉耶纳更大。在座的英国人听了很恼火。我不管特使不特使，也像别的人一样驳斥这种说法。当晚，王后对我说："我知道您反对拉博默先生而为我们作了辩护。"我说："夫人，我永远也不能想象，一个由您统治的国家竟然会不是一个大国。"

当孟德斯鸠对王后说下面这一席话的时候，他对卡罗琳娜王后的赞赏显得很真诚："您的伟大思想在欧洲已尽人皆知，似乎已经没有可能对之再加颂扬了。您和所有的臣民交谈而丝毫不失身份、不乱等级，是因为您有罕见的才能和迷人的魅力。您统治着众多的民众，上天让您统治这么多的王国，却没有把您在家庭里享有的幸福赐给您的任何一个臣民。"

孟德斯鸠和弗里德里克·威尔士亲王有联系，相互信任。亲王甚至请孟德斯鸠把最好的法国歌曲编成了一个集子。由夏克尔顿[51]在温莎皇家图书馆里发现的这份手稿的前言里，孟德斯鸠叙述了编纂这本歌曲集的背景情况：

> 我叫人编了这个集子。但当我看到，正直的法国人和那些最值得敬仰的东西都被搞成了滑稽可笑的，我就感觉到，从这个角度叫人了解法国是错误的，已经和我的初衷相去十万八千里。我没有勇气把这个集子送出去，于是把它留下，放在我的图书馆里。传播这样的东西应该小心谨慎。当然，这个集子表达的是法国人的欢乐和法国人独具的个性，别的国家的人是无法领悟的，因此也无须十分严格、认真。在别处认为有伤风化甚至触犯宗教的东西，对我们的民族说来只应看作是讨人喜欢的狂热。唱歌的乐趣在于排解不幸与忧伤。法国人保留着饭桌上的自由，不承认在这方面限制其欢乐的清规戒律。

孟德斯鸠到伦敦的时候，英国正由于军事上的成功和它所进行的审慎的革命而在欧洲享有很大的威望。英国思想家们的才华吸引着别的国家的人去研究英国的思想和制度。辉格党人的哲学家约翰·洛克成了欧洲哲学家的大师：他针对斯图亚特的君权神授说，提出了他称之为天赋权利的主张。他指出，在自然状态下，人这个有理性的生物是尊重道德法则的。这样，洛克就和霍布斯（1588—1679）形成了对立。在《论公民》和《利维坦》中，霍布斯提出了绝对王权主义的理论；他认为人性本恶，需要一个强有力的国家来管理，认为把国王及其臣民联系在一起的契约，是由臣民们的弱点招致的。孟德斯鸠完全不同意霍布斯的观点，曾多次予以批驳，所以在他旅英回来以后写成的《随想录》第224条中指出："霍布斯这个原则是荒谬的。照他的说法，由于人民授权给国王，国王的行动就是人民的行动，其结果是，人民不能抱怨国王，也不能对国王的行动有任何责问之处，因为人民不能抱怨人民自己……"

在分成辉格党和托利党的英国社会，孟德斯鸠在两个党里都有些关系。在辉格党里，除沃尔德格雷夫之外，他还和切斯特菲尔德伯爵有来往，曾听说切斯特菲尔德曾这样评论过沃波尔首相："切斯特菲尔德先生把沃波尔先生的政府拿来和英国建筑承包商的做法进行比较，承包商担保在预定的日子里盖好房子，但至今仍未完工。"[52]孟德斯鸠和罗伯特·沃波尔的妻兄汤森勋爵、约翰·赫维勋爵夫妇也有联系。赫维勋爵夫人玛丽·利佩以风韵和才华闻名于世，受到过波普、格雷、切斯特菲尔德和伏尔泰等人的赞美。

孟德斯鸠与之来往的主要是托利党人或辉格党人中的异端分子，来往最多的是格兰维尔伯爵约翰·卡特莱和巴斯伯爵威廉·普尔特尼，这两个人在1749年是依据《论法的精神》"区分立法权和司法权"的。但是，孟德斯鸠与之建立了牢固的、互相信任的友谊的，则是里奇蒙公爵和蒙塔古公爵；1742年11月10日，孟德斯鸠在给马丁·福克斯的信里写道："追随他们的那段时光是我一生中最幸福的时刻。"里奇蒙公爵于1728年被接纳为科学院名誉院士，他的祖母是朴次茅斯公爵夫人路易丝－勒南·德·柏南科斯·德·凯鲁瓦尔。

靠着这些关系，孟德斯鸠参加了议会上下两院的会议。1729年3月《塞维利亚条约》签字以后，反对派谴责沃波尔，说他为了和法国与西班牙靠拢而抛弃了奥地利。1730年1月28日，孟德斯鸠去了下院，那里正就在和平时期维持一支常备军的问题进行辩论。沃波尔的对手斯基彭言辞激烈，使孟德斯鸠感到吃惊：他"在下院谈论国家军队问题。他说，只有暴君和篡权的人才需要用军队支持自己，因此，这样的办法是陛下的无可争辩的权利所不取的。听到暴君和篡权者这样的词，整个下院都感到惊讶，他又重复了一遍。接着他又说，他不喜欢汉诺威的行为准则……话说得过于激烈，下院议员们害怕辩论下去，于是所有的人都喊着要求表决，以中止辩论”。《议会史》证实了孟德斯鸠在《旅行笔记》中记载的这些话准确无误。

为了反腐败，反对党提出了一项“年金议案”，此案引起的讨论，孟德斯鸠也非常关注该项议案建议禁止领取临时津贴或终身津贴者以及为王室供职的人进入议会，另外，要求下院的每位议员个别宣誓确认自己是独立于王室的。从这次漫长的、对一个外国人来说肯定是相当含混的辩论中，孟德斯鸠得出了这个结论：“在最后的一次会议上，汤森勋爵说：为什么我们总要反对这项议案而犯众怒呢？必须修改这项法案，加重处罚，迫使下院自己放弃这项议案。结果，上院依据这个好主意，将对受贿者和行贿人的处罚从 10 镑提高到 500 镑，并规定由普通法官而不是下院去评判选举情况，遵循每个议院都遵循的最后一个成例。但是，可能是下院发觉了这一诡计，或是想要利用这个诡计，竟也通过了这项议案，而朝廷也被迫通过了……这项议案真是神奇，因为它是违背下院、上院和国王的意志而通过的。”

对孟德斯鸠来说，最有意思的辩论大概是关于是否重修敦刻尔克防御工事的辩论，那里的防御工事被该城的居民毁掉了。他写道：“我从来没有见到过这么大的火气。会议从下午一时开始，直开到凌晨三时。法国人在这次会上遭责骂；我注意到了，这两个民族之间的相互猜忌可怕到了何种程度……”

这件事是博林布鲁克挑起的，从中也可以看出英国的政治报刊对公众舆论的影响。亨利 · 圣 - 约翰 · 德 · 博林布鲁克子爵在乔治一世登基以后被免了职，逃亡法国，在法国一直住到 1723 年。孟德斯鸠似乎于 1722 年见过此人，但不怎么赏识他：“我认识了博林布鲁克先生，但我把他认错了，那时我不想跟他学伦理学。”[53]孟德斯鸠在 1754 年 5 月写给华尔柏顿的一封信里，回忆起他和博林布鲁克之间令人不快的关系：“我确实不曾有幸得到这位著名勋爵的青睐，因为我们认识三十年了，一直处得不好，关系在恶化，而我们都毫无办法，在不知不觉之间，我们永远地分手了。从那以后，我很少提起他，至于他如何谈论我，我毫不在意，因为他一直不断地在树敌，而他生活上的幸福是远远超出他那伟大的才能之上的。”孟德斯鸠的评价是确切的。事实上，博林布鲁克天赋很高，是个杰出的人物，却没有很好发挥出来，原因是他不守规矩，缺乏逻辑，他立场暧昧，作为摆脱宗教束缚的自由思想家，却成了高级教会党的首领，去支持詹姆斯二世党人，这都是和他的政治思想体系不一致的。然而，他扮演了一流的角色；为了反对沃波尔，他做了许多许诺，这使他成了名噪一时的思想家，通过他的《工匠》杂志发挥自己的影响。

这份期刊是当时发行量最大的刊物之一。孟德斯鸠旅居伦敦期间，似乎每期都看过，因为在《随笔》中有九处提到《工匠》杂志。他清楚这份刊物的影响和出版者的谨慎：“印刷之前请三名律师出主意，看看在法律上有无不妥之处。”英国的出版自由，在孟德斯鸠看来有些过分。1729 年 12 月 21 日他写信给切拉蒂神父：“正如您所知道的那样，这里每天都发表各种各样的文章，不受约束，什么都写。两三个礼拜以前（在 1729 年 11 月 15 日那一期的《阿普尔比》周报上）就有这样一篇文章，让我非常生气。这篇文章说，罗昂主教叫人从德国小心翼翼地为自己的教区运来一部机器，奇巧无比，可以用来掷骰子，把骰子混在一起，再让它们转动，不管怎么做都不会在骰子上留下玩家的手印，而在过去，玩家会根据需要，使用一种骗人的手法搓骰子或加速骰子的转动，这就使得一些原本只是为了锻炼智力的东西成了骗局。我得向您承认，只有异端分子或是詹森派，才会开这种无聊的玩笑。”

詹姆斯二世党人的朋友，流亡的新教徒，以及抱着学习目的而来的一些文人和科学家，这些思想观点对立的法国人在伦敦构成了一个小圈子。和所有的移民一样，这个圈子也摆脱不掉施展阴谋诡计的需要。孟德斯鸠见了这个圈子里的几个文人。在卡罗琳娜王后左右的人里，孟德斯鸠认识了拉罗舍尔人让－代奥菲尔·戴萨里埃，他是牛顿哲学的阐释者，爱好科学实验。后来，波尔多科学院于 1742 年给他的论文《论物体的电流》授了奖，并接受他为通讯院士。孟德斯鸠会见的人里还有

皮埃尔 · 戴麦佐，他是皮埃尔 · 培尔的挚友，《历史与批评辞典》的英译者；皮埃尔 · 科斯特，一个来自于泽斯的流亡新教徒，洛克、谢夫特伯里和牛顿作品的翻译者，蒙田作品的出版人。孟德斯鸠对他的评价带有讥刺意味："科斯特先生（我是一边笑着一边说的）认为自己造就了蒙田，当人们当面赞扬他时，他就脸红。"[54]孟德斯鸠在伦敦又见到了人称圣风信子的依阿森特 · 科尔多尼埃 · 伯莱尔，他在 1723 年定居伦敦之前，曾是中二楼俱乐部和德 · 朗贝尔夫人沙龙里的常客。他因为和伏尔泰打过一场轰动一时的笔墨官司出了名，但此刻还是记者，在纸笔中讨生活，并一如既往地总是在金钱上捉襟见肘。孟德斯鸠在伦敦还碰见了理查德 · 格洛弗尔，其后又在德 · 唐森夫人府上见了他一面。格洛弗尔到了 1734 年成了《罗马盛衰原因论》一书的热情支持者。

孟德斯鸠慷慨的天性和乐于助人的精神在萨莱小姐身上找到了用武之地。萨莱小姐是巴黎歌剧院的舞蹈演员，被"团体逐出"以后，于 1730 年 11 月流亡英国。丰特奈尔请孟德斯鸠把萨莱小姐引荐给卡罗琳娜王后："如果王后想找一个人教她的几个公主女儿跳舞，而这个人又能使公主们的举止和她们的出身相称，同时，其本人的行为也配得上这一光荣职责，那么，命运女神把萨莱小姐派到她这里来，王后真会感到幸何如之了。最后，我要请求您在任何情况下都给她以保护，或者，不如我只求您看顾她一点儿，剩下的就不用管了。"孟德斯鸠对丰特奈尔的要求没有置若罔闻，他于 1731 年 3 月 23 日在林肯堂为萨莱小姐举办了一场演出，并写信给玛丽 · 沃尔德 · 蒙塔古夫人，请她和她的朋友们支持这位年轻的舞蹈家。

孟德斯鸠和英国宫廷的关系，以及他和反对派政治家及法国流亡者的来往，引起了法国驻伦敦大使布罗伊伯爵的注意，他对孟德斯鸠延长其在英国的逗留时间、他所进行的活动和发表的言论感到不安。在 10 月 31 日写给外交部的信里，这位大使道出了他的疑虑与不安：

> 先生，我迟至今日才将孟德斯鸠庭长的言行向您汇报，是因为我原以为他在英国不会待得太久，随时可能返回法国。另外，我也

> 不爱说任何人的坏话，但是，由于他来了虽然已经一年有余而仍不提回国的事，我想我就有责任将此事向你报告了。由于人们把他看作《波斯人信札》一书的作者，一些人，甚至英国王后，很容易就认识了他。他很活跃，毫不腼腆。他和人最初的一些谈话总是围绕着《波斯人信札》，但王后发现他愿意无所不谈，于是就于不知不觉之间把话题引到法国宫廷和政府上面来。根据亲耳听过英国女王说及此事者的报告，我有理由认为，孟德斯鸠在这两方面说得过头了，远远超过了他应该说的界限。他把两者进行比较，用夸张的口吻赞扬英国政府，指责我们的政府。我发觉就是在我这里，他也说得太多，说一些他本不该说的事情，所以我曾和他单独谈过话，以朋友的身份告诉他，在英国，成功之道在于多听少说；英国人最爱先叫人开口说话，然后再来据此取笑人；并告诉他，自从我来英国以后，我已经看到几例这类情况了。但是，或者他认为我这不是在提醒他，或者他没有注意，反正我的话对他没起作用。这是个十分活跃的人，说得多，知道得也多。我觉得他很有才华，用他家乡的话来说，长着一个“烟灰”脑袋。尽管他可能并无歹意，但却说了太多的以不说为佳的事……

我们不知道肖夫兰对这些告发孟德斯鸠轻率的话反应如何。不过，外交部对孟德斯鸠提出的那项要求不予回复，大概与布罗伊伯爵的这封信不无关系。如同 1728 年他在维也纳逗留期间所做的一样，1730 年 2 月 23 日，孟德斯鸠向外交部提出，要求在使馆里“给个体面的位子”。对这次的失败，他在很长一段时间里耿耿于怀，事实上，事过几年之后他还在《随想录》[55]里写下了下面这段话：“旅行回来以后没有要求在外交事务方面谋个职位，我总觉得后悔。可以肯定，像我那样去思考问题，我能够与贝里尔那个疯子的计划作一番较量，因此我也就能像一个公民那样，最大限度地为自己的祖国效力。”

虽然在信里不曾提及，这两件事却使法国大使不得不对孟德斯鸠的思想感到担心：1730 年 2 月，孟德斯鸠被选入王家学会，同年 5 月他加入共济会。

伦敦促进自然科学王家学会成立于17世纪中叶，发起者是一些对所有科学特别是新哲学或实验哲学感兴趣的有识之士[56]。物理学与数学研究的深化和科学实验，把一些有才学的人引向了哲学、政治及宗教方面的一些新生事物，动摇了原有的控制，导致对一切强加的权威的敌视，导致反对传统信仰的斗争，并且照保罗·阿扎尔的说法，引出了纯粹的人的道德观并导致宽容的降临。不久之前改革过的共济会纲领上就是这么说的。实际上，在伦敦共济会总部于1717年创立之初，王家学会的成员对共济会甚感兴趣，但从1730年起，组成支部的共济会员在不断减少，而会员总数却在有规律地增加着。让－代奥菲尔·戴萨里埃牧师于1719年被选为共济会的第三号人物，在他的影响下，思辨共济会诞生了。逐渐地，思辨共济会形成了一个思想团体，一个精神团体，一个被置于造物主保护之下的合作团体，成了一个和专制与蛊惑宣传保持同等距离的理想政府的启示者。

王家学会和英国共济会信奉的这些宽容思想，必然吸引孟德斯鸠。1730年2月12日，出身于塞文山脉一个新教徒家庭的乔治－路易·泰西尔博士，推荐孟德斯鸠为王家学会会员。许多人支持这项提名，其中有《波斯人信札》作者的英国朋友王家学会会员里奇蒙公爵，和蒙塔古公爵、庞布罗克勋爵、卡罗琳娜王后的医生及未来的波尔多科学院院士亚历山大·斯图亚特，以及数学家马丁·福克斯。关于马丁·福克斯，孟德斯鸠曾说过这样的话："如果有人问我，他在心地和智慧方面有什么缺陷，我将难于回答。"[57]3月1日，孟德斯鸠写信给切拉蒂神父："三天以前，我被伦敦王家学会接受为会员。学会谈论了托马斯·德尔汉姆给他弟弟的一封信。这封信要求学会对比昂基尼的天文学发现发表意见。"回到法国以后，孟德斯鸠保持着和王家学会成员的联系，特别是和马丁·福克斯的联系。

1730年3月16日，《不列颠日报》发表了孟德斯鸠加入共济会的消息："本报讯。星期二晚在西敏斯特区霍恩·塔弗恩举行的支部会上，下列外国贵族被接纳为古老而又令人尊敬的共济会的会员：夏尔－路易·德·孟德斯鸠庭长，弗朗西斯·萨德伯爵……出席会议的有：会长德·诺福克公爵，副会长纳萨尼尔·布莱克比，以及会内其他高级人士，如支部长德·里奇蒙公爵，德·伯蒙侯爵，莫登特勋爵，德·凯斯内侯爵，以及另外一些知名人士。”[58]这表明在人际关系和政治、社会及宗教组织方面，孟德斯鸠的思想在朝着“更开明的”方向演变。

但是，我们还可以审视一下孟德斯鸠对英国所做的那些评论。他从他所进行的各种接触中所得的印象是什么呢？他何以会对一些在很多方面与他所习惯了的习俗不同的风俗习惯加以推崇呢？对外国的适应能力，为他了解一个到那时为止仍被当作法国宿敌的民族，提供了方便。还在1727年，他就已经在《随想录》[59]里写道：“现在存在着的以奥地利和西班牙为一方，以英国为另一方的相互之间的猜忌，可能变得对法国有利……”稍后他又陈述了这一政治上十分浅显的道理：“对法国来说，一个重要的准则就是迫使英国保持一支地面部队。这会让英国花掉一大笔钱，而英国一向不信任地面部队的作用，这又会让它感到进退两难，并且，由于有地面部队的开销，必得减少海军军费。”[60]因此，孟德斯鸠指出：“海上霸权总给握有这一霸权的民族以自然的骄傲感，因为他们感到能够在任何地方凌辱他人。他们认为自己的力量大得像海洋一样无边无际。”[61]

法国、英国和西班牙之间于1729年11月，9日签订的《塞维利亚条约》，至少暂时地结束了在海上和陆上进行的旷日持久的战争，并以其基本条款确认了《乌特勒支条约》。孟德斯鸠认为英国是安定的：“风浪吹打着英国这只船，但不是要使它沉没，而是把它送入港湾。”[62]不过，迷漫于这个国家的自由空气，也令他感到吃惊：“在伦敦，自由、平等。伦敦的自由是正直人士的自由，这一点和威尼斯的自由不同；威尼斯的自由是暗中和妓女鬼混的自由，是娶妓为妻的自由；伦敦的平等也是正直人士的平等，在这一点上和荷兰的自由有别，荷兰的自由是下等人的自由。”同样地，他还违反常情地指出：“在英国，一个被起诉的人，一个第二天就将被绞死的人，也比欧洲其他国家的任何一位公民更自由。”[63]

在他看来，“包括所有共和国在内，英国现在是世界上最自由的国家。我说它自由，是因为英国国王无权对任何人进行能够想象得到的伤害，原因是国王的权力受一项文件（《议会法》）的限制和监督。不过，若是下院变成了一国之主，它的权力就可能是无限的、危险的，因为它可能同时拥有行政权，而不是像现在这样，无限的权力在国王和议会手里，而行政权在国王手里，国王的权力受到限制。因此，每一个善良的英国人都应设法保卫这个自由。既反对国王的侵害，也反对下院的侵害。”因此，对英国政府机构运作情况进行考察的结果，使孟德斯鸠认为必须在行政权和立法权之间保持平衡。为此，他初步确定了一项原则，这是后来在《论法的精神》一书里谈到的那些最重要的原则之一。

但是，孟德斯鸠对这些机构的脆弱性又很担心：“英国人已经不配再享受他们的自由了，他们把自由卖给了国王；如果国王把自由还给他们，他们还会把这个自由再次卖掉。”孟德斯鸠认为，“让英国保有国王，这是法国利益之所在，因为一个共和制的国家将是更致命的：共和制的英国在行动的时候可以动用一切力量，而保持着一个国王的英国，在行动的时候，力量是分散的，但是，事情不可能长久这样下去。”另外，孟德斯鸠对英国所做的评论是特别严厉的：“我从未见过一个民族像这个民族那样不敏于思索。这个民族还不如牲口，甚至不知道什么对它好，什么对它不好。”

新闻是自由的，报纸的发行遍及社会各个阶层，“一个盖屋顶的工人也让人送一份《伦敦官报》给他，在房顶上看”，这种情况有助于权力的平衡。孟德斯鸠在英国预感到了这种由报纸造成的“第四种权力”的重要性：“在英国，由于看到报纸上这种无节制的言论自由，你最初会以为老百姓要造反。其实英国也不过和别处一样，老百姓对大臣们也是不满的，只不过英国人把别处的人只是想想的事写了出来。”关于言论自由，孟德斯鸠还说过这样的话：“做决定的国王是强有力的，进行争辩的国王总是力不从心。”[64]

孟德斯鸠对英国的看法有好有坏，总起来说，是不太好的。有很多习俗令他反感：“对英国人来说，必须有好的吃喝，必须有女人，有好日子过，由于英国人交游不广，而除此以外又不想别的事，一旦其财产受了损失，不能再拥有这一切，他就自杀或去当窃贼。”总之，对孟德斯鸠来说：“英国这个民族举止不文雅，甚至没有属于自己的特有的风俗习惯。他们有的，充其量只是对宗教的有教养的尊重。英国人注重法律到了不可思议的程度，这些法律倒是他们所特有的。当这些法律与气候相抵触或于气候有利的时候，就会产生无穷的力量。”

所以，孟德斯鸠在英国得到的印象不是很好，而他对英国政治体制的赞赏，也并不像人们想的那样无保留。他很好地抓住了这种政治体制与英国民众的性格和传统相关联的特征，他很清楚，在政治理论及其日常的个别实践两者之间，存在着差距。但是，他积累起来的观察所得，他和那些最知名的政治家们的谈话与会见以及他所读的书，日后不是不起作用的。到 1731 年春孟德斯鸠行将离开伦敦时，经过这次漫长的欧洲大陆与英国之行，他搜集到了被访各国一些有关政治体制和风俗习惯的珍贵资料；在其后的若干年里，他把这些资料加以对照比较，经过读书与思考，使这些资料变得成熟起来，变成他所掌握的素材，使他终于得以在 1734 年发表了《罗马盛衰原因论》，1748 年发表了《论法的精神》。时至 1734 年春，在远走他乡四年之后，对孟德斯鸠来说，到了重返法国的时候了，他得去照料他的家庭和产业，得重新拾起他不在期间已变得疏远了的巴黎那些旧关系，得开始工作以便写出从现在起已在酝酿之中的几本书，虽然这些著作的构思还没有完成。

第五章　从《罗马盛衰原因论》到《论法的精神》（1731—1748）

在标志着孟德斯鸠一生的那些模模糊糊的情节里，最不可解的是他在国外的四年里似乎和家里音讯全无。很难相信，孟德斯鸠在这么长的时间里和妻子没有任何信件往来，没有得到妻儿的任何消息，也很难相信他妻子没有把他们的家庭事务进展情况告诉他。但是，在他外出旅行这几年里，两夫妇间可能写过的信却一封也没有留下。由此得出结论，说他们之间没有信件往来，证明彼此的关系已完全破裂，那是不可靠的，而这样一种态度也与孟德斯鸠对待家里人的行为准则不符，虽然他承认经常摆脱“一些细枝末节”的小事。家庭成员的健康状况，孩子们的教育，财产的管理，这些又不能被看成“细枝末节”[1]的小事。人们有时候会产生这么一种想法，有一只神秘的手，孟德斯鸠本人的、他左右的人或直接继承人的手，心甘情愿地把他的一部分书信毁掉了，就这样存心把本已变得难于理清的一团错综复杂的事情的线头搞得更乱了，因而留下一片空白。如果各个人凭着自己的想法去思考，就会对这片空白做出各种各样大胆的假设。不过，也可以这样理解，出于不好意思和谨慎的考虑，孟德斯鸠及其直系后裔有意为这段不甚为人所知的家庭生活保守秘密。如果信件真的被毁掉了，我们只能表示惋惜。不过，勒内·波莫最近出版了68封未曾发表过的信件[2]，此事不正预示着还可能有新的发现吗？因此，最好不要做毫无根据的假设，而以已知的文件为限。这些文件远不是冒失的、不谨慎的假设，能让我们至少部分地搞清楚某些模糊的情况，同时也尊重了孟德斯鸠作某些保留的愿望。

孟德斯鸠离开伦敦的确切日期，以及他返回波尔多行经的路线，皆不得而知。我们只知道他曾在巴黎稍事停留，并在那里出席了法兰西学士院的一次会议。1731 年 5 月，孟德斯鸠回到了拉布莱德，重新见到了妻子和儿女。这似乎是他第一次见到他那个于 1727 年 2 月 23 日出生的小女儿戴妮丝。孟德斯鸠很快就情不自禁地爱上了这个 4 岁的小女孩。对孩子来说，他一直是个不在家的陌生人。他把全部的爱给了这个女儿，戴妮丝很快就成了他疼爱的掌上明珠，这不仅仅因为她是家里最小的孩子，而主要是因为父女俩性格上能够和谐相处。戴妮丝很快就得到了这位长久地远离她的父亲的欢心。

孟德斯鸠从此就细心地注意起了孩子们的学习和培养，并着手为他们的生活安排做准备。他出发去旅行时，曾把长子让－巴蒂斯特的教育一事委托给自己的秘书杜瓦尔神父照管；让－巴蒂斯特在巴黎耶稣会办的路易大王学校读书。杜瓦尔神父定期向德·孟德斯鸠夫人报告自己这个学生的情况。他也关心着这个孩子的思想状况："夫人，我再次请求您，给他寄钱要让我知道；在巴黎，年轻人手里有了钱是什么坏事都能招惹的。"[3]

孟德斯鸠在《随想录》里记着这样的行为准则："对待我的孩子，我一直像对待我的朋友一样。"这些想法并没有妨碍他密切注视儿子的行为，以及他对儿子与女性来往感到的担心。孟德斯鸠以好玩的心态察看着 18 岁的让－巴蒂斯特对德·唐森夫人的追求。1734 年 12 月 24 日德·唐森夫人在写给孟德斯鸠的信里说："我见过几次这个小男孩。他给我写了很多，但不敢当面对我说这么多。但他总要设法暗示一下他对我的感情，因为他把我当成一个女人。若是您在这一点上取笑他，我会拧断您的脖子的。"让－巴蒂斯特结识了一些人，令父亲感到不满，以至于父亲在 1737 年 4 月 18 日以不寻常的口吻给他写了这样的话："我请求你，不要去打扰那些女人！"

尽管这个年轻人的行为有些出格，孟德斯鸠仍注视着他在学业上的进步。让－巴蒂斯特很早就表现出了对自然科学的明显兴趣。孟德斯鸠打算于1739年去英国，1738年8月19日为此给马丁·福克斯写了一封信，说："我希望明年去看望您；我打算带着我的儿子去，他是学自然科学的，在这方面还有些进展。"在让－巴蒂斯特于1750年发表的《对物理和自然史的观察》一书中，编进了相当数量的论文和实验报告，其中有些是1742—1745年间写成的。他的父亲很赏识这些作品，在1746年7月12日给德·维旺骑士的信里写道："我那个当了博士的儿子……卓越地掌握了三段论法；三段论法是一支三角营队，能够很容易地穿透和突入，不过，要是有好的大炮，轰破三角形的各个角是易如反掌的事。"早在1734年11月14日，波尔多科学院就已经承认了让－巴蒂斯特的成就，选他做了常驻院士。

但孟德斯鸠此刻还在为儿子的安置问题而操心。1726年出卖高等法院庭长职位的条款保留了为儿子赎回这个职位的可能性。1737年1月30日，让－巴蒂斯特被安排为高等法院的推事，毫无疑问，此举与其说是让－巴蒂斯特本人的爱好，毋宁说是为了满足父亲的愿望。事实上，安东尼·加斯克1739年曾代表达尔贝萨院长向孟德斯鸠提出过建议，给他儿子搞一个庭长职位。孟德斯鸠对这项建议未置可否，而到1748年他最终卖掉了自己的职位，让－巴蒂斯特也没有明显地表示过对法院职位有任何兴趣，他希望继续从事自然科学方面的工作。

然而，孟德斯鸠却不止一次努力吸收儿子参加自己的活动。因此，1737年5月8日让－巴蒂斯特参加了波尔多科学院的一个代表团，晋见波利尼亚克红衣主教，敦请他担任波尔多科学院的保护人。更重要的是，孟德斯鸠想为儿子结一门门当户对的亲事，让他娶了玛丽－卡特里娜·德·蒙。她当时18岁，是波尔多市一名市政官吏弗朗索瓦－安尼亚－约瑟夫·德·蒙和特莱丝·默努瓦尔之女。根据1740年8月24日签订的婚约，孟德斯鸠和他的妻子要给自己的儿子建立一笔30万利弗尔的迎娶财产，这笔财产只有在父母去世以后让－巴蒂斯特才能动用，但答应每年给他一笔6000利弗尔的年金。女方父母也给30万利弗尔的嫁资，条件和男方父母的一样，只是每年给的为2万利弗尔。婚礼于8月30日在波尔多圣－克里斯托利教堂举行，主持婚礼的圣－瑟兰长老是孟德斯鸠的兄弟。

两年以前，孟德斯鸠的长女玛丽在拉布莱德家中的小教堂里举行婚礼，嫁给了樊尚·德·基夏尔内，他是达马让的一个庄园主、埃德宫里的荣誉骑士。不幸的是，人们对她与父亲的关系几乎一无所知。

孟德斯鸠和1727年出生的小女儿戴妮丝的关系，人们知道得比较多些。在接受初级教育前，她一直在拉布莱德和克莱拉克过着简朴的生活。接着，父母和她分开的时刻到了，他们不得不把她的训练和教育托付给修女们。根据孟德斯鸠写的一封短信，人们在很长的一段时间里一直以为戴妮丝是在波尔－圣－玛丽附近的帕拉维修道院里长大的，那里的修女们一字一句地教她给父亲写信。这种令人恼火的习惯可能招致了孟德斯鸠这样的反驳："你自己写吧，我亲爱的女儿，比起那些修女能够提供的连珠妙语，我更喜欢你那些笨拙的话语。"这封短信没能寄给他在帕拉维的女儿，因为1741年戴妮丝已经是地处孔栋门的普鲁扬多明我派修女修道院的寄宿生了。这座修道院毁于1659年，重建以后，自17世纪中叶起就成了高等法院和乡村贵族家庭女子光顾的教育机构。孟德斯鸠把女儿托付给普鲁扬的修女们，合乎本地的流行做法，但在1740年前后，孟德斯鸠住在巴黎的时间多于在拉布莱德或波尔多，他不在本地使他很难细心地关照女儿的教育。于是他决定让女儿进巴黎的寄宿学校。1742年11月4日，孟德斯鸠给女儿写了一封信，令人不解地竭力劝说这个14岁的少女接受他的决定。信里说："亲爱的女儿，我派人去接你，我知道，离开德·普鲁扬夫人和德·库德纳斯小姐，你会很难过，但你必须服从对你提出要求的父亲。我想让你进巴黎的修道院，我这样做只是想让你受到最好的教育，起码不让你在受教育方面缺少任何帮助。"

孟德斯鸠让小女儿进的邦－瑟库尔修道院女子寄宿学校，属于本笃会派。这所修道院隶属苏瓦松圣母修道院，始建于1648年，位于圣－安托万区的夏罗纳大街。1743年时的院长是让娜－弗朗索瓦兹·德·尚邦·达尔布维尔嬷嬷，属下有15名修女。

孟德斯鸠的财务状况一直不佳；在财力困难面前，他想过让戴妮丝加入本笃教派，这不会令人感到惊奇，但他很快就放弃了这个权宜之计，这种办法在当时是一些家庭为了安置子弟常常使用的。1743 年 9 月 25 日，孟德斯鸠给戴妮丝写了一封信，说："我非常赞成卡普龙先生给你看牙；但不要让裁缝去乔弗里夫人那里，你只请他把账单写好，然后你把账单寄给我就行；同时，舞蹈教师和歌唱教师的账也由我来付，因为自从我打赢官司以来，你就不再有当修女的危险了……"过了几个月以后，孟德斯鸠的债没有还清，巴黎这边大概因这种延迟而着急了，因为孟德斯鸠在努力通过女儿安抚院长嬷嬷："过几天我去波尔多，以便给你寄些钱，并处理一下咱们的债务。我会给院长女士写信的。"不过就在同时，孟德斯鸠也嘱咐女儿节省，只在非常必要时才花钱："现在境况还不太好，还不是你定做上衣的时候，能省的就省一点。"三个月以后，戴妮丝才去定做她一直想着的上衣，但孟德斯鸠的酒销路不好，手里缺少现金。1744 年 3 月 14 日，他在给戴妮丝的信里写道："我的小女儿，虽然没有给你写信，但我十分爱你，你要明白，我的生意把我搞昏了头。你可以去定做你跟我要过的上衣了。"

又过了几个月，孟德斯鸠决定把女儿从邦－瑟库尔修道院女子寄宿学校接出来，送回拉布莱德。戴妮丝当时只有 17 岁，但她的父母大概不想再养她了，想把她嫁出去。不管是什么原因，孟德斯鸠在 1744 年 5 月 20 日写信，把她生活里将要发生的这一变化通知了她："女儿，我认为我可能有个机会叫你不久之后回到我身边，有一位可敬的夫人愿意在路上照顾你的一切。你把你的衣物打成包，然后就高高兴兴地回拉布莱德来；在拉布莱德你体验不到巴黎的乐趣，但你能受到很好的接待。"

戴妮丝是如何接受她父亲的决定的呢？孟德斯鸠一封未写明日期的信让我们做如是想：戴妮丝非但不愿离开首都，她还抱怨自己将被迫把青春断送在乡下。父亲的这封短笺不就是对她写来的一封信中隐隐约约的抱怨的回答吗？他写道："小戴妮丝，你是多么不公正啊！你似乎是在有种种理由赞扬我的时候故意装出来要斥责我。正是在我最爱你的时候，你却对我多方责难，就好像因为我对你有太多的温情和爱意你要惩罚我一样……"

尽管反对，戴妮丝还是服从了父亲的意愿，三个月以后，于9月初回到家里。她在拉布莱德待了几个月，和父母一起过着简朴的生活。在这段短暂的家庭生活期间，孟德斯鸠整理好了《论法的精神》，戴妮丝尽力帮助他工作，陪他到拉布莱德的树林中散步，给他当“小秘书”。在很多年以后，在革命的风暴结束的时候，戴妮丝在写给书商普拉桑的信里，是这样说明她的作用的：“在我结婚以前，他给了我一个小秘书的头衔，这个头衔我至今保留着。他向我口授《论法的精神》，轻松得就像口授一封普通信件，但我确信，他在长时间散步的时候构思了那些章节。”拉布莱德的常客加斯科神父印证了戴妮丝的话，他说：“孟德斯鸠小姐在他父亲写《论法的精神》时，是个很得力的助手，她每天读书给他听，让他这位看书费劲的人轻松些，连那些读起来最拗口的书，如博马努瓦尔、儒安维尔这类作家的作品，也不会使她心烦，她甚至以此自娱，并用重复她觉得好笑的一些词句的办法，使朗读这类作品之事变得愉快起来。”

人们常常提起，但迄未证明确有其事的那件趣闻，大约就发生在这一时期。有一天，孟德斯鸠走进自己的藏书室时发现戴妮丝正在埋头读《波斯人信札》，就立刻对她说：“放下这本书，我的孩子，这是我年轻时的作品，不是写给你们这个年龄的人看的。”

戴妮丝快18岁了，她与父母一起招待客人，和客人们交往。加斯科神父被这个姑娘征服了，一如当年被她的父亲所征服一样。作为友情的证明，加斯科神父利用1745年新年这个机会，为戴妮丝写了一首诗，用的是意大利文，发表在1745年1月的《法兰西信使报》上。同时发表的还有勒·弗朗克·德·蓬皮尼翁用法文写的一首和诗：

您酷似名扬四海的父亲，
也是那样令人倾心，
您是艺术的光荣，
年轻美貌的希尔维，
您令爱神避、美神羞，

才华横溢、占尽头筹，
您的品德、魅力和青春，
只有一种敬意能与之相匹，
而这种敬意，
友谊却无法给予……

这首阿那克里翁风格的短诗，可能使戴妮丝的虚荣心得到了满足，不过这个姑娘脑子里此刻正别有所思，想的不是那位意大利神父枯燥乏味的奉承话。她刚刚 18 岁，而她的父亲就已经忙着为她找丈夫了。她哥哥和姐姐虽然已分别于 1740 年和 1738 年结了婚，至今还没有孩子，这种见不到隔代人的状况令孟德斯鸠感到担心。他有个堂侄，叫戈德弗洛瓦·德·色贡达，1702 年生于阿让，现在仍然住在那里。虽然戴妮丝的年龄和她堂兄戈德弗洛瓦差得很多，孟德斯鸠却认为这是一门可以接受的婚事，能使他的家庭延续下去；而最重要的是，这门同宗婚姻能使孟德斯鸠在他的独生子没有子嗣的情况下，由一个姓色贡达的人来继承家业。

波尔多圣－瑟兰教堂长老、孟德斯鸠的弟弟夏尔－路易－约瑟夫·德·色贡达，受孟德斯鸠的委托，去找戈德弗洛瓦说这件事。孟德斯鸠事前把一切都想到了，他交给长老一份“提亲备忘录”，让他转交给他的侄儿，其中对在什么条件下可以成亲做了明确规定。这份文件说明了孟德斯鸠当时的精神状态。他为戴妮丝的将来担忧，因为在此前的几年来，孟德斯鸠为好好准备和写作《论法的精神》，消耗了不少精力，严重地损害了他的健康，如今他处于财力困难的境地，把这项计划当成了一个漂亮的解决办法，既能保证女儿的婚事，同时也节省了为举行这样的仪式所需的一笔数目很大而又无益的花费，这种花费当时是很时兴的。孟德斯鸠是作为家庭的好父亲行事的，他关心孩子们的未来，关心家世的延续，但这份备忘录也使人看到他的性格的另一个方面，人们会因而猜想，说他是个想保存遗产、避免太大花销的加斯科尼乡绅。孟德斯鸠写道：“当提议中的这门亲事终于玉成时，孟德斯鸠夫妇将非常高兴地看到，色贡达先生不必为此事有任何破费，既不需要买花篮，也不需要送任何礼品给小姐，这是一门宗亲，用不着那一套。”

孟德斯鸠不为女儿要求丈夫的遗产，因为他认为自己女儿有足够的财产保持自己的社会地位：“孟德斯鸠夫妇将给他们的女儿穿上礼服，用时兴、得体的方式打扮她，但不事奢华，只求庄重大方。由于孟德斯鸠小姐不熟悉波尔多，也不打算在波尔多生活，所以孟德斯鸠夫妇希望婚礼在孟德斯鸠*举行：(1）为了让大家可以不必因波尔多小姐们的自鸣得意而感到遗憾；(2）为了避免亲友过多，礼节繁杂；(3）便于新郎用船把新娘送往阿让。”

孟德斯鸠就这样把一切问题，直到最微小的细节，都解决了，剩下的就是等着当事人的答复。没有等多久，对方同意了。就在1744年12月底，色贡达先生顺利地接受了孟德斯鸠的建议，认为这是“一件可以重新振兴我们正在没落的家族的事情”。孟德斯鸠的亲信、拉布莱德的法官拉塔皮于1745年1月中旬被派往阿让，去敲定婚约的词句。拉塔皮于1月24日返回，把他所做的事情向孟德斯鸠做了汇报。孟德斯鸠在写给他侄儿的信里说：“拉塔皮把条款给我带来了。眼下我正在努力把您没有办的事情尽量办好，而且我在考虑，如有可能，要把有关放弃权利的条款取消，比如赠予5000利弗尔用于购买更大的戒指和珠宝一项，即应增加一项条款，规定在受赠人先亡的情况下，赠予要返还。这一点我对拉塔皮讲过，要做得对您有利，他忘记了。”

孟德斯鸠提议在封斋节之前举行婚礼，地点在克莱拉克，“在那里举行婚礼比在孟德斯鸠更为方便。我们先签订婚约，将要主持婚礼的长老先生会把结婚预告的许可证送来……我们现在还什么都没说；一旦我们把事情对这边的家里说了，我就会写信通知您，以便您对那边的家里讲”。就这样，用孟德斯鸠的话来说，“结婚的事情”将迅速举行。为了举行婚礼，还将请孟德斯鸠的弟弟给予帮助；费用将严格地限制在必需的范围之内。然而，关于起草婚约的谈判却没有进行得像孟德斯鸠所希

---

* 此处的孟德斯鸠是地名。——译者注

望的那样快，于是婚礼不得不延至“3月15日之前或之后一周”举行。

3月4日，孟德斯鸠带着妻子和戴妮丝——她对这门包办的婚事做何想法，别人一无所知——来到了“距克莱拉克只有一箭之地的”他们的小维旺的家中。婚礼紧锣密鼓地准备着。孟德斯鸠于3月11日星期四把未来的女婿召到克莱拉克来履行婚约签字手续。根据婚约，孟德斯鸠答应把孟德斯鸠男爵领地和坐落在普雷尼亚克的一栋房子许给女儿做陪嫁。婚约签了字，孟德斯鸠可以为事情迅速办妥感到满意了。从此他的小女儿出嫁了，从此他的家业的继续存在也得到了保证，因为他很希望戈德弗洛瓦·德·色贡达和戴妮丝给他生个外孙，一个姓氏和谱系的继承人。他的儿子让－巴蒂斯特1740年结婚以来，至今还不曾生过这样一个孙子。

1745年3月末在克莱拉克举行隆重的结婚仪式以后，戴妮丝·德·色贡达立即动身去了阿让，住在丈夫在圣－安托万门附近拥有的一座府邸里。戴妮丝除了在巴黎修道院女子寄宿学校待的几年外，一直住在乡下，所以在阿让也不会感到不习惯。戴妮丝在阿让见到了她父亲的妹妹、她的姑姑泰莱丝，她是保兰圣母修道院里的修女。另外，阿让离克莱拉克和孟德斯鸠都不算远，戴妮丝在婚后到她父亲去世的这十年里，经常坐马车到克莱拉克去。孟德斯鸠总是以快乐的心情等着女儿的到来：“我是前天晚上到（克莱拉克）的，我急不可耐地想见到你；请告诉我你怎么来，或者不如你亲自把消息带给我……要是你找不到马车把你送到克莱拉克来，我就派我的马车到托楠去接你。”

在孟德斯鸠远离戴妮丝时，他就给她写信，为保护她的物质利益而操心，给他女婿一些管理事务方面的忠告，送给女儿一个金制的鼻烟盒以“代替法兰西学士院的钱包，我在巴黎待了一年多，竟一个也没有得到过”，但孟德斯鸠远离开吉耶纳的日子越来越多了，他经常去巴黎，在那里住的日子也越来越长。戴妮丝在1747年11月写给姑妈泰莱丝的信里，对父亲远离家乡提出了抱怨：“亲爱的姑妈，我这里有爸爸的一封信，令我吃惊和难过。我希望见到他，但事实恰好相反。我不明白他为什么走得这么快。如果您知道其中的原委，请您告诉我。”

结婚两年以后，戴妮丝生了个女儿："小家伙很健康，她太活泼了，一天里要把我吓死一百回。"1748 年 1 月 30 日，戴妮丝生下了儿子约瑟夫－希里尔·德·色贡达，满足了父亲的愿望。第二个儿子于 1749 年 11 月出生，孟德斯鸠异常高兴，对他来说这是"一件令人十分愉快的事"。他的朋友们也十分高兴，如波尔多高等法院庭长让－巴蒂斯特·德·拉朗纳，就曾在 1749 年 11 月 24 日给他的信里写道："超凡脱俗的庭长啊，所有认识您的波尔多市民，所有知道您这个姓氏的人，都不能不把这件事看成是本地和他自己的幸福，这件事将使一个对他们说来珍贵无比的姓氏世代相传。"

不过，这种喜悦没能持续多久，孩子在 1750 年夏季夭折了。孟德斯鸠得到这个消息时感到悲伤，但也只能认命："我亲爱的女儿，失去这个似乎使我寄予很多希望的小外孙，我异常悲伤，但主宰我们的上帝比我们自己更清楚我们需要什么。"1749 年 11 月 22 日，让－巴蒂斯特·德·色贡达的妻子玛丽－卡特琳娜·德·蒙也生了个男孩，孟德斯鸠家的传宗接代因而有了保证，使孟德斯鸠能比较从容地接受戴妮丝儿子的夭折了。

1750 年，戈德弗洛瓦·德·色贡达得到了内拉克附近蒙塔那克－絮尔－奥维尼翁那块土地。孟德斯鸠建议女婿尽快去拜望布里·德·加沃登伯爵，把该做的都做到；伯爵可能自以为是有权收回这块土地的家族的所有权人。与此同时，孟德斯鸠又到圣－弗洛伦丁大臣那里活动，以便让国王把优先权赐给戈德弗洛瓦。孟德斯鸠甚至向圣－弗洛伦丁提出建议，要借些钱给他。1750 年 9 月 21 日，孟德斯鸠通知戴妮丝，说国王已把蒙塔那克这块地的领主权收回来赠予他了，建议她去波城高等法院的审计庭办理登记手续，但是，布里伯爵并不是唯一能够收回蒙塔那克这块土地的所有权的人。孟德斯鸠于 1750 年 12 月 6 日写信给戴妮丝，向她提出明智的建议："你已经看到了，当你成为拥有大片土地的夫人的时候，你就有了烦恼；我向你和你的丈夫建议，不要为此事感到恼火，而应该非常冷静地去和布里伯爵周旋。据我看，你多半会成为德·蒙塔那克男爵夫人的。"

孟德斯鸠和女儿戴妮丝之间的书信来往于1750年末中断了，因而我们了解这位年迈的父亲与他的爱女之间关系的一个根本来源也枯竭了。在1750年11月26日立下的遗嘱里，一直为有他这个姓氏的继承人而操心的孟德斯鸠，做出了对他的女儿戴妮丝及其子女说来十分重要的安排："在我的儿子（让－巴蒂斯特）身后无子的情况下，我指定由我年纪最小的女儿戴妮丝·德·色贡达的男孩依据长子身份的顺序为上述土地（德·拉布莱德）的替代继承人……我希望这项替代继承从男孩到男孩的顺序继续下去；另外，在我上述德·拉布莱德土地上有一座叫作拉尔蒂克的房子，由于它属于孟德斯鸠夫人，应该归属我自己的孩子，所以既不是也不能包括在上述替代继承之中，我不希望我的继承人会把这座房子变成贵族的，也不希望在有损于替代继承人的情况下，把它作为庶民的财产而隶属于上述土地并使之成为贵族的财产。"1747年8月公布的那项有关替代继承人的新法令，使孟德斯鸠得以为拉布莱德这块土地建立替代继承，这是于她小女儿的孩子们有利的，她既然嫁给了一个姓色贡达的，就应该使祖上这个姓保存下去。

戴妮丝一直活到1800年2月27日。制造业的检查员弗朗索瓦·德·保尔·拉塔皮是最好的证人，他一直和戴妮丝·德·色贡达保持着联系，他从小就认识她，他的父亲是孟德斯鸠在拉布莱德的一个推心置腹的朋友。拉塔皮于1778年和1782年出公差期间，曾在戴妮丝·德·色贡达在阿让的家中住过，他在日记里留下了一些关于戴妮丝的有趣记载："我每次和色贡达夫人重逢时都特别高兴，尽管她除了长相酷似她那位著名的父亲孟德斯鸠外，再无可夸耀之处，但在我眼里这就是她最值得夸耀的地方。不过，这是个少有的人，她集才智、温柔、理性、力量和敏感于一身，我不知道是否还能找到一个比她更完美的女人。令人十分遗憾的是，她聋了，还变得有点过于笃信宗教，虽然她这种过分的虔诚没有传播到别人身上。"在稍后一处，在还是谈论他的"亲爱而圣洁的孟德斯鸠男爵夫人"的地方，拉塔皮是这样补充戴妮丝的道德风貌："这个女人品性极为纯朴，经久不变，致使人们对她肃然起敬，热切期望时时能见到她，哪怕是离得远远的。在我眼里她酷似其父，简直就是个活生生、会走动的孟德斯鸠，纵然她值得夸耀的仅此一点，我想我也会专程到阿让去看她的。”

戴妮丝在辞世以前还有一项孝举。1795年，当巴黎书商普拉桑准备出版《孟德斯鸠全集》时，戴妮丝立即写信给他，要求预订一套。她写道：“我请求您把我列入我父亲作品的预订者名单之中，并费心通知我预订的价格。”

孟德斯鸠在关心孩子们的教育之后，在后半生里就是这样按照他认为最有利于孩子们的方式，不遗余力地、尽可能地安置好他们。不过，他特别考虑到了子嗣延绵的需要，在他眼里，这是最急切的；即便他用的一些办法有时令我们感到吃惊，但这样的做法在当时却也不是绝无仅有的。我们得承认，孟德斯鸠在这方面达到了预期的目的。

人们很想知道，孟德斯鸠夫人在制订和实施这些计划时，尤其是在她的孩子们结婚时，起了什么样的作用。我们知道她当时在场，但孟德斯鸠是否和她商量过？或者只是让她面对那些可能不经她参与就做出了的决定？很难想象在做出像安排儿女们未来这样一些重大决定的时候，孟德斯鸠会没有经过妻子的同意；孟德斯鸠在财产管理上一直非常信任自己的妻子，在他和波尔多市打官司的那些年里，总是请她在拉布莱德的档案里寻找他的辩护所必需的那些凭证，并把这些凭证交到孟德斯鸠在波尔多的律师格勒努瓦洛手上。但是，孟德斯鸠和让娜·德·拉尔蒂克之间的关系，他们相互之间的感情，甚至到了成熟的年龄，到了孟德斯鸠在爱情方面的越轨行为似乎停止了的时候，仍然为一层浓浓的迷雾所包围。孟德斯鸠夫人于1742年至1743年间写给丈夫的一封信，似乎对了解他们之间的关系透露了一点线索。这封信被多次引用和评论过，但夏克尔顿[4]令人信服地证明，这封信不是孟德斯鸠夫人写的，而是孟德斯鸠在阿让当修女的妹妹泰莱丝的手笔，他把评论家们能够作为依据的唯一的一份文件给否了。因此，我们只能安于不来揭这层帷幔了！

作为家长，孟德斯鸠对他的弟弟圣－瑟兰教堂教士会长老夏尔－约瑟夫的事业也很关心；1743年，他为长老搞到了科曼热主教区的尼佐尔修道院院长的职位，他甚至把感谢信的草稿写好了寄给夏尔－约瑟夫，坚持请他毫不拖延地把信写好，寄给那些为他谋到此职出过力的人。

孟德斯鸠 1731 年 5 月从英国回来以后，在 1733 年 4 月底以前不曾离开过吉耶纳；他把这两年的时间都用在家庭上，用在处理他的那些事务上，之后，他又重新按照外出旅行以前的节奏行事了；他表现了双重的忠诚，一个是对他的乡土，强有力的联系使他牵挂着它；一个是对首都，那里的朋友和文学沙龙给他提供了一个于他的思想成熟有利的环境，有时也给他提供一些进行不那么严肃的社交活动的机会，对于这种社交活动，他也终于明白了，应该有个分寸。

孟德斯鸠一直在这个吸引他的两极之间摆动着，在巴黎住的时间要长一些；在 1731 年至 1748 年之间，这种来来往往的周期是不定的，似乎并不遵循什么明确的规则；特别应该指出的是，葡萄的收获不再定期地使孟德斯鸠回拉布莱德了，因此，1735 年，1737 年至 1742 年，1746 年和 1747 年这几年的秋天，孟德斯鸠都是在巴黎过的。他在巴黎住得最长的一次是 1741 年 4 月至 1743 年 8 月，那是因为他要工作，为了撰写《论法的精神》，他这时正在搜集资料。但从 1743 年 9 月至 1746 年 9 月，他是住在拉布莱德的，因为他的女儿戴妮丝是这个时期结的婚，更主要的是，他在修改《论法的精神》。另外，他在 1746 年 4 月 19 日写给切拉蒂主教的信里也承认，他在巴黎觉得不自在起来了："我要告诉您，自从我不再年轻了，我就觉得巴黎这个城市对我来说非常格格不入了。在巴黎住着的人就像柏拉图所说的苦役犯，关在房子里，从一个洞孔里看匆匆而过的人影，就把这些影子当成真人。人的一生中只有三件大事：安逸、健康和心静，在巴黎却一件也没有，巴黎过的是一种病态生活，是早亡。"

巴黎的朋友们对孟德斯鸠的这种冷淡感到担心了。1736 年 7 月 29 日，德 · 格拉伏夫人从蒙彼利埃给孟德斯鸠写了一封信，描绘了一番外省生活的暗淡景象。我们不知道孟德斯鸠对德 · 格拉沃夫人所说的一切做何感想："您了解外省和外省人，也了解外省人的才能，所以我要向您请教，在外省能做何消遣，但是，在这座城市里，有些事我相信是别处所无的，这里的人经常把人家对他们施的礼数看成是侮辱，如果您有时开了口，他们能让您说上一天的话。除此以外，男人粗野，好虚荣，自命不凡，凶狠；女人絮叨，好奇，不风趣。而且不论男女，还都有一个共同的愿望，那就是把有地位的人一个个整垮，把岁入 10000 利弗尔以上的人都整垮。我的庭长，这就是我们这座城市居民的缩影。"

省会波尔多因为和英国及北欧各国有生意上的交往，和欧洲知识界一些学者有联系，经常要接待一些来访者。总包税人爱尔维修在波尔多有一套房子，经常来这里执行公务，和孟德斯鸠过从甚密；他鼓励居民反抗那些苛捐杂税，而他本人正是这些苛捐杂税的收税人。爱尔维修每次来波尔多，"人们都走到他跟前，就像求圣彼得的保护一样[5]"。他的周围形成了一个包括五湖四海的团体，有天主教徒，有加尔文教徒，有路德教徒，也有自由思想家，形成了一个对产生和扩大共济会影响十分有利的场所。

孟德斯鸠在旅居伦敦期间加入了共济会，对 1732 年 4 月 27 日在波尔多建立的被称为英国共济会支部的第一支部开始活动，当然并不陌生。1734 年 9 月 7 日和 1735 年 9 月 20 日两期的《圣·詹姆斯·怀特霍尔晚邮报》上，两次专门提到"孟德斯鸠庭长"出席了共济会在巴黎召开的两次大会。由罗伯特·夏克尔顿披露的第一份材料是这样写的："我们从巴黎获悉，共济会的一个支部最近在此间的朴次茅斯公爵夫人府上举行，里奇蒙公爵大人在沃尔德格雷夫伯爵、孟德斯鸠庭长、丘吉尔准将和可尊敬的骑士沐浴会秘书爱德华·杨先生以及瓦尔特·斯特克兰先生的协助下，通过会议，接受几位上等人士参加了这个古老而可尊敬的团体，其中有勃朗卡侯爵、斯克尔顿将军和庭长之子让－巴蒂斯特·德·色贡达。"

1735 年 7 月 31 日，正在昂布瓦兹附近的尚特鲁城堡小住的里奇蒙公爵写信给孟德斯鸠，邀请他到城堡来："我还有另外一个理由，会使您更想有此一行，您知道，我极可敬的兄弟，在奥比尼这个地方，共济会是很兴盛的，我们在这里有一个支部共二十多个兄弟。这还不是全部，您知道，全体共济会员的大头领、学者戴萨里埃博士，目前正在巴黎，很快就会在月初到奥比尼来主持支部会。请来吧，我亲爱的兄弟，尽快地来这里接受他的祝福吧！”在1735年8月2日写的复信中，孟德斯鸠用欢呼的语气写道：“欢迎学者戴萨里埃博士的到来，他是共济会的第一根支柱。我相信，听到这个消息以后，尚未入会的法国名流都会加入共济会。”

孟德斯鸠是共济会会员，这在波尔多是广为人知的。波尔多省督布歇对这个秘密会社的发展感到担心，他把孟德斯鸠入会的事告诉了弗勒里；弗勒里禁止孟德斯鸠“和共济会混在一起”。据孟德斯鸠的表妹萨布兰夫人说，弗勒里的复信使布歇放心了。但是，1740年，第一个法国支部建立起来了，首领是蓬塔克伯爵，他专写轻松的小诗。支部的建立正逢共济会在波尔多发展起来的时候，引起了省督和中央政府的不安；除了孟德斯鸠的声望和作品以外，他本人对此事是否还施加了其他影响，不得而知，而孟德斯鸠对此则守口如瓶。诚然，在共济会的发展中，平等的理想起了重要作用，这种理想也是共济会的特色之一；同时，共济会支部至少在理论上是各阶层公民的聚集场所，但包括孟德斯鸠在内的“上流社会有教养的人”所表现出来的，仍是不屑与“百姓”为伍。

沃夫纳格羡慕米拉波侯爵。米拉波侯爵经常来波尔多，因此有幸从和孟德斯鸠的谈话中获益；如果说当时米拉波还敬重孟德斯鸠，那么三十年之后，当他和瑞典国王古斯塔夫三世说起孟德斯鸠的时候，可就不是这样了。他对瑞典国王说：“孟德斯鸠啊！这个人那些过了时的梦想只在北欧的几个宫廷受赏识。”他的这番话道出了1789年法国大革命前夜人们心态的演变。孟德斯鸠这时还和其他不少人保持着接触，例如，1731年在波尔多住的时候，他大概会见过布封。孟德斯鸠和约瑟夫·布莱克也有往来。布莱克是爱丁堡大学化学教授，出生在波尔多，父亲在波尔多做葡萄酒买卖。夏克尔顿引用的约瑟夫·布莱克[6]的传记，说明了孟德斯鸠当时所享有的威望：“在老布莱克生活在波尔多的时候，这个省高等法院的庭长、伟大的孟德斯鸠和他有着亲密的友谊，这给老布莱克先生添了光彩，他的后人也以此为荣……孟德斯鸠这位著名人物，心地纯朴，十分尊重别人的才华，对英国的习俗和体制有所偏爱，认为这一切都非常好……他总是很乐意地听着人们对他讲的那些重要东西。”

布莱克离开波尔多以后，孟德斯鸠仍然和他保持着联系；罗伯特·夏克尔顿经过十五年的研究，找到了这两位朋友之间的三封信；这些信件表明，他们之间在波尔多建立起来的友谊，一直保持到孟德斯鸠逝世。

但是，孟德斯鸠的这些交往和经常出入杜帕莱西夫人的沙龙（这位夫人当初远没有认识到孟德斯鸠在18世纪后半叶所享有的名望）并不是他在波尔多社交生活的主要内容。正如孟德斯鸠1741年2月14日写给马丁·福克斯的信里说的，他在吉耶纳省会享受的是“朋友和家乡的温情”。巴尔博、科学院的人、高等法院的人，在孟德斯鸠眼里，是一群博学而开明的人，他们从事的专门研究和他自己所进行的研究工作是极其相似的。如果司汤达记载的趣事[7]可信，孟德斯鸠有时甚至和科学院的那些同事开玩笑：“孟德斯鸠正在波尔多科学院的大厅里和三四个同事大谈科学；他边讲边溜达，每走一个来回就接近窗子一点；窗台上摆着一只带环的花瓶，被太阳晒得很热了。在别人毫不察觉的情况下，孟德斯鸠把这只花瓶转了个个儿，然后，在下一圈溜达到窗边的时候，他喊道：‘先生们，这太奇怪了！那些最大的发明往往是由偶然间观察到的现象而产生的。这只带环花瓶的阴面热得烫手，而朝向太阳的一面却是凉的！’这些外省学者以为当真如此，于是就讨论开了。更有甚者，有人还提出了解释！孟德斯鸠怕伤了他们的自尊心，赶紧承认是自己开了个玩笑。”

然而，科学院是他的兴趣所在，这一点是无可争议的。在他的朋友们——也许还包括他的儿子让－巴蒂斯特——的影响下，孟德斯鸠又重新用显微镜做起科学实验来。1737年6且27日，他还就显微镜的使用方法请教过德梅朗。孟德斯鸠鼓励巴尔博和自己的同事们买些抽气机并建立一座观象台。他对所取得的进展感到高兴。在1741年12月20日写给巴尔博的一封长信里，孟德斯鸠坚持说，进行科学实验是科学院利益之所在，但他却没有确定实验的性质。不过，对他来说，这是个带有根本性的原则问题，事关科学院的发展及其在法国和与波尔多科学院有关系的外国学者面前的声誉："说到计划本身，为了公众，为了科学院自身，应该制订这样一项计划。事实上，我们已经接待了两三位重要特使，特别是贝尔先生的特使，而公众却未看到我们的工场生产出什么来，这是很不适当的。假如我们的科学院遇上一场官司，还有什么比看到这些特使们没有取得任何成功，更能证明科学院的无用和这些特使们此行的无效吗？因此，我强烈主张，你们要尽可能快地开放机器工场。我还要对你们说，这必须是免费的，否则，不如什么也不做；情理和正义也要求这样做。另外，在我们收到那么大的数目之后，怎么再敢让人说我们什么也干不了呢？你们不认为这样会毁了你们自己？当人们看到你们有效地、光明磊落地使用你们所收到的钱时，人们可能会给你们更多的资助。一定要让吉耶纳的小学生到那里去，还有耶稣会的学生们，这是一所学校，是为了当学校才建立的；英国王家学会就是这样传播物理学的。"

孟德斯鸠支持巴尔博的计划，催促他实施这项计划，为了坚定巴尔博的决心，向他提到了伦敦王家学会这个光辉榜样。他激励波尔多的那些朋友们，让他们把自己的能力表现出来，以使波尔多科学院在科学教育上取代在这方面特别显得软弱无力的大学。在孟德斯鸠的影响下，波尔多科学院不再局限于科学院组成人员和与科学院有关系的学者及饱学之士的小圈子，把活动范围大为扩展，使自己成为公众舆论的培育者，从而弥补官方机构之不足。在孟德斯鸠的影响下，科学院创办了一些公共机构，建立了图书馆，物理实验室，在图尔尼大街的科学院大厦里还建立了观象台。科学院在自己的工作中一直是严肃稳重的，这反映了它扎根于外省的特点，也体现了它在欧洲的威望。在孟德斯鸠的鼓励下，科学院担负起了教育的使命，在完成这项使命时，谨慎地、有节制地注视着公众思想的演变。

1739年，孟德斯鸠再次担任波尔多科学院院长。他在科学院做了两次学术报告，报告的稿子散失了。两个学术报告的题目分别为《我们吸入的空气是否进入血液》和《矿泉水的冷与热》。甚至在他旅居巴黎期间，对科学院新院士的选举，孟德斯鸠也一直很关心：1736年，他在德梅朗的支持下投了自己的朋友让－雅克·贝尔一票。这次选举对波尔多科学院十分有利。事实上，贝尔这位朱伊公学出身的波尔多高等法院推事，法院职务对他的吸引力没有文学对他的吸引力强。他经常旅居巴黎，进出作家和短篇小说家的圈子，积极参与文学上的争论，具有令人生畏的论战者的战斗热情，文笔犀利，极尽冷嘲热讽之能事。他在自己的作品里轮番地攻击乌达尔·德·拉莫特、伏尔泰、蒙克里夫，特别是攻击那些常常使用新词的人，因为他崇拜纯洁的古典语言，对革新者心怀厌恶。他是孟德斯鸠的挚友之一，总是把作品送呈孟德斯鸠，而孟德斯鸠又对他的评论给以很高的评价。

贝尔很有钱，在巴黎书商的帮助下，他在波尔多图尔尼大街的府邸里建立了一个图书馆，藏书数千册。根据他在当选为波尔多科学院院士两个月以后即 1736 年 8 月 28 日立下的遗嘱，他去世以后，将把他的府邸、手稿、书籍、教学用具和家具，都遗赠波尔多科学院；他在遗嘱里还加进了这样一条，即他当年建立图书馆的宗旨："我希望上述图书馆对公众开放，每周二次……" 1738 年 8 月 15 日，贝尔英年早逝，波尔多科学院得到了这笔遗赠，并很快地将他的愿望付诸实现，特别是和图书馆有关的部分。

在其后的若干年里，孟德斯鸠对下列诸人的候选人资格给予了支持：让－巴蒂斯特·希尔瓦医生，法兰西学士院院士、巴扎斯的主教爱德莫·芒甘，波尔多议事司铎马泽尔·德·蒙维尔；但他反对选举卡斯泰尔神父为院士，虽然两人关系很好，他认为在波尔多科学院有两名耶稣会士已足够了。1741 年，孟德斯鸠向波尔多科学院推荐马丁·福克斯，此人于 1743 年当选为波尔多科学院合作院士，而加斯科成为合作院士，已是 1745 年的事了。在《老实人》一书中对波尔多科学院极尽揶揄之能事的伏尔泰，于 1746 年当选为波尔多科学院院士。孟德斯鸠当时缺席，他为此事给法兰西学士院写了一封信，说："法兰西学士院可能为有伏尔泰这位院士而感到羞耻，而伏尔泰若当不上院士，他肯定终将感到羞耻。"[8]

波尔多科学院的保护人德·波利尼亚克红衣主教逝世以后，孟德斯鸠努力在他的巴黎关系中寻找新的保护人，并对新保护人的作用做了这样的界定：极力反对把保护和某种地位挂钩的想法，因为那样一来，保护人就对什么都不置可否，保护也就成了个虚衔，其结果就会如古人所说的，对所有担此虚衔的人都是一种伤害。

作为法国首都的巴黎，同时也是全欧洲的大都会。这个启蒙时期的欧洲，没有国界意识，使国际性社会的出现成为可能；这个社会集中了一批艺术家、作家、哲学家、官方或半官方的外交使节、高级官吏、宫廷教士，他们从一个国家到另一个国家，没有到了外国的感觉，到处都能找到同样的谈话乐趣、欢聚的乐趣和有时过上一种相当放纵的生活的乐趣；这种放纵的生活，只要不变得粗俗，就不会招致反感。这些知识渊博的人把机会留给不相识的人，甚至外国人，只要这些人有天分，有才华，懂礼貌；只要他们有办法使社交生活变得舒适惬意。当然，在这种社交生活中，要紧的是除了密友之间，永远不要谈论那些会打破这种多少有些人为成分的和谐，不要谈论一个人道德或生理上的缺陷，不要谈论钱财。那些常令当局头痛却又不得不谨慎对待的人，意识到自己已日益成为巴黎、外省和外国公众舆论关注的目标，他们认为可以议论所有的事情，能够公开挑起种种问题，甚至一些直到那时为止大家心照不宣地认为只宜由知情人的小圈子来讨论的问题，可以更公开地攻击宗教，尤其是天主教，比 17 世纪那些不信教的人更大胆。这样，就在相当多的人的头脑中引起了混乱，而他们自己又并非总能意识到这一点，结果就自觉不自觉地掀起了 18 世纪末的思想、宗教、政治、经济和社会的大动荡。至少在我们现在看来是如此，但对孟德斯鸠及其同代人说来，就肯定没有这么清楚了。

1733 年春天，孟德斯鸠回到巴黎。对他来说，这是个重新密切他在旅行期间变得疏远了的那些关系的机会，也是结交一些新朋友的机会，同时，他还和在意大利和英国认识的那些人保持着通信联系。就这样，孟德斯鸠的友情和关系网在一年一年地扩大着。在《论责任》[9]的一个片断里，孟德斯鸠对友情的几个侧面进行过这样的分析：“我们不能和我们的同胞都要好，只能选择其中的一小部分，并以此为限。我们为共同的实利签订了一项类似契约的东西，这类契约只不过是将我们和整个社会所签契约删繁就简而已，而且，从某种意义上来说，甚至好像对我们和整个社会签订的契约有损害。事实上，一个真正道德高尚的人应该达到把最陌生人视为挚友，给以帮助；他心里有一项承诺，不需要话语和誓言来证实，也不需要外在的证明，而把这项承诺只许给一定数量的朋友，也就是把自己的心从其他人身上移开，只顾树枝，不顾树干。果真如此，对那些连这种承诺都不能信守的卑鄙小人，我们又能说些什么呢？之所以做出这种承诺，无非是为了匡正人心的缺陷。”

如果孟德斯鸠说过自己“耽于友情”[10]，如果他能很好地把友谊和爱情区分开来，那是因为“爱情和友谊当然有着不同的性质，友谊永远不会把一个男人送进精神病院”[11]；如果他说自己“几乎是各种才智的朋友，同时也几乎是一切情感的敌人”[12]，那是他对某些友情的品格和牢固性并不抱什么幻想：“你的朋友率先攻击你，以免别人说他们分辨能力太差，没有首先发现你的缺点。还有一类朋友，当你遭逢意外或犯了错误的时候，就装出一副悲天悯人的样子，极力对你表示同情，用这种方式夸大你的错误。另外，为了让人知道他们比你高明，他们就要让你显得固执或不可救药，说他们有先见之明，早已对你说过什么、讲过什么。如果你赶上了一件十分可笑的尴尬事，你要想到这是你的一位朋友给你引起的，因为别的人用不着费这个神，而且也不会感到可笑。友谊是一种契约，通过这个契约，我们承诺为某人略吃小亏，为的是从他那里占个大便宜。”[13]

然而，尽管孟德斯鸠对人性有着如此现实主义的认识，却仍然结下并维持着一些稳定的友谊关系，即使其中的一些朋友在困难时刻令他失望。从英国回来以后，他和贝尔特洛家的关系已趋于冷淡，他去尚蒂伊的次数稀少了；但在1735年夏季他曾在那里住过一段时间，“我在尚蒂伊住了12天，当时德·克莱尔蒙小姐正在那里”，这是他1735年8月13日写给柏克莱信里的话。次年他又去了那里，确实，德·格拉伏夫人在1736年7月29日写给孟德斯鸠的信里说：“我听人家说您为尚蒂伊增光去了，而且做得尽心尽力。”

在尚蒂伊住了12天以后，孟德斯鸠接着就给德·克莱尔蒙小姐写了一封信，热情似火，其所用词句，使人想起1725—1726年间孟德斯鸠的爱情狂热与激情。这封信是给德·克莱尔蒙小姐的复信，不幸的是来信已经遗失；孟德斯鸠把那封来信看作是对他的鼓励。这似乎是最后一次了，47岁的孟德斯鸠又一次被女性的魅力所征服，短时间地恢复了那些至少从表面上看来已从他的生活中消失了的习惯和感情。那些划掉的字和涂掉的句子，证明他有真正的激情，感情是真挚的。他的热情并非只是故作殷勤，让我们再一次听听他是怎么说的吧：

> 您这封情致深切的信，我吻了上千遍，每字每句都令我陶醉。我的幸福全靠您了，一切由您执掌。不是来自于您的和您感受不到的幸福，我一概不要。为了使您更加幸福，我将设法获得那些能得到您的青睐的一切品质。您将会看到，我总想取悦于您，这也许会使您高兴。我爱您，因为这是命中注定的；我爱您，还因为我发现在一个人身上有着一切美好的品格，这正是我梦寐以求的，而我将依照这个人的命令生活。
>
> 我希望您能清楚地体验到，和您在一起我是多么高兴，和您分开我又是多么难过。我是多么想见到您，多么想听您说话啊！为了准确地判断出这一点，您仅仅是您是不够的，您得变成我才行。

孟德斯鸠也多次应邀去夏罗莱小姐在巴黎郊区的马德里城堡，并且应夏罗莱小姐的请求，写了“一篇小小说”，书名是《阿萨斯和伊斯梅尼》。在这个“东方故事”中，人们可以嗅到《一千零一夜》那种异香，里面有神秘的童话。他用几乎是过了时的诚实态度把浪漫主义的几个基本要素都塞了进去：暴力和爱情，敏感，忧伤，孤独的情趣和宿命论。孟德斯鸠按照自己的习惯，使全书充满了一些有时是意想不到的俏皮话，有关于政治的，也有关于社会道德和国王们的义务的。正如巴利埃尔指出的，《阿萨斯和伊斯梅尼》的主要意义在于其“在法国小说史和思想史中所占的地位”。

孟德斯鸠对为了酬谢德·夏罗莱的盛情款待而写的《阿萨斯和伊斯梅尼》这一应景之作，不觉得十分满意，对于是否发表，他感到犹豫。1742年9月8日，他把自己的担心告诉了巴尔博，并请他不客气地做出评判："我很想把书寄给您，以便了解您对这本书的确切想法，并请您写出一篇长长的评论，我好修改。必须对全书、各个部分，甚至文笔上的错误，都作出评论。几天以前我把该书送给德·米尔波瓦夫人看了，她有极高的鉴赏力，给我提了五六条很好的意见，使我受益匪浅。因此，如果您想要我把这本书寄给您，您就必须提出不带奉承的评论，因为我知道您不会严厉地评论我，我知道您的心是赞成的，但我要您思想上反对。总之，确切地了解您对这本书的想法，将是我的一件快事，我将让人把书寄给您，您再把书退给我。"

巴尔博对这本书的想法如何，一直不为人所知。很可能他的看法不很好，因为，大约在1754年底，孟德斯鸠向加斯科承认了他的犹豫："经过斟酌，我仍然不能决定把我的小说《阿萨斯和伊斯梅尼》交给印刷厂。东方式的夫妻间情爱的成功，可能与我们的习俗相去太远，很难相信这一点能在法国被接受。我将把手稿带去，我们一起读读。我还要把这部手稿给几个朋友看。"

孟德斯鸠至少拜访过圣西门两次，地点在德莱格尔附近的拉费尔泰－维达姆。孟德斯鸠在《随笔》[14]里记载了1734年8月13日汇集的一些趣闻逸事，其主要部分在圣西门的《回忆录》中也能找到。他第二次去拉费尔泰－维达姆小住，是在1735年6月，和柏克莱6月11日的一封信所指出的一样："那么您要去拉费尔泰了，您有理由相信那里的主人所说的话，我觉得他是个很有魅力的人……"

孟德斯鸠也和他的那些最老的朋友们又走动起来，他们为此感到高兴，多达尔于1734年7月25日写给他的信里就反映出了这种心情："先生，在我们的交往中，除了您的旅行以外，我们因各自的事务、彼此身在异地以及可能也包括我们各自去消遣而中断过。在这种情况下，我毫不犹豫地首先请您相信，我也怀念着您，就像以前我有幸每天都能见到您的时候一样。"德·格拉伏夫人方面也一直想念着孟德斯鸠，尽管他们的关系中经历过风暴，但那种关系已逐渐变成稳定的友谊。她于1735年5月21日从蒙彼利埃写信给他，表达自己的爱慕之情："如果您还记得一位被流放了一年多的外省女人，如果您对她还有感情，就请您拿出证明来，从可能用于消遣和接受公众赞赏的时间里拿出一些时间给她。这样您将向我证明您重视旧日的友情，对这份友情您是相信的，也应该相信。"

贝里克于1734年6月12日去世了。他死在菲利浦斯堡遭到围攻的时候，一颗炮弹击中了他的头。此事给了孟德斯鸠一次表达其真实痛苦的机会，他于6月17日写给柏克莱的信证实了这一点："先生，我无法对您说明，元帅的死让我感到多么难过。即使我不曾有幸认识他，我也将为国家感到惋惜，我也会感到这是个无法弥补的损失。我从来不曾见到过民众为一件事像元帅之死这样感到震惊，而这本身就是对元帅最好的颂扬。先生，您的痛苦深深地打动了我，您有理由痛苦，元帅值得人们为失去他而感到痛苦，越是这样，我越是感到自己和这种痛苦息息相关。若是我因这种悲痛而可以要求某种对我来说是最珍贵的恩泽的话，我请求您给我这个荣幸：做我的朋友。"几天之后，6月25日，柏克莱要求孟德斯鸠用友情去温暖贝里克夫人："我相信，您已经看望过德·贝里克夫人了。我相信，她将尽早接见的是您，而不是别人。我们俩都是她的一个很大的安慰。我请求您，设法让她从痛苦中镇静下来，她有理由悲伤，但她必须节哀。"7月15日，柏克莱再次要求孟德斯鸠对贝里克的未亡人表示同情："德·贝里克夫人处在一种悲伤的状态里，这不使我感到吃惊，但我请求您，常常去看看她吧！我不知道还有谁比您更能安慰她，驱散她的哀痛。"孟德斯鸠于1734年在波尔多科学院宣读了他对贝里克的颂词，这也算是还了贝里克的人情债。

孟德斯鸠和贝里克的内弟柏克莱一直保持着通信联系，这些信件说明，这两个人互相信任，互相爱慕。柏克莱在军队里，把施佩耶尔军营中他所参与的那些军事事件的准确消息告诉孟德斯鸠，孟德斯鸠则把巴黎发生的种种事件告诉柏克莱。柏克莱在给他的信中说："我不知道您告诉我的那些消息您是从哪儿得来的。"这封信写于1734年12月5

日。孟德斯鸠也和柏克莱夫人通信。她于1735年6月16日写给孟德斯鸠的一封信，充满了信任，说明他们之间有着深厚而诚挚的友谊："亲爱的庭长，星期一我将是独自一人，您应该来和我共同度过这一天。下周四五也是这样，我会非常高兴地给您准备一张床，但请您不要向任何人张扬此事，因为这样的优厚待遇我只给我那些真正的朋友。由于这样的朋友太少，而我又不想把那些被庸俗地叫作朋友的人从朋友中排除出去，您该明白，您得为我绝对保守这个秘密。我的庭长，我有些伤感。如果上流社会还没有把您宠坏，您就该知道，当您难过的时候能够和一个值得信任的朋友一诉衷肠，是何等甜蜜。所以，我焦急地等待您。"柏克莱夫人可能会说孟德斯鸠《随想录》[15]中的这段话是她说的："当我信任一个人的时候，我就毫无保留地信赖；但我信赖的人不多。"

不过，在孟德斯鸠一生中的这个阶段里，他和女性通信的口气已经不再带有爱的狂热，而是摆在了友谊的位置上。和他通信的人有时抱怨长期接不到他的片纸只字。沃尔特·德·吕特泽尔堡公爵的妻子玛丽-于尔絮尔·德·克兰然就是这样，她于1736年6月13日写信给孟德斯鸠，抱怨他不给她写信："对于不在场的人，晚想比不想好。我所有的朋友都会告诉您，我在为听不到谈论您而抱怨。最让我感到不快的，是我两天前才接到您的信，而我抱怨的只是快乐来得迟些而已，您又没多大的错儿。先生，您看您的信多受重视啊！您要明白，如果您的信按时到我手上，您就一点错也没有了。"

孟德斯鸠身边的人都知道他丢三落四的毛病，常常把约会忘了，他们都能原谅他这一点，因为他们都知道他重友情，也知道当他在朋友的小圈子里时，他的谈话是如何富有魅力。柏克莱写于1736年6月底或7月初的一封信，就证实了这种宽容，虽然口气上不无揶揄之处："孟德斯鸠庭长言而无信，目中无人，办事不稳妥，昨天他答应应邀出席，人家等到十点半钟却不见他人影，这些人今晚又请他小酌，只希望他别再把他们忘记。吃饭的人不会很多，谈话将非常随便，也不会语涉粗俗。庭长先生务请赏光，切勿忘记。"

从1733年起到1748年签订《亚琛条约》止，欧洲的战事没有停止过；关系的改变，使今日的盟友成了明日的敌人，这一切都妨碍了和外国的关系，以及人员从一个国家到另一个国家的自由来往。此时正是这样一个时刻：学者和哲学家们自视为世界公民，他们在频繁地旅行和通信。尽管有这些令孟德斯鸠多次抱怨的困难，他仍然维持并加强着他在意大利和英国结下的友好关系。特别是旅居伦敦的那段时光，给他留下了美好的记忆，他甚至打算 1739 年再去一次，因为 1738 年 8 月 19 日他曾在信里告诉马丁 · 福克斯："我希望明年来看望您。"他带着怀旧的心情提及他和里奇蒙公爵及蒙塔古公爵的关系；马丁 · 福克斯和赫维夫人一直是他所喜爱的交谈对象。福克斯是英国王家学会的主席，并且一直向孟德斯鸠通报伦敦的生活情况。孟德斯鸠在 1738 年 8 月 19 日写给福克斯的信里说："每当我听到谈论起您时，每当我提到您时，每当我收到您的来信时，我就感到我的心得到了抚慰。"在 1741 年 2 月 14 日写的一封信里，孟德斯鸠又向福克斯吐露心声："您是这个世界上在我的记忆中最亲爱的人，有了您我更愿意活着，而和您一起生活在这个世界上，对我来说就是要爱您。"当福克斯打算把自己的儿子送到法国来待一年的时候，孟德斯鸠表示愿意做他儿子的良师益友："您要记住，您曾答应过我们要让您的公子来波尔多一年；我们将会使他有好的伙伴，我们将尽全力使他有朝一日能像他的父亲。一个仅次于巴黎的外省大城市，对于一个能找到好伙伴和朋友的年轻人来说，可能比巴黎还好。我向您保证，我将注视着他，他纵然放纵一点，充其量也只能做些高尚文雅的人应当做的事，而且我将做他的老师。"

孟德斯鸠和赫维夫人的关系表现出了同样的信任和相似的仰慕之情。1740 年夏，孟德斯鸠在巴黎见到了他的朋友赫维夫人的长子，于是写信给她，为他在这个孩子身上体察到的品格向她表示祝贺："他生就一副讨人喜欢的面孔，有才学，我觉得他很可爱。您在巴黎有这么多朋友，我有点儿恼火了，我对他没什么用。我们没完没了地谈论您，您可能不会知道我们两个都多么爱您。"

孟德斯鸠对意大利的各种交往也没有忘怀：切拉蒂教士，"一个善良、高尚而又出类拔萃的人，若是当年能和他一起去英国旅行，对我来说就是一大幸事了”。孟德斯鸠在1743年1月21日给福克斯的信里这样写道：“他为研究自然哲学而放弃了神学。一个没有被神学腐蚀掉的人，就其思想的本质而言，是非常适合研究自然哲学的。”孟德斯鸠也给尼科里尼教士写了信；在1739年10月4日的信里，孟德斯鸠是这样回忆他们在意大利见面时的情景的，“杰出的教士先生，我希望您没有把我忘记。至于我，和您共同度过的那段快乐时光，我是终生不忘的。您在一刻钟之内表达的思想超过那些大人物（取代佛罗伦萨的梅迪奇家族的那些洛林王朝的大公们）一天的想法”。1740年3月6日，孟德斯鸠再次对尼科里尼教士进行赞扬：“您是那种让人无法忘怀的人，您使人对您的怀念之情总是在心里翻腾。我的心和我的思想都是属于您的。”孟德斯鸠邀请他们两人到拉布莱德来看他：“我一个月前回到了波尔多，大概还要在这里待三四个月。如果因此而失去了见到亲爱的切拉蒂的快乐，我的心是无法宽慰的。这样，我只能请他到波尔多来看我。他将看到他的朋友，还能更好地了解法国。法国只有巴黎和遥远的外省还有点意思，这些遥远的外省还没有被巴黎吞噬。他将行经该省的西部和南侧的两个边，不是穿越腹地，所以看到的是面临大西洋和地中海的美丽省份。”虽然有孟德斯鸠的邀请，但切拉蒂主教没有到波尔多去，他急着去英国。

但和孟德斯鸠结下毕生友谊的两位意大利教士，却是菲力波·维努蒂教士和德·加斯科教士。菲力波·维努蒂教士出身于科尔托纳市的一个绅士家庭，虽然岁月流逝，这个家庭一直保持着文化传统。在罗伯特·夏克尔顿于阿尔佐市市立图书馆发现的菲力波·维努蒂写的《旅行日记》里，我们了解到，这位注定一生要过隐居生活、充其量也只能在一个有图书馆和艺术品展览室的城市里得个稳定的议事司铎头衔的普通教士，是如何在1738年4月27日得到他的兄弟里图费诺·维努蒂的通知，说圣－让－德－拉特朗教士会议对他有个提议这一消息的。里图费诺·维努蒂是一位考古学家，《古罗马详述》（插图为皮拉内兹所绘）的作者。维努蒂来到罗马，得知自己被委托赴法国一行，此行将给他的学者生涯带来新的、意想不到的收获。阿让附近的克莱拉克修道院被亨利四世给了圣－让－德·拉特朗教士会议，作为他真诚改宗天主教的担保。教士会议的权利似乎受到了拥护法国教会自主的一些人的威胁，于是维努蒂受命去恢复这些权利，反对波尔多高等法院和阿让主教的蚕食，并受命每周写两封信，一封报告他所承担的使命中的与非教会事务有关的情况，另一封则报告他的使命中的与教会事务有关的情况。

维努蒂从克莱拉克去了波尔多，他在那里和波尔多科学院进行了接触；科学院的人知道他的兄弟里图费诺的作品。1739年3月17日，维努蒂被波尔多科学院选为合作院士。6月29日，他受到巴尔博院长接见，用拉丁文发表了致谢词。孟德斯鸠当时在巴黎，但他已经写过信给德·克莱拉克神父；孟德斯鸠在佛罗伦萨时认识了他的兄弟马尔赛罗，是马尔赛罗安排科尔托纳科学院选举孟德斯鸠为院士的。几年之后，掌握了克莱拉克修道院的维努蒂感到不安了。加斯科对维努蒂在罗马成了攻击目标一事做了这样的解释："对他的主要不满是因为修道院交付的收入不够多，人们把错误算在他头上，而实际上这是修道院所负担的沉重的所得税、修缮费和诉讼费造成的，打官司用去了收入的一部分。除了这些理由以外，还由于耶稣会那些传教士不善待他。这些传教士自亨利四世的时代起，就担负起在这座城市的修道院所属教堂的各种节日和星期天的布道工作。尽管如此，这座城市仍然继续完全由新教徒占住着，连一个胡格诺教徒改宗的事例也找不到。"

维努蒂想在巴黎找一份工作，请孟德斯鸠帮忙。如果维努蒂坚持自己的这个想法，他会遇到一些难题，这一点，孟德斯鸠没有向他隐瞒。1742年1月11日，孟德斯鸠在从巴黎写给维努蒂的信里说："先生，您那充满善意和礼貌的来信收到了。我复信之所以延迟，是因为我要等着看看对您的想法我能做出什么样的答复。请您相信，在我们的这些王公身边，没有什么对您相宜的事可做，因为我和他们混得久了，十分了解他们。巴黎有无数的小教士，有些没什么能力，有些有能力也平平常常；这些人各种位置都想占。请您相信，我们的王公中没有任何人感觉得到或愿意感觉到您和这些人之间的巨大差别。还请您相信，您现在的位置要比您想找的好一百倍。这些王公只知道两种位置，即家庭教师和总督；他们没有图书管理员，也没有图书馆。总督是军人，家庭教师通常是神职人员，但都是本事不大的人。无论如何，只要有了机会，我保证不会错过；但请您相信我，尽情地游览观赏，不要着急。”

几个月之后，孟德斯鸠问维努蒂，人家到底为什么抱怨他：“您的几个朋友让我向德·唐森夫人谈谈人家写的那些反对您的信件。由于我对此一无所知，也不知道这是第一批信还是最近写的信，因此我想请您明示，我该向即将到来的（德·唐森）红衣主教说些什么……”然而，维努蒂的事非但不见好转，而且复杂化了，变糟了；孟德斯鸠得知这位朋友每况愈下的处境之后，于1742年7月10日从巴黎写信给他说：“先生，您的敌人终于还是对您实行了迫害，对此我实在感到万分难过。德·唐森夫人也因此而义愤填膺。她告诉我，人家利用她兄弟生病的机会干了这桩事和另外两桩类似的事情。”孟德斯鸠想找个解决办法，建议维努蒂就任波尔多科学院图书管理员，年薪800利弗尔，并在图尔尼大街让－雅克·贝尔遗赠的大楼里给他提供一个住处。另外，孟德斯鸠又于1742年7月24日写信给维努蒂，鼓励他去谋求这个职位，他着重指出：“我不认为这个职位比一个绅士的地位低下，尤其是图书馆是科学院的，因此图书管理员也是属于科学院的，更何况您要谋的职位还是目前由巴尔博院长占着的位置。我也听人说过，在阿波罗和缪斯居住的巴纳斯山上，从山峰到小丘，所有的地方都是可敬的。”

孟德斯鸠运用外交手腕进行了谈判。然后，正如他所预见的那样，巴尔博于1742年9月2日辞了职；9日，维努蒂被任命为科学院图书管理员，接受了将图书馆藏书重新编目的任务。这个图书馆的藏书在不断增加着。维努蒂的历史知识和文学知识证明，选用他，科学院没有什么可遗憾的。

事实上，在科学院同事们的帮助下，在孟德斯鸠的支持下，维努蒂做出了成绩，他和所寄居的城市在生活上融成了一体，也对这个城市的历史发生了兴趣。这个城市接纳了他，为他提供了体面的生活条件。维努蒂曾多次到拉布莱德去看望孟德斯鸠。维努蒂的文学作品中，最著名的是1748年在阿维尼翁的亚历山大·吉鲁德出版社出版的译作、路易·拉辛的诗集《宗教》的意大利文译本。在文学作品之外，他于1754年在波尔多的让－夏皮伊出版社出版了《论波尔多市的古建筑和阿基坦人的麻风病、古物和公爵》，附“英国人在这个省的造币史”。另外，他还留下了一些关于波尔多的论文，未曾发表，保存在科学院的档案里。这样，孟德斯鸠为朋友提供了帮助，使他得以于1750年返回意大利之前度过的这段生涯既有利于波尔多科学院，也有利于波尔多市本身。

“加斯科既是个教士、思想深刻的学者，又是个阴谋家、野心家，令人不可思议。他的最大长处，”罗伯特·夏克尔顿指出，“是得到了孟德斯鸠的友谊。这份友谊一直存在到孟德斯鸠身后，因为大家都说，加斯科直到晚年每次提到孟德斯鸠的名字时都很动情，然而，即使他不曾认识《论法的精神》的作者，他在18世纪的世界主义运动中也会为自己搞到一个体面的位置”。奥塔维延·德·加斯科1712年生于皮埃蒙特，他的父亲当时正任该省省督。加斯科在佛罗伦萨学习希伯来语和神学，虽然被怀疑他支持哲学家们的新思想，他还是进了修士会，他成了权力无限的都灵内务大臣和外交大臣奥尔梅阿侯爵的敌视对象。他于1738年来到巴黎，他的知识和才学很快就使他成了波尔多科学院和铭文与美文学院的院士；柏林科学院、科尔托纳科学院和伦敦皇家协会也在这时接受了他。孟德斯鸠写给加斯科的第一封信的日期是1742年，但两人的来往比这个日期要早，大约是在这位教士初到巴黎安顿下来的时候。尽管有许多对加斯科的性格和行为不利的证据，他和孟德斯鸠的友谊，从两个人方面来说，都是真实的、长期的、牢固的，这一点确凿无疑。关于这两个人的关系，弗朗索瓦·德·保尔·拉塔皮留下了一项颇为模棱两可的证据，值得一提：“我们最初几年的回忆是如此美好，连我在维罗纳遇到那位不怎么可爱的加斯科教士时都感到有一种奇特的喜悦。此人我在拉布莱德多次见过，有时是在古堡的古老小教堂里望弥撒，有时是在树丛里、村庄里、郊外，他总是由那位宽容而可爱的朋友陪着。他对他这位朋友可经常是很粗暴的。”

根据巴黎的流言，加斯科受着警方监视，他被怀疑在为皇帝或萨瓦公爵从事间谍活动。1746 年 8 月孟德斯鸠给加斯科写信时，影射的大概就是这些怀疑。他写道："人家把您看作一个危险的政治家，因为您喜欢阅读报刊；如果您去攀登悬崖峭壁，您就有可能被当作一名巫师。"当时这位教士正和让－巴蒂斯特·德·色贡达一起在比利牛斯山里做实验。人们也责备加斯科在饭桌上举止不雅，他的兄弟们在信里形容他是"畜生，被好几个家庭当作真正的食客赶了出去"；在铭文与美文学院向他致颂词的人对他做了略为缓和而比较公正的评价，说他"很有活力，乐于取悦于人，他讲话时半用法语半用意大利语，做着夸张的手势，使人又要听他又得看他，这倒使耳朵变得宽容了"。

不管加斯科真正的和传说的缺点如何，孟德斯鸠觉得他很关心自己的研究，常和他进行一些探讨；而且人们后来也看到，在准备撰写《论法的精神》期间，以及在这部著作定稿的时候，这位皮埃蒙特来的教士帮助了孟德斯鸠。正如罗伯特·夏克尔顿指出的那样，几乎可以肯定，孟德斯鸠在撰写《论法的精神》期间受过加斯科的影响，只是这种影响的程度难以确定。

孟德斯鸠的友情观念和他那种以助人为乐的思想，常常使他为一些他并不怎么了解的人做引荐人，而这些人并不都值得他信任。

1746 年，一个名叫詹姆斯·考德威尔的爱尔兰怪人来到法国，他请求孟德斯鸠写封介绍信给图鲁兹高等法院院长马尼邦侯爵。孟德斯鸠可能是在英国认识考德威尔先生的，不想拒绝他的要求，给他的图鲁兹同行写了信。此时奥地利王位继承战争进行得正酣，英国人都受着警方监视。考德威尔带着孟德斯鸠的推荐信于 1746 年春自波尔多启程，在阿让停了一下，住在德·色贡达夫妇家里："我在那里住在一个被耶稣会士包围了的家庭里。我不知道为什么会被告知德·克莱拉克神父（菲力波·维努蒂）住在我隔壁的房间里。他请我去吃饭。饭桌上，一个是很容易被人牵着鼻子走的意大利教士，一个是图鲁兹的检察官，五个耶稣会士，一个英国异教徒。我们谈论宗教，那位检察官和那位异教徒反对那位意大利教士和五位耶稣会士，直到以两杯充满了爱的酒结束战斗"。

在图鲁兹这个"高雅、贫穷、虚妄、充满欢乐、喜好打扮的大城市里”，考德威尔成了一桩不幸遭遇的牺牲品。这是他的不谨慎引起的，险些造成对他不利的结局。加斯科是用这样的话叙述此事的：“考德威尔骑士……到城外逮小鸟玩去了。由于人们每天都看到他一大早就出城，带着一个小男孩围着城转，手里还常常拿着纸笔，在这个正和英国进行战争的时刻，图鲁兹的行政长官们就怀疑他是在画城市地图，于是逮捕了他；由于搜查他的口袋时发现了一张图纸——一张他用来学习逮鸟装置的图纸——和几张上面写着鸟名的卡片，因为是英文，没人认识，于是就不再怀疑，认为这一切都和他被怀疑干的事情有关，就把他正式逮捕，一直到他让人明白他是无辜的，怀疑是愚蠢的，有人出来为他担保为止。要知道，图鲁兹城是不设防的。”

孟德斯鸠在波尔多的律师达尼埃尔·格勒努瓦洛，在他和波尔多市旷日持久地打官司期间，突然离开法国，跑到日内瓦躲起来了；作为“改宗的”新教徒，他害怕遭警察当局追捕，但这样仓皇出走，是要冒被没收财产的危险的。他想改善自己的处境并得到保证，就在1747年年初的几天里向孟德斯鸠倾吐了自己的担心。孟德斯鸠嘱咐他要特别谨慎，避免采取任何仓促的、未经深思熟虑的举动，以免情况更加恶化，同时建议他写信给图尔尼省督：“您就说，在犯了一个大错误以后，因为害怕而又犯了另一个错误，但您的本意并不是要离开法国；您可以说，可以证明这一点的是您在几个月以前曾经申请过护照，只是因为害怕才没有等到护照下来；您要请求省督的保护，让您可以毫无恐惧地回到法国来，并得到国王的宽恕；您要向省督保证，您以后的行为将是无可非议的。”孟德斯鸠这些明智的建议，以及为他这位朋友很可能进行过的奔走，都没有达到预期的目的，因为格勒努瓦洛没能返回法国，1759年死在了日内瓦。但孟德斯鸠至少在一直不断地对格勒努瓦洛这件事给予周到而友好的关怀。

欧游期间，孟德斯鸠远离了法兰西学士院；他是在1728年动身去德国前仅几个星期被选为院士的。他于1733年回到巴黎，又和学士院的同事们恢复了来往。1734年8月20日，“孟德斯鸠先生，最近出版的书名为《罗马盛衰原因论》一书的作者，把他的这部著作送了一本给学士院；他还送给三位得过奖的院士每人一本”。1738 年 4 月 1 日，孟德斯鸠被任命为法兰西学士院主任秘书，但这项任命似乎没有起到促使他更经常地出席学士院各种会议的作用。不过，在孟德斯鸠于 1739 年当了院长以后，因为要准确无误地履行他的职责，这一年里从 4 月 1 日至 8 月 25 日之间的所有会议，他是几乎都参加了的。1739 年 6 月 3 日，学士院的人根据传统去了凡尔赛：“学士院的人在弗勒里红衣主教的前厅集合，一共十六个人。大总管和典礼官来接他们，把他们一直引到国王书房门口，莫尔帕伯爵在那里接待了他们。作为院长的德 · 孟德斯鸠先生发表了讲话。国王对这篇讲话显得很满意，这篇讲话随后印制成文。”

从 1741 年至 1743 年，孟德斯鸠通常参加学士院的会议，但对编纂《辞典》工作的兴趣不大。他在《随想录》[16]里指出：“为活的语言编辞典是个坏规矩，会把语言限制得太厉害，辞典里没有的词都被认为是不恰当的、外来的或不能再用的。”在提到 1726 年出版、由戴丰泰纳神父主编、而他的朋友让 - 雅克 · 贝尔可能也参与其事的《新词辞典》时，他补充道：“制造‘新的讽刺语’的是法兰西学士院，或者说，法兰西学士院至少是产生这种东西的原因。”

孟德斯鸠认为“法兰西学士院将永远立于不败之地，因为有傻瓜就有聪明人”。对那些选举院士或接受新院士的会议，他表现积极，经常出席。他先后投了击败德梅朗而当选的勒纳尔神父的票，投了尼维尔奈公爵和马里沃的票，投了国王图书馆馆长比尼昂的票，也投了莫佩蒂乌的票。孟德斯鸠于 1753 年再度被任命为院长。在以往的十年里不经常出席会议的孟德斯鸠，此刻又恢复了他在 1739 年时的习惯，在就任院长的头三个月里，出席了各种会议。布封于这一年的 6 月 23 日当选为院士，孟德斯鸠希望主持他的就职仪式，于是准备了讲稿。这次演说的一些片断被收入了《随想录》[17]，但到接受布封为院士时，孟德斯鸠已经不是院长了，例行的讲话也不是由他来发表了。他最后一次去法兰西学士院是 1754 年 4 月 27 日，那一天布甘维尔当选为院士。

在孟德斯鸠一生中的这个阶段里，另外两个科学院接受了他为院士。由普鲁士国王腓特烈一世于1701年建立的柏林科学院，第一任院长是莱布尼兹。1746年，莫佩蒂乌改组了柏林科学院，让科学院提名孟德斯鸠为外部合作院士。1746年11月25日，这位新当选的院士热情地感谢他的朋友给了他不期而至的荣誉和好意："当得知（柏林）科学院给了我提名为科学院的一员这一荣誉的时候，我不知道如何表示我的敬意和感激之情，我甚至想说，我不知如何表示我的高兴：只有您对我的友谊才得以说服科学院，相信我可以企望得到这个位置。这对我是个鞭策，会使我做得比现在更好。如果我不是怕让您感到忧虑不安，因而未敢有所流露，您可能早就发现我有此抱负了。"几个月以后，1747年6月3日，孟德斯鸠又写信重申他的感激之情。但这次的信是写给出生于柏林、父母亲是法国新教徒的让－亨利－萨穆尔·福尔梅的："先生，一想到我所得到的科学院给予的极大荣誉是你们所赐，我就更感到这项荣誉的可贵。如果您乐于向科学院转达我的感受与谢忱，我将十分感激。德·莫佩蒂乌先生给了我种种友好表示，但我还希望他乐于帮我得到您的好意；我虽是外国人，但还不至于不知道什么是我应该希望得到的。"孟德斯鸠接着向福尔梅提了一个问题，他该用什么样的著作向柏林科学院表示自己的感激之情："由于我非常想尽我之所能对选我为院士的科学院——如果我不是它的成员，我将称它为著名的科学院——给以报答，又由于我只能以寄送某项著作来表示，所以我希望您或莫佩蒂乌先生能费心告诉我，我应该寄送哪一类作品，虽然我只有一部作品容我从中摘些能够拿到你们面前的东西。我不会只把一些纯文学的东西或我在旅行中所写的考察报告拿出来的。"

但是，当莫佩蒂乌邀请孟德斯鸠去柏林的时候，他却以种种谦辞百般拒绝了："当您建议我去柏林时，您算是触到我的痛处了。"他在1747年6月底给莫佩蒂乌的信这样写道："您是否想过，对我这样一个曾在很长时间里眼前都是罗马军官的人来说，去见腓特烈该是多么荣幸？我想，如果离开巴黎时我已有此项计划，我也许有胆量做这次旅行，但现在我只能按原先的安排行事。另外，我这样一个可怜虫、一个失败者、一个到处碰壁的人，一个举目无亲、不知道找谁搭话的人，您又叫我怎么办呢？我在这里是处在朋友们中间，我不让他们感到我可怜。这里所有的人，直至波兰国王——他曾因为我把他当成了别人而大大赞扬了我一番——都习惯了我这种张冠李戴的毛病。但到了柏林，我能希望得到这样的宽容吗？在国王面前，在那些显赫的王后们面前，我将何以自处？您看，对于这样一次旅行所能给予我的荣耀，我只能心领了。”事实上，孟德斯鸠正在为撰写《论法的精神》的最后几章而忙得不可开交，他还要监督印刷，还要校对，他要把全部的力量和能力都投入到这项令人疲惫不堪的工作中去。他来到吕内维尔好几个星期了，是应斯坦尼斯拉斯·莱钦斯基国王之邀而来的。他于 6 月初抵达这里，和德·米尔波瓦夫人同行，是来讨好波兰国王这位“令人钦佩的国王”的，打算在这里不住几个月至少也住上几个星期。他在吕内维尔遇到了好几个旧相识：路易丝－阿代拉伊德·德·布尔邦－孔蒂、德·拉罗舍－絮尔－戎公主，她从邻近的普降比埃尔来，是到这里进行温泉治疗的；德·拉弗尔泰－茵博夫人，当她还是个孩子的时候，孟德斯鸠就在她母亲乔夫里夫人的沙龙里认识了她；沃尔特·德·吕特泽尔堡的妻子玛丽－于尔絮尔·德·克兰然，孟德斯鸠和她丈夫有通信往来；梅斯的主教克洛德·鲁弗莱·德·圣西门。

孟德斯鸠觉得这个宫廷使他充满了热情，“又高兴又快乐”，1747 年 6 月底他写信给莫佩蒂乌时这样写道，“每天都有新玩意儿，有新的乡间住宅可以参观，有新的庆祝活动，特别是有好音乐”。最后说到的这一点值得一提，因为孟德斯鸠似乎对音乐没有强烈的爱好，但他在《随想录》[18]里，却有这样的流露：“在意大利时，我对意大利音乐的看法完全改变了。我觉得，在法国音乐里，乐队为歌声伴奏，而在意大利音乐里，乐队带着歌声走，把歌声压倒了。意大利音乐比法国音乐活泼，就像一个反应灵敏的斗士，法国音乐则显得呆板。意大利音乐声声入耳，法国音乐折磨人的耳朵。”他对音乐似乎只有起码的知识，至少从他在《随想录》[19]里所说的来看是如此：“艺术上越是粗糙、越不完美的音乐，效果越是惊人。理由（我以为）如下。有一些乐器可以发出震耳欲聋的声音，这对于不习惯于听最好的音乐的听众说来，更能愉悦人，尽管不太能感动人。但是，当这种新音乐越来越使人高兴时，原来那种音乐的感染力就越来越小了。”另外，他对乐师的评论缺乏细微的差别：“吕利的演奏像天使，拉莫的演奏如恶魔。”[20]

正如让－厄拉尔[21]指出的那样：“孟德斯鸠和当代艺术仅有的接触，看来是始于他旅居吕内维尔的时候。”在此期间，孟德斯鸠有闲情去欣赏那些美丽的装饰物，他把这些美化的东西都归之于斯坦尼斯拉斯，而斯坦尼斯拉斯是求助于建筑师博弗朗才建造了这些新建筑并布置了这些花园的。在《忆斯坦尼斯拉斯·莱钦斯基的宫廷》里，孟德斯鸠对这些新鲜物事甚为欣赏：“波兰国王对房屋和花园的品位，格调是很高的。他在吕内维尔建造了很多异乎寻常的东西，那里的花园完全可以和欧洲的媲美。吕内维尔有条脏水沟，国王下令把默尔特河引入脏水沟，使它变成了一条很美的小河，沿着他的花园流过，不但好看了，空气也变新鲜了。他让人在这条小河的尽头建了一座瀑布，再过去则是一座大厅，大厅开了二十四扇很漂亮的窗子。大厅里光线好的时候，人们有一种置身户外的感觉。这座大厅非常漂亮，可能是最漂亮的，是别处所没有的。一切都显得与众不同，都表现着国王的才华；国王的想法都出自他自己的头脑，是他培养出了自己的建筑师和工匠。”

孟德斯鸠对洋溢在吕内维尔的幸福感也颇为感慨。国王“看到周围的人都很幸福，这在很大程度上是因为他宫廷里的人都很好，都没有什么欲望，因此也就没有比现在更好的野心，想比现在还要好”。有些朝臣对国王提出非难，说他在饭桌前的时间不够。确实，“有那么几次，在饭桌上只有一些比较亲近的人时，国王从开始吃饭起就提到某个热门话题，然后，看到同桌的人争论得厉害起来了，他就动手撕起鸡来，狼吞虎咽。吃完之后，他便立即静悄悄地离席而去。其他人当然不得不跟他离席，但都还是腹内空空，一副可怜相”[22]。这种自愿节食，况且只是相对的，倒并没有让孟德斯鸠感到不高兴：“这件事我很适应，我来一个月以后感到身体健壮了，因为不再像在巴黎那样饱食伤身。”

初到吕内维尔时，孟德斯鸠是一副疲惫不堪的样子，这几年来为完成《论法的精神》，他耗尽了精力：“感谢上帝，我终于完成了我着手写而且绝对要写成的著作，我现在感到像从中学里毕业时那样轻快。”他向莫佩蒂乌承认：“我在此地没有时间工作，也不想工作，并且……我开始感到，那项重要工作要把我累死了。”除了他生性如此之外，在进行这样一番脑力劳动以后的疲惫，以及自然地需要休息等，也都说明了孟德斯鸠在斯坦尼斯拉斯宫廷里何以是这么一种态度。德·拉弗尔泰－茵博夫人对他的态度是这样记述的，字里行间不无恶意：

> 他在那里受到了盛情接待，之所以如此，与其说是因为他的举止和谈吐，不如说是由于他的名望。孟德斯鸠确实在有意地装出一副不拘礼节的样子，都显得有些土气了。在他的拉布莱德的田地里，人们经常看到他扛着葡萄藤支架在地里走，头上戴着一顶白色棉布帽子。有过几次这样的事：外地来看望他的人用“你”的称呼和他打招呼，把他当成一个种葡萄的，向他打听大名鼎鼎的孟德斯鸠的住处。他在吕内维尔宫里差不多就是这副样子，有时闹得大家目瞪口呆。他来时刚刚写完《论法的精神》，确实被这项工作搞得筋疲力尽了，所以他回避所有格调高雅的谈话，打定主意只聊些低级趣味的东西。

所以，有一天孟德斯鸠把德·拉弗尔泰·茵博夫人单独叫到一边，恳切地请求她：如果有人惊讶地同她谈起他那些荒唐举止，请她告诉他们，这是他的一种摄生法，以便有朝一日恢复点才智。他严格遵守着自己的摄生法。她补充说：“整个洛林宫廷，甚至包括仆人们在内，一直为他的表情和举止像个呆子而大感惊奇。”

在孟德斯鸠离开前夕，德·拉弗尔泰·茵博侯爵夫人好像当着全体宫廷人员的面用这样一些毫不客气的话责备过他：“庭长，我非常感谢您；因为您显得非常愚笨，相比之下，倒使我显得颇具才智了。因此，如果我说《波斯人信札》是我写的，这里的人都会相信，比说是您写的更相信！”

孟德斯鸠在巴黎的沙龙里又遇到了大部分文人学士。外出旅行以前，他曾是德·朗贝尔夫人沙龙里的常客；他回来时，德·朗贝尔夫人已于1733年去世，但文学沙龙作为一种时髦，非但没有随着德·朗贝尔夫人的逝世而消失，反而出现了一个新的高潮：德·唐森夫人、乔弗里夫人和杜·德芳夫人都开设了文学沙龙。

克罗迪娜－亚历山大里娜·盖兰·德·唐森于1682年4月27日生于格勒诺布尔，是格勒诺布尔高等法院一位庭长的女儿；1698年，父亲强迫她进了蒙弗勒里修道院，戴起面纱；父亲去世以后，她于1705年离开修道院；到了1712年，她让罗马教廷解除了她立过的誓。在修道院的几年，是德·唐森夫人一生中最艰难的时期；由于她始终在不断地反抗，甚至不曾利用她被迫住修道院这段闲暇时光去广泛学习文化知识。正如让·萨莱尔所指出的："她的学识是在沙龙里和一些聪明的饱学之士的接触中得来的，也是从后来读的那些书里得来的。她以前读的那些书没给她带来什么知识。"[23]

她定居巴黎，住在圣－奥诺雷街的一座小宅子里。她的住处与孔瑟普希翁修道院毗邻，和阿松普希翁修道院相对。这位青年女子很快就在巴黎社交界崭露头角，建立了数不清的关系；她也在为自己的弟弟皮埃尔、未来的德·唐森红衣主教的职业尽力。德·唐森夫人的沙龙就这样逐步地形成了。直到1749年，经常出入这个小沙龙的人一直在变化。开始时，德·唐森夫人跟姐姐德·费里奥尔夫人学习，在那里结识了丰特奈尔、拉莫特和索兰。在很长一段时间里，文学之士和才子们在德·唐森夫人的沙龙里占据重要地位，但没有占到绝对优势。到1730年左右，出现了明显变化，因为德·唐森夫人在和她弟弟围绕着昂布伦主教会议和教皇敕令"唯一圣子"的实施进行了一系列政治和宗教的阴谋活动之后，被强令保持沉默，于是她转向作家和学者，数年之内，文学和文学界就成了德·唐森夫人全神贯注的对象了。德·唐森夫人常去德·朗贝尔夫人的沙龙，目的是把德·朗贝尔夫人沙龙里的常客吸引到自己的沙龙里来；1733年德·朗贝尔夫人作古，最终地确立了德·唐森夫人的名望和影响。"德·朗贝尔夫人的星期二变成了德·唐森侯爵夫人的星期二，丰特奈尔在这个换了地点的小圈子里，依然起着主要的吸引作用。”[24]聚会的调子和当年在德·朗贝尔夫人沙龙里占主导地位的调子不同了，更自由了，更理智了，特别是对各种思潮都开放了。就1730年左右哲学一词所能包容的含义而言，德·唐森夫人的沙龙是个哲学沙龙。巴黎所有文学界和学术界的名人，那些荣幸地为这个圈子所接纳的外国名士，都经常到德·唐森夫人的沙龙里来。在经常被邀请的“七贤”——丰特奈尔、马里沃、德梅朗、米拉波、德·布龙泽、阿斯特鲁和杜克洛——的身旁，孟德斯鸠在这个时期出现了，而且很快就成了颇受女主人赏识的大人物。

孟德斯鸠和德·唐森夫人之间的书信往来始于1734年《罗马盛衰原因论》发表的时候；六七月间，德·唐森夫人邀她这位新朋友吃晚饭，向他要一本《罗马盛衰原因论》，从那时起她就总是称孟德斯鸠为“我的小罗马人”。德·唐森夫人想帮助他这位朋友——他们大约是在孟德斯鸠回到巴黎时相识的，向他提出了一些建议，孟德斯鸠高兴地接受了：“我请您还是让我自己来理清此事，我会理得很清的。”同时补充了这几句表现出持久友谊的话：“然而，夫人，您信里的话就像悦耳的和弦，平定了我的狂热。如果我不是正爱着您，我也必定会对您爱慕不已的。”从那时起，德·唐森夫人和孟德斯鸠的关系就建立在一个相互信任的基础上了。德·唐森夫人希望把星期五聚会已经恢复的消息告诉索拉尔骑士，她于1736年8月写信给孟德斯鸠：“从我这方面来说，我想告诉他，星期五的活动又重新搞起来了，但只有在您能够出席的情况下才能搞起来。必须让他知道也有您，否则他会觉得聚会没意思……您被温情脉脉地爱着，您永远也不可能得到比这更美好的爱了。”

在孟德斯鸠和德·唐森夫人的交往中，人们也许会试图使孟德斯鸠实践唐森夫人向马蒙泰尔提出的关于妇女友谊的用处的忠告：“因为，要男人做的任何事情都可以通过女人做到。但是，有些男人太不专心，有些男人又太汲汲于自身利益，两者都可能把您的利益忽略了；女人却不同，她们总想着那些事，哪怕仅仅是因为无事可做呢……不过，对于您认为能对您有用的女人，请千万注意您只能是朋友，不能是别的。因为，在情人中间，一旦阴云骤起，发生争执，关系破裂了，就一切都完了。所以，在她身边您要始终殷勤陪伴，奉承讨好，如果您愿意，甚至可以献媚，但只能到此为止，这您得理解。”[25]

外国人，特别是英国人，在一个他们确信可以遇到孟德斯鸠的地方，总会感到有点像在自己家里一样，因为孟德斯鸠和英吉利海峡彼岸的一些杰出人物十分相熟，他也十分想在国外广交朋友，并使他的法国朋友分享这些友谊。加斯科教士的兄弟加斯科伯爵、丹麦海军总监弗雷德里克·达纳斯基奥尔德－桑索克伯爵、马丁·福克斯、切斯特菲尔德，以及其他一些人，都是由孟德斯鸠引荐给德·唐森夫人的。我们还记得，在维努蒂神父为克莱拉克修道院的管理问题上遭到攻击时，德·唐森夫人曾应孟德斯鸠的请求进行过干预，让她的弟弟寻求一项令人满意的解决办法。正如夏尔·杜克洛在其所著《路易十四和路易十五王朝秘闻》中所指出的：“在和她自身利益不发生矛盾的情况下，她是很乐于助人的。她渴望得到的名声是热情的朋友或公开的敌人，她善于把握时机表露这一点，并因此而使不少德高望重之士归心。”

仅仅是谈话还不能使聚会显得充实丰满，聚会中还为格言、故事、寓言等留下了宝贵时间。马里沃、丰特奈尔和孟德斯鸠都被视为讲格言警句和刻薄话的大师。在《玛丽亚娜传》里，马里沃强调了德·唐森夫人的两个最重要的品质，即她对朋友的忠诚和她的聪慧。她的聪慧主要表现在设法理解和她对话的人，并使他们得以发挥所长：“她让我讲自己的故事，从孩提时代讲起。她听着就像讲她自己的事一样，同情我的悲伤，和我争辩我的看法和希望，就好像除了我的忧虑以外她的脑子里没有别的事一样。啊！心思多细密，头脑多灵活，又是多活跃啊！那副天真的样子，那副表面的静穆与悠闲，是否把我瞒了过去？我现在还在笑自己离开她时大声说着‘多好的女人啊’时的天真样子呢！从这些谈话里我得到的好处是，我在不知不觉中对世界的认识更完美、更深刻了。”

在书信以外，孟德斯鸠在他和德·唐森夫人的关系上没有对我们吐露过任何隐情，但可以想象，他们之间的那些谈话对他的思考有启发，性质是和对马里沃的启发一样的。孟德斯鸠也善于听别人讲话，他对那些平庸无聊、不能丰富充实他思想的交谈避之唯恐不及，这种缺乏内容的交谈对他的思考提供不了任何内容："在交谈中讨人喜欢如今成了交谈的唯一价值了。为此，法官扔掉了对法的研究，医生以为研究医学使自己丧失了威望。大家像躲避瘟疫一样躲避研究那些可能使人变得不那么诙谐的学问……除了一些经常的谈话之外，就是零散的话题，谁怀孕了或谁分娩了，某某夫人这一天在林荫道散步，某某夫人在歌剧院听戏；凡尔赛传来了消息，说国王这一天做了他一生中每天都做的事；五十来位略有姿色的女人兴趣发生了变化，献身给并依从了五十来位模样不错的男人。因为不聊这些琐事，你就没有什么可聊了。我记得，出于好奇，我曾经计算过这种小故事能讲几次。这种故事当然不配让这么多彬彬有礼的人花两三个星期来听，来议论。计算的结果是，我一共听了二百二十五次！我对此感到高兴。"[26]

孟德斯鸠和德·唐森夫人谈话时可能使用了这句格言[27]："在谈话中不要总是各说各的，那样会让人感到很累。要一起往前走，虽然不能齐头并进，也不可能走在同一条线上，但要走在同一条路上。"在《随想录》[28]的另一段里，他对这个提法又进行了补充和完善，这表明他思考的一直是如何掌握谈话这门艰难的艺术。他终于在和德·唐森夫人的谈话中对这门艺术运用自如了："交谈犹如人们在对一项工程进行施工，每个人都必须为之出力。假如有人搅乱，就会使谈话变得扫兴。有一些人总在别人建造的时候去拆；他们谈话不着边际，只对一些细枝末节感兴趣，总是跑题，提一些和本题无关的异议，总之，这样的人在交谈中成事不足败事有余。必须指出的是，有道理的反对意见和赞成的意见同样有益。一言以蔽之，在无拘无束的谈话中，要做得如同有联贯性的对话一样。"

上流社会生活的实践，在沙龙及沙龙以外朋友们的往来和交往，都使孟德斯鸠懂得了进行一次有意义的谈话困难之所在："几乎每个人都体验过在交谈中常常陷入一种尴尬状态的感觉。我只想说，我们应该想到三件事：第一，我们是在和一些同我们一样具有虚荣心的人面前说话，我们的虚荣心得到了满足，他们的虚荣心就受到了伤害；第二，没有多少真理重要到要把人折磨得死去活来的地步，更不必因为其人不开窍而再次折磨他；最后，那些在交谈中不容别人插嘴的人是傻瓜或以做傻事为荣的人。”[29]

孟德斯鸠知道如何为他的朋友德·唐森夫人保守秘密，而这种态度是不会令德·唐森夫人感到不快的，加斯科记载的一件事证实了这一点：“德·唐森夫人下葬的那天，德·孟德斯鸠先生从灵堂前厅出来时对身旁的加斯科伯爵的哥哥说：‘现在您可以告诉令弟了，《科曼热伯爵》和《加莱之围》的作者是德·唐森夫人，是她和她侄子蓬·德-凡勒先生合写的著作，我相信只有丰特奈尔先生和我知道这个秘密。’”

德·唐森夫人死后，有不少诽谤她的话，尽管如此，一些人仍一直对她保持“敬佩和友谊”，孟德斯鸠就是其中之一。然而，德·唐森夫人对孟德斯鸠的忠诚也曾经做过回报：《论法的精神》一书在巴黎发行成功，主要得益于她的热情和坚持不懈的努力。

克雷门特的《五年文学生涯》中写于1749年12月编号为第一百五十四的那封信，流露出了对德·唐森夫人的反感：“著名的德·唐森夫人刚刚过世，使那些和她交往密切的人不胜遗憾。她的家一直是才子和天才们有时也是低级趣味的避难所……有不少文人到她那里去，她称他们是她的‘傻瓜’，每个星期二和星期天请他们吃饭，元旦那天发给每人一条天鹅绒短裤。如果没有别的善人把他们接过来，这些人就要贫病交加了。值得庆幸的是，希望继承这一沉重负担者尚不乏其人。”

克雷门特深知巴黎社交界的底蕴，他在写上述那几句话时大概想到了，乔弗里夫人正在等着接受她那位年长的朋友和对手的这份遗产时间的到来呢。玛丽-泰雷兹·龙德生于1699年6月2日，是宫里原来一个掌管服饰的仆人的女儿。她于14岁那年嫁给了48岁的鳏夫弗朗索瓦·乔弗里，他是一家玻璃公司的董事，在圣-奥诺雷街有一处府第，和德·唐森夫人家毗邻；乔弗里夫人在这里生活了六十多年。据乔弗里夫人的女儿德·拉弗尔泰·茵博夫人所说，是德·唐森夫人把她的母亲、一个不为邻人所知的小市民妇女吸引到自己家里去的：“德·唐森侯爵夫人知道，我父亲是个正直而富有的人，我母亲很有才华，我是个独生女儿。由于她深谙各种阴谋诡计，想和我母亲结交，以便把我按照她的意愿嫁给她的一个保护人。”事情很可能是这样：老而且病的德·唐森夫人为了使自己的客人高兴，想在自己邀请的人里增加一位年轻妇女，由于这位妇女地位不高，不可能遮住她自己的光辉，因而也不可能成为自己的对手。但是，渐渐地，这位到那时为止一直过着默默无闻生活的乔弗里夫人，竟大胆地把德·唐森夫人的常客请到她家去了。乔弗里夫人的丈夫不怎么赏识这类聚会，不喜欢这种招待会的奢靡，也不喜欢这类聚会上所说的那些话。他死于1749年12月20日，比德·唐森夫人晚了几天。

这下子乔弗里夫人的天地自由了，她几乎把所有有名气的文人都请到她的“圣－奥诺雷街的王国”里来了。根据莫尔莱的说法，“她在德·唐森夫人家时就认识了当时一部分最有名望的人……乔弗里夫人从德·唐森夫人那里接受了这部分珍贵遗产。德·丰特奈尔先生，德·孟德斯鸠先生，德梅朗先生等人习惯每周在乔弗里夫人家里聚会一次；每个星期二，乔弗里夫人请他们吃饭；其余的日子里，她家每晚都向那些有资格和她以及那些名人交往的人开放”。

孟德斯鸠是乔弗里夫人的老友之一，早在1730年他们就在德·唐森夫人那里认识了。他对她相当赏识，写于1730年、修改于1738年的这首诗就表明了这种赏识：

您同时拥有，
高尚的品德、伟大的情感，
体贴人的胸怀、美丽的容颜，
您处处引人，
富才智、有情趣、细腻又敏感，
而我却没有别的才华，
唯有红心一颗，
温情一片。

当乔弗里夫人的沙龙开设的时候，孟德斯鸠是热心人之一。他急切地鼓励她。最初的几次聚会，他场场必到，以自己的出席来提高聚会的身价。所以说，孟德斯鸠对这个新沙龙的成功是出了力的。德·唐森夫人眼见对手的活动蓬勃开展，不无忧虑。1734 年夏初，德·唐森夫人曾谨慎地警告过孟德斯鸠："那个被人死死抓住的小丑并非在为自己高兴，他是看着我和她斗法而幸灾乐祸。所以，乔弗里夫人尽管把他牢牢抓在手里，却高兴不起来。如您所说，她有个很清晰、很怪异的想法。"孟德斯鸠并不因此而不重视她的判断，毫不勉强地接受了她的劝告。她们之间的关系是在《论法的精神》出版的时候开始恶化的。

第一次提到孟德斯鸠和杜·德芳夫人之间关系的，是 1749 年 1 月 27 日的一封信；也很有可能，从孟德斯鸠住处附近的圣－多米尼克大街的沙龙于 1745 年一开设，他就去光顾了。我们甚至可以肯定，早在 1742 年孟德斯鸠就已经认识了玛丽·德·维希－尚龙，她生于 1697 年，1718 年嫁给了杜·德芳·德·拉朗德侯爵，此人是原奥尔良王国的辅政大臣。她自己说，丈夫对她"关怀备至"到令人腻烦的程度；在和摄政王有过短短一段艳史以后，33 岁那年又和埃诺庭长结成了"有名无实的婚姻"。事实上，1742 年 7 月 17 日，埃诺在写给情妇的信里向她叙述了在米尔波瓦夫人家里吃夜宵的情形："有她，她丈夫，有拉伐利埃尔夫妇，有弗洛朗斯夫人、孟德斯鸠庭长和皮埃罗。我们的夜宵吃得很开心：我们争论、聊天，不吟诗，不舞剑，相当开心；尔后，我们就玩牌。"

1745 年，杜·德芳夫人在圣－多米尼克大街租了一套房子，"有两个门厅，一个客厅，客厅的门正对着小教堂的圣坛，此外还有一个接待厅，一间带衣橱的卧室。一座木楼梯通向中楼，那里有另外一些房间和服务间"[30]。每天晚上六点钟，根据请的客人多少，杜·德芳夫人在大客厅或自己的房间里接待客人。她的房间里有科香的一座雕刻，给我们留下了印象。和她这间房间连接的是接待厅，挂着那幅由阿维尼翁地毯厂织造的波纹织物，上面带有金质的花蕾。在壁炉的角落里，有一把特大的带靠背的扶手椅，椅子成龛形，杜·德芳夫人称之为她的敞篷马车，开会时她就坐在那里。孟德斯鸠和杜·德芳夫人视力都不好，这一点对他们的结交也起了作用。

操心家务，为子女的未来和自己的世系得到保障而费心去做种种安排，金钱方面的苦恼，家产的管理，和波尔多及巴黎的朋友们的交往，以及他在巴黎的这种相当引人注目的社交生活，凡此种种，都没有使孟德斯鸠离开思想家和著作家的生活道路。他一生中的这个阶段，从1731年旅居英国归来到1748年《论法的精神》发表，是他用大量时间进行写作、思考和搜集材料的阶段。这个阶段里有两个重要的日期标志：1734年，发表《罗马盛衰原因论》；1748年，发表《论法的精神》。这两部作品奠定了他的学者地位。

在欧洲的长期旅行，中断了孟德斯鸠的文学创作，但也使他得以开阔自己灵感的源泉，使他得以补充关于风俗习惯方面的资料，至少部分地说是如此。回到拉布莱德以后，他在《随想录》里以不同的标题写下了一些笔记，有的标题是《日记》或《丛书》，《西班牙日记》或《西班牙丛书》，有的题目是《国王》或《国王们》，都是一些开了头而没有写完的书；这些书里有个叫扎马加的虚构人物，他可以利用这个人物对许多问题发表见解，其中很多是关于西班牙的。据罗伯特·夏克尔顿说，这批相当含糊不清的东西里就包括用来写《论责任》初稿的素材；可能也包括《论西班牙的财富》。写《罗马盛衰原因论》、《阿萨伊和伊斯梅尼》和《论法的精神》时，都利用了其中的某些材料。这只是一个散乱的思想库，或一部轮廓尚未分明的巨著的初稿，永远就这样处于草稿状态，但从中可以看到孟德斯鸠的工作方法，他事先没有任何成形的思想或计划，只是把所有他感兴趣的东西都记下来，犹如蜜蜂，采百花而酿蜜。

虽然孟德斯鸠从未去过西班牙，但他对西班牙一直都很关注。他的这种关注，仅用波尔多在地理位置上和伊比利亚半岛相近这一点来解释，是不够的。贝里克的儿子利里亚公爵长期在马德里任职；利弗里的教士阿尔贝罗尼流亡在罗马，孟德斯鸠在意大利和他见过面。贝里克和阿尔贝罗尼都是很严肃的人，孟德斯鸠有这样的人为自己提供情报，对这个国家的政治情况一直了如指掌。虽然卡尔五世和腓力二世时代的情形无法忘记，但自从波旁家族的人成了西班牙国王以来，这个国家已不再是法国的顽强对手了。另外，波旁公爵在德·普里夫人的挑动下做出断绝婚姻关系这一决定的时候，波尔多曾是法国和西班牙公主们的必经之地；1729 年签订的《塞维利亚条约》又恢复了两国的友好关系。在孟德斯鸠家里找不到任何系统地描写西班牙社会的东西，但在他的作品里却充满了有关西班牙历史及其西印度殖民帝国的思考、引证和实例。

《波斯人信札》的第八十七封信，把德·奥努瓦夫人的《西班牙游记》进行修改后加以利用，“一封由一个在西班牙的法国人在这里写的信的抄件”，勾勒出了西班牙人的脸谱，有趣但不够严肃：“一副眼镜让人明显地看出戴这副眼镜的是个埋头书本、被学问耗尽了精力的人，视力都变弱了；而整个鼻子，只要上面装饰着或者架着眼镜，就被毫无疑问地看成是一个学者的鼻子。”他也攻击了宗教裁判所：“他们那些礼节，在法国人看来也显得施非其所。例如，一名军官打一个士兵，总要先征得他的允许；而宗教裁判所在烧死一名犹太人之前也必得请他原谅。”但孟德斯鸠对西班牙也有一些严肃的议论。1724 年，他写了《论西班牙的财政》，最初的题目是《论西班牙衰落的主要原因》。这篇文章他可能呈交给中二楼俱乐部了。他在《论法的精神》里曾多次提到西班牙，该书第二十一章第二十二节的题目就是“西班牙从美洲获取的财富”。西班牙在《关于普世王国的思考》里占有重要地位。这本书是孟德斯鸠 1734 年出版的，后被查禁，以致如今在拉布莱德只存有一本。这篇短短的论文指出，普世王国的建立在历史上有几次几乎就要实现，但终以失败告终，随着在军事力量和经济状况之间出现的一些变化，变得越来越困难了。

在不为孟德斯鸠同代人所知的这项研究中，我们发现了在《论法的精神》一书中重又出现的几种思想，一般人都将之视为孟德斯鸠思想的特征。罗伯特·夏克尔顿将这些思想做了这样的概述：“由于气候不同，南方国家和北方国家各具不同特点；以法立国的政体有别于专断的政体；不受限制的专制政权违背自然本性；颂扬自由；坚持认为：生产率是国家财富的基础，贵重金属之类仅为表象；封建制度的政治重要性；最后，他充分论述而不是顺便提及的唯一思想是：政体的性质取决于国土的大小。”

孟德斯鸠对西班牙及其殖民帝国的关注，并非仅仅是兴之所至，事实上，他为历史学家、经济学家和社会学家提供了双重经验：欧洲的和美洲的。这些经验异常丰富，非常有教益。孟德斯鸠也不仅仅是个法律和政体理论家，巴利埃尔指出，他研究的问题别具生命力：“法学史和政治史对他来说只是个序曲，他要研究更为广泛的历史，要从纵观社会生活的各个方面来研究社会史，特别是要研究那些在他看来是对社会生活起决定作用的东西：宗教、伦理学和经济学。为了了解现在和把握未来，必须看到这些东西在过去是如何渐渐地发生的，同样，也必须在不同国家之间进行比较核对，因此应该从使人类联成一体的牢固的精神因素入手，研究各国自身的和国与国之间的巨大变迁。”[31]因此，西班牙是用自己本土的历史和海外的历史为孟德斯鸠提供了一个更为广阔的观察场所，如果对此有所忽视，他的思考就会因此而失去一些基本因素。孟德斯鸠几次动手写关于西班牙的著作而最终没有完成，对此我们只能感到遗憾。

然而，散见于他著作中的一些片断，仍然能使我们了解孟德斯鸠对西班牙的历史、风俗、政治以及偶尔提及的文学，持何种看法。可是，他对西班牙的艺术只字未提，似乎在这方面一无所知。西班牙飞跃发展的动力，是该国从西印度群岛获得的财富；但是，当这个国家达到繁荣顶点时，也就日趋衰败和崩溃了。这是孟德斯鸠极力想要解决的主要问题之一。为了解决这个问题，他研究了西班牙历史上的几个大人物，特别是卡洛斯五世和腓力二世；分析了受气候影响的西班牙人的特性；考察了西班牙在他看来优于法国的自然资源所提供的财富；特别研究了西班牙殖民帝国所提供的众多有利条件。他认为，这些有利条件的大量人为涌入，反而使西班牙人更加懒惰了。西班牙人的懒惰还有其他原因，其中主要是宗教。孟德斯鸠认为，西班牙为教士们的飞扬跋扈所苦，宗教裁判所的恶行，尤其是在西印度群岛的劣迹，在他眼里已经成了抹不掉的污点，因为这些暴行已经损及人的尊严，正如他在《论责任》一文中所指出的那样："我真想不再提及（对西印度群岛的）征服；那些血淋淋的故事令我不忍卒读……西班牙人的胜利没有使人得到升华，而印第安人的失败却把人降低到了可悲的地步"。孟德斯鸠取材于书本，这也就部分地说明在他的作品里，西班牙社会的色彩何以如此暗淡。

孟德斯鸠从年轻的时候起，当他还是朱伊公学的学生时，就对罗马历史表现了一定的兴趣，正如在"罗马史"项下收集的他的那些学生笔记所显示的一样。一进波尔多科学院，孟德斯鸠就于1716年6月18日宣读了题为《论罗马的宗教政策》的论文；1722年，他把《苏拉与欧克拉底的对话》提交给中二楼俱乐部。他的意大利之行，两次旅居罗马，使他得以发现一段历史，一段到那时为止他只有肤浅的和基本上只是书本知识的历史。在英国，他会见了纳撒尼尔·胡克，此人正准备撰写《罗马史——从罗马的建立到共和政体的垮台》，该书出版于1738年至1764年间。

阅读他在英国和意大利再度发现的马基雅弗利的著作，促使孟德斯鸠去考虑在各国历史上政治人物的影响和局限；他从《论提图斯－李维的罗马史》和《君主论》两部著作里得到启示，根据当时条件，精心地发展了马基雅弗利的思想。马基雅弗利对孟德斯鸠的影响是复杂的，难于判断。勒维·马尔瓦诺[32]发现，孟德斯鸠对马基雅弗利褒贬兼有，不像初看起来那么简单；他的态度不甚明朗，因为他赞扬这位佛罗伦萨人，而这种赞扬又并非言不由衷，但他同时又在《论法的精神》的一段手稿里谴责马基雅弗利主义。这段话在该书1748年出版的时候没有了，是这样写的："但是，为了使君主们维持自己的高大形象，马基雅弗利就让他们实行一些只对专制政府才是必需的原则，简直是昏了头，在君主制下，这些原则是没有用的、危险的，甚至是无法实施的。之所以如此，是因为他不很了解君主制的性质及其可贵之处，而这是和他的伟大思想不相称的。"根据巴尔蒂埃[33]的推测，孟德斯鸠是通过二手材料了解马基雅弗利的，是通过17世纪一个叫路易·马雄的议事司铎写的《马基雅弗利颂》来了解他的；当时正赶上投石党作乱，孟德斯鸠住在吉耶纳，看了这本书，于是对这位佛罗伦萨人得了这么一种特别的印象。

孟德斯鸠为英国宪章所吸引，也读了《工匠》杂志中那些将罗马历史和英国历史进行类比的文章。他回到拉布莱德以后，在《随笔》（第561—563条）中记下了一张他要读的作品的单子，其中有不少书是关于罗马的历史。这就是说，孟德斯鸠早已列好一个参考书目，制订好一项工作计划了；1731年至1733年底之间，他几乎全力以赴地投入了这项工作，他在拉布莱德心境平静，有助于这项工作进展便利。让－巴蒂斯特·德·色贡达证实了这一点，说他父亲“读了许许多多在英国就已开始读的书”。

孟德斯鸠感到有必要出版一部严肃作品，以消除他年轻时写的东西在友人和对手中间所造成的影响。因此，他决定用两年时间在波尔多和拉布莱德写《罗马盛衰原因论》。1734年该书写成出版以后，德·唐森夫人的抱怨也来了，她抱怨他长期不在巴黎露面。她的这些话正是在此时写的：“我的小罗马人，您对自己的乡土似乎有些偏爱，我对此感到惶恐不安。确实，您在那里有一块比在这里大得多的地盘；但是，您在这里上流社会的无数个有教养的人心中所占据的地位，足以抵消您在别处所据有的多余地盘，这也是真的。我要对您说圣－埃弗尔蒙对他一个朋友说过的话：对那些有某种价值的人来说，只有各国首都可住，而照他看来，所谓各国首都，其实只是巴黎、伦敦和罗马而已，但照我的意思则只有巴黎。我愿意您在家里写作，只要这些作品有用而您又绝对放弃那些赏心乐事。您肯定不能享受的乐趣，要它又有何用？因为我要再说一遍，您不是为了在波尔多生活而生的。我甚至敢于肯定，尽管您生性和蔼温柔，您在那里也不会比在这里更为人所喜爱。同乡中间嫉妒心强，他们不看重您的功绩、作用和好心。与别人相比，您处在更能支配他人的地位，这一点就几乎可以让人家恨您。嫉妒心在这里无法施展，大家混在一起，不大想彼此比个高低；另外，人人可以选择自己的社交圈子和朋友，而且可以确信，在这个圈子里几乎不为外界所知。”

孟德斯鸠单枪匹马地工作着，因为在这个阶段他好像没有秘书。贝尔纳多幻想出来而又被维安提起过的那件传闻应该排除。这段传闻说，孟德斯鸠得到一个叫圣－莫尔的本笃会修士的帮助；说圣－莫尔不安于自己的隐修生活，脱下修士袍子，在拉布莱德藏了两年，以进行《罗马盛衰原因论》的研究作为被收容的回报。

作品于1733年初写完。5月，孟德斯鸠去了巴黎，研究出版的可能性。他想避免复杂而烦琐的检查，于是决定像1721年出版《波斯人信札》那样，也拿到荷兰去出版。为此，经荷兰驻法大使阿伯拉昂·冯·霍伊介绍，他去找了雅克·德博尔德。1733年9月28日，孟德斯鸠就在给赫维夫人写的信里第一次提到《罗马盛衰原因论》即将出版："您不久将会看到一部目前正在荷兰印刷的作品。我想像上次那样匿名，但我的秘密已经泄露出去了。您看了以后能对我谈谈感想，我将非常感谢，因为我现在已经无能为力，就只能这个样子出了。书名是《罗马盛衰原因论》。"

即使书名尚未最终确定，印刷机却已转了起来，校样也一批批地送到了。孟德斯鸠想做到万无一失，又请他的朋友卡斯泰尔神父把书看了一遍，把凡是会给他带来麻烦的地方给他划出来。在《论人的身心》一书中，卡斯泰尔神父回忆了他是如何兢兢业业地对待这项棘手任务，又是如何做到使他的朋友满意的："德·孟德斯鸠先生要我认真地从宗教的角度修改他的《罗马人的兴盛》那本著作；他感到凭我的性格和宗教信仰，我会发现该书有些地方得修改……他托付我做的正是这些修改，是这种关于宗教的、神学的、伦理学的，甚至哲学的，而不是文学的、历史和语法方面的修改，要做这方面的修改，他是不需要我的；而他又是个懂礼貌的人，不会要我去校对印刷排版方面的简单错误，但这些我也还是做了。初校的清样我是每一页都过了手的，没有一页我没下过功夫，没表现出我做为他的一个名副其实的、真正的诤友应有的率直。一位自称是我们的共同朋友、生活上很放纵的人，想在我的工作进展中间取消我这种率直，作者本人却要我进行到底。其结果是，这部作品显得无可挑剔了，因为我把它改得合理合法合规矩了，使作品和作者的高贵身份、特别是他那伟大而严肃的法学家身份相称了。”

卡斯泰尔神父有好几封信表明，他非常细心地看了《罗马盛衰原因论》的校样，把自己的意见告诉了孟德斯鸠，建议他对一些可能招致麻烦的地方进行修改，同时又嘱咐他不必伤筋动骨。孟德斯鸠不知听了谁的意见以后，请卡斯泰尔神父对书稿再润色一遍。1734 年 3 月，卡斯泰尔写信给孟德斯鸠，着重指出有两段应该修改：关于教会的宗教权威和“修道士的”及“君主主义”两个词。卡斯泰尔神父称赞孟德斯鸠修改得好，然后接着说：“对您做出的把口气软化这个大度的决定，我只能表示赞赏。像您这样有名望、有地位的人，恕我再加一句，像您这样有价值的人，一定要自重。有相当多的名人和有地位的人都喜欢看到人们居高临下地对待他们称之为修道士小人物的那些人，甚至还要嘲弄教会人士，诸如教皇、主教。这完全是当今的风气。不过，事实上，那些略有身份的人只是在交谈中流露这种鄙视和高傲，只有那些轻浮的、匿名的作家，年轻甚至下流的作家，才会在公众面前口吐此类狂言。”

为了促使孟德斯鸠删除另外一个段落，卡斯泰尔神父首先称赞孟德斯鸠明智地接受了他的建议并给予重视：“我从未见过像您这样从善如流的高贵品德，您做的超过了绝对需要的程度。若是我再直率地向您提出一项小小的建议，可能就有点过分了，不过可以证明我是完全公正的，除了为您好以外我没有别的考虑。”

当时卡斯泰尔神父考虑的是孟德斯鸠建议的一项修改。修改稿是这样写的：“希腊人的分裂更为有害，因为西方教会的权威不再能平息他们的动乱了。”这句话使卡斯泰尔神父提出了如下意见，对我们来说，这些意见可能显得过于精细，但却显出了他对朋友的关心，他是想避免有人做不怀好意的解释，从而引起对孟德斯鸠的批评。他的意见是：“这些段落可能引起的不是您和教皇之间的麻烦，而是和法国教士之间的麻烦。可能我说得远了，太过虑了。如果您这样说：‘教会的权威’，‘教会’两字前什么都不加，您可能就和任何人之间都没有麻烦了，您用‘西方教会’这几个字，这就让人觉得您把权威的有效性赋予了教皇，而在这个国家里这一点是遭到否定的。在我看来，在两种看法之间，即一种把肯定有效的权威赋予世界教会和另一种把这种权威赋予教皇的看法之间，是不存在中间的看法的。因此，当您赋予西方教会这一权威时，您就把东方教会的权威排除了，因而也就把世界教会的权威排除了。您一定知道，西方教会只因教皇的缘故而不能使自己的权力及于东方教会，而这正是您想要说的。这就是神学的微妙之处。您还是赞美我的公正吧；因为，我荣幸地告诉您，我本人是相信教皇的权威的。但由于我知道不是每个人都必须接受这一理论，而法国天主教徒的大多数想的就不一样，所以我觉得必须公正地把这一点告诉您，以不辜负您对我的信任。”根据卡斯泰尔神父的建议，孟德斯鸠把这句话改成了这样：“长久以来，一次不幸的教会分裂在不同教派国家之间种下了仇恨。”

卡斯泰尔神父甚至在该书出版以前还为《特雷武杂志》准备了一篇提要。他对孟德斯鸠说了他是怎样准备和为什么要准备这篇提要的：“如果您那些印好了的书页全已改妥，不久就可送回来，我就等着，我甚至还可以再看一遍，更有系统地用这部作品充实一下我头脑，因为如果不把这样一部极为精细的著作吃透，事实上我不可能如我所想的那样写出一篇提要的。我得向您承认，那些值得一写和我感兴趣的题目，若不是这部作品的整体甚至细节每时每刻都萦绕在我的脑际，就正像我正在读着一样，我一个字也写不出来；要是我告诉您，我的笔端上流出的每一个字，都必定是这部作品的全部精神汇集而成的，我就算说出了我每天写提要时的感觉了。”

几天以后，卡斯泰尔神父又对《罗马盛衰原因论》中另外一段提出了意见，这一段是写罗马皇帝尤利安的。孟德斯鸠对这位皇帝的评论可能会给他带来麻烦。“这位君主，”孟德斯鸠在该书第十七章里写道，“以他的智慧、坚定、节俭、品德、骁勇和一系列的英雄行为，赶走了野蛮人；只要他活在世上，他的名字就会吓得野蛮人不敢乱动。”卡斯泰尔神父建议他的朋友不必改动原文，“因为您改后的话可能比现在表达的意思还要多，说尤利安皇帝像个英雄，比说他有智慧、坚定，更会令人吃惊。东西印出来以后再想改动，必须有重大理由才行，特别是关于很久以前的事”。在《论法的精神》引起争论时，正是这个重要之点引起了论战。孟德斯鸠和蒙田的看法一致。蒙田在自己的《随笔集》[34]中说：“这真是一个罕见的伟大人物，就如同一个颇有哲学头脑并主张以哲学理论来指导一切行动的人一样，真的，没有一种品德他不曾给我们留下光辉榜样。”孟德斯鸠一直主张热烈赞颂尤利安，在《论法的精神》[35]里他也是这样做的：“暂时撇开那些上帝启示的真相不谈；到万物中去找吧，您再也找不到两位比安托尼乌斯更为伟大的人物；尤利安，尤其是尤利安（虽然我不得已而认可他，但绝不会成为他背弃宗教行径的同谋吧），不，在他之后再没有一个君主比他更有统治人的资格了。”对孟德斯鸠来说，“尤利安没有叛教，因为一个人不放弃异教就不可能成为基督徒，这和不放弃基督教也能成为不信教者不同，因为异教接受各种教派，甚至接受排斥异己的教派。”

卡斯泰尔神父写给孟德斯鸠的这些信件——可惜复信均已散失——使我们得以把这两个人之间的对话重新勾勒出来；使我们明白在尊重作者思想的前提下，他们都想找到一种能尽可能不被曲解的形式，因为曲解是产生没有根据或者带有偏见的责难的根源，并以此种方式避开民事的和宗教方面的检查，这两方面的检查都是吹毛求疵的，也都是很可怕的。一旦检查部门发动攻击，给孟德斯鸠带来的只能是烦恼与麻烦，而他是希望保持心境上的自由，不要招致那些措施，他不赏识那些措施的严厉性。

孟德斯鸠为至少在出书之前不让人知道作者是谁而采取的谨慎措施，事实证明没有用。1734 年 4 月 15 日，勒 · 布朗神父写信给布依埃院长：“德 · 孟德斯鸠庭长先生所著《罗马的进步与衰亡原因论》一书将立即在荷兰出版，现在正在印刷中，我们不久即可得到。”该书于 6 月开始出售。6 月 3 日，勒 · 布朗就向布依埃通报了这一情况：“有人肯定地对我说，不希望出这一版，希望在此地出版另外一个版本，经过修改的版本。已经要求作者进行修改了。我很快就会知道是怎么回事，因为我马上就要和该书作者在英国大使那里共进晚餐。”孟德斯鸠根据卡斯泰尔神父的建议所进行的缓和口气的修改，未能令当局满意，当局对作者施加压力，要求他经王室特许，因而亦即再经修改后在巴黎出版。波尔多市立图书馆收藏着的那本样书，似乎可以用来证实当局对孟德斯鸠所采取的某些逼迫措施：关于自杀的一些段落删掉了，由此而产生的空白处补上了一个花饰；还发现有好几幅图画。在第十二章这一段经过多次修改的关于自杀的文字中，孟德斯鸠是这样写的："再说一点，自杀做起来是很容易的，因为当一个人全神贯注于他要避免的行动时，是不会确切地看到死的，因为痛苦是只能感受得到而不可能看得到的。"卡斯泰尔神父对最后编辑的版本表示赞成："真的，关于自杀的那一处改得可以了，因为您说'痛苦是可以感受得到而看不到的'，就把自杀这种怪念头归咎于激情了。其实，一个词本来就可以把一切、甚至批评界的怀疑排除掉。不过，绝对没有什么可怕的了，至多是怀疑。这一切都微不足道。"

这本书在巴黎出版是在7月。7月20日，勒·布朗神父向布衣埃通告："德·孟德斯鸠庭长的书已经贴出海报，正在巴黎圣-雅克街的于阿尔书店出售，但书里有很多填补空白的图画。我看了，我想这本书不会像《波斯人信札》那样给他带来荣誉。"1734年至少出了两种盗印本，大概是在法国搞的。盗印版的出现说明了作品的成功，但这成功和当年《波斯人信札》那种受欢迎的情况相比，就不那么明显了。

对出版界玩的手法了如指掌的卡斯泰尔神父于7月通知孟德斯鸠，说有人未经允许要在巴黎盗版印刷《罗马盛衰原因论》。在此以前，书商西蒙曾请求卡斯泰尔神父把这本书的抄本给他去出书；卡斯泰尔神父出于谨慎，征得孟德斯鸠同意以后只给了西蒙"书名和目录，以便送呈掌玺大臣，为的是书一旦发表他可以保住印书的优先权"。可是，西蒙最近通知卡斯泰尔神父，说书商于阿尔在十天以前已经确定了"出书的日期"，掌玺大臣和他的秘书已是人手一份《罗马盛衰原因论》的抄本了。卡斯泰尔神父不知道是从什么地方泄露出去的，催促孟德斯鸠做出反应，以保护自己的权益："请允许我对您说，在目前这种情况下，您容忍这件事就这么过去是不合适的，反对这一优先权取决于您，您宣布您是该书的作者，您就可以把优先权给您愿意给的人，或者最好是您自己把优先权拿过来，要是这样，我还要请您记住我那位叫西蒙的书商。”

孟德斯鸠的朋友们争先恐后地向他表示祝贺，同时也劝他要行事谨慎。德·唐森夫人在这部著作进入法国的困难尚未解决时给他写的信就是这样说的：“我以为不必向红衣主教（弗勒里）和骑士（索拉尔）提及此事，因为这会引起某些人对您的注意，您还必须将真相隐瞒一段时间。”但是，这个克制的建议来得太迟了，该书作者的匿名已被拆穿；况且，盗版印的书已出，在书名那页上印着德·孟几个缩写字，很容易就能让人猜出作者是谁，骗不了任何人。

1734 年 7 月 24 日，多达尔写信要求孟德斯鸠给他“搞一本荷兰版的”，这说明盗版书已开始在巴黎流传。多达尔在信里还说：“惟因我对您的友谊我才急于到别处去找这本著作，但公众和其评论为您所看重的那些人的交口称赞，增强了我要得到这本书的愿望。您可能觉得，推荐王家检察官先生们复审的版本而不是他们业已批准的版本，是过于大胆了。您还是先为我想想吧，然后我再为您着想。”孟德斯鸠的熟人里，建议他和当局进行接触以免作品被扣的，不只是多达尔一个人，他们都指出了一些可能会引起批评的段落。卡斯泰尔神父鼓励他去打交道。

最热心的读者是德·唐森夫人，她在给她的一位至今未搞清是谁的女友的信里说：“我把我们庭长的那本新书当成小说读完了。我一个字都没漏下。是的，我亲爱的夫人，我们所想的完全一样。在我只知道这本书的书名时，我担心我的朋友选了一个已被一再写过的题材。现在我很高兴他选了这个题材，这让他在各个方面都更好地发挥了他的优势。希望其他国家政府的历史也能按照这个模式写；但他同时也使我感到望尘莫及。他是多么博学、有天才、会思考啊！书，人，物，他都读过了，阅历过了，衡量过了，挑选过了，他做这一切的时候与其说是一位著作家，不如说是一位立法者，没有表露过要写一本书消遣一下的意思。他直接接触事件的根源和原因。他所参考的那些著作家若是能够看到他的作品，他们能从他这里得到的益处至少和他从他们那里所得的一样多，而受他的教益最多，最称颂他的人，肯定还是那些最精通世界事务和罗马法律的读者。”

在致布依埃院长的信里，德·富尔热回忆了孟德斯鸠赠给他《罗马盛衰原因论》时的情景，在提到“引人入胜的《波斯人信札》”以后，对作者的风格进行了批评，认为太简练了：“从一个爱开玩笑的人一下子就变得一本正经。大家都承认，他的《罗马盛衰原因论》写得有才气，论断深刻，文笔优雅，但我却觉得，由于极力追求塔西佗的简练，他同样失之于晦涩。”

孟德斯鸠的一位朋友，勒弗朗·德·布伦普雷夫人于8月1日写信给他，谈了自己的印象：“先生，我真是错待了您了，我该早一点感谢您寄那本书给我，不过我要告诉您，我已经把书读完了，而且是照您嘱咐的那样，用了不少时间来读的。因此，我可以向您保证，我读懂了，而且尽管这书深奥，我却可以自夸地说，我读时很感兴趣。您看了这话不一定觉得这是您所得到的颂扬中最微不足道的吧？因为，我实在是个弱女子，喜欢读情节曲折的书，但为了读懂您的书，我不得不硬充女强人。”

至于伏尔泰，他的评论是特别严厉而怀有恶意的。他在1734年11月里写给尼科拉－克洛德·蒂埃鲁瓦的信中说：“您看了孟德斯鸠写的那本关于罗马帝国衰亡的小册子了吗？那是一本小得不能再小了的小册子，有人把这本书叫作孟德斯鸠的衰亡。真的，这本书实在太名不副实了。不过，书里却也有不少值得一看的东西，而这也正是最令我对作者感到不满的地方：他竟如此轻率地处理这样重大的题材。全书通篇都是概述，与其说是一本书，还不如说是一本用奇怪的风格写成的精巧目录。不过，要想把这样一个题材充分展开，绝不能有任何束缚。”时隔7年，到了1741年3月2日伏尔泰给埃诺庭长写信谈论马布利神父写的《罗马人和法国人列传》时，他是这样说的：“我以为这是孟德斯鸠先生的私生子写的；此人可能是个哲学家和好公民。”

孟德斯鸠在英国有不少挚友，《罗马盛衰原因论》在那里受到了欢迎。1734年6月24日，皮埃尔·科斯特告诉孟德斯鸠，他那部著作正在伦敦出售："您的那部著作终于到了英国了。这本书受到了普遍欢迎，人们正如饥似渴地读着。有一位书商肯定地对我说，卡特莱先生对他夸奖了这本书，说一切都好，因为他对这本书无处不欣赏。我可以肯定地告诉您同样的事实。有一位批评家，不管什么书到他手里，他都总想加以指摘而不是颂扬。我想对您说的是，这位批评家在您这本书里没有找出什么可以指责的地方。当您知道这话是克莱兰先生所说时，您就会承认这话是十分真诚的。至于我本人的想法，我还不能说，因为我还没有看到书，在我们的书商那里已经找不到这本书了，他们从荷兰进口的那些，已经在短时间内抢购一空。还会有新书运来，那时我要细心读读，然后把我的想法如实告诉您。请您为再版做准备吧！"

还有两个证据证实这本书在英国获得了成功。1734 年 8 月 25 日，曾于 1721 年至 1724 年在巴黎出任大使的鲁克·肖布爵士写信给孟德斯鸠，让他放心："先生，我亲爱的朋友，您似乎有些怀疑，让我说好话的，是您这本书本身的价值呢，还是我对您的友谊？我不想让您的心这样悬着。不必劳神去想了，两者兼而有之。如果我不是您的朋友，对这本书我很可能说不出什么来，因为只看书名，那是吸引不了我的，我是因为书是您写的才来读的，但是，读完第一页，即使您不是我的朋友，我也能读下去了；一直到读完，那种心满意足的感觉，就像这本书是波里比阿或马基雅弗利写的一样；余生也晚，对他们无幸识荆。关于这种内容的书，我还从来没有读到过如此令人满意的，因此，向您承认这一点我也不感到难为情，尤其因为这也是我的几个英国朋友的感觉。这些人现在不是您的朋友，但我想，您若是要实施前来看望我们这一威胁，他们也可能成为您的朋友的。"

巴尔克利虽然有某些保留，但他在 1734 年 12 月 5 日的那封信里还是赞扬了他朋友的这部著作："我要告诉您，虽然您不让我读，我还是把您那部著作读完了。这本书给了我很大乐趣，因为我几乎在每一页上都能认出您来。我不知道您为什么像人家对我说的那样不怎么重视这些东西，这个问题不该由我来回答。凡是同我谈起这本书的人都对我说，书写得过于简略了。不过您写的不是历史。总之，这本书令我高兴，我还要再看几遍。”

卡斯泰尔神父在把他为《特雷武杂志》准备的摘要交给孟德斯鸠时，向他指出自己在写这些摘要时是如何专注：“这就是我写的摘要，或者不如说是摘要的草稿，您来评价吧！如果您愿意，您甚至可以严格地评价一番。我没有都写进来，感到非常遗憾。不过这就已经太长了，改写时我要尽量压缩到现在这一稿的三分之二的篇幅。因为我算过了，这要占杂志的 60 页，必须把它压缩为 40 页。人家能给这么多版面，已经是出于对您或者说出于对这部著作的高水平的特惠考虑了。我等着您对这篇摘要做出严格批评。只有一个字有点褒义，而我又没有把它当褒义词来用；如果不用这个词，仍可以在您这本书和圣－埃弗尔蒙的思想之间保留着我所认为的那种不同的特点，我将会把这个词删掉。我使一切都围绕着那个中心思想，我觉得您在各方面一直都受这个中心思想的支配。我将使这部著作的哲学气氛和体系化尽量显得不那么明显。在一篇我想搞得详细而又不能面面俱到的摘要里，我应该点题，而不是铺陈，也就是说，有力地突出要点，使之一目了然，这样，其余各点虽然极为简略，却也能让人充分领会了。”

我们既不知道这篇摘要的第一稿是什么样子，也不知道孟德斯鸠读了这第一稿以后的反应如何。摘要压缩为 38 页，在 1734 年 6 月号的《特雷武杂志》上发表了，当时《罗马盛衰原因论》的第一批书尚未在巴黎发行。被《18 世纪的报刊和历史，1734 年》收录的法国与外国的 25 种刊物中，对《罗马盛衰原因论》发过书评的只有 4 种。书评所占篇幅都极小，1734 年 11 月份的《法兰西信使报》只拿出一页，大致而肤浅地介绍了这部著作。“在这本书里您将发现一些重要的政治观点”，这位未署名的记者写道，“您还可以发现一些重要的关于人品的知识。喜欢思考大事的人，可以从中得到满足。有些书能提高我们的思想境界，令我们眼界开阔，看到不同的政体，不同的公法，能帮助我们了解人类。这样的书籍总是先睹为快……”海牙《文学报》的评论更为简略：“浏览全书，我们发现了不少新奇大胆和有见地的想法。”德·唐森夫人是一副无可奈何的样子，企图向孟德斯鸠证明这种干巴巴的话也有好处："《文学报》上的摘要不长，但是不错，甚至还有点奉承您的意思，因为在这一期里，您的书是唯一没有受到记者批评的。"1734 年，论及杜博教士的《批评史》的文字，在全部报刊上多达 33 万 1270 个印刷符号，与此相比，孟德斯鸠的这本书差得太远了。

不过，孟德斯鸠对这本书在公众中所受的欢迎是感到满意的。他不知道连续出的几版共印了多少册，也不知道卖出去了多少本。他写道："这本书的成功已使我的愿望得到了满足。因为人们的种种批评，只经过一个月时间，就都已经连同办刊人的那些不清不楚的话永远地埋葬在《信使报》里了。"

在此后的几年里，孟德斯鸠全身心地投入《论法的精神》一书的准备工作中去了，已经不考虑再版《罗马盛衰原因论》，他原想根据向他所提的那些批评意见以及他自己想要做的修改再版此书的。1746 年在阿姆斯特丹又出了新版本，书商弗特斯坦加了这么一段"敬告读者"的话："本书业已精心修改，臻于完善。如与我们据以修改的版本进行对照，则会发现该版书优于旧版本。"孟德斯鸠仔细地准备出新版的《罗马盛衰原因论》，出一部"经作者本人重阅、修改和增补"的版本。这是他有生之年的最后一个版本，是 1748 年 3 月巴黎于阿尔和小莫罗出版社出版的，附上了《苏拉与欧克拉底的对话》。埃诺庭长急不可耐地告诉了孟德斯鸠自己对这个新版本的印象："这部著作是既属于哲学家也属于历史学家的。由事实和推理而产生的伦理学，比仅仅由思考而产生的伦理学，更具有说服力。在您这部书里，我甚至发现了悲剧的美。我在别处从未感到罗马人有那么可怕。您在世间没有给他们的傲慢留下栖身之地，但因傲慢而吃尽苦头的，则都是伟大人物。这就使我更加确信，当英雄主义不受法律节制时，在世上就是一种灾难。"根据德·唐森夫人的说法，丰特奈尔读《论法的精神》时的那种如饥似渴的样子，"在读第二本书《罗马盛衰原因论》时更有加无已，这本书令他十分高兴"。

孟德斯鸠对这一版的原文仔细修改过。这一版和以前几个版本的不同之处，除了风格上的改动外，特别在于观点和事实方面的修正。在正文里加上了相当数量的注释，补充了一些参考资料，甚至还做了一些新的发挥。这一切使这本书多出了 22 页。孟德斯鸠在《随想录》[36]里记着："这些是从我修订的《罗马盛衰原因论》一书新版中删除或未能用在增补版中的条目，凡是用过的，上边都标有十字符号。"在《随想录》里也发现了好几页上标有"这些没能用在《罗马盛衰原因论》里"[37]的字样，或者写着："关于那位国王的思考，没有用在我关于罗马盛衰的书里，也没有用在《论法的精神》和《阿萨斯和伊斯梅尼》里"[38]，以及"这些没有用在我关于罗马盛衰的书里"[39]，或"关于罗马盛衰一书的材料（续）[40]"。因此，孟德斯鸠不仅仅做了文笔上的改动，更重要的是他修改了一些段落，并把他所删除或认为不宜使用的材料保存了下来[41]。

通过 1734 年《罗马盛衰原因论》的出版，孟德斯鸠向公众推出了一部著作，从而为他作为一个聪颖而审慎的作家的声望奠定了坚实基础，虽然也不乏对他的批评之词。从 1734 年至 1748 年，他的全部活动完全是为了写《论法的精神》，没有任何其他工作，只是在 1742 年为讨好德·夏罗莱小姐而撰写《阿萨斯和伊斯梅尼》时，一度中断过他对《论法的精神》的思考。他的好几位朋友当时都催他把旅行笔记整理出来发表，但孟德斯鸠没有时间做这项工作，也无心于此，一切都用来从事他那项伟大的著作了。在 1738 年 8 月 19 日给马丁·福克斯回信时，孟德斯鸠吐露了心声："关于在那不勒斯的考察笔记，我对您实说了吧，自从我旅行归来以后，我一直没有时间看上一眼，而且甚至不值得去看。"1745 年 6 月 6 日，他对切拉蒂教士的建议做了相似的回绝。

《罗马盛衰原因论》是和 1690 年至 1740 年间那场持续了 50 年的运动相联系的，那场运动使法国的史学家们得以对罗马历史进行研究，并耐心地、一点一点地恢复罗马史的原貌；那场运动之所以能够出现，完全由于 1600 年至 1675 年间的一批博学鸿儒卡佐邦、索梅泽、雅克·戈德鲁瓦等人发表了一批古代作家经典文献的可靠编注本。孟德斯鸠大量地利用了这些文件和这些历史。

孟德斯鸠是否想过写一部罗马史呢？在这部著作的标题里，没有"历史"一词；在搜集在《随想录》中的那些笔记里，孟德斯鸠也没有用过这个词，而是用了这样一些不同的词："我的关于罗马人的著作"，"罗马人"，"关于罗马人的论文"，"论罗马共和国"，或"罗马共和国"。因此，我们只能遵循作者本人确定的大纲，而不能把一个本来不是他的意图的想法强加给他。为了避免误会、曲解以及错误的或存心不良的解释，为什么不承认由作品的题目本身所明白表述出来的事实呢？好好读读这本书就可以使从伏尔泰起的许多批评家不至于钻进死胡同，去批评孟德斯鸠没有论述或没有充分论述的那个根本就不是他要论述的题目。正如巴利埃尔指出的那样，"罗马在这里充其量只是个托词而已，这只是蜿蜒曲折的人类历史中的一个个别情况，是一部宏篇巨制的尝试性验证"[42]。孟德斯鸠是从社会学家而不是从历史学家的角度来写这本书的。

事实上，理解《罗马盛衰原因论》这部著作必须以罗马史的知识，以及对罗马人及其政治制度与习俗的了解为前提。如果说罗马及其曲折的历史构成了这个题目的核心，那这也只是用来和史前时期甚或和当代的一些事件进行比较的托词。孟德斯鸠是既考虑过去又思考现在的，他在两者之间跳来跳去，他是在极力地想要发现历史的稳定性和规律。他认为，遥远时代的教训，只要能对之进行不带偏见的分析研究，哪怕是部分地，也可以运用于当代。错误地理解古代作家，使用一些缺乏考证的可疑资料，在几种相互矛盾的文献中选择合于作者推理和结论的文献这一倾向性，在在都增加着搞错年代的可能；这种可能并非虚构，孟德斯鸠也不可能全然避免。然而，他所要做的首先是从罗马的历史出发，思考这个帝国——其历史、思想和语言浸润着孟德斯鸠的时代——自盛而衰的原因，以期从中找出具有普遍规律的东西。这是个宏伟的抱负，可能有点过分宏伟了；但这里包含的是尚处萌芽状态的、《论法的精神》一书所具有的更加宏伟的抱负。虽然他有成见，而且对一部其演进的奥秘尚未全为人知的历史缺乏完备的知识，这仍是一个人可以驾驭的题材。

孟德斯鸠不是以学者的身份写书的。如果承认他不是打算写罗马史，而只是根据罗马史的某些方面进行思考，那么，他对勒南·德·蒂耶蒙的《帝王本纪》这部关于罗马史的这个时期最可靠的著作的无知甚至蔑视，就是可以理解的了。他的文笔本身，那些塔西佗式的简洁句子——其中有不少是警句格言，分成二十三章，章下又分出数不清的节的这种结构，以及形象和比喻方法的运用，都使读者能更好地理解这本书，使读者自己去思考，去“论证”。[43]

第六章 《论法的精神》

早在《罗马盛衰原因论》出版之前，孟德斯鸠就着手为《论法的精神》作准备。从1734年至1748年这15年当中，他全力以赴投入这部著作的准备和写作中去，整理和编排资料，写作和修改，然后是有关出版的多项事宜，把他压得透不过气来。他在1738年8月19日致马丁·福克斯的信中写道："我开始感到无力写作了，所幸我的兴致不曾稍减。"他的健康状况有时不大好。1736年夏季消化不良，常把帕斯的矿泉水当作药喝，他的视力逐年减退，他的担心与日俱增，严重地影响他的工作，是他的坚强毅力支撑着他把这部书写完的。

孟德斯鸠的近视日趋加深，眼睛时常发炎，经常用药膏和药水治疗，他还把三个治疗眼疾的药方记入了《随笔》第342条，并推荐给患有眼疾的朋友。他于1744年在拉布莱德请人画过一幅红粉笔肖像；1753年，达西埃为他作过一件侧面雕像。夏尔医生根据这两幅肖像推测，孟德斯鸠因近视而眼球突前，而且视网膜有损伤，虽然难以做出准确的诊断，但他的视力肯定一直很差，而且越来越差，1742年他对巴尔博说道，"我的眼睛有病，好多事想做而做不成，真叫人伤心。"还有好几封信也证实他的视力每况愈下。1745年6月16日，他致切拉蒂的信，写到"人家告诉我，这张信纸已经写满了"这一句后，余下部分就由他口述而由别人代笔了。1746年2月25日，他告诉马尼邦侯爵："很惭愧……由于视力不佳，我不能亲笔给你写信。"

他的朋友，一位有名的眼科医生和奥尔良公爵的医生，在 1747 年初为他做出的诊断是右眼白内障，需要做手术才能治愈。1747 年 3 月 31 日，他在致切拉蒂的信中写道："我发现，他那只好眼上已经形成白内障，让 · 德隆先生告诉我，情况较好，可以手术治疗。我准备明年春天为他动手术。"数月之后的 1747 年 6 月，孟德斯鸠在信中将自己的担心告诉莫佩蒂乌，漫不经心的口气掩饰不住他内心的忧虑："我不得不跟您说说我的眼睛。患上白内障的正是我用来看书的那只眼睛。另一只向来只能看见物体的轮廓。这只生来就有毛病的眼睛比人们所想的更糟，但我不大操心。白内障的状况比较好，我的朋友让 · 德隆先生觉得可以等到明春再动手术。请便中告知，德国是否有这方面的高手。听说巴黎那位最高明的眼科医生尚斯欧疯了，若还请他给我治疗，我岂不也成了疯子。让 · 德隆本人不会做手术，德 · 勃朗卡公爵两眼都有白内障，他已派人去马赛找医生。我要看看公爵的手术效果是好是坏，然后再作决定。这位又聋又瞎的公爵打定主意要做手术了。他总是踱来踱去，到处走动，因为听不到别人说话，所以他就不停地自言自语。您觉得这么一个人不会让给他做手术的人感到很难侍候吧。"

《论法的精神》的扫尾工作，对校订校样的操心，使手术未能如期进行，孟德斯鸠竟然以极差的视力把这些工作对付下来了。1749 年之后，他仍在寻找医生，始终下不了做白内障手术的决心。

孟德斯鸠有秘书协助工作，至少是一个，或许更多，视力不佳当然是原因之一，但不是唯一的原因。为了写作，他需要进行大量阅读，整理多种资料，修改和誊写文稿等，这些都需要有人帮忙。马松先生于 1944 年首次编印孟德斯鸠的《随笔》时做了一件好事。他在手稿中发现，除了孟德斯鸠本人的笔迹外，还有另外几个人的笔迹，这就为《随笔》中没有标明写作年代的那些笔记，提供了确定写作年代的可能。夏克尔顿对所能找到的《随笔》全部手稿作了笔迹鉴定。当然，他承认这个方法并非绝对可靠，因为视力日益恶化使孟德斯鸠的笔迹发生了变化。他鉴别出三种笔迹："一种是孟德斯鸠年轻时的笔迹，遒劲而自信；第二种笔迹乏力而犹豫，不过很清晰；第三种是孟德斯鸠眼疾严重时写下的笔迹，硕大的字歪歪斜斜地横躺在纸面上。如今看到这些真让人感动，这说明他的眼疾已经十分严重，他不可能不为此而忧虑。”

夏克尔顿依据标明年月的手稿上的笔迹，查对未标明年月的手稿上的笔迹，进而确定手稿各个部分的写作年月和执笔的人。他用这个办法鉴别出了 19 种不同的笔迹，按时间先后作了排列，其中有许多笔迹是孟德斯鸠为数众多的秘书写的。如能用这种办法查对孟德斯鸠的全部手稿，就有可能弄清他的思想发展的脉络，而且有助于对他的著作中明显的自相矛盾之处做出解释，至少部分地做出解释。

有几件事有助于我们了解孟德斯鸠的秘书们的一些情况。弗朗索瓦·德·保罗·拉塔皮在 1817 年 5 月 31 日给法兰西学士院院士樊尚·冈帕农的回信中称，对于孟德斯鸠来说，秘书是不可或缺的：“……他那漂亮的蓝眼睛从小就近视，而且有炎症。他总想自己看书，自己写字，但他只能把眼睛贴在书上和纸上才能看和写。所以，他一生都依赖秘书。秘书一个接一个更换；有几个秘书极端无知，又十分冒失。”埃罗·德·塞谢尔在《蒙巴尔游记》中转述了布封向他说过的话：“布封谈及孟德斯鸠时，只谈他的才华而不谈他的文笔，他的文笔不总是那么好，过于简短，缺乏展开。布封说他很了解孟德斯鸠，这个毛病的原因是他的视力不佳。庭长几乎完全失明，口述时常常忘了想说什么，所以只得尽量简短。”纳卡尔夫人证实孟德斯鸠确有这种习惯，她曾见到“他的秘书常常长时间地拿着笔等他口述，在写著名的关于专制主义那一节时，整整三个小时，秘书才写下了两行”。

孟德斯鸠的秘书，只有几位查出了姓名，其余的不知其人是谁。1720 年至 1731 年为他做秘书的是杜瓦尔神父。我们还记得，孟德斯鸠派他把《波斯人信札》的手稿送到荷兰去，并在那里照看此书的排印。从弗朗索瓦·德·保罗·拉塔皮那里，我们知道了另一位秘书的名字，这位秘书为孟德斯鸠整理和誊抄了没有写进《论法的精神》的材料。拉塔皮写道：“1777 年我在布尔日国王的前检察官达穆尔先生府上，我年幼时见过他，那时他是孟德斯鸠先生的秘书。他住在乡下，所以没有见到他那位其貌不扬、喜欢嚼舌头的夫人，不过，有人说她以前很漂亮。就是这位傻先生，竟然把孟德斯鸠先生的手稿《路易十一史》烧掉了。他还自以为此举有功，真是愚不可及。”从1753年到孟德斯鸠去世，一位原籍爱尔兰的弗洛伦斯·弗兹－帕特里克担任他的秘书。此人以他那粗大的花体字，书写了《论法的精神》的修改记录和《波斯人信札》定稿的某些段落的修改稿。1746年至1747年间，孟德斯鸠雇用过一位名叫茹得的人做秘书，此人是波尔多某处仓库管理员的儿子。

还有几个人为孟德斯鸠做过秘书，但没有足够的材料说明他们是在何时为他提供这种服务的。其中有一位名叫夏尔－于格·勒费弗尔·德·圣－马克（1698—1769），梅纳谢在《文学杂纂》中提到了此人写给苏阿尔的一封信，信中说他是“孟德斯鸠的秘书，孟德斯鸠临终时，他在身边”。化学家让·达塞、弗朗索瓦·德·保罗·拉塔皮、在巴黎开书店的莫罗等人，都可能为孟德斯鸠做过短期秘书工作。至于戴妮丝·孟德斯鸠，我们已在前面谈到过她为其父所做的工作。

这些秘书虽然没有留下姓名，他们的作用却是巨大的。孟德斯鸠向他们口授大部分信件，让他们把他在阅读中获得的启发和感想以及生活中的某些片断记载在笔记本上，或者写在散页上，然后再合并归类，整理成册；除此以外，他还让他们高声朗读他要读的书，因为他的视力已坏到不能自己看书的地步。为了著述，尤其是撰写《论法的精神》，他需要进行大量阅读：“必须大量阅读，但只能利用其中的极小部分。”[1]

孟德斯鸠在拉布莱德和巴黎各有一个藏书室，巴黎的那个小，拉布莱德的那个大。拉布莱德的藏书室是连同古堡一起从祖上继承下来的，收藏的是所有以法官为业的家庭都收藏的那些书籍，其中主要是法律书籍和有关天主教与新教论争的书籍。孟德斯鸠接过这份堪称丰富的遗产时，当然不会感到满足；从年轻时起，他一生都在努力充实这个藏书室，尤其在他学问成熟和著述高产时期，他添购了许多当代著作，也搜集了一些珍稀的图书。每本书都重新装了封面，并在书名页上亲笔写上了“孟德斯鸠庭长尚未登录的藏书”字样。1926年，藏书被卖掉了一部分，余下的书籍依然像他在世时那样放置在拉布莱德古堡藏书室的书架上。

这批珍藏中有一些书曾属于一些名人，例如，1555 年巴黎出版的让·马絮埃所著《司法实践》，这本书上有蒙田的签名；1548 年版的马克罗比乌斯的《神农节》和 1521 年版的艾琴哈尔所著《查理大帝》上，都有吉耶纳学校的教授、人文主义者艾丽·维佘的亲笔批注。安德烈·罗比奈在这批藏书中找出了 17 种原来属于马勒伯朗士的书籍，估计是经由戴穆莱弄到孟德斯鸠这里来的。在 1926 年卖掉的那批书中，也有不少原属某些著名人物的书籍，诸如巴札主教阿尔诺·德·蓬塔克、吉耶纳学校教授布拉西埃和罗伯尔·巴尔福、波絮埃、科尔贝、吉叶拉格、富凯、奥拉托利派神父索麦兹等。

孟德斯鸠很少在书上作批注。一本 1657 年出版的阿太奈·诺克拉特的著作中有孟德斯鸠亲笔写下的一条长批："作者不好，但这部书很珍贵，书中记述的许多事在别处见不到。此书还提供了有关希腊人私生活的资料和已散失的一些诗作的片断。何时能得到亚当先生的译文、补正和注释呢？"在一本 1698 年巴黎出版的《法兰西学士院诸公演说集》中，孟德斯鸠在页边上写了一些批语，例如，对弗莱希埃的就职演说所做的批语是："开篇相当不错，构思新颖"；对邦斯拉德的就职演说则批道："不大恭敬"。

1713 年之前，在孟德斯鸠亲自主持下，杜瓦尔神父对拉布莱德的藏书进行了清点和登录，编出目录后，孟德斯鸠又亲自或让别人作了增补。藏书共计 3238 种，按当时通例分为 5 大类 95 小类。计有：神学类 723 种，法学类 349 种，科学和艺术类 800 种，文学类 708 种，史学类 648 种。在目录中，每个大类前面都冠以摘自拉丁作家或圣经的名言和警句，全部是孟德斯鸠亲笔所写。这些摘引大多表明他对某类书籍或某些作者的评价，虽然寥寥数语，有时却表露了他的严峻和讥讽。例如，在天主教辩论家的著作前面写上了引自《旧约全书·诗篇》第 22 篇第 18 行的这句诗："他们分我的外衣，为我的里衣拈阄"；在法学类前面写上了维吉尔《埃涅阿斯纪》第 3 章第 658 行："庞大而可怕的怪物"。

拉布莱德古堡中保存着两本购书账单，书籍供应者分别是波尔多的两位书商，其一是拉包蒂埃尔的遗孀，另一位名叫拉库尔。账单上的日期起自 1717 年，止于 1721 年，前后 5 年，此时孟德斯鸠正忙于研究科学问题，并准备《波斯人信札》的出版工作。1717 年 8 月 3 日，他在拉包蒂埃尔处购得迪 · 冈吉的《拉丁语辞典》、《圣经辞典》、安托万 · 科林的《药物史》、让 · 勒克莱尔的 22 卷本《大典补编文选》、雅克 · 巴尔里埃的《高卢、西班牙和意大利的植物》，此外还有一本《厨师》。从 1720 年 5 月 10 日至 1722 年 5 月 22 日，他在拉库尔处购得拉封丹的《寓言集》、菲利普 · 德 · 勒努松的《论真实》、路易 · 德 · 艾利古的《法国教会法》、克洛德 · 费里埃尔的《巴黎习俗评述大全》、邦杜里的《罗马皇帝姓氏考》、路易 - 艾利 · 杜班的《西西里王国史》、皮埃尔 · 勒沙邦蒂埃的《联省共和国东印度公司使华记》、让 - 巴蒂斯塔 · 拉巴的《美洲诸岛新游记》等。

孟德斯鸠自英国返回后购置的书籍，在登录本上很难确定购置日期，据夏克尔顿估计，共有 95 种。这个时期购置的其余书籍，大概存放在他的巴黎藏书室中。孟德斯鸠去世后，1755 年 3 月 5 日，巴黎的一位书商尼古拉 - 弗朗索瓦 · 莫罗曾对这个藏书室中的书籍进行了一次粗略的清点，属于旅英归来后购置的书籍计有 68 种。

拉布莱德的藏书只是孟德斯鸠读过的书中的一部分。据韦尔统计[2]，孟德斯鸠在自己的著述中引用过的著作达 398 种，而在拉布莱德的藏书中只能找到其中的 207 种；况且，韦尔的统计并不完全。这就是说，孟德斯鸠的阅读范围不限于拉布莱德的藏书。他在《罗马盛衰原因论》和《论法的精神》中引用的著作，仅有三分之二能在拉布莱德的藏书目录中找到。孟德斯鸠订阅了一些期刊，他的秘书可能没有仔细地逐日登录，所以在《论法的精神》出版后，就不再有期刊登录本了。从来往信件看，在 1750 年前后，孟德斯鸠作为《论法的精神》的作者，收到过不少赠书，但未被收入藏书目录。《随笔》在第 561 条和第 660 条两次提到，1733 年和 1734 年之间以及 1737 年至 1738 年之间，孟德斯鸠打算添购一些书籍，这些书籍也未在藏书目录中见到。

孟德斯鸠在波尔多有三个图书馆可资利用：一个是让 - 雅克 · 贝尔

的藏书室，这个藏书室于 1736 年移交给了波尔多科学院；二是巴尔博院长的藏书室；三是科学院的图书馆。1749 年启用的科学院图书馆的借阅登记册上，记载着孟德斯鸠借过一次书。在这个图书馆于 1742 年编就的目录上，多次在页边上出现这样的附注："我将此卷抽出交给了孟德斯鸠先生。"据韦尔研究，孟德斯鸠这几次借书时间应在 1743 年。

孟德斯鸠在巴黎逗留时，常去王家图书馆。伊利斯·考克斯[3]查阅了该馆的借阅登记册，发现在 1747 年和 1748 年，孟德斯鸠多次前去借书。他还可能利用过圣－维克多图书馆，该馆藏书 35000 册，每周向公众开放 3 天；孟德斯鸠在《波斯人信札》中的第 133 封信中对这个图书馆作过描写，他的好友戴穆莱自 1721 年起担任奥拉托利图书馆馆长，这为孟德斯鸠利用它的 25000 册藏书提供了方便。

主人谢世后的清点工作往往做得马马虎虎，所以孟德斯鸠在巴黎的藏书清单也很不完全。基于这种情况，韦尔估计他在巴黎应该收藏着 1734 年以后的期刊和 1748 年以后收到的赠书；然而，由于缺乏可靠的证据，不能把这个推断视为定论。另一件可能为我们提供孟德斯鸠藏书情况的文件是"孟德斯鸠庭长的最佳藏书清单"，这件如今收藏在不列颠图书馆的文件，由德迪厄先生于 1913 年印行发表，不过，夏克尔顿先生对其真实性表示怀疑。在这个清单中列有韦尔考证出的孟德斯鸠读过的 28 种著作，还列有他在《随笔》中赞扬过的一些作家的作品，如拉伯雷、蒙田、拉莫特、克莱比雍、莫里哀等，这个清单可能是更早的更可靠的清单的抄件，只是添入了孟德斯鸠本人的一些作品。

由此可以认为，孟德斯鸠在巴黎所读的书，大部分并非来自已知的图书馆，由于他在巴黎居住的时间很长，从其他地方借书或买书的可能性很大，因此，孟德斯鸠在自己的著作中所引用的参考书，往往不是拉布莱德藏书室中的版本；其原因并非他认为拉布莱德藏书室中的书籍版本不好，而是因为他所引用的是他在巴黎使用的版本。

尽管视力很差，孟德斯鸠始终非常重视读书，不仅把读书视为进行写作所必需的资料收集工作，而且认为这是丰富知识的重要途径，甚至是一种消遣。他在《随笔》中写道："酷爱读书，这就是将生活中人人都有的烦恼的时刻，变为充满乐趣的时刻。”[4]不过，他对所读的书都作精心挑选，他说：“若是炫耀自己涉猎广泛，那就是糟蹋我读书的用意，这比不能在自己的研究中将读过的书加以阐释更糟。”[5]他还指出了读书对于丰富学识的重要作用：“阅读是心智得到最充分利用的时刻，因为在读书的时候，我们不会沉浸在自己的思想中，而是往往不知不觉地紧跟他人的思路。你看，我们一生都在读着为孩子们写的书。有一些事，它们的必然效果本应阻止我们轻佻，可是，就是在这类事中，我们也依然轻佻，所以我们怎能不轻佻呢？”[6]

孟德斯鸠认为，为了从阅读中获益，需要把自己的精神调整到某种状态：“读书时应该设想，作者早已估计到读者不能充分理解时会感到的矛盾，这时首先要怀疑自己的判断，把感到作者自相矛盾的段落反复读几遍，把前后的段落对照着读，看看它们是否属同一种假设，究竟是确有矛盾抑或自己的理解有问题。这一切都做了之后，就可以蛮有把握地说‘确有矛盾之处’。可是这还不算完，如果所读的书是前后连贯的，那得肯定自己已经把握住了书的总体精神才行。比方说，你在观察一部机器，一眼看去，一些轮子以相反的方向旋转，你可能以为机器要出毛病，因为轮子互相妨碍，机器会停转。可是，机器继续转动，那些初看是在互相破坏的零件，原来是为了预定的目标而互相配合的。”[7]

对于孟德斯鸠来说，读书不只是做学问的需要，也是打发时间的一种消遣，可以逃避烦恼，至少可以暂时忘却烦恼；读书对于他来说还是一种带来愉悦和充实感的自娱[8]。孟德斯鸠不是那种把读书单单看作必需和责任的学者，他还喜欢从中寻找乐趣：“读严肃的书固然有益，读轻快的书同样有益，尤其在需要进行一些正当消遣的时候。学者也需要用愉悦去驱散疲劳，用轻松和趣味盎然的方法去论证科学，效果将会更好。因此，最好写一些各种体裁和各种题材的东西，哲学也不应排除在外，因为哲学与一切都有联系。”[9]他在 1751 年 6 月 15 日致杜 · 德芳夫人的信中诉说了自己的想法：“我的事现在样样让我发愁，所以我整天读小说，等我略为开心的时候，再读古书，缓和一下好与坏。不过，我觉得，无论读什么都比不上吃一份可口的夜宵。”

早在朱伊公学和巴黎求学时，他就养成了自己的工作方法和习惯，那时他尚未在高等法院任职。他总是把读过的重要著作中的某些段落，如他自己常说的那样，摘录在笔记本上；他参加过的有意义的谈话，他感触较深的事件，无论是亲眼所见还是听友人所述，也都一一追录在笔记本上。《法律篇》这本笔记表明，他年轻时就不断地把他感兴趣的东西写入笔记，为的是有朝一日能加以利用。多年的积累汇成了若干笔记集子，留存至今的主要有三种：《随笔》、《随想录》和《地理篇》，其余均已散失，其中包括《法律篇》。

《随想录》是孟德斯鸠自己题名的一种笔记，共三册，所记内容始于《波斯人信札》出版前不久的1720年，止于1755年；但其中每一条的写作日期，已难以辨明，因而也无法确定孰先孰后。孟德斯鸠本人标明日期的那些笔记，无疑是可靠的线索，秘书们的不同笔迹也有助于我们推测写作的日期。尽管如此，依然不能肯定手稿中的顺序就是他产生这些想法的先后，因为他的某个想法完全可能产生在先，写入笔记本时却可能在另一个较晚产生的想法之后。这种时间上的先后颠倒，在《随想录》中多有所在，仅在第二册和第三册中就有十余处。比如，《随想录》手稿中间有若干空白页，大概是为了记入与前面有关的内容而留下的，但后来并没有用。尽管有这些难以肯定之处，但大体上可以确定，《随想录》第一册写于1720年至1734年之间，第二册写于1734年至1748年之间，第三册写于1748年至去世之前。

在《随想录》第一册卷首，孟德斯鸠清晰地说明了建立这个笔记本的目的："这是一些我尚未深化的想法，记录下来备有机会时深入思考。我不能对记在这个本子上的所有想法负责。之所以把这些想法记下来，是由于来不及进一步思考，留待以后利用时再想。"这就是说，他把《随想录》当作备忘的笔记，用来逐日记载他同别人谈话中饶有兴趣的内容，诸如民情风俗和社会生活之类。他很看重沙龙里和餐桌上听到的趣闻逸事，经常向友人打听英国国王、皮埃蒙特国王、波利尼亚克以及许多其他大人物的消息。笔记中时常出现"X先生对我说"、"我说"这类字样。

在《随想录》中，孟德斯鸠不光描述他的同时代人，记录他们的宏论妙语，勾勒他们的形象，有时寥寥数语就把一个人写得活灵活现；他也写自己，写得很多，朴实而真诚。之所以写自己，是因为这些笔记是不供发表的。他为自己勾勒的，是一个对生活和事业心满意足的形象。然而，透过精心琢磨的描述，我们依然可以看到一个真实的孟德斯鸠，窥得一些有关他的家庭和生活的隐私。

与此同时，他还把阅读心得写在这本笔记中，如他自己所说，读书能启发他思考一些问题。《学者杂志》和《法兰西信使》等期刊上的文章，都是他日后可以利用的素材；他将这些素材加以发展，写入了《罗马盛衰原因论》和《论法的精神》。他曾说："《世界文丛》上有一篇题为'为古代辩护'的文章，我作了摘录，我现在的想法就来自这篇文章。"[10]不过，《随想录》并非全是笔记。他有一个习惯，喜欢把他觉得有意思的书做成摘要。弗莱隆在1755年的《文学之年》上的一篇文章中谈到了孟德斯鸠的这个习惯："他的工作方法（一种非常好的方法）是把他所读的书做成摘要"。孟德斯鸠还有一本现已遗失的摘录，叫作《我的摘要的摘要》。在《随想录》中，他常常注明参见这些摘要，例如，"参见我的摘要中关于阿米安·马塞兰的评语……参见关于利里乌斯·杰拉杜斯的摘要"，同时还注明参见一些专题性的笔记摘要，而这些摘要成了他最感兴趣的题目的真正的书目资料，如《经济篇》、《政治篇》、《地理篇》等。这些专题摘要，除了《地理篇》第二册尚存外，其余都已散失。所以，保留在《随想录》中的片段尤显珍贵。

在《随想录》中还保存着孟德斯鸠的一些未完成著作的某些段落，诸如"我打算撰写的《法国史》的一些片段（1302条）"，"《嫉妒史》的片断"[11]，"《耶稣会史》序言"[12]，"我计划撰写《论责任》的片断"[13]，这是未能写入"《对话》的若干片断"[14]，"康蒂书简"[15]，等等。

除了这些片断（它们是这些已着手写作的著作的已知的唯一证明，因而其价值是无可争辩的）外，孟德斯鸠还将自己已出版著作中的许多段落誊录在《随想录》中。这些段落中，有一处标明已用于《波斯人信札》[16]，另有多处用边注或脚注标明：用于《罗马》，用于《法》或用于其他著作。孟德斯鸠在撰写《罗马盛衰原因论》和《论法的精神》

时，大量利用了手头的各种笔记和《随想录》中积累的素材，故而在他的著作中有许多注释。“普芬道夫在他的《历史》一书中说，凡居民囿居于城市的国家，其人民宜于贵族政体或民主政体”，孟德斯鸠在《随想录》中记下了这个评注，而且当他在《论法的精神》第八章论述“三种政体的腐败”时，就把普芬道夫的这段话改头换面地写入了第十六节“共和政体的特质”中，“共和政体以外的任何政体都不容易在一个单独的城市存在下去”。

孟德斯鸠在撰写著作时利用积存的素材的实例不胜枚举。通过对照他记在笔记中的读后感和见闻等，我们得以知道他如何把这些素材用来说明某一个问题，或从中得出一般性的结论，从而了解他的思想演进的轨迹。

因此，在这些《随想录》中，人们可以发现或多或少发展了的关于哲学、宗教、科学、时尚和他本人的思考，未完成和已散失的著作的一些段落，未能写入已出版著作中的某些片断等。相同的段落有时在《随想录》中重复出现。每当孟德斯鸠找到了更满意的表述时，他就毫不犹豫地把原先的文字一笔勾掉；他就像是一位雕塑家，不断加工，不断修改，直到他认为找到了能最充分地表达自己思想的最佳形式时才住手。他一贯致力于追求言简意赅。描写路易十四的性格的那一段[17]，经过两次修改后才收进拉布莱德藏书室的目录中。这类修改稿相当多，它们从各个角度帮助我们了解孟德斯鸠的思想产生和发展的过程，了解他从哪些来源汲取了思想营养。

题名为《随笔》的笔记也记下了他的许多思索，这本笔记与《随想录》有相似之处，但也有明显的区别。前 156 页辑录了戴穆莱神父借给他的一本书，后半部是许多报刊摘录、手稿和剪报，时间起于 1718 年 1 月 7 日，止于 1749 年 10 月 21 日。被摘录的大部分是荷兰出版的报刊，报刊的名称有时录下了全称，有时只是笼统地写做“荷兰报纸”之类。有些英国报刊的摘录，如《工匠》、《怀特波尔晚邮报》，是他在伦敦期间做的。许多摘录和剪报的内容都与经济有关，诸如人口流动状况、英国的国债、荷兰各港口的船舶、热带森林开发、金银产量、各大国的兵力等。他自己写的旁注有时颇能说明他选择这些内容的原因，例如，在摘录了 1749 年 7 月 18 日《乌特勒支小报》中的一篇关于伯尔尼密谋反对摄政政府成员的文章后，他写道："小报上的这篇文章很精彩，它证实了《论法的精神》中对贵族政体的论述，我在书中曾指出，只要贵族老爷们比较节制，贵族政体并不会使自由失去很多"。

在《随笔》和《随想录》中，互相参见的情况很多，还有许多笔记是孟德斯鸠先让人写在散页上，后来才让人写入笔记本的；此外，《随笔》中还有不少他在意大利和英国时的谈话记录，对意大利艺术、诗歌和文学的评论，他记下了福伯勋爵以及庞布罗克勋爵的谈话，计划购置的书单，读书笔记等。

《随笔》不但能帮助我们确切地知道孟德斯鸠究竟从哪些方面汲取了思想养料，而且让我们知道了什么时候在他的头脑中萌发了某种后来得到发展的思想，这正是《随笔》最大价值之所在。例如，为了解释最早的帝王何以有那么多的妻子，他采用了塔西佗的说法："在所有蛮族之中，几乎唯有日耳曼人只娶一个妻子，不过，他们之中也有少数人拥有好几个妻子，其原因不是腐化，而是贵族身份使然。"我们发现这段文字记在《随笔》第 244 条，时间大约在 1718 年光景。

《地理篇》第二册是唯一幸存的专题笔记，它的内容与《随想录》和《随笔》大不相同。《地理篇》中主要不是有关谈话、旅行和读书的笔记，而是对一些书籍的摘录，通常很长，有的是概述，有的则伴有他本人的评语。这些书摘写成于两个时期，其一是 1734 年至 1738 年，其二是 1742 年至 1743 年。东方游记和远东游记在摘录中占很大比重，其中包括杜赫德的《中华帝国全志》、《耶稣会士书简集》、《鞑靼史》以及唐比埃的《北方游记》等。他后来撰写《论法的精神》时利用了这些材料，不过，这是很晚的事了，例如，《地理篇》在《论法的精神》中得到利用是在 1741 年，利用了这些材料的章节大多是在 1741 年至 1743 年间写成的，而利用了杜赫德的《中华帝国全志》和《耶稣会士书简集》的那些章节则成书于 1748 年之后。这就是说，这些材料刚刚记入《地理篇》，就被用进《论法的精神》了。

正如韦尔所指出的[18]，对照《论法的精神》和孟德斯鸠所读的书以及他所做的摘录、评注、感想等，人们不难发现，他最终写成的文字与原著或原文相去甚远，但与他记在《地理篇》中的文字却很接近。事实是，摘录或摘要做完之后，他就把书放回书架；当他需要引用时，他不再翻书，而是直接引用自己所做的难免有误的摘录或摘要。这种工作方法难免造成错误，至少不完全忠实于原著。孟德斯鸠常常因此而受到指责。

散见于《地理篇》的读后感，大多原封不动地被用进《论法的精神》，不过，其中也有少数是在经过一番精心打扮后才最终被写入书中的。孟德斯鸠这样做，既是为了修正语法，使文字更加正确流畅，也是为了表达得更加明晰，借以增加论据的分量。正因为如此，他常常毫不犹豫地重新安排词序，把一些“洋味”十足的词语更换成虽不十分贴切却更易为读者理解的词语。

韦尔对《地理篇》和《论法的精神》中的相关引文做了十分贴切的分析，并据此对孟德斯鸠的写作方法，尤其是他利用古代先辈作家的方法，做出了正确的归纳。在《地理篇》中，孟德斯鸠通常先写下摘引的材料，然后写下他本人的看法。在《论法的精神》中，顺序恰好相反，他往往先阐明原则，然后再列举他所依据的引文；这样一来，读者就分不清哪些是他本人的看法，哪些是被他引用的作者的看法。所以，有人如果想指责孟德斯鸠缺乏严谨的科学态度，那么，与其责备他剽窃了他人的著作，有时甚至连出处也不加说明，莫不如责怪他存心以驾轻就熟的手法，向读者指出了业已被他大大发展了的思想渊源。总之，他的做法显然与其他一些学者的做法很相似，这些学者企图通过对一些事实的解释，归纳出一些规律和法则；这种做法比较复杂，通常包含着若干发展阶段，因为在他的思想形成和确定的过程中，在他的表述形式选择过程中，常常会有一些变化和发展。这种方法有许多困难，由于缺乏有说服力的例证，只能限于一般性的阐述：面对相互矛盾的各种例证，作者往往抵御不住诱惑而选取那些对自己的理论有利的例证；用这类例证去阐明原则，难免挂一漏万，于是不得不转而求助于另外一些普遍规律来自圆其说。《地理篇》中有一些有关游记的摘录；孟德斯鸠读了这些游记后，非常看重某些特殊的和地方性的原因，诸如宗教、经济、人的体质等。由此可以看到、孟德斯鸠研究方法的复杂性和他的思想的迂回曲折性。

《地理篇》还告诉我们，孟德斯鸠是如何收集关于中国的材料的。从他 1713 年与黄嘉略的谈话开始，中间有 1729 年在意大利与傅圣泽神父的交谈，最后是 1735 年和 1738 年之间阅读杜赫德的著作，1742 和 1743 年间阅读《耶稣会士书简》时所做的摘录，这些在《地理篇》中都有所反映。这个集子还表明，他对中国的关注在 1729 年至 1736 年间并未中断，在此期间，他读了《赵氏孤儿》，而且在《随笔》中写下了一则摘要，时间大约在 1733 年；此外，他还读了《耶稣会士书简》中巴多明神父写给德梅朗的信。

总之，《随想录》、《随笔》和《地理篇》使我们对孟德斯鸠的工作方法和他的思想的缓慢演进，有了更好的了解，对他为证明他所努力确立的那些原则的正确性而不惜一切的决心，有了更深的体会。他的这种努力贯穿在一生的研究工作中，诚如罗迪埃所说："他所研究的各种问题始终彼此相关，因而最终导致一些普遍真理，而这些普遍真理则往往超出了他为自己所确定的研究范围。"

孟德斯鸠在《论法的精神》的序言中回顾了这部著作的多年酝酿过程："我多次提笔撰写这部著作，又多次搁笔；我多次让清风把已经写就的书稿带走，我每天都觉得写书的手再也抬不起来了，我循着目标前进，却没有计划，我既不了解什么是规则，也不知道什么是例外，我找到了真理，却又失去了。但是，当我发现了我的原则时，我所追寻的一切就都为我所掌握；在二十年中，我眼看着我的著作开始、成长、成熟、完成。"这段出自心底的话与《随想录》中的一段话如出一辙："这部著作是我一生思考的结果，从这项以最善良的意愿从事的巨大工程中，从这项为公众的利益而从事的工程中，我也许只能得到悲伤，我所能得到的回报也许只是无知和嫉妒。"[19]

孟德斯鸠的这两段话提出了这样一个问题：他何时开始酝酿他一生

中的这部最重要的著作的呢？他在积累材料、形成思想之后，何时动笔撰写《论法的精神》的呢？这部著作中有不少明显的自相矛盾之处：他所表述的自然法概念的含义前后不一，他对英国的诸多看法互不一致，他时而赞扬共和政体，时而赞扬君主政体；这一切令人对《论法的精神》是否有一以贯之的思想大为不解，因而也对他撰写此书的念头如何萌生产生了疑惑。直至最近，仍有评论家和出版家在运用各种方法努力解开这个疑团，贾奈和德迪厄先后提出了这样的推测：最初的八章或十章写于孟德斯鸠远游英国之前，也许与《波斯人信札》成书不相前后，朗松和巴克豪森则试图发现隐藏在这部著作中的一个精心策划的大纲。布莱特·德·拉格莱塞在1950年出版的《论法的精神》的第一卷中，率先对上述推测表示异议，他不同意前八章写成于1728年之前的看法。他认为，孟德斯鸠从1731年开始撰写论述英国政制的那一章，然后转而撰写《罗马盛衰原因论》，此后从1734年起，才全力投入《论法的精神》的写作。

夏克尔顿先生仔细考证了几位秘书的笔迹，研究了孟德斯鸠的全部手稿，特别是国立图书馆收藏的那个《论法的精神》版本。他以这些研究为依据，以令人信服的方法，对这部著作的写作始末再次进行探索，提出了全新的和不容置辩的结论。他从手稿上发现，全书的写作可分为四个阶段。第一阶段为1741年以前，在此阶段中写出了若干片断的原始稿；第二阶段介于1741年和1743年之间，在此阶段中写出了全书的基础稿；第三阶段始于1743年，在此阶段中进行了第一次修改；在此后直至1746年年底的第四阶段中，进行了第二次修改。《随想录》中注有“已用于《法》”的那些片断，虽然写作年代只能确定一个大概，但足以印证成书过程中的上述四个阶段。

孟德斯鸠撰写《论法的精神》前后共计二十年，这二十年中他的思想发展，为我们弄清这部著作的写作过程提供了一些线索。现在大家都已接受了夏克尔顿的意见，认为在成书过程中，他的思想在两个问题上有重大变化，而这两个问题与他的欧洲之行，特别是英国之行有关。第一个变化是他对共和政体的看法。在《论法的精神》前八章中，孟德斯鸠以古代共和国为根据，认为共和政体优于君主政体。但是，他亲眼见到的意大利诸共和国却是一派惨相：“可怜巴巴的贵族全仗人家的怜悯才得以苟延残喘。”与此同时，他发现生活在君主政体下的英国公民却享有自由：“英国是当今世界上最自由的国家，包括所有共和国在内。”鉴于对意大利的失望和对英国的赞许，孟德斯鸠彻底修正了他的看法，于是写出了《论法的精神》第 11 章第 8 节：“古人为什么对君主政体没有清楚的概念”。

在另一个问题上，孟德斯鸠的思想也有变化。在前几章中占主导地位的思想是三种政体的区分，在此之后，与专制政体对立的温和政体却占了上风；在第 5 章第 14 节中，他从《随想录》中选用了这样一段：“要组成一个温和的政体，就必须使各种权力互相配合，加以规范和调节，并使它们行动起来，就像是给一种权力添加重量，使它能够和另一种权力相抗衡。这是立法上的一个杰作，很少是偶然产生的，也很少是仅凭谨慎思索所能成就的。”在孟德斯鸠看来，温和政体和权力分配这两个概念是不能彼此分开的，温和政体和分权最终将取得胜利，尽管这两种观念仍将继续共存。在《随想录》中，他对此有所论及：“不少人作过研究，君主政体、贵族政体、共和政体究竟孰优孰劣。可是，这三种政体各有多种类型，所以孰优孰劣这个问题过于笼统，即使做出回答，也必然缺乏逻辑。”[20]

孟德斯鸠的思想在这两个问题上的发展可以概括为：一是对君主制的评价比原来更好；二是提出了以权力制衡为条件的温和政体。然而，他在这两个问题上的看法变化，不足以证明《论法的精神》前八章写成于 1728 年之前。如今流行的看法认为，这八章动笔于 1734 年之后，即完成《罗马盛衰原因论》之后。除了前面已经提到的理由外，他的儿子让－巴蒂斯特 · 德 · 色贡达的《孟德斯鸠先生历史功绩颂辞》一文，也为这个看法提供了支持。他在文中写道：“《论法的精神》中关于英国政制的那一章是在那时（1734 年）写的，孟德斯鸠先生曾打算把它与《罗马盛衰原因论》一并印出来。后来没有印，原因并非他已决定撰写《论法的精神》。他的这项酝酿多年的计划，因其规模大而使他常常拿起又放下；两三年之后，他的朋友们又鼓动他把这个计划捡起来。其实他早已收集了许多材料。”

孟德斯鸠在1749年3月7日写给索拉尔的信中谈到，他在1728年前后已发现了他的“原则”，纵然如此，这些原则尚待进一步明确和深化。这就是说，为了这部被他多次称为“宏大”的著作，他并未花费二十年时间，[21]不过，从1734年起，他的确把大部分时间用在这部书的写作上了，正如夏克尔顿先生所说：“至迟在1739年至1741年间，这部著作已有了轮廓。”

孟德斯鸠于1741年12月20日写给巴尔博院长的信表明，夏克尔顿先生所说的1741年是有道理的。孟德斯鸠在这封信中首先谈及《论法的精神》：“我每天用八小时写我的《法》，这是一部宏大的著作，除了这项写作，我若做别的事，就会觉得是浪费时间，预计要写三十四章，分装成十二开本四卷。再过些日子才能让你看。我为这部书感到很兴奋，我自己是第一个读者，但不知道会不会是最后一个读者。等我把一切都做好之后，才能让你看。当然，说不定以后还会增删或修改。不过，你如果愿意读，我要求你在读完全书之前什么也不要对我说。我敢对你说，我相信你不会浪费时间，因为内容很丰富。”

尽管很“兴奋”，孟德斯鸠毕竟还是希望听到与他自己不同的评价，他想赶紧写完，于是全力以赴，正如他于1742年2月2日在致巴尔博的信中所写的：“我的书越写越厚，我的力气却越来越弱。接近脱稿的已有十八章，另有八章尚需加工。”这就是说，从1741年年底到写这封信时的两个月中，进展神速。可是，孟德斯鸠还是向他的朋友吐露了他的疲惫、焦虑和急于完成的心情：“若不是十分倾心于这部书，我连一行都不会写。可是，我的眼睛有病，好多事想做而做不成，真让我伤心。等我回到波尔多，就把书稿给你看，认真听取你的意见。我所有的研究和工作都为写这部书服务，所以进展较快。”

据夏克尔顿研究，此时已写成的书稿不是前十八章，而是第三、第五、第七、第九、第十一、第十四、第十五、第十七、第二十、第二十一章和第二十四章，或许还有这几章之间的某几章。1742年的某天，孟德斯鸠再次向巴尔博报告进展情况："我跟你说过的那本书写得很快，几乎已脱稿的共有十九章。我现在若在波尔多，就可以给你看了，要是写得不好，我会为费了这么多精力而感到遗憾。我觉得，鲁瓦雅克和你，还有我，都是最佳评判员，比任何人都强；尤其是你，造诣深、涉猎广。我已经瘦了一圈。"两年以后的 1744 年 5 月 24 日，孟德斯鸠在信中向切拉蒂倾诉苦衷："我要告诉你，我拼命工作，但自从依赖别人的眼睛以来，进展缓慢。我的精神受到束缚，时间大量浪费，总之，这到底怎么办呢？"1743 年 9 月，孟德斯鸠离开巴黎，三年之后的 1746 年 9 月才再度来到巴黎。他在收集到必要的材料和撰写了其著作的绝大部分之后，觉得有必要回到拉布莱德去，把写好的书稿审读一遍，把余下的章节写完。他于 1744 年 8 月 1 日写信给加斯科，邀请他到拉布莱德小住几日："自从不再忙于在巴黎应付饭局以来，我的那部宏大的著作进展很快；我想听听你的意见。"

又过了 8 个月，孟德斯鸠曾多次宣布又一再推迟的时刻终于到来了，他认为可以让朋友们看书稿了。1745 年 2 月 10 日，他写信给加斯科说："后天我进城去，亲爱的教士，星期五你别答应饭局，请你到巴尔博院长府上去，十时整必须到达。你知道的那部大书将在那时开始朗读，饭后还要接着读。到场的人只有院长、我的儿子、你和我，你可以随心所欲地说好说坏。"朋友们和他的儿子果然发表了他想听到的意见，加斯科后来就此所做的记述是："有人一提出意见，他痛痛快快地立即修改、更换或是补正。"

从 1745 年 2 月 12 日起，连续朗读了几天，朋友们的反应大概使孟德斯鸠对这部书的质量有了把握，不过他依然很乐意依照他们的意见作进一步的完善，于是他立即着手进行第二次修改。为此他付出了很多精力，花费了他的绝大部分时间。当年 6 月 16 日，他在写给切拉蒂的信中透露了对进展不快的忧虑："我最早也只能在一年之后去巴黎。巴黎是个吞噬外省的城市，有人说在那里能享受欢乐，因为它能让你忘却生活，但是我身无分文，去不成。我在这里已有两年，我一直在写你说到的那部书，年岁一天比一天大，可是这部书却一天天后退，因为它实在太大了。请你放心，我会及时向你报告进展情况的。”

将近一年之后，全书即将修改完毕。孟德斯鸠心里明白，再有几个月，预定的目标就可达到，那时他就可以轻松些，快活些了。1746 年 4 月 19 日，他以平静的心情给切拉蒂写了一封信：“你知道的那本书，我正加紧修改，我想，再有半年，该做的就都做完了。那时我一身轻松，无忧无虑，我要是聪明的话，该做些什么呢？溯加隆河而上，一直驶抵比萨，到你那里去喝汤。在比萨这个宁静的城市里，我可以照你说过的那样整理我的游记，你会让我工作得很愉快，使我精力充沛而有生气。”

1742 年至 1746 年间的这些信件，是我们了解《论法的精神》写作和修改过程的仅有的资料，从中不难看出孟德斯鸠常常忧心忡忡。他担心因视力不好而不能把书写完，为了写这部书，他费了那么多的心血，几乎搞垮了身体，但是否能获得预期的欢迎，他心中无数。虽然他未曾料到《论法的精神》问世后会遭到许多攻击，但对能否大获成功却也心存疑虑，因为他很明白，公开和不公开的对手们绝不会放过他，他们会就这部书的学术价值和书中引用的大量资料进行攻击。他当然认为这些攻击是不公正的，因为他耗尽精力才搜集到了这么丰富的资料，为的是以新的观点阐述基本法则，在他看来，这些法则规范着人的生活以及国家和社会。

孟德斯鸠在《随想录》[22]中写道：“我曾想把这部书中的一些地方写得更具广度和深度，可是我没能做到。读书太多，视力减退，我感到，残存的视力预示着永远闭上眼睛的日子已经为期不远了。”这是他从心底发出的感叹，是他对死亡和衰老的思考，令人感到沉重；这是在孟德斯鸠身上难得一见的感情的流露，怎能不让人为之震撼呢!

所有这些努力凝聚为 1505 页手稿，这部手稿如今收藏在国立图书馆，封面上写着：“孟德斯鸠，论法的精神，第一稿”。《论法的精神》1748 年版收入了这部手稿的前十八章和第二十八章、第二十九章的大部分，但没有收入这部手稿中的第二十六章、第三十章和第三十一章。由此可见，国立图书馆收藏的这部手稿并非定稿。孟德斯鸠送往日内瓦付梓的是另一部手稿，如今已不知去向了。

夏克尔顿通过对国立图书馆收藏的这部手稿的研究，对《论法的精神》的成书过程和孟德斯鸠的写作方法得出了一些结论，孟德斯鸠亲笔书写的书稿只有 160 页，此外他还亲笔修改过一部分书稿，其余书稿都是他的几位秘书执笔书写的，这几位秘书的笔迹混杂交错，所有章节几乎都改得面目全非，修改文字有写在页边上的，有插在行间的，也有写在另页上的，因而很难确定哪些文字是最终的定稿。孟德斯鸠通常在秘书誊清稿上亲笔做修改，但也常用口述的方法让秘书在他自己的亲笔稿上做修改。最易于辨认的修改是章节的序号，有的章节的首页上竟有五六个序号，可见作者在安排此书的整体结构时颇费心思。在构思渐趋精细的过程中，他不断变更全书的结构，这就使我们无法恢复孟德斯鸠最初安排的章节顺序。

夏克尔顿还有一些重要的发现：1740 年至 1743 年间，孟德斯鸠同时使用两位秘书，他们按照他的分配分头工作。1733 年至 1738 年在职的那位秘书执笔书写了 1734 年前后发表的《论欧洲普世王国》中的两段，此文的第八节后来被用在《论法的精神》第十七章第六节“亚洲奴役和欧洲自由的另一个原因”中；这部分书稿从《论欧洲普世王国》的手稿中抽了出来，放进了现存国立图书馆的那部《论法的精神》的手稿中。此外，如今第十一章第六节“英格兰政制”的手稿，是后来插入全书手稿中的。这些变更表明，第十一章第六节在插入《论法的精神》之前经历了好几个阶段。让－巴蒂斯特·德·色贡达曾说过，关于英格兰政制那一节，是在 1734 年《罗马盛衰原因论》出版后写成的，他所说的大约就是现在我们看到的这份手稿。由此可以推断，在 1733 年至 1738 年在职的那位秘书工作期间，孟德斯鸠尚未开始撰写《论法的精神》。

1739 年至 1741 年，另一位秘书在一种开本较小的纸上誊抄了二十八节书稿和经过修改的“关于英格兰政制”，在他所誊抄的这些书稿中，有的取自《论欧洲普世王国》，有的取自《论可能影响精神的原因》、《论责任》以及写于 1727 年左右的《随想录》的第 174 页。但是，这位秘书的工作不只是誊抄已有的稿子，他还于 1739 年至 1741 年间执笔书写了某些章节的书稿。这些书稿的标题表明，《论法的精神》当时不仅已有了全书提纲，而且已经写出了很大一部分书稿，至少，孟德斯鸠在 1742 年 2 月 7 日致巴尔博信中提到的十八章中的十章，已写出了大部分书稿。由此可见，现存于巴黎国立图书馆的《论法的精神》手稿，并非第一稿。

对秘书的笔迹和他们所使用的纸的质地进行研究后，获得了一些有关成书过程的重要信息：基础稿中的大部分章节，是那两位秘书在 1741 年至 1743 年间誊抄的，此时孟德斯鸠住在巴黎。他于 1743 年秋回到拉布莱德，着手作第一次修改，接着作第二次修改。由此可以推断，现存巴黎的那部手稿，是全书写作过程中一个重要的阶段性成果。因为正是在 1739 年至 1746 年这段时间中，孟德斯鸠清理了自己的思路，终于完成了全书结构的构思，而且几乎完成了全书的写作。1746 年之后，只有全书最后那几章有待撰写，事实上，他为写这几章遇到不少麻烦，最后是在全书付印后才写成的。手稿上的大量改动表明，在这个过程中他做过多种尝试，而且在全书的结构基本确定后，又做了多次修改。

现存巴黎的那部手稿上，修改的痕迹多得难以胜数，无法辨明原貌；这表明，送交出版的是另一部誊清稿。1948 年曾在瑞士设法寻找这部付梓的定稿，但没有找到。这是意料中的事，因为雅各布 · 韦尔内在 1748 年 9 月 4 日的信中说“原稿没有保管好”。所以，如今根本无法对现存巴黎的手稿和付梓的定稿进行任何对比研究了。《论法的精神》成书过程中这一环节的缺损实在令人痛心，“日内瓦定稿”如果依然存世，我们就有可能获知，作者对印制中的书稿做了哪些最后的修改；现在我们只能从孟德斯鸠与其日内瓦友人的那些信件中的三言两语，推测对定稿所做的最后修改。

《论法的精神》的印制并非一帆风顺，热布兰讲述了其中一些重要的波折[23]。为逃避巴黎审查机关制造麻烦，孟德斯鸠起初考虑送到荷兰去出版，就像当初出版《波斯人信札》和《罗马盛衰原因论》那样。加斯科几年来一直关注着这部书的进展，曾建议把原稿送到荷兰去出版，并由他本人去照应出版事宜。孟德斯鸠把他视为可靠的朋友，觉得这个建议可以为他免去不少麻烦，于是接受了这个建议；更何况，加斯科读过书稿，了解作者的思想，作为知心朋友，必要时可以对书稿做一些小的改动。加斯科此时正在为把《论法的精神》译成意大利文做准备，这个译本后来由孟德斯鸠审阅并同意。孟德斯鸠在 1747 年 7 月 17 日给加斯科的信中写道："书印出后，我一定从最初几套中寄一套给你，请你照着书译，这比照着原稿译方便。"

1746 年 8 月，孟德斯鸠有些着急，因为他不知道加斯科是否陪同孟德斯鸠夫人去了克莱拉克，他在信中写道："我的书快写完了，你如越走越远，总得让我知道把书稿送到何处交给你才是。"1746 年年底，他又告诉加斯科，全部书稿可望在 1747 年 4 月交到他手里："你猜得很对，我在三天里做了三个月的事，所以，明年 4 月你若在这里，我就根据我们的计划，请你前往荷兰完成你乐于完成的任务。我知道自己现在该干什么。一共三十章，眼下我可以交给你二十六章，余下的四章，你在那边时，我会设法寄给你。"几天之后，即 1746 年 12 月 6 日，孟德斯鸠再次把自己的打算告诉加斯科："在此之前，我只对你笼统地说了说，现在我要对你说得详细些。我打算尽快把书稿交给你，从明天起，我对第一卷共十三章做最后润色，我打算让你在五六个星期后收到这批书稿。"

直到最后一刻，孟德斯鸠还在犹豫，对于这部著作究竟应该分为几章以及为何装帧等技术性问题拿不定主意。起初想采用十二开本，后来打算采用四开本；起初想装成三卷，后来想分为二卷，甚至想过分成六卷，最后又决定分成二卷。

但不久就出现了政治方面的障碍，迫使孟德斯鸠不得不放弃在荷兰出版的计划。1740 年开始的奥地利王位继承战争旷日持久，搞得人心厌烦；通过联省共和国进行调停的希望，在 1747 年眼看就要落空。法国特使皮西欧克斯在布雷达谈判中寸步不让，1747 年 4 月，萨克斯元帅领兵入侵荷兰，种种迹象表明，战火即将重燃。孟德斯鸠知道，必须放弃在荷兰印书的打算，遂于 1746 年 12 月 6 日通知加斯科："我有绝对充分的理由，不在荷兰，更不在英国探寻印书的可能性。请你告诉我，你是否仍然准备先去瑞士，然后才去另外两个国家。如果是这样，你得立即结束在朗格多克的恬静生活。我把《论法的精神》书稿包裹寄往里昂，你经过里昂时便能拿到。你可以从日内瓦、索洛图恩和巴塞尔这三个城市中选定一个。当你还在旅行时，第一卷的印制就可开始进行，而我则为第二卷做准备，只要你打声招呼，我马上把第二卷书稿设法给你送去。第二卷共十章，第三卷共七章。请你对此作出答复。如果你如我所想的那样立即启程，而且不在途中耽搁，我亟盼委托你全权照料我的这部著作。”

没过几天，又出现了新的障碍。皮埃蒙特人于 1746 年 11 月 30 日夺取了法国的瓦尔省，孟德斯鸠得到这一消息后深感不安，因为此事可能影响加斯科。他在 12 月 24 日的信中写道：“我想过了，你是皮埃蒙特人，你虽然只关心学问和书籍，从不关心君王们在干些什么，可是，在当前这种形势下，你滞留在国外是不适宜的。我想你大概打算返回自己的国家去。”他接着又写道：“再则，在目前形势下把书稿交给你，让你去找地方印，我觉得也不适当，何况我并不知道你自己有何打算。”

在这种情况下，对利用加斯科的帮助，孟德斯鸠颇为踌躇；在 1746 年的最后几天里，他给加斯科写信说：“你答应替我办的那件事就此作罢，你还是到拉布莱德来吧。书不能在荷兰印，当然更不能去英国印，英国如今是敌国，只能用大炮与它对话。”

1747 年年初，孟德斯鸠与加斯科的关系出现了阴影。孟德斯鸠不知道加斯科到了哪里，因而感到焦虑，开始有些着急了。当年 2 月 20 日，他又写了一封信：“你在来信中摘录了我给你的信中的一段话，但其中有些事等于什么也没说。我曾告诉你，我已把一部分书稿给你寄去了，而且请你收到后立即全力以赴，不再分心干别的事。可是，你却不等收到书稿就拔腿旅行去了。亲爱的朋友，灵魂倘若真能转世，那就请你来世再当旅行家，我还劝你像马那样把脾脏切除，以便跑得更快。好了，言归正传，三个月后你将收到十五章或二十章书稿，这些书稿只需再审读一遍或誊抄一下就可付梓。这就是说，你将要收到的是第一卷，占全书的五分之三。我马上动手整理第二卷，两三个月后可以送到你手上。你那附庸风雅的朗格多克之行如果已经结束，最好还是回到你的岗位上来，做孟德斯鸠夫人的忏悔神父，或者到阿让主教那里去当修士。总而言之，不管你在何处，只要你告诉我，我立即把第一卷书稿给你寄去。”

5月4日，孟德斯鸠把新的进展告诉加斯科：“我还要告诉你，下个月书稿就可抄好。我又想把它印成十二开本，我将要寄给你的那部分书稿分成五卷，誊清稿上已作了分卷标志。请你行行好，告诉我该往哪里寄送书稿。我希望在一切就绪之前就能收到你的回信。所以，你不能耽搁，要立即给我回信，告诉我，整个6月份你在什么地方。”

随着时间的推移和书稿誊抄工作的进展，孟德斯鸠越发为找不到加斯科而着急。不过，直到1747年5月30日，他才冷冰冰地通知加斯科，考虑到这位好友始终行踪不定，杂事缠身，他决定收回对加斯科的委托，不再请他照管书稿的印制事宜了：“你的来信真让我不知所措，你要做的事那么多，看来够你忙一百年的了，你把你可能会去的十几个城市告诉了我，但我不知道在哪个城市能找到你。况且，我不得不把书稿送去印制的那个地方，考虑到目前的战事，我觉得会给你带来不便。所以，我利用了一个顺手捡到的机会，另作打算；我相信，还是这样安排对你比较合适，否则就会打乱你的下一步计划。”

加斯科飘忽不定，很难找到，而且由于政治形势的缘故，他成了一个可疑分子。孟德斯鸠放弃了求助于加斯科的打算，那么，他是否有机会找到一位办事认真，能让他放心的中介人呢？据加斯科说：“旅居日内瓦的法国人萨拉赞先生回到法国时，《论法的精神》的作者托他把书稿捎给日内瓦印刷商巴里尧先生。”加斯科的信息不总是可靠的，帕里索在《文学回忆录》中写道：“从来没有一位从日内瓦回到法国的人名叫萨拉赞。”加斯科确实弄错了。1747年年初，孟德斯鸠在巴黎结识了日内瓦驻法国代表皮埃尔·缪萨和临时代理代表让-路易·萨拉丹，缪萨是为数不多的日内瓦谈判高手；萨拉丹是印度公司的官员，而这个公司的经理、波尔多人弗朗索瓦·李斯托与孟德斯鸠很熟，而且也是伦敦王家学会成员。经萨拉丹介绍，孟德斯鸠在德·唐森夫人府上与缪萨相识。

萨拉丹与孟德斯鸠一道校阅了《论法的精神》书稿。缪萨前来谈判解决法国与日内瓦的领土争执时，把书稿带回了日内瓦。他读过书稿之后，于1747年7月.8日写信给孟德斯鸠，热情地表示："我为能保存这部珍贵的书稿而感到荣幸"，"主题十分广泛、宏大、诱人、有益，令人怀疑此书仅仅出自一位作者之手。是的，正是孟德斯鸠庭长进行了这项工作。先生，记得我曾对你说过，为了各国利益而召开的布雷达会议，当初若有意编写这样一部著作，只可能想到由你来完成。即使是一个有知识的公民，也不见得很熟悉他所在的城市的气候、各种关系和各种影响，以及民情风俗、法律、政制等；而你，你是一位世界公民，从世界被创造出来那天起，你似乎就已在世了，你熟悉所有的国家，所有的时代，所有的政制。你十分熟悉缪斯诗神，在第30章的开篇处你写道：'当她们通过快乐获取智慧与真理的时候，她们比任何时候更显得神圣'，多么热情，多么崇高，多么精辟，多么令人赞赏的真理啊！理性在你的书中侃侃而谈，把最有意义的事情告诉我们，让我们在轻松愉快中得到教益；最美好的想象以其魅力使我们领悟到理性。我简直着了迷。"

缪萨依孟德斯鸠所请，没有透露谁是这部著作的作者。他与原籍里昂的出版商巴里尧进行了接触。巴里尧同意由他负责出版《论法的精神》，并将让－雅克·布拉马基的《自然法原理》一书中的一页寄给孟德斯鸠，让他对铅字字体和所用的纸张提出意见。巴里尧在信中说，他只能做到这个程度了，但"斜体字除外，因为不久前弄到了一些全新的卢浮宫式斜体字字模"，他还问孟德斯鸠需要多少套样书。一切费用和收益都归巴里尧，所以他是承担着风险的。作为一个精明的出版商，他看准了这是一部不同凡响的著作，尽管他并不知道谁是作者。缪萨建议请日内瓦科学院的文学教授雅各布·韦尔内牧师校改清样并编写目录。韦尔内于1728年在罗马结识了孟德斯鸠，那时他们"同在一个带家具的公寓里住了三个月"。

《论法的精神》出版数年之后，韦尔内在写给夏·博奈的信中称，他完全没有辜负孟德斯鸠对他的"巨大信任"，信中写道："我完成了他的嘱托，他表示满意，我手头还有一个书包，里面全是有关印这部书的来信和他在印制过程中寄来的修正稿；虽然我并不觉得这些修正稿都很好，我还是一丝不苟地照改了。可是这只能由他自己做出决断。比如，他把关于密札的那一段全部抽掉了。这一章的原稿已不在我这里，因为他不希望有一页原稿留存下来。我只知道，他把密札看作令人厌恶的专制主义一种最危险的手段……”

缪萨的一位朋友是一个小团体的成员，这个小团体经常聚会讨论哲学，成员中有四个人的名字以 B 字开头，这四个人都是名人：自然科学家夏尔·博奈、牧师贝尔耐、医生布蒂尼和律师博蒙。因此之故，这个小团体被人称作“四 B 学会”。有一天，博蒙把《论法的精神》中谈论宗教的几个章节带到聚会上，但没有说明作者是谁。夏尔·博奈在《回忆录》中记下了那天朗读这几章书稿时难以忘却的印象：“……我觉得，我是在聆听一位智力超凡的人的教导，他使我转眼之间由稚童变成了大人。我似乎明显地感到，在此之前我几乎什么书都不曾读过，不曾想过，不曾写过。我难以自制，整个身心好像都被作者摄走了……我确实非常兴奋，我甚至敢说，这部震撼人心的著作，将在思想界引起一场巨大的革命。”

缪萨在吕内维尔的斯坦尼斯拉斯国王的宫廷里休息了几个星期后，带走了《论法的精神》的第一部分（第一章至第十九章）。孟德斯鸠完成了第四部分的清稿，把它交给了萨拉丹，请他找人送到日内瓦去。巴里尧已开机印刷，但困难尚未完全克服。孟德斯鸠总想精益求精，把书改得更好，所以不断地修改。有些章节已经上机开印或已经排好了版，仍不时寄来补正，要求插进去，或者要求在清样上做一些删节和改动。这就使印制工作变得十分复杂，让受托照管出版工作的人十分为难。由于孟德斯鸠反复斟酌、一改再改，加上波尔多与日内瓦之间的邮件往来颇费时日，韦尔内与孟德斯鸠的关系不久就变得不甚融洽了。出版商不能让机器停转，而孟德斯鸠却总是放心不下，而且时时生气，夹在这两头中间的韦尔内很快就感到不那么自在了。

8 月 24 日，孟德斯鸠请缪萨告诉巴里尧：“停印几天，最多一星期”。事实是，“萨拉丹这个老鬼”在校读《论法的精神》第一部分时发现，“若干段落有伤风化，必须修改”。孟德斯鸠接受了他的意见：“我和他昨天开始再次审读，三四天后我把修正稿寄给你，请对已经印好的书页设法进行修改，必要时可以换页重印，费用由我负担。”

孟德斯鸠要求修改的数量相当大，修改处需要重新排版和换页。巴黎的阿斯纳尔图书馆和伯尔尼的国家图书馆，各自收藏着一部未装硬皮封面的《论法的精神》，书中有十四处换页。与现存巴黎的那部手稿进行比较后证实，之所以有这许多换页，都是因为孟德斯鸠在最后时刻又进行了修改，而不是因为审查机关提出了什么要求。但是，大量换页会引起种种猜测。1748 年 11 月 11 日，韦尔内在信中写道：“大量换页终究是一大缺陷，会引起读者的猜疑，以为有多少不可告人的奥秘似的。”

孟德斯鸠加速做扫尾工作，8 月底交出了第四部分（第二十章至第二十二章），并抓紧所剩无几的时间，充实和修改第五部分。他写道：“我准备把原来作为第六部分的那几章，添加在第五部分中，这样就可大大减少我的工作量，我想，对于读者来说，这样做并不会带来任何损失。”

雅各布·韦尔内对事务性工作不大用心，清样修改得很不认真。他把各个章节的标题拉出一张清单就算是目录了，即便这样，也还是让别人动手的。这位日内瓦教授和学者，有着更为雄心勃勃的打算，他越来越大胆地对《论法的精神》书稿提出意见。孟德斯鸠一向虚怀若谷，对韦尔内所提意见不断给以鼓励。1747 年秋，韦尔内建议孟德斯鸠把祈祷缪斯的那几句话统统删去。孟德斯鸠起初不同意，他在写给韦尔内的信中说：“关于祈祷缪斯的那一段，不妥之处在于它在全书中显得突兀，别人从未这样写过。可是，如果一件与众不同的东西本身是件好东西，那就不应该因它与众不同而把它摒弃，因为它本身就是成功的原因之一：况且，任何一部著作都得考虑，不能因为冗长和沉重而让读者感到厌烦，对于我们这部书来说，尤其需要顾及这一点。”

孟德斯鸠安置在第四部分第二十章开篇处的那段向缪斯的祈祷，是一段用散文诗写成的穿插文字，韦尔内确实很不喜欢。他借口联系不便，往来的信件交臂而过，自作主张地删去了这段文字，并就此举向孟德斯鸠作了似是而非的解释："你我的信件在途中交错而过，你的吩咐来得太晚，我收到你要求保留向缪斯祈祷的那段文字的那封信时，删去这段文字的书页连同另外两页都已印好，已不可复原，因为这段文字相当长，若要复原，更换一页是不够的，而如果增加一页，就会搞乱页码。"

韦尔内觉得，只提技术方面的理由，恐怕不足以说服孟德斯鸠，于是他摆出了实质性的理由："此外，你如果及时收到我那封寄到波尔多去的信，你大概就不会要求我保留这段文字了。我在信中提到了删除这段文字的另一个原因，那就是，对于此卷的三分之二内容来说，这段文字是不适宜的。不过，正因为如此，你如果执意要保留它，我们可以很方便地把它放在第二卷的开篇处，这样也许更好些。请原谅我自作主张。一方面，那两位先生（缪萨和萨拉丹）同我一样，都认为这段祈祷不但与主题无关，而且不伦不类，放在这部重要的著作中，实在不是地方；另一方面，机器必须不停地转，不能停下来等候你的指示。总之，你若愿意，我觉得仍可把它安排在另一个地方。换卷的地方有个喘息好，所以在第二卷卷首祈祷缪斯，很是得体。从大作本身出发，你觉得怎么好，我就照你的意思去办。"

韦尔内提了许多意见，甚至主张删除对路易十五的赞颂（第八章第七节），代之以一个空白页，后来果然这样做了。他总是这样，每当涉及他自己主张的改动时，他就不那么强调不能中断排版，不能停机等。在校读清样时他还建议进行修改，为的是提高文字的明晰度。比如，第二十章第二十一节的原稿是这样的："一个国家，如果总是进口多而出口少的话，就会因为谋求平衡而日益贫穷。"韦尔内在 1748 年 3 月 16 日的信中对孟德斯鸠说："你在这里大概是指货物和商品吧，因为如果是指货币，那么进多出少的结果将是越来越富。"孟德斯鸠乖乖地把这段文字改为："一个国家，如果出口的商品或货物总是少于进口的话……"

孟德斯鸠为这部著作起了一个很短的名字：《论法的精神》，韦尔内在 1748 年 9 月 4 日的信中建议对书的内容做更为精细的表述，主张在书名上增添："包含对罗马继承法、法国法律和封建法律的最新研究。"孟德斯鸠根据这个建议，将书名敲定为《论法的精神或论法律与各类政体、风俗、气候、宗教、商业等之间应有的关系，附加作者对罗马继承法、法国法律和封建法律的最新研究》。

尽管孟德斯鸠对萨拉丹和缪萨一再叮咛，知道《论法的精神》正在印制的人实在太多，为作者保密也就不再可能了。韦尔内在 1747 年 11 月 13 日写给孟德斯鸠的信中，一边说他自己不是多嘴之人，一边又说有人不小心漏了嘴，已不可能继续保密了："作者的名字肯定不是从我嘴里说出去的，也没有什么东西可以指明它。我非常明白在这类事情上该如何守口如瓶，严守秘密。可是，我不能向你保证人人都能做到这个程度。三四个了解印书内情的人，肯定根据道听途说泄露了作者的名字，尽管我曾告诫过他们不要乱说。尚博先生（日内瓦的法国侨民）不会不知道。英国驻都灵代办维莱特先生的一位秘书，日前途经此地，在书商的抽屉里见到了印成的几页书，他根据内容或文笔猜到了作者，但什么也没说就走了。作者的名字不可能长久隐匿，因为除了你，谁能写得出这样一部书？幸好这部书中是没有任何东西不可以承认的。不过，我依然会让大家不要泄露，我能做到的就是这些。"

在《论法的精神》应该分为几个部分的问题上，孟德斯鸠与韦尔内又发生了冲突。孟德斯鸠为了充分体现自己的大纲，将全书分为六个部分。但是，印刷商一时疏忽，前五个部分的标志漏排漏印了。韦尔内校阅清样时马虎大意，直到第二十八章前面出现"第六部分"字样时，才发现前面五个部分都未标出。面对这个由巴里尧的疏忽和他自己的糊涂造成的错误，韦尔内十分尴尬，于是尽管没有把握，却还是企图用一些似是而非的理由向孟德斯鸠证明，这点小错无伤大雅。他在 1748 年 9 月 4 日的信中写道："我很懊丧，不得不请你再次告诉我们，六个部分是怎么分的，但愿你不要过分责怪，印刷商已经做好了安排，准备增添几个插页。再者，原稿保存得不好，已经找不到在何处分部。你若执意增添插页，请明示应插在哪几章前面。罗马法是否应单列为一部？法国法律和封建法律是否应各成一部？因为这些内容都自成一体。我觉得，只分章而不分部也很好。不过，还是以你的意见为准。”

除去这些麻烦外，可能还有不少麻烦，只是由于作者和校对者的来往信件没有全部保存下来，我们无法一一尽知。巴里尧“得了病，整个冬天，他一天不如一天”，1748 年 6 月 28 日去世。他的死无疑是雪上加霜。他的儿子并无接班把书印好的准备；如果我们如今看到的文件还算完整的话，记在韦尔内账上的错误，很可能应该归咎于雅克－弗朗索瓦·巴里尧。不管怎么说，韦尔内终于在 1748 年 3 月 16 日通知孟德斯鸠，第一卷已经印制完毕，他已交出第二卷的书稿，正在校改替补的书页，并征询布拉马基的意见，问他应如何编写目录，是“一个总目录呢还是只列出各章节的标题，或是搞得更细些，把各章节的主要内容简介也写上”？

孟德斯鸠除了校读清样、提出增删和修改意见，对韦尔内的各种建议进行斟酌以便确定是否采纳之外，在第二卷开始印刷之后，他还要完成《论法的精神》第六部分，即第二十七章到第三十二章的写作。这五章中有四章是罗马法和法国法的历史特点的整体，而题为“制定法律的方式”的第二十九章，却与前后不衔接，它所论述的实际上是纯粹的法律技术问题。出版商不明白如此安排的原因。J. 布莱特·德·拉格莱塞对此做出了一个贴切的解释：孟德斯鸠本想以第二十九章结束全书。现存巴黎的手稿中的这一章仅有一节，起初题为“关于法律的形成”，后来改为“关于法律的发展”。孟德斯鸠在这一节中以罗马继承法为例进行论述。可是到了 1748 年，他又决定续写一章，即第二十八章，论述法国民法，并准备把它放在结尾的那一章，即关于法律的制定那一章的前面。后来依照韦尔内的建议，孟德斯鸠又增写了关于封建法的两章。此时前面各章均已印好，于是只得把这两章放在关于法律的制定那一章的后面，即全书的末尾。

来往的信件表明，为了完成《论法的精神》，孟德斯鸠付出了巨大的努力；尽管视力极差，工作起来却是精力充沛。1748 年 3 月 28 日，他写信给切拉蒂，通报进展情况和尚未做的事：“这三个月来，我几乎累死，增写了关于法国民法的起源和演变的一章（第二十八章）。读一遍只需三个小时，可是我却写得头发都白了。还要再写有关封建法的两章（第三十章和第三十一章），全书才算完成。我觉得，在一个非常重要而我们最不清楚的问题上，我有了新的发现。如果能在乡间安安静静地住三个月，我估计能把这两章写完，不然就只好放弃了。”

时间确实已经很紧迫了，不然就会延误第二卷的印制。雅各布·韦尔内迟迟不见书稿寄来，十分着急，因为书稿若不能在一星期内寄到，印刷工人就无活可干了：“书商撂下了一切工作，竭尽全力弥补上一次的疏忽所造成的后果，每星期交给我三张印妥的书页；现在已在印制第二十六章了。”到了 6 月 24 日，书稿依旧没有寄到日内瓦，巴里尧手中的书稿仅够印一天。唯一的安慰是孟德斯鸠答应把“关于封建法的那部分”寄来。7 月 27 日，盼望已久的书稿终于寄到，可是，巴里尧（父亲）第二天就死了。

然而，在稿子吃不饱的印书人和赶着完成写稿任务的孟德斯鸠之间的这种紧张状态，一直延续到《论法的精神》全部印毕。到了 8 月初，韦尔内越发焦急了：“里昂的邮车昨天到达这里，但并未带来你的第三十章，我感到十分意外，非常懊丧。这批书稿已等了许久，工人们十天前就已无事可做，一切都停了下来，老板大受损失，很伤心。你在 7 月 19 日的信中说立即把书稿寄来，如果一周之内还听不到音讯，我担心要出事。”

孟德斯鸠的那些朋友：柏克莱、乔弗里夫人、埃诺庭长等人，纷纷向孟德斯鸠祝贺《罗马盛衰原因论》新版问世，与此同时，韦尔内在 9 月的前两个星期中，依然苦苦等待着迟迟不到的书稿，为孟德斯鸠新添的修改作安排。9 月 11 日，他通知孟德斯鸠说：“半个月之后全部结束。”在最后时刻又出现了麻烦：巴里尧把序言的原稿弄丢了，直到 9 月 20 日才找回来，但此时全书已经印毕，序言只得补印。所以在最初的版本中，序言那几页是没有页码的，这是最后一桩事故。10 月末，《论法的精神》终于印毕，早已放弃休假的韦尔内这才如释重负。

《论法的精神》印了一年多，在此期间，孟德斯鸠和他的日内瓦朋友韦尔内克服了种种困难。如今书出来了，他们对书的质量感到满意。巴里尧在书名页上颇下了一番功夫，正文也印得很漂亮，但是章节之间的连接关系却不清楚，原因是全书没有一以贯之的页码，出版商在章节的数量和长度上玩了一点小花样，不过，这倒是启蒙时代常见的做法。

但是，书的外观的这些质量，却对孟德斯鸠和他的友人们瞒不过正文中许多错排。韦尔内先发制人，在1748年11月4日的信中主动承认："印刷错误虽不算多，毕竟还是有一些。"他不认为自己应对此负责，却责怪"校对工疏忽大意"，并说："不过，总起来看，你应该感到满意。我希望你收到书后告诉我，有哪些错误需要在新版中加以改正，我想不久就会出新版。"

孟德斯鸠听了这些宽心话，依然十分恼火，他认为"《论法的精神》在日内瓦被搞得面目全非"。韦尔内既想安慰孟德斯鸠，又想推卸责任；他在1749年9月8日的信中写道："我再次向你表示遗憾，第一版本来是可以用更好的纸张和更漂亮的字形印制的。我的责任是把你的改动一丝不苟地插入书中，在这方面，我想你是满意的。不过，出版商并非由我选定，他虽很有头脑，但资金不足，健康不佳，书尚未印毕，他就过世了。这些意想不到的事给出版造成了麻烦。对广大读者来说，这是件不愉快的事，对你来说则不然，因为这部书肯定会出第二版，那时可以把第一版上的错误全部改正过来。"

1748年11月4日，韦尔内寄给孟德斯鸠"一部尚未裁切和装订的《论法的精神》"。孟德斯鸠在出入中二楼俱乐部时的该俱乐部成员之一、如今旅居日内瓦的法国人尚博，一星期之前给掌玺大臣和德·唐森夫人分别寄去了一部《论法的精神》，他觉得此书"充满精巧、正确和深刻的观点，表达非常清晰和简明"。他似乎私下运动了掌玺大臣身边的人，对他们说："这部书没有任何令人不安之处，之所以送到外国去印，是因为有一定地位的作家都不愿意受法国关于出版事项的那些烦琐的规定的约束。"韦尔内向荷兰寄发了63部书，并告诉孟德斯鸠，11月11日圣马丁节后，此书将在巴黎发售，在日内瓦的售价定为每部18利弗尔。

在巴黎，德·唐森夫人是得到此书的第一人，11月14日，她向孟德斯鸠吐露了极度满意的心情:“我的小罗马人,你要是在巴黎,我就会把《论法的精神》给你,不过,当然只能给你看几个小时。全巴黎只有我这一部,若是借给每一个想借的人,书回到我手里时肯定已成碎片了。寄给我的这部书尚未装订成册,而我又不懂得如何折页,所以我只零零星星地读了几段。然而,仅仅这几段已足以令人惊叹不已了。我不曾读过你的其他著作,包括《罗马盛衰原因论》在内,所以无法作比较。你猜猜,你的这部书给了我什么印象?等我读完全书后再详细地告诉你。不过,你得耐着性子等些日子,因为丰特奈尔先生急不可耐地要先睹为快,我若不立即把书借给他,他真能把我吃了。我真蠢,偏要告诉他我有这部书,从那以后,他就没让我安静过一刻。再说,他读过《罗马盛衰原因论》,而且非常赞赏此书,这就使他更加抑制不住想读《论法的精神》的欲望。”

从此之后,德·唐森夫人就不知疲倦地向朋友们宣传《论法的精神》;尽管几乎人人都已知道作者是谁,她却依然守口如瓶。11 月 19 日,她给孟德斯鸠写信:“我兴味十足地读着《论法的精神》,大家都知道你是此书的作者。据说,莫佩蒂乌对人说,你曾对他说过,此书中的一部分是为我写的,我不大相信。我只能再说一遍,这部书绝不会辱没你的名声,其余我就不知道了。”这位朋友的关怀和来得如此迅速的祝贺,令孟德斯鸠深为感动,11 月 25 日他给她写了回信:“我若在巴黎,你将是唯一能让我读到《论法的精神》的人。这部书是搭乘友谊的翅膀飞到你那里的,你对它说了一些好话,我想这是你发自内心的判断。我在巴黎的熟人不多,所以,你能告诉我这些情况,我很高兴,你很了解我。”

德·唐森夫人接着读,兴致依然十分高:“亲爱的罗马人,请听听我对《论法的精神》的感想。哲学、理性和人道共同构成了这部著作,底蕴渊博,表述优美。我觉得,没有一点不值得我注意,我贪婪地一口气把它读完了。可是读完之后心灵、精神和知识统统得到满足时,我又感到懊恼。所以,如果我不再从头读一遍,就没有什么事愿意去考虑了。”

但是，《论法的精神》很难进入法国，因为掌玺大臣阿盖索不允许此书在法国发售。德·唐森夫人不愿意把书“借给任何人”，因而只得在家里接待那些“来听书”的人。有幸买到这部书的人为数极少，书店老板普洛对德·唐森夫人说：“只要搞到两百部，就能发财。”他还说，如果夫人肯把书交给他，“翻版很快就可印出来，肯定一抢而光，比那些不堪入目的书好卖多了”。

格莱在他的《日记和回忆》中写下了他对《论法的精神》的看法，他的看法既别扭又严厉，不知道当时其他不知名的读者是否也持同样的看法。他写道：

> 这几天，我读了孟德斯鸠庭长的《论法的精神》，我无法对此书作任何评价，评论此书需要更多的智慧和知识。读了这部书，我个人的直觉是：我喜欢第一卷，其中很多地方让人感到很有趣，尤其是谈到罗马人、专制政体和君主政体的那些段落。第二卷的前半部分谈了商业、交换、货币等，这些地方我跳过去了，其余部分的内容倒不令人厌烦。可是，第二卷的后半部分就不行了，作者谈了许多有关封地的事，让人烦得不行。迪普莱西的《巴黎习俗论》也没有这样令人生厌。
>
> 这就是我的感觉。这就是大作家们、形而上学者、上流社会中有点哲学头脑的人说的：他们认为这是一部很糟糕的著作，没有条理，前后脱节，思路不连贯，没有原则；总之，这是一个有思想的人的公文包，里面样样都有。

然而，从 12 月开始，孟德斯鸠的朋友们纷纷向他祝贺。爱尔维修认为，“这是世界上最伟大、最美好的著作”，无愧于其作者。他希望人们不要给作者制造麻烦，但他担心有人会故意曲解，“不过我知道，大臣们不那么高兴，尽管他们让这部书在巴黎出版了。你在书中谈论财政问题时，没有把银行家单独列为一个阶级，我为此担心。我想你明白我的意思，你大概也感到了，有人可以利用这一点在一些人面前损害你，不怀好意的人可以别有用心地引用你的书中的某几句话，去激怒那些有权有势的人物。不过，什么也别怕，我觉得一切都会平安无事的。”

卡斯泰尔神父很不高兴，因为孟德斯鸠没有把《论法的精神》已经出版的消息告诉他，而且他至今尚未收到这部书，他按捺不住，责怪孟德斯鸠对他缺乏信任：“不，我顶不住了，整个巴黎都在颂扬你，这类话已经灌满了我的耳朵，可是至今我还没有读这部书，没有见到这部书，甚至没有听到一句有关这部谈论法律的好书的话，一天我要脸红二十次。我据此认为，你就像是一位新的莱库古，一位新的梭伦，你企图把全世界掌握在手中。你竟然不屑向我谈起这部书，哪怕仅仅一句，这让我感到耻辱。这就是我现在的真实想法。”事实上，这位耶稣会士对于孟德斯鸠的态度的反应，远比信上流露的更为激烈。在《论人的身心》一书中，卡斯泰尔怒气冲天，指摘孟德斯鸠忘恩负义，因为他为《罗马盛衰原因论》的出版，曾帮过孟德斯鸠的大忙。他写道：“他的默不作声让我感到难受，于是我在信中对他说，他至少应该送我一部《论法的精神》；过去《罗马盛衰原因论》每出一版，他都寄给我一本。我对他说，我要读这部书，但我只读他本人送的那一部。他回答说，他不会送书给我，而且极力劝我不要读，因为我不熟悉书的内容……”

1749 年 1 月初，《论法的精神》在巴黎能买到了，掌玺大臣阿盖索起先企图禁止此书发售，孟德斯鸠的朋友们，尤其是巴黎高等法院的代理检察长卡丹－弗朗索瓦－克萨维埃·勒布雷，为此多方奔走，终于使这位掌玺大臣回心转意，对这部著作给予“特殊的重视”，允许公开发行，而且还批准在巴黎再次印刷，唯一的条件是在书名页上印上一个外国城市的名字。这种手法其实谁也骗不了。在掌玺大臣的“默许”下，1749 年 1 月底就在巴黎出现了《论法的精神》的盗版本，这个盗版本不难辨认，因为它把巴里尧（Barrillot）这个名字少写了一个字母“r”。另一个版本于当年 4 月出现，标明的出版地是莱顿，实际上可能是在里昂出版的。几个星期后，巴里尧的儿子征得韦尔内的同意，但没有征询孟德斯鸠的意见，同时出版两种版本，一种是四开的两卷本，一种是八开的三卷本，诡称出版者是“阿姆斯特丹、札夏里·夏特兰书局”。这两个版本实际上是在日内瓦印制的，其底本就是1748年的日内瓦版本，只是对其中的错误做了改正。从1月初起，德·唐森夫人针对1748年的日内瓦版编制了一份勘误表，印了500份，又在《法兰西信使》和《学者杂志》上登了启事，供需要者免费索取。

巴里尧的儿子自作主张的做法令孟德斯鸠大为不快，他当时正与出版商于阿尔商谈在巴黎出书问题。于阿尔及其合伙人小莫罗，仗着掌玺大臣的“默许”，无所顾忌，只担心别的出版商抢在头里，所以早在1749年1月8日就同孟德斯鸠接洽。3月底，这两位出版商告诉他，书印得很快，“复活节后的第二个星期就可以给他送书去”，他们还说：“目录即将印好，现在正加紧印地图。”这个四开本在5月中旬开始发售，每部售价12法郎；后来又增印了一些。当年秋天，阿姆斯特丹的夏特兰书局出了一个十二开本的四卷本。

起初，在巴黎很难买到《论法的精神》，后来情况大为改观；在一些外国城市中，也不难买到。1749年年初，300部《论法的精神》由日内瓦寄到伦敦的一些书店；1月21日，柏克莱向孟德斯鸠转述了他们共同的朋友威廉·多姆维尔提供的消息：“请给庭长去信时顺便提一下，书店定购了150部，书还在海关；这里的出版商打算找人译成英文，而且已经物色到了一个能提供帮助的人。如果他认为需要做些修改或增删，以适合英国国情，而且把改动的情况告诉我，我就转告出版商，以便征求作者的意见在英文译本上做出相应的改动。这就是说，作者可以自由表达，即使触恼法国也不要紧，他不必为此承担责任。翻译即将开始，所以，作者如果有事要交代，希望尽快告诉我。”

孟德斯鸠收到这封信后，不久就寄去了修改和增补。这些改动仅仅是改正日内瓦版中的错误呢，还是根据多姆维尔的建议作了新的增补，只有详细阅读英文版才能知晓。3月，伦敦的出版商拿到了作者的修改意见。正当托马斯·纳琴特埋头翻译时，当年5月却在伦敦出版了一个法文版。6月4日，多姆维尔寄了一部给孟德斯鸠，同时向他保证说：“这是一个绝对可靠的版本，该改的地方都改过了。”孟德斯鸠认为这个版本“很认真”。这个英国出版的法文本是四开的两卷本，售价仅为12

先令，相当于 6 苏，而日内瓦版本的售价却是 25 先令。英国出版商大获成功后，懊悔只印了 600 部。

《论法的精神》大受青睐，部分地要归功于格兰维尔伯爵约翰 · 卡特莱。德 · 唐森夫人在 1749 年 6 月 7 日写给孟德斯鸠的信中说道：他在“英国国会中援引《论法的精神》，支持自己的意见，提醒议员们注意一条已被遗忘的法律。他说，为了区分立法权和行政权，他利用了你在书中阐述的理论，所以他说，他使用了你为他提供的武器。从那以后，伦敦人争先恐后地扑向书店去买你的书，不到两小时就卖掉了二三百部”。

多姆维尔也告诉孟德斯鸠，《论法的精神》英文版将在冬天问世，他称赞译者纳琴特，此人早已因翻译布拉马基的作品而小有名气。多姆维尔还说：“纳琴特说，英语很适宜于《论法的精神》的简练文体，他自信能让译文像原文一样刚劲有力。书中有些段落比较抽象，我派人问他是否需要向他作些解释，他回答说不需要。”1750 年 10 月 18 日，孟德斯鸠给纳琴特去信，感谢他十分忠实于原著：“你的译文没有任何错，所有的错都是原文的错，我要感谢你，因为你想尽办法不让这些错误显露出来。我觉得，你甚至想把我的文风也译出来，让译文与原文就像是两姐妹似的。”

1750 年在爱丁堡出版了《论法的精神》的另一种法文本，八开两卷，据说是“依据作者提供的修正稿和插图”印制的。编者在“告读者”中感谢孟德斯鸠给他寄去了最新的改动：“我们希望得到这位杰出的作者的原谅，我们无法掩饰感激之情，他欣然为我们提供了最新的改动，使这个版本更加丰富。我们对此正式表示诚挚的谢意。”孟德斯鸠对这个版本极为满意：“我把《论法的精神》的苏格兰版本寄给迪普莱 · 德 · 圣－莫尔夫人时，对她说：‘你能读我的这样好的版本的书，我很高兴；我真希望仙女能送我一件衣服，以便转送给你，让你高兴。’”[24]这位英国出版商在同年又出版了《论法的精神》中关于英国政制的那两节的英译本，因为这两节最能引起英国人的兴趣。

孟德斯鸠的那些意大利朋友在 1749 年 1 月就搞到了《论法的精神》。

1月22日，索拉尔骑士赞扬此书写得好，他说："我一口气读完了一部书，这部书的优点在于它说到做到，尽管它说了许许多多。这真是一个崇高而伟大的构思，迄今为止，谁也不曾有过这种构思，谁也不曾使这样的构思显得如此充实和精细。这部书不属于我，可是，我竟然把它从都灵带走了，为的是每天都能思考书中提出的几个问题，学会高瞻远瞩。我不知道作者是谁，但我知道只有一个人能写出这部书来。我即使猜对了也算不得什么，可是，我还是急于知道是否猜对了，请你告诉我。我说的是《论法的精神》，这部书告诉了我一个秘密，而你却不愿告诉我。如果你不希望被人认出来，那就请你再作一番打扮。你既然已经完成了这部概述许多作者和你本人思想的鸿篇巨制，你该好好休息休息了，这样对你会更好。"

索拉尔途经比萨时，于1749年2月18日将一部《论法的精神》交给切拉蒂教士。切拉蒂向孟德斯鸠谈了浏览此书后的喜悦和赞赏："索拉尔骑士先生……把《论法的精神》借给我一天一夜，我贪婪地一口气读到底，读得虽快，脑子里依然生出了震惊和赞叹。这部杰作中有那么多丰富而坚实的思想，我实在不可能把这些都牢牢记住并加深理解。不过，我发现，对于有教养的肯学习的人来说，每一行都像一个火炬，照亮了许许多多重大的问题，促使人们用一种宏大和内在的与一种整体性的政治相连的方法，去观察这些重大问题，而这种政治正是对人类幸福大有裨益的伟大观点的源泉或苗圃。先生，读着你的书，我们的目光远远超出普通人的目光了。"布莱伊侯爵在都灵也读了《论法的精神》，据切拉蒂说，在那段时间里，在米兰可以买到这部书。

在柏林，萨缪尔·福尔梅应韦尔内和巴里尧的儿子之请，负责为书店供应《论法的精神》，与此同时，他在汉堡也有一批存书。[25]

到1749年年底，孟德斯鸠统计到，他的著作"有22个版本，遍及整个欧洲"。

孟德斯鸠1749年的绝大多数信件与《论法的精神》有关。他的国内外朋友纷纷向他讲述对这部书的看法。赞扬固然很多，批评也有一些。这些批评让人预感到，书中的某些内容可能被对手利用。后来果然发生了旷日持久的《论法的精神》之争。

孟德斯鸠收到的第一批祝贺，来自熟人和文学界的朋友，范围很窄，其中有些信写得很肤浅。写这类信的人大多没有读完全书，有的人甚至仅仅翻看了几页；这些人大多缺乏评论这部著作的能力。例如，1749 年 1 月 7 日，一位不知名的人写道："这部书非常神圣，它让我肃然起敬，为了尊重你的谦逊，我特地选用了这个很节制的词。"孟德斯鸠没有被这些出于好意的恭维弄得神魂颠倒。1749 年 1 月 12 日，乔弗里夫人在信里夸赞孟德斯鸠时，也说了一些过头话："我觉得，这部书是精神、哲学和知识的杰作。作者的选择表明了他的深邃的才智，他的论述方法使人们得以获知这种论述方法的广度。这部书写得颇有气度，有技巧，正确而又崇高。作者写出了习俗的纯正和社会的温情。序言太妙了，读者就像在听作者侃侃而谈那样。这部书有两大与众不同的优点：一是蠢人无法对它进行评论，因为蠢人根本不配读这部书；二是凡是有资格读这部书的人，都会感到自尊心得到了满足。"

其实，乔弗里夫人只是粗粗地看了一眼《论法的精神》，并未细读。她的女儿德·拉弗尔泰－茵博夫人告诉孟德斯鸠，她对《论法的精神》的全部了解，只不过是寥寥几个零散的小段，而这几段还是她让女儿朗读给她听的，总共也不到半小时，德·拉弗尔泰－茵博夫人为了修补一下这番直率的话，又补充说，"对于乔弗里夫人来说，寥寥几段已足以使她对全书有一个正确的了解了，虽然她的评论不能证明她学识渊博，但已能说明她天资极佳"。

但是，孟德斯鸠却认为他的那些朋友都很在行，所以他尽管不大愿意寄书给他们，却很重视他们的评论，要求他们发表见解。从 1749 年 3 月 7 日他给索拉尔的信中，可以看到他的真实想法："你对《论法的精神》感到满意，我很高兴。大多数人在这方面的赞扬只能满足我的虚荣心，你的赞扬则增强了我的自豪感，因为你的评价始终恰如其分，并不过头。的确，主题很好，就是太大，我本应为主题太大，超过了我自己而担心。"

关兹曾在圣－加尔当过法官，写过一本《论人性的新体系》，1742

年在纳沙泰尔出版。他在1749年12月20日写信给孟德斯鸠："《论法的精神》如今是"他"最珍贵的乐趣"，他又说："你说，对于那些有了生活必需品之外便别无所求的人来说，唯一的心愿就是国家的光荣和个人的荣耀；这也许正是你本人性格的写照。这是一种楷模，我要努力向它靠拢。"

随着时间的推移，慢条斯理地读着《论法的精神》的朋友们，在交口赞誉的同时，也提出了一些看法，这表明他们对孟德斯鸠的关心。大卫·休谟在1749年4月10日的信中写道："我跟你一样，对人的本性有许多体验，你肯定不会怀疑；我非常希望得到你的青睐，因为你能使我的虚荣心得到满足。可是，对于你这样一位写出了一部全世界为之瞩目，而且将会永世被人传颂的著作的作者来说，我若阿谀奉承，那岂不是找错了对象。请允许我把阅读中想到的一些问题告诉你，其中大部分都有利于越来越多地证明你建立体系时所依据的原则。"接下去几页上都是休谟的意见，这说明他读得很用心。

索拉尔骑士一方面说他读得十分专心致志，一方面又说他只关心某些一般性问题："我有意读得很慢，为的是享受读的乐趣。我总能发现一些有益的思想，这些思想都出于你那充满智慧的头脑，所以对你对我都更有价值。这些思想都在伟大之中，我将之与这里（罗马）所见到的高贵的古代相比，因为古代具有值得尊敬的伟大的品质……你的书让人想得很远很远。你让我知道了许多事情，若不读你的书，我大约永远不会懂得这些，因此我很感谢你。我希望我的赞同能得到你的赞许。我也许尚未彻底读懂，但除了敬佩我没有别的可说。阅读此书时感到的愉悦使我产生了一读再读的念头，最终我必将完全读懂。"

特洛瓦城有一位名叫皮埃尔－让·格罗斯莱的律师，他在1752年出版了《法国法律史研究》，在这本著作中，他把法国君主政体的渊源追溯到高卢时代。1750年年初，他给孟德斯鸠写了一封长信，详述他对《论法的精神》的看法。孟德斯鸠于4月8日写了回信，对他的看法逐一给以评析："先生，你对我的书表示赞同，而且边读边做笔记，这使我非常感动。你有疑虑，这说明你是一个有头脑的人。"

埃诺庭长也是《论法的精神》最热心的读者之一，从出书到1749年7月，他已读完了三遍。1749年2月21日，他写信给孟德斯鸠："亲爱的同行，《论法的精神》我已读了第二遍。我发现，许多根本不配读这部书的人大声为它叫好，一些没有读懂的人乱发议论，这些令我不那么高兴。这部著作富有哲理，博学深邃，若不是由于它兼具细腻、隽永、精巧和轻松，人们会以为它出自英国人之手，而不是法国人的作品。这部书充满深刻的思想，所以，《罗马盛衰原因论》的作者无法否认自己是此书的作者；这部书又满纸热情和诙谐，所以，《波斯人信札》的作者也不可能否认自己是此书的作者。"不久以后，孟德斯鸠恳请埃诺将他的意见寄来："请把反驳和批评写下来寄给我。这部书如果不错，那是属于大家的。如果书中谈到了一些重大问题，那么，贤哲们都应帮助作者，把自己的意见和想法告诉他。我找到的真理属于你们，你们找到的真理也应属于我。真理像汪洋大海，诚如洛克先生所说，它是一个世界性的大社区，人人都只有汲取他人的才智，才能使自己拥有才智。"

1749年7月底，埃诺已在读第二遍了，他向孟德斯鸠吐露他对此书评价的变化："读第一遍时我感到惊奇，如同一个人走出黑暗见到太阳一样；阳光照得眼花缭乱，分辨不清眼前的东西。读第二遍时，我开始被新思想所吸引，但是，新思想让我感到无所适从，就像穿着新衣或不合身的衣服那样，令我不知所措。读第三遍时才读出了味道……感受最深的是礼仪和人道。有些思想也许很大胆，然而，为了我们不大关心的人的幸福，难道不应越出常规去寻找吗？格劳秀斯与你相比如何呢？他堆积了许多事例，还大量引用他人的高论，可是，他远未做到融会贯通在实际应用中去，连他自己都看不见应用在哪里。只有你才能把历史的破砖烂瓦利用起来，修建一座神殿……总之，尽管我只读了一半，却是读得兴味盎然，这才提笔给你写信的。"

从意大利来的信件告诉孟德斯鸠，在那个他结下了牢固友情的国家里，他的书也受到了热烈的欢迎。1749年6月20日，布莱伊侯爵在来信中说："当我一遍又一遍读着同一章时，我情不自禁地停下来为自己高兴，为自己庆幸，因为我有幸得到过此书作者的赏识和友谊。在我看来，这部书对于帝王们和共和国的元首们，不啻是一盏信号灯；对于那些愿意把国家治理好的大臣们来说，这部书无疑是一架罗盘。你知道，并非人人都这样想。我只有一件事要责备你：英国人买你的葡萄酒，你是英国人的朋友，你在书里谈论英国人，谈得很实在；可是，你用这部书把英国人耍了一次，因为英国人今后再也不能说，法国人从未写出过一部独具特色的书了。”

神职人员切拉蒂的看法最有意思，因为他的看法关系到《论法的精神》在罗马未来的命运。1749 年 8 月 25 日，他在信中毫不掩饰他的赞誉：“我衷心地向你祝贺，你以出众的才华、无与伦比的学识和言简意赅的雄辩，使全欧洲的有识之士把目光转向一系列有益于人类的真理，而在以往，军人政府和专制政府几乎到处在毁灭人类。力图以崇高的胆魄去拯救被专断的权力摧残得遍体鳞伤的人类，这永远是世界上美好的计划。”法国驻罗马大使尼维尔奈公爵曾告诉维努蒂神父，撒丁王国国王夏尔－埃马纽尔三世刚刚读完《论法的精神》，又让他的儿子维克托－阿梅代·德·萨瓦公爵读，这位王子已经读了两遍。维努蒂把这个消息转告孟德斯鸠，孟德斯鸠自然深感荣耀，尤其因为据维努蒂说，萨瓦公爵被认为是一个“罕见的有才华的人，对事物的理解和感受都不同凡响”。

另外一些信来自那些遇到麻烦时用得着的人，孟德斯鸠对这些信当然很满意。例如，沙泰尔侯爵、路易－弗朗索瓦·克罗泽少将于 1749 年 2 月 8 日在给孟德斯鸠的信中写道，《论法的精神》能为他“招来许多崇拜者”。巴黎高等法院的推事菲利浦·托梅觉得，这部书“令人钦佩”；国王的秘书勒弗朗·德·布隆普莱在 2 月 22 日写给孟德斯鸠的信中言过其实地说：“自从上帝造出太阳以来，我觉得这部著作最能照亮世界，尽管我不是内行，但还是很重视理论的。”

德·唐森夫人是《论法的精神》最热心的支持者之一，1749 年 1 月 9 日，她在信中为书卖得很快而表示高兴，她还说：“到处都大获成功，我还不曾听到过任何批评。想批评这部书，又想到我这里来烤火取暖，这确实不大好。”3 月 4 日，她又告诉孟德斯鸠好评如潮，还建议孟德斯鸠对“几处小小的疏忽”更正一下，同时又说，听不听她的意见，由作者决定。她说：“你比任何人都看得清楚什么地方需要再审读。我曾跟你说起一位农民的话。这位农民被问到小麦收成如何时回答说，小麦长势十分喜人，麦穗一个挨一个，互相挤得厉害。麦穗于是彼此商量：往你那儿挤一挤，让我一点地方。你不觉得你的思想也像这些麦穗一样吗？从来没有一位作者像你那样，给了读者那么多思想，那么多看法。我本想一边读一边划重点，可是刚读了一会儿就不行了，因为几乎每行都得划。”

对于书的品位之高，孟德斯鸠的朋友们着实赞扬和恭维了一番，对于读书的反应和此书的影响，朋友们也兴高采烈。但是，热闹一阵之后，不久就出现了一连串的批评，这不能不让孟德斯鸠大为震惊。起先他打算不予理睬，后来批评越发尖锐起来，花样也日益翻新，迫使他不得不认真地辩解和反驳，因为他终于痛苦地认识到，许多批评本该认真对待，不该掉以轻心。

法国报刊几乎没有对《论法的精神》发表任何评论，这可能给孟德斯鸠敲起了警钟，除非是他本人为了避免惹起官方注意，希望这样，甚至要求这种沉默。事实是，报刊上只登过一则消息，宣布德·唐森夫人为 1748 年版本所做的勘误表已经印妥待索。外国报刊似乎也持谨慎态度，默不作声。在整个 1749 年中，据不完全统计，只有阿姆斯特丹出版的《学者著作文丛》发表过一篇《论法的精神》的书摘。

几个月当中，乌云越聚越浓，批评与日俱增。在 1749 年至 1752 年这四年中，四面八方都掀起了《论法的精神》之争。批评来自一些无组织的个人，如总包税人迪班，而来自宗教界人士的批评为数更多，巴黎的耶稣会士和詹森派教士，对孟德斯鸠大肆攻击；索尔邦神学院也插进手来；在罗马，教廷的审查机构对《论法的精神》进行审查之后，宣布该书为禁书。这些事都发生在同一时间，彼此呼应。但是，只有把《论法的精神》之争的各个阶段逐一进行审视，才能了解各界人士发起的这场对孟德斯鸠的围攻究竟是怎么回事。

第七章 《论法的精神》之“争”

正当孟德斯鸠的巴黎朋友和外国朋友，特别是英国朋友和意大利朋友，异口同声为《论法的精神》叫好时，对这部著作的批评开始露头了，起初是羞羞答答，不久就越来越大胆。从1748年5月至1750年7月，孟德斯鸠住在拉布莱德，忙了好几年，体力和精神都疲惫不堪，需要休息一段时间才能恢复。书出之后，他所听到的全是巴黎那些朋友的恭维和赞扬，即或有些批评也被这些朋友挡住了，起初孟德斯鸠并不能听到。丰特奈尔有一个外甥名叫弗朗索瓦·里歇·奥布，他在1743年出版过一本《论法与道德原则》。《论法的精神》出版后，他觉得“外人闯进他的领地行猎”来了，很不把这部书放在眼里，说他自己“早就论述过这些问题，说过几乎同样的话”，他认为，“这部书平淡无奇，缺乏深度”。此后不久，多利弗教士和伏尔泰就相继开始发难。

切拉蒂是最早为《论法的精神》受到指责而不安的人之一，他在1749年2月18日就写信给孟德斯鸠：“几个星期以前，我读了一封巴黎来信之后就感到，针对你的那部书可能会有一场风暴。我很生气，甚至要狠狠地咒骂巴黎那些现代检审官们的伎俩。当年我在巴黎时，有人把他们叫作文学界的强盗和流氓，看来是有道理的。凡是不吹捧专制主义的作品，无一例外地都被这些先生们骂得一无是处。”1749年3月4日，德·唐森夫人也说：“不过，东一枪西一枪的也有一些批评。”日内瓦商人们为孟德斯鸠在书中针对他们的银行所说的话深感不安，遂请热那亚共和国驻巴黎特派代表帕尔维尼奇和洛梅利尼向孟德斯鸠建议，把一些错误改正过来；孟德斯鸠接受他们的建议，但并不了解他们用意何在。

这些批评起初悄悄地传来传去，不久写成文章，接着便掀起轩然大波。孟德斯鸠对此深感忧虑，并流露出愠怒。1749 年 11 月 11 日他写给切拉蒂的信中说："几只大黄蜂在我耳边嗡嗡乱叫，但是蜜蜂却采到了蜜；对于我来说，这就够了。"他又添上一句，但又被涂掉了："我倒愿意看看，那几个人将会怎样诋毁一部作品，把它搞得面目全非。"

总包税人迪班是孟德斯鸠的第一个公开对手，此人娶了实力雄厚的金融家萨缪尔·贝尔纳的女儿为妻，事业兴旺，在巴黎算得上是最有影响力的人物之一。孟德斯鸠与迪班夫妇的关系一直很不错，因此之故，迪班的攻击令孟德斯鸠颇感意外。孟德斯鸠在《论法的精神》的不少章节中，对包税人和总包税人以及他们造成的危害进行了猛烈的攻击："如果包税人这个有厚利可图的职业，由于发财容易而成为一种受人尊敬的职业，那么，一切都完了。在专制国家里，这也许是好事，因为那里的总督往往负有收税的责任；但是在共和国里，这不是好事，罗马共和国就是因此而毁灭的，对于君主政体来说，这也不是一件好事，因为没有任何别的事情比它更违背君主政体的精神了。所有其他等级的人都感到厌恶，荣誉不再受到尊重，人们不再重视缓慢而自然地出人头地的途径，政体的原则遭到打击。"[1]

迪班还指责孟德斯鸠对于法国的君主政体促进贸易的作用肯定得不够，使他对君主政体的信心受到损害。1749 年 4 月 23 日，德·唐森夫人告诉孟德斯鸠，麻烦已在酝酿之中："还有一件事：有人说总包税人迪班正在写文章对你进行批驳。"在迪班家举行的一次集会中，丰特奈尔声称，《论法的精神》是人们所能读到的同类著作中最有意义、收获最大的一部著作。尽管如此，迪班依然对《论法的精神》进行攻击，德·唐森夫人语带讥讽地说他"把事情做得如同那些唱着歌反对将军的士兵那样，目前正忙着对你进行批驳，你觉得这是一个配得上你的对手吗？这好像是一场巨人与侏儒对阵的战斗。他的文章如果有人读，那是托你的名气的福。"

迪班的书叫作《评〈论法的精神〉的若干章节》，1749年夏天在巴黎面世。孟德斯鸠十分恼火：“有人告诉我，总包税人迪班先生对《论法的精神》进行了愚蠢的批评，我说过，凡是涉及金钱问题和精神问题，我都不跟总包税人争论。”[2]他对朋友们谈到此事时很是认真。1749年8月27日，他在给索拉尔的信中写道：“我很担心，迪班先生的批评会破坏他本人在熟人心目中的印象。我甘冒改变自己看法的风险，急于读到这部出于一位总包税人之手的如此大胆的著作；至于迪班夫人的著作，若是在过去，定会受到我的尊敬，以往的岁月和她的为人让我拥有了一些可资利用的权利；你谈及此事时的口气也不一样。时光流逝，女人们失去了她们能奉献给男人们的东西；以前你我曾经为一张肖像发生过争论，现在你却只字不提了。”

孟德斯鸠写于1749年11月的一封信，大概是写给德·唐森夫人的，他在信中吐露了失望和苦楚：“那个说三道四的畜生不配吃燕麦，他该在马厩里啃干草。他批评我的那些地方，其实是我冲着君主政体说的好话，可他却偏偏以为我说的是坏话。这真是一个白痴，什么都不懂，连最普通的事也不懂。我说的明明是普鲁士国王，他却以为是丹麦国王，而在另一个地方，他居然又发现我谈论丹麦国王。这说明，他既不了解丹麦国王，也不了解普鲁士国王。”虽然埃诺庭长认为孟德斯鸠和迪班不是“同一级别的选手”，这位总包税人的著作却使《论法的精神》在公众心目中的形象发生了变化，尤其因为《特雷武杂志》和《教会新闻》这两个分别属于耶稣会和詹森教派的刊物，也在此时展开了对《论法的精神》的攻击。

从迪班的那本书的前言来看，此书并非由他一人而是由四个人合作写成的。迪班夫人为了维护妇女，反对反女权主义，也参与了写作。让-雅克·卢梭那时是迪班的秘书，在写书过程中没有发表任何意见，仅仅担当了誊抄的任务。据他后来说，另外还有两位耶稣会士参与其事，一位是弗朗索瓦·贝尔蒂埃神父，另一位是约瑟夫·普莱斯神父。但是，主要策划人是迪班，他的同时代人对他所起的作用并没有说错。他本人1759年6月10日给王太子的副太傅圣-西尔神父的信中也说得明明白白："我意外地承担并尽力诚实地履行的职务，竟遭到了《论法的精神》的作者的攻击，我十分恼火；为了公众的幸福和利益，这种感情对于每个人来说，不仅是允许的，而且是必要的。他竭力把专制政体和君主政体相提并论，我大为吃惊；类似的毛病和纰漏，比比皆是。我在气头上提笔写书，不到四个月就完成了一部八开本三卷的书，我只让人印了八本。当我冷静下来重读时，我很不满意，发现自己软弱无力，而且说了一些伤人的话，我觉得不应该；除了没有收回来的那两本外，我把所有印妥的书扔进了火堆。"这就是说，迪班这部"为了阅读方便和征求友人意见"而印的著作，一共只印了八本。其实，迪班将这部书付之一炬的原因，并非如他所说，而是另有原委。这部书至今仅存世一部，曾为达尔让松所收藏，现存阿斯纳尔图书馆。

如果拉博梅尔满足于说"他把自己的书销毁了，做得很对"，那么莫佩蒂乌在《孟德斯鸠颂辞》则认为迪班是在自己的朋友们的敦促之下销毁此书的："一位作者以很大的精力写了一本反对孟德斯鸠的著作，将要出版时，朋友们劝他再读一遍《论法的精神》，他照办了，读完之后感到惶恐不安，而且对作者充满敬佩之情，于是他把自己的书稿毁掉了。"尚福尔在《格言与逸事》中说，毁书是蓬巴杜侯爵夫人过问此事的结果："孟德斯鸠庭长的性格远远不如他的才华；谁都知道，绅士都有弱点，都有些狂妄，孟德斯鸠也不例外。《论法的精神》出版后，受到了一些批评，有的很糟糕，有的不怎么好，孟德斯鸠根本不以为然。可是，有一位文人也写了一本评论，迪班先生说他是此书的作者，而且认为书中颇有一些精彩的评论。孟德斯鸠先生获悉后深感失望。书已印好，马上就要发行之时，孟德斯鸠找到蓬巴杜夫人，蓬巴杜夫人叫来了出版商，又把书全部弄来，让人用斧子砍碎，只留下了五本。"

对尚福尔的说法不能轻信，因为没有任何佐证，况且他说的情况与孟德斯鸠的性格格格不入。孟德斯鸠不至于为了一件纯属个人的私事求助于路易十五的情妇。据加斯科说，迪班之所以把书销毁，是慑于孟德斯鸠的愤怒："人们发现，被作者引用的《论法的精神》中的话，都掐头去尾，断章取义，为的是让政府憎恶孟德斯鸠。这种不光彩的做法和蛮不讲理的推断把孟德斯鸠激怒了。迪班不得不以校改错误准备新版为借口，收回了已经分发出去的书。”

事实上，迪班大概被自己的书所引起的反响搞得心神不宁，不想与孟德斯鸠打一场可能会没完没了的笔墨官司，他还担心当局会进行干预，让他收敛一些。再则，他在重读自己的书时，也发现自己不够冷静，对孟德斯鸠进行了一些人身攻击。有鉴于此，迪班决定暂停发行。此后他又在原书的基础上，改写了一本考虑比较周到的书，题为《对于〈论法的精神〉的若干见解》，书分三卷，印了五百部。

达尔让松曾经收藏的那本《评〈论法的精神〉的若干章节》现存阿斯纳尔图书馆，书上有达尔让松的秘书的一段批注，罗索[3]认为，这段批注“公允而深刻”，既突出了孟德斯鸠的君主政体思想，也为迪班的行为作了辩解。这段批注是这样的：“……我读了这本在我看来是罕见而可笑的书，我觉得有两点是确凿无疑的。第一，这本书远非彻头彻尾的坏书；第二，作者在批驳《论法的精神》时，表现出了极大的智慧。那么，他为什么听从了朋友的劝告呢？因为，他的朋友们认为，把《论法的精神》捧上天实在太过分，可是，像迪班先生那样攻击《论法的精神》，却又会招惹整个欧洲的极度反感……迪班先生的批评确实太坦率，太锋芒毕露，但是，他的大部分意见实际上非常正确，说理也很透，表述也非常清晰。在政体的性质、气候的影响、习俗和法律以及英国政制等问题上，迪班对庭长先生的批评都是正确的。只不过当他谈论财政和贸易时，他似乎总也忘不了自己是总包税人。然而，总的说来，迪班的批评中有许多极好的见解。我既然成了这本书独一无二的主人，我将把它珍藏起来……我若未曾读这本书，我就不会知道，把孟德斯鸠列入为维护法国君主政体做出过贡献的人的行列是错误的……”

路易·维安是读到迪班这本书的第一人，他说迪班在书中对孟德斯鸠进行了人身攻击，文笔既沉重，又满纸书呆子气，此话不无道理。可是，为孟德斯鸠捧场的那些评论，歪曲了迪班的意思，结果使这本书落得个被人遗忘和斥责的下场。事实上，迪班的批评是有价值的，罗索曾指出，迪班的批评很深刻，指出了《论法的精神》具有斯宾诺莎主义的危险倾向，还有某种悲观主义的味道，而且把气候看作各国政治生活中的决定因素。迪班对《论法的精神》逐章逐节进行批驳，在战术上是成功的；但他在战略上失败了，孟德斯鸠岿然不动。

迪班的《评〈论法的精神〉的若干章节》出版时，读到的人极少，但是，批评《论法的精神》的其他论著则并非如此。德·拉包特教士在1750年推出了一本名为《关于〈论法的精神〉，如何阅读和理解此书》的书。据加斯科说，德·拉包特是在迪班的怂恿下写这本书的，因为迪班"开始派遣小分队展开骚扰战"。其实，这本书不是一部论战性的著作，作者对孟德斯鸠卓越的表达能力、美丽动人的形象和崇高的思想极表钦佩，只是认为书写得混乱而晦涩。拉包特自己动手，把《论法的精神》全书打乱，按内容分门别类地将全书重新组合为宗教、道德、政治、法律、商业等部分，并把孟德斯鸠的论证归纳为两类原则，其一是气候的影响，其二是政体形式。拉包特对自己的做法作了明晰的解释："《论法的精神》包含的重大问题极多，应鼓励公众人人都去读它。可是，作者的写作方法不为读者所熟悉。或者说，作者在书中没有贯彻始终的写作方法。所以我觉得，有必要把它重新调整一下，以便阅读……在进行调整时，我很注意绝不删去能体现作者高贵的、闪闪发光的天才的任何一点东西。然而，在另一方面，我也不遮掩书中的任何一个瑕疵，即使在论述最精彩的地方，也发现了不少毛病……"

对于这些颇为节制的，而且不无道理的批评，孟德斯鸠以不屑的神态只用一句不那么认真的话作答："一个为求知而辩论的人不屑与一个为糊口而辩论的人为伍。"拉包特教士的这本书反倒引发了一些赞扬孟德斯鸠的评论，只是影响并不大。后来当上了印度公司经理的波尔多的一位年轻商人弗朗索瓦·李斯托，于1751年出版了一本《答〈关于论法的精神〉》。孟德斯鸠在1751年5月19日的信中谈及此书时，对这位年轻人的"热情颂扬"表示感谢，同时也指出，在专制主义问题上，他们的看法不同："你认为，一种既是国家又是君主的政体，是不切实际的空想，我却认为这种政体是非常现实的，而且我觉得我已如实地作了描述。我不知道一个专制君主的君臣能否有他们自己的财产，我只知道他们不能有自己的品德；在专制君主统治的所有国家里，腐败和贫困从四面八方涌来……专制君主与名副其实的国王之间的距离，就如同魔鬼与天使离得一样远。不错，君主政体下也会出现一些重大的流弊，但那是在君主政体蜕变为专制政体的时候。”

1751 年，布朗热·德·里伏利医生在阿姆斯特丹出版了一本《赞〈论法的精神〉，答拉包特先生》，此书笨拙地力图把《论法的精神》说得无懈可击。孟德斯鸠觉得“此书的书名极好”，并于 1751 年 6 月 20 日对尼维尔奈公爵说：“另一个人把我不想做的事做得比我还好。”

报人艾理－卡特琳·弗莱隆在他的《关于当前若干著作的通信》中，对拉包特教士掀起的论争作了一番归纳，他指出：“孟德斯鸠的著作有其预定的结构。”不过，在过分强调气候因素以及论述宗教等问题上，弗莱隆是有所保留的。他认为“把宗教视为人类社会的一种机制，却不把基督教排除在外，这是不妥的。”[4]

索尔邦神学院的学者路易·德·博奈尔是一位热烈拥护詹森教派的奥拉托利会士，他于 1751 年发表了《一批分析〈论法的精神〉精髓的信件》，这个集子收编了 27 封信，试图将《论法的精神》的内容作一个概述，然后加以批驳，口气尖刻，近乎谩骂，有时却又显得可笑。韦隆·迪维尔热·德·伏博奈的批评则比较严肃，比较缓和，对《论法的精神》的整体性给予肯定。这篇文章题为《〈论法的精神〉逐章摘要，附对该书若干段落的意见及对该书所受批评的看法》发表于 1753 年，作者伏博奈是一位经济学家，后来他为《百科全书》撰稿时利用了这篇文章。另一位名叫让·福尔麦的作者在《公正丛书》上发表了他所编写的《论法的精神》的提要，孟德斯鸠为此向他表示了谢意。

但是，孟德斯鸠最狂热的捍卫者却是洛朗·昂里维埃尔·德·拉博梅尔。这是一位来自塞文山区的新教徒，却在阿莱的一所耶稣会的儿童学校接受过教育，1745 年至 1747 年他在日内瓦求学，后来去丹麦当家庭教师。他是教育家和报人，策划过许多出版物，其中包括曼特侬夫人的《书简》，他与伏尔泰和孟德斯鸠都有交往。1750 年 7 月 31 日他在巴黎第一次与孟德斯鸠相遇，那时他刚刚在《丹麦女观察家》上发表了五封关于《论法的精神》的书信，信中对孟德斯鸠的这部著作表现了极高的热情："走遍所有新旧图书馆，除了圣经以外，你找不出任何一部著作能与此书媲美。这部书既十分合乎情理，又非常有益，非常深刻；精彩之处书中俯拾即是，毛病则比任何别的书为少。原理说得明明白白，结果分析得头头是道，视野十分开阔，意图表达得很得体，在为人们的精神和心灵增光这方面，没有任何别的书能与之匹敌……我一口气读完第一遍，读第二遍时觉得津津有味，此后再读时更觉趣味无穷。它就像是一位漂亮的妇人，与她在一起时激动不已，再度相遇时心花怒放，分手时恋恋不舍；她越看越美，越临近离别，越觉得难分离舍……"

拉博梅尔的恭维虽然有些言过其实，但是，当《论法的精神》遭到围攻时，却让孟德斯鸠如遇知音。然而，当拉博梅尔于 1752 年出版《为〈论法的精神〉再辩护》时，两人的友谊却罩上了阴影，因为这本小册子与其说帮了孟德斯鸠的忙，倒不如说让他感到难堪。可是，这本小册子一直到 1755 年还在卖。

支持和反对孟德斯鸠的人都撰文写书评论《论法的精神》，对于那些不直接针对他的那些书和文章，孟德斯鸠装聋作哑；有一些批评虽然损伤了他作为法学家和作家的自尊心，他倒并不认真地放在心上。可是，从 1749 年开始，除了孤孤单单地进行攻击的几个人以外，还有一股势力咄咄逼人地打上门来。比如，教会认定《论法的精神》攻击了基督教，教士们因而如坐针毡，先是要求孟德斯鸠做出解释，接着便告到宗教法庭和罗马的审书局以及巴黎的索尔邦神学院。

孟德斯鸠虽然与图尔纳米纳神父交恶，但仍有几位耶稣会士挚友。卡斯泰尔神父关照过让－巴蒂斯特·德·色贡达的学习，在《罗马盛衰原因论》印制过程中审读过书稿，而且与孟德斯鸠一直书信不断。《论法的精神》出版时，他曾建议孟德斯鸠亲自做一个书摘供报刊发表，以防他人做的书摘对作者造成损害，他说："有位报人设法弄到了这部书要做书摘，可是他既没有我对你的热情，也没有理解某些微妙之处的才能（我只对你这样说）。"

流言蜚语开始传播，卡斯泰尔神父感到不安；为了帮孟德斯鸠一把，遂于1749年年初给孟德斯鸠写了一封信，信中有许多暗示，既是对他审慎的提醒，也是愿意提供帮助的一种表示：“我听见有人在嘀嘀咕咕……我想得出来是些什么……不过，我觉得确有理由说这是一部好书，一部你我所理解的那种好书……我要衷心地向你祝贺。公众是很奇怪的，他们谈论得最多的事，未必就是他们谈论得最好的事，非得有人定调不可……我知道我能定调。我还要告诉你，耶稣会中那些最好的会士，那些有权说话的会士，他们都说得很好，对于你所说的有关耶稣会士的那些话，他们都有好感。你可以想象，我是多么希望你关心这篇文章，而且是多么为你着想，甚于为我着想。我告诉了你一些秘密，不过，我相信你是理解我的。”

卡斯泰尔神父的提醒没有引起孟德斯鸠的足够重视，他也许认为没有必要让耶稣会士来为他充当辩护士，因为他并未赞扬过他们在巴拉圭的传教活动：“在巴拉圭，我们可以看到另一个例子，（耶稣）会把发号施令当作一生中唯一的幸福，有人认为这是耶稣会的一种罪恶。不过，治理民众而能使民众幸福，这是一件好事。耶稣会最先在那些地区展示了宗教与人道相结合的思想，这是该会的光荣。通过修补西班牙人摧残的后果，耶稣会开始着手医治人类曾经遭受的最大的创伤。”[5]孟德斯鸠还在自己的著作中多次转引过《耶稣会士书简集》，为自己的论断作证。

可是，《特雷武杂志》在1749年4月号上刊出了一封致该杂志社社长纪尧姆-弗朗索瓦·贝尔蒂埃神父的信，确切地说，这封信不是攻击，而是要求澄清。这封匿名信写道：“《论法的精神》的作者直接或间接地伤害了宗教。因为他用气候的原因解释自杀和多妻制，还批评教士的独身制和教会对渎圣罪的惩处，竭力吹捧背教者尤利安，担心在不信教国家中的传教活动会引起社会混乱。”[6]

詹森教派的攻击来得稍晚，但远比耶稣会的攻击激烈和具体。1749年10月9日和16日，《教会新闻》（又称《教皇敕令‘唯一圣子’事件记事》）相继发表了两篇长文，作者据说是雅克·封登·德·拉罗什。文章一开头就气势汹汹：“一部否定宗教的书年前在此出现，很快在世界各地泛滥，而这部书神奇般地越来越多，则是在教皇敕令‘唯一圣子’传到此地之后。”这部书“以自然宗教理论为基础，耸人听闻”，很危险，会引人误入歧途。“一些浅薄的人读了这部书后可能会说：‘这是一位在自己的领域里耕耘的哲学家，以哲学家和政治学家的身份谈论法律，如此而已’。可是，了解这些自然神论者的小手腕的人却另有看法，他们认为，《论法的精神》旨在支持他们偏爱的那套理论。”作者通篇阐述的就是这个观点，并以此来诠释孟德斯鸠思想的各个方面，进而得出这样的结论：《论法的精神》与神启宗教根本对立，“信奉自然宗教的先生们其实不信奉任何宗教，因为，正是由于他们不相信任何宗教，才信奉盲目的、腐败的理性”。

面对如此激烈的攻击和攻击者所使用的论据，孟德斯鸠深感不安；他没有理睬《特雷武杂志》，但对于《教会新闻》，却不能默不作声。他感到自己遭到的攻击是来自宗教方面，而宗教并不是他所熟悉的领域，所以感到有些为难，并对是否要回击那些指责，开始有些犹豫。他认为，这些指责是不怀好意的，而且是与他的意图相反的。在《论法的精神》之争的全过程中，他一再向对手申明，他的书是一部法学著作，“是一位法国法学家的著作”，因此，不应由神学家来评论优劣。他自始至终坚持这个算不上很高明的策略，从而得以避免否定自己的原则，这些原则是他呕心沥血推导出来的，他的全部论证都建立在这些原则之上。

孟德斯鸠的信条是不与“鼠辈为伍”，直到 1749 年年底和 1750 年年初，他还在犹豫。他在给加斯科的信中写道：“无论不值一提的拉包特，还是稍有分量的迪班，我觉得，他们的批评都不值得给予反驳；公众鄙视拉包特对我的批评，而对迪班则感到愤慨，这就替我出了气。至于是否有必要对高等法院那两位推事感到不舒服的问题做出澄清，我将根据你向我提供的有关他们的传闻详情做出决定。我猜想，他们的依据大概全部来自《教会新闻》，而稍有头脑的人从来不会对《教会新闻》的虚张声势和大发雷霆认真看待的。”尽管如此，面对《教会新闻》的攻击，孟德斯鸠在加斯科的怂恿下，最终还是决定反击，于是撰写并发表了《为〈论法的精神〉辩护》一文，这篇未署名的文章于1750年2月初在巴黎见报。在1750年1月26日致尼维尔奈公爵的信中，孟德斯鸠流露出对此文颇为满意的心情：“我的文章彻底摧毁了对我的所有批驳，那两部批驳我的书唱的是一个调调，所以我回答了其中之一，让他无言以对，这样，另一位也就哑口无言了。”可是，孟德斯鸠疏忽了耶稣会士的口气比较缓和的批评，从而铸成了一个错误，后果不久就显露出来了。

《为〈论法的精神〉辩护》既不是收回前言的声明，也不是明确重申自己观点的宣言，孟德斯鸠在这篇文章中只是表明：他是一个不但信奉基督教，而且“热爱”基督教的作家，对于他来说，驳斥把他说成是无神论者、斯宾诺莎主义者或自然神论者的指责，并不困难，但是他不愿意谴责自然宗教。他写道：“我不是常常听说，我们每个人都有一种自然宗教吗？我不是听说基督教是最完善的自然宗教吗？我不是听说人们在反对自然宗教时经常利用自然宗教来证明神的启示吗？而且人们不是还利用这种自然宗教来反对无神论，证明上帝的存在吗？”

孟德斯鸠主要以以下三个论点为自己辩护：《论法的精神》是法学著作，而不是神学著作；他把宗教只看作是人的一种机制，所以，他不可能在书中谈论基督教，因为基督教是神的一种机制；正因为如此，书中仅仅偶尔提及宗教，而且有关宗教的谈论都仅仅涉及“伪教”。最后他指责批评者素质低下，根本没有花力气去搞清作者的观点，却把他们自己的观点建立在一些不充分的、偏执的资料的基础之上。

让－巴蒂斯特·德·色贡达高度评价《辩护》，认为“这篇文章比《论法的精神》更精彩，因为孟德斯鸠先生在无意之中作了一幅毫不加修饰的、朴实无华的自画像，这幅自画像甚至超过了他的书。文章不长，但很珍贵，因为，他在这篇文章中那种娓娓道来的神态，没有与他有过交往的人是无法想象的”。然而是，伏尔泰在他1777年出版的《评〈论法的精神〉的若干准则》一文的前言中，却为孟德斯鸠居然屑于对《教会新闻》的批评作答表示惊奇。《教会新闻》每星期都刊载一些教区里虔诚教徒的故事，扛圣像人的故事，以及掘墓人的故事和本堂财务管理员的故事等。对于这份小报来说，这是一种机会，办报人于是高喊“宗教！宗教！上帝！上帝”，以此来反对孟德斯鸠，而且把他说成是自然神论者和无神论者，为的是让小报卖得更快。令人不可思议的是，孟德斯鸠居然写了答辩文章，在理性的力量和揶揄挖苦的打击下，那只写出了《论法的精神》的手，竟然屈尊自贬，甘于亲自去捏死那只每个月在他耳边嗡嗡四次的胡蜂。

达朗贝尔在《孟德斯鸠颂辞》中，对《辩护》的评价不偏不倚：“这篇文章因其有节制、摆事实和有风趣而应被视为此类作品的典范。孟德斯鸠先生被他的对手扣上了种种骇人听闻的罪名，他本来可以不费力气地把这篇文章写得令人难堪，但他做得非常好，他把这篇文章写得让人会心一笑。他是攻击者，却在无意之中做了一件好事，我们应该为他写出了这篇杰作而永远感激他。”

在《随想录》[7]中有一些“我未能用于《辩护》的东西”，从中我们可以看到孟德斯鸠反驳对手时的心情：“写出了有思想的作品的作者，应该期望由水平相当的人来评论他们的作品。作者对于自己所论述的题材，比读者思考得更多，这是作者必然胜过读者之处；然而，如果读者也思考起来，那么，他们就与作者处在同样的地位了。自尊心应该懂得一个重大的奥秘：作者是在自尊心前面论长说短的，什么！由于作家自命不凡，就觉得读者都是平庸之辈吗？从作家的自负便可得出结论说他不是庸才吗？作家的憨厚就像年轻人的羞赧，若说人生来就有一种本事，那便是羞赧。如果希望有人读我们的书，那就设法让人家喜欢我们。倘若一个人有些才智，那就设法把自己的才智与别人的才智结合起来；倘若自己的才智无法与别人的才智结合起来，那就让它成为一块把黄金分隔开来的宝石。”

孟德斯鸠拒不向卡斯泰尔神父寄赠《论法的精神》，尽管如此，这位忠诚的朋友仍因《辩护》引起的反应而忧虑和苦恼，而且向孟德斯鸠坦露；他为孟德斯鸠没有允许他在耶稣会和《特雷武杂志》的同事中间进行斡旋而深感遗憾，他在信中写道：“你不想在这件事上帮我忙，我没敢自作主张干预此事，有人以恐吓的口吻说我是你的朋友。你如果为此而抱怨我，而且要求我干预此事，本来我是不能拒绝的。他们不会担心我会渎职，而且我不是还得经过他们的审查吗？我可以告诉你，除了我，这里没有一个人能为你的书提供真正的帮助。不和你配合，我就没有什么可做，你和他们都是我的检查人，我当然要全力以赴进行调解。现在还来得及，但我必须得到帮助。你难道还不明白你是在神学问题上为自己进行辩护吗？你的辩护文章写得很好，我的文章虽比不上你，但是对你却更为有利。你了解我，我们之间是心领神会的，只要你说了立字为证，我就不会再说空口无凭。我有许多话要对你说。”

孟德斯鸠的亲朋好友都为《论法的精神》之争日趋激化而不安，卡斯泰尔神父可算是这些人中比较清醒的一位。他虽然幻想凭借自己的影响可以改变耶稣会士的态度，但他毕竟懂得，如果孟德斯鸠对有关神学问题的责难继续拒不作答，他就无法令对手们相信，他的本意是良好的，他的感情是纯真的。那么，孟德斯鸠为何不照卡斯泰尔神父的建议行事呢？是因为他觉得《特雷武杂志》上的文章口气比较和解，因而不需认真对待吗？他只对詹森派的批评作答，是不是选错了对手呢？不管怎样，只顾一头不是好策略。

1750年2月14日，卡斯泰尔神父获悉，《特雷武杂志》第二天将要发表一篇驳斥孟德斯鸠的《辩护》的文章，他感到事情不妙，遂怀着不安的心情写信给孟德斯鸠：“看了你的《为〈论法的精神〉辩护》，既高兴又难过。”事实是，孟德斯鸠的这篇文章，起初得到了卡斯泰尔神父的那些耶稣会士朋友们的好感：“你的令人爱慕的性格，你的和颜悦色彬彬有礼，朴实无华的作风，得到了大家一致的好评，当然，你的天赋、才华和文采，也颇受嘉许。”可是，第二天，即2月15日，他读了《特雷武杂志》上的那篇文章后就感到，耶稣会中显然有一位严厉的审稿人。这篇文章搅得他六神不安：“我心情沉重，很难过，两个小时之前我要告诉你的还是个好消息，可是刚才我拿到了本应在明天星期一出版的那期杂志，只看了一眼，我就心如灌铅……”

的确，他为孟德斯鸠排除新的麻烦的一切努力都落空了，他为《辩护》争取舆论好感而说的大量好话全都白费了：“收到《辩护》的当天，我就作了计划。我把《辩护》送给我的上司，他迫不及待地读了起来。我想跟他谈谈这篇文章，给他一个先入为主的想法，但他不愿听，说是愿意自己思考。我预先提醒他，自有我的道理，他果然注意到了我的观点，而且他读完文章后的想法好极了，对于你就神学发表的言论完全表示谅解。他读文章时，我就去给别的人吹风。你看，我是这样对那些人说的：'作者出于对我们大家，当然，或多或少也是对于我个人的关照、尊敬和友谊，有意假作只对拉包特、《小报》等作答，只在无关紧要的地方提到了我们几句，为的是不让别人以为他看不起我们。可是，事实上他却是专为回答我们而写这篇文章的，也就是指东说西。他唯一的为难之处便是如何对待我们，而他所尊重和爱戴的也只有我们；他不把我们对他的批评与其他人的批评区别对待，实际上正是对我们另眼相待，都是出于同样的考虑'。"

《特雷武杂志》对《辩护》迅速做出反应，令卡斯泰尔神父深感不安："他们竟然利用（或者说是滥用）杂志周期短的优势，仅隔一周就进行反击，而我做的书摘却要在三四个月甚至半年以后才能与读者见面，何况，这份书摘至今尚未得到发表的承诺。"

卡斯泰尔神父在愤慨的心境中写的这封信，既有苦涩，也不乏强烈的忧虑。因为，《特雷武杂志》上的那篇文章虽未署名，他却肯定知道作者是谁。文章指责孟德斯鸠避重就轻，仅就狄奥多鲁斯进行了辩解，却有意回避神学方面的分歧。

《教会新闻》对《辩护》的反驳，稍晚于《特雷武杂志》。在 1750 年 4 月 27 日和 5 月 1 日出版的《教会新闻》上，刊登了一篇严厉批驳《论法的精神》和《辩护》的文章，文中进一步发挥了 1749 年已经提出的论据："作者企图就我们的一些指责进行申辩，但并未申辩，而对于我们的另一些指责，他根本不敢申辩"。总之，《为〈论法的精神〉辩护》一文，非但没能证明孟德斯鸠的用心良好，反而使问题变得更加严重。

埃诺庭长替孟德斯鸠把《辩护》寄了一份给达尔让松，并写信给孟德斯鸠表示祝贺："崇敬你的那些人虽然满腔热情，可是，他们对你的支持绝对比不上你自己的反驳，你在答辩中进一步就全书的结构做了解释，从而使这部书表现出新的面貌。我为你的答辩高兴，你采取的心平气和的姿态令人佩服，它不但没有削弱答辩的力度，反而显得更有道理，使人心甘情愿地站在你一边。”

埃诺的这段话很中肯，某些为孟德斯鸠辩解的人确实帮了倒忙，伏尔泰的《衷心感谢一位心地善良的人》和新教徒拉博梅尔的文章，并未缓和论争的气氛。拉博梅尔对孟德斯鸠表示赞赏与尊敬，孟德斯鸠对此只能报以感激；两人还就《辩护》和它所遭到的攻击交换了看法。1750年8月的头几天，拉博梅尔向孟德斯鸠索要一些资料，他“正在重新研究有关这部著作（《论法的精神》）的各种意见”，以便反驳对它的批评，保护自己的新朋友。不久，他就搜集到了足够的资料，可以在孟德斯鸠的直接帮助下动笔写文章了。8月21日，拉博梅尔在给他的兄弟的信中写道：“我正忙着研究教会报刊对《为〈论法的精神〉辩护》的批驳，我与他（孟德斯鸠）经常会面，有时在他那里，有时在我这里。他很快就要回波尔多；我不再会有很多的机会与这位大人物交换意见，这令我很懊丧。”孟德斯鸠向他不断作些友好的表示。有一次，孟德斯鸠邀集布封、多庞东、拉孔达米和色达聚餐，拉博梅尔为孟德斯鸠带来了《丹麦女观察家》的第三部分。后来他就此事写道：“他让我念其中的几段，由于书已装订成册，他特意找来刀子把书裁开，这把刀子很好，于是他就当作礼物送给了我。我婉言谢绝，他就干脆把刀子塞进我的口袋里。看来，他对我的这部书很是满意，而且很有礼貌地鼓励我接着写。”[8]

这样，由于孟德斯鸠亲自鼓励，拉博梅尔劲头十足地投入写作，9月份脱稿，11月初在阿姆斯特丹的莱伊出版社印毕。这部名为《为〈论法的精神〉辩护续篇》的书，着重批驳了《教会新闻》上刊登的两篇文章。在开篇中，作者以讥讽的语调称颂“上帝恩泽的捍卫者”和“詹森派”，接着说由于《论法的精神》已饮誉整个欧洲，所以孟德斯鸠才保持沉默。在第一部分中，拉博梅尔针对小报指责孟德斯鸠没有表态的一些问题做了回答；在第二部分中，他驳斥了对《辩护》的责难。孟德斯鸠对拉博梅尔的书表示满意，1751年3月29日写信给他说：“许多人没有读过我的书，或尚未读懂，就指手画脚，说三道四，你替我向这类人的批评报了仇。不过，我不想跟他们对着干。我要看他们如何表演。”

《教会新闻》在1752年6月4日出版的那一期上，对拉博梅尔的书做出了强烈的反应。文章的作者以为《为〈论法的精神〉辩护续篇》出自孟德斯鸠之手，声称从中“看到了魔鬼附身者对神明的亵渎”，指责作者不只是“噬咬奥秘的毒蛇”，而且是“撕扯嘴边一切的猛虎”，还说：“我们有什么必要多费口舌来揭露《为〈论法的精神〉辩护续篇》呢？我们已经说得够多了，凡是应该为上帝的事业和宗教复仇的人，都已激愤不已了。普拉德的言论已经被禁，我们谈论的这部著作难道不应受到诅咒吗？这部著作中亵渎神明的言论如果得不到惩罚，简直可以把一个国家毁掉。国王陛下若是受了侮辱，人人肯定都会对大逆不道的行为口诛笔伐，而现在蒙受攻击的是耶稣、耶稣的信徒、神学家和独居的教士以及书中所说的由于保持着童贞而随着天主羊羔无处不去的所有的人，受到侮辱的人实在太多了，我们若不进行反击，连石头都会责备我们。”

遭到这番攻击和咒骂之后，孟德斯鸠经过一番犹豫，开始疏远拉博梅尔这位招惹是非的朋友。罗马教廷正准备把《论法的精神》列为禁书，索尔邦神学院也已经开始过问此事，在这种时候，这位朋友的言论显然给他带来了新的麻烦。1752年10月4日，孟德斯鸠在写给加斯科的信中谈到了他的犹豫：“有一件事必须向你求教，因为以往我总是向你请教的。《教会新闻》上登了文章，把《为〈论法的精神〉辩护续篇》归在我的名下，其实那是一位信奉新教的极为能干的作者写的。《教会新闻》把它说成是我写的，为的是寻找借口狠狠地骂我。我觉得无须说什么，因为第一，以此表示我对他们的鄙视；第二，等不明真相的人都知道我不是这本书的作者之后，那些人就弄巧成拙，搬起石头砸了自己的脚。我不知道眼下巴黎（书商管理局）的态度如何，如果拉博梅尔的书已经给人留下印象，换句话说，如果有人认为我是这本书的作者，而且认为天主教徒绝不会写出这种书来，那样的话，我是否应该写个简短的回答？如果并非绝对必要，我就不写，因为我实在不想招惹是非，让别人议论我。我得知道，此事与索尔邦神学院是否有什么瓜葛。可是，我在这里什么也听不到。不过，这样倒也很好。”

拉博梅尔的《辩护续篇》是在孟德斯鸠的怂恿下写成的，让－巴蒂斯塔·德·色贡达还审读过书稿。孟德斯鸠当初这样做，主要是为了早日从这场论争中抽身，同时也是为了尽早了结这场他不明底细的论争。他当然不曾想到，这位信奉新教的辩护士热情过了头，反而帮了倒忙，把这场他不愿再纠缠的论争搞得沸沸扬扬。1753 年 2 月，他终于决定发表一项声明。出于对拉博梅尔的尊重和友情，孟德斯鸠事先把稿子送给他过目，并在信中写道：“你在写那本书时，不曾想到别人会以为是我写的，你若想到了，也就不会写了。书写得极有功夫，以致读者以为作者是在为自己辩护。”

声明采取公开信的形式。印成启事那种样式，署的日期是 1753 年 2 月 27 日，巴黎。这份声明直截了当地否认《辩护续篇》的作者是孟德斯鸠：“《教会新闻》1752 年 6 月 4 日称，66 页 12 开本的《为〈论法的精神〉辩护续篇》系我的著作，并破口大骂。此书非我所作，我与此书毫无关系。你可以将此信公开发表。”

就在对《论法的精神》的攻击和辩护在巴黎闹得正欢之时，在罗马掀起了一场更重要、更严重的闹剧，教廷审书局从 1750 年年初起，就开始审查《论法的精神》。在对案件提起诉讼后直到突如其来的判决两年多时间内，孟德斯鸠的许多罗马朋友，包括教会内的朋友，不遗余力地进行干预，利用程序上的各种技巧，开始是为此书免遭查禁，后来感到无法避免时，又竭力推迟把《论法的精神》列入“禁书目录”。

由于意大利宗教生活中的某些特殊情况，在 18 世纪的罗马，有一些罗马教士和意大利教士虽然属于“詹森派运动”，却有保留地支持孟德斯鸠。这些人中大多名声显赫，公开与耶稣会为敌，有时甚至率先挑起争端；在宗教争论中与法国的詹森派持一致立场。在这些教会人士中，帕西奥内红衣主教和博塔里主教是支持孟德斯鸠最有力的人物[9]。多米尼科·帕西奥内红衣主教自 1738 年起担任教皇文书处秘书，曾于

1706年至1708年间旅居巴黎。他收藏了许多宣扬詹森主义和讥讽耶稣会的书籍，却没有一本耶稣会士写的著作。他由于成功地把耶稣会神学家罗伯特·贝拉明的祝圣拖了一段时间，成了导致耶稣会消失的那个运动的发起者和首领。

帕西奥内红衣主教力图通过博塔里的帮助让审书局手下留情。1750年3月4日，索拉尔把这位红衣主教为孟德斯鸠所做的努力告诉孟德斯鸠："有人说了情，以便压下审书局报告，并听取你的申辩。你应该为此感谢帕西奥内红衣主教，他满怀热情地捍卫你的名誉，因为他敬重你和你的著作。避开这一拳，你就争取到了时间；为了不让你处于被告地位，该做的都已做了……"

孟德斯鸠的另一位捍卫者是焦瓦尼·加埃塔诺·博塔里阁下。他是佛罗伦萨人，与教皇克雷门特十二世关系很好，简直就是佛罗伦萨的科西尼*，林采学院中的科西尼图书馆可以说是在他的倡导下建立起来的。他也是隆贝蒂尼红衣主教的朋友，这位红衣主教于1740年成为教皇本笃十四世，十分看重博塔里在哲学、神学和历史等领域里的学识，常与他讨论神学问题，并任命他为审书局的顾问和梵蒂冈图书馆的主管。博塔里在图书审查中拥有很大的自主判断权，在《论法的精神》被宣布为禁书之前，他曾对克雷门特十二世的侄子巴托洛梅奥·科西尼公爵说过："听说阁下读了《论法的精神》，我很高兴，这是一部很好的著作"。

孟德斯鸠的赞赏者中还有一些人，他们虽然没有直接卷入禁书程序，但为孟德斯鸠进行了斡旋，安东西奥·尼科里尼教士便是其中之一，他是孟德斯鸠在佛罗伦萨结识的朋友。他虽然认为《论法的精神》难逃被禁的命运，而且认为这样做是正确的，然而他却说，此书在他看来是"一部极好的著作，始终让我兴奋不已，大为惊奇"。切拉蒂是孟德斯鸠在意大利结识的又一位神职人员，他对《论法的精神》的写作过程和出版过程了如指掌；他浏览了这部著作后，于1749年2月18日表示，对

* 科西尼是教皇克雷门特十二世的本名。——译者注

孟德斯鸠的“超人才华”颇为敬佩。

尼维尔奈公爵于1748年被任命为法国驻罗马大使，1749年1月12日赴任。他与孟德斯鸠的老朋友马耳他大使索拉尔一道，成了捍卫孟德斯鸠的主要组织者。他们及时地把形势发展详细地告诉孟德斯鸠，亲自或通过第三者向可能支持孟德斯鸠的人疏通，特别致力于推动帕西奥内红衣主教，并通过他去影响博塔里。尼维尔奈毫不迟疑地建议孟德斯鸠写信给教廷的一位成员，并就此事作了许多嘱咐和叮咛，以至于担心自己太啰嗦了：“自从已故大约翰教士向他的本堂神父进言以来，再没有人比那位敢向《论法的精神》的作者说三道四的大使更令人讨厌了，但是，希望你能原谅我的胆大妄为，因为我完全出于一片好意，请你对此明察。”在将近三年的时间中，尼维尔奈始终把自己当作孟德斯鸠的使者和辩护人。尽管他最终未能阻止《论法的精神》被列为禁书，可是，他确实通过外交途径进行了一切可能的干预，而且充分利用了他这位来自笃信基督教国家的外交代表的威望。

巴黎的《教会新闻》和《特雷武杂志》相继掀起攻击《论法的精神》的浪潮后，此书于1749年年底被提交教廷审书局。尽管莱昂·贝拉尔和保拉·贝塞利·昂布里[10]作了许多研究，这一事情至今仍有许多不明之处。由于无法查阅教廷的档案，我们只能求助于其他资料，尽可能搞清其中的一些问题，例如，是谁把《论法的精神》提交教廷审书局裁决的？是否有任何材料可据以做出结论：罗马的耶稣会士曾是孟德斯鸠的对手？

诉讼开始时，孟德斯鸠刚刚发表他的《辩护》。《辩护》虽为反驳《教会新闻》而写，但对孟德斯鸠来说，它怎能不是首先用来抵挡以他为对象的罗马的攻击呢？他觉得，这本小册子可以让那些攻击他的人无言以对，与此同时也就回答了神学家们的责难。他在1750年1月26日给尼维尔奈公爵的信中写道：“我期待着审书局和教廷（当时的教皇是本笃十四世）的明鉴，希望他们读一读我的答辩文章，看一看文中所说是否能让他们满意，在此之前，不要做出任何决定。一切迹象表明，四天之后（从《辩护》出版之日起），巴黎再也不会有人说对我的攻击是有道理的了。巴黎的喧闹平息了，罗马又闹起来，这合适吗？”

孟德斯鸠的幻想许久之后才破灭。他以为《辩护》已反驳所有对手的批评，使他们的攻击变得一钱不值，其实，他并不明白攻击《论法的精神》的那些人的真正意图。他把那些支持他的言论看得太高，以为胳膊一抡，手指一弹，就可以击退所有的攻击；由于《论法的精神》在国内外取得的成功，他做出了错误的判断：“我的这部著作已在欧洲出了二十二版，有知识、有见地的人都认为这是一部佳作，这难道不会促使审书局大大小小的官员做出恰如其分的判断吗？”他告诉尼维尔奈公爵，为了彻底消除攻击他的口实，他正在修改《论法的精神》：“我正在为《论法的精神》准备一个新的版本，在新版中，我要把用来攻击我的所有口实全都删除掉；其实这些攻击完全是断章取义，与其让别人利用来攻击我，不如干脆去掉。”

这部著作论述的不是神学而是法律，这便是孟德斯鸠的主要论点；可是，在对手们的眼里，这一点没有什么分量。他一再强调这一点，无疑反而妨碍他及时认识到罗马教廷对他指控的严重性。这种视角上的错误和绝不越出自己的领域的决心，对他是有害的，因为他顽固地拒不承认评审他的著作的那些官员在法学方面是内行：“我的书不是神学著作，我也无意把它写成神学著作，我没有进行任何神学说教，也没有能力评说神学，所以，我在书中对神学问题没有发表任何肯定或否定的意见。我在书中仅仅对世界各民族的政治和民法发表了一些看法；只要读得仔细一些就会发现，书中充满了对善良、和平和各国人民的幸福的热爱；我还在书中斥责了危险的体制。怎么可以断章取义，把某几句话曲解为神学讨论呢？其实在书中根本没有谈及神学，我根本不曾想在书中谈论这个问题。”他在以自己的真诚进行反驳，他似乎并未意识到，在他与对手之间业已开始的这场对话中，双方使用的并非同一种语言，回答的并非同一类问题：“我没有任何不良意图，所以当我的意图被人怀疑时，我更加无法理解……有人竟然用一些早已被驳倒的诡辩来诋毁一部受到广泛赞许的著作，实在太令人感到意外了。”

博塔里作为审书局的顾问，负责向审书局提出关于《论法的精神》

的审查报告。他既不想敷衍塞责，也不想与神学家们唱反调，却又要竭尽全力支持尼维尔奈和帕西奥内的努力。1750 年 2 月 18 日，尼维尔奈公爵向孟德斯鸠通报已采取的步骤：“先生，你的这部得到普遍赞扬的著作，招来了一些不同的看法和批评，对此我觉得意外；许多大人物都有过类似遭遇，你可以从你的好朋友那里得到宽慰。根据你的意愿，我对审书局在你的著作审查中的进展情况作了了解。《论法的精神》确已受到指控，目前正由一位高级教士负责审查。我已同好几位能对此事发生影响的人作了交谈，向他们口头或书面转述了你告诉我的那些理由。我觉得，他们对于将要出版的辩护和新的版本很感兴趣。此外，我还觉得，他们极为看重你在各方面的声望，也注意到了大作获得普遍好评。审书局不常开会，所以我们还有时间采取一些措施。”

尼维尔奈公爵打算去找教皇本笃十四世：“我打算把你的书送一部给教皇，他是个文人，酷爱读书，我想他对此不会漠不关心。我同时将把你所受到的指责向他禀告，而且对他说，你已在即将出版的辩护中就这些指责作了解释。我还要说，你恳请教皇本人审阅这部著作，如果教皇肯赐教，你一定以万分感激和崇敬的心情奉为圣谕，据此在新版中加以修正；你准备在新版中删去一切可能引起好心人和不怀好意的人的不安和指责的内容。这一步骤将能为你争取一些时间……”

1750 年 3 月 11 日，孟德斯鸠给尼维尔奈公爵寄去 12 本《辩护》，在附言中表示准备按照教皇的意见行事：“你绝对可以向教皇保证，他若在书中发现了会让好心人不安或可能成为不怀好意的人用来曲解本意的东西，我在第二版中一定加以修改或予以删除，我会高高兴兴地这样去做，因为听从教皇的旨意是正确的行动和愉快的事。”本笃十四世接受了孟德斯鸠对他的敬意，虽未深入了解双方论争的详情，却答应给予支持：“作者将会看到，他的礼物不会白送。”

尽管教皇和孟德斯鸠都表示了良好的意愿，审书局依然对《论法的精神》进行审查。博塔里向帕西奥内红衣主教呈送了他拟就的报告。1750 年 3 月 25 日，帕西奥内通知博塔里，他在报告呈交尼维尔奈公爵之前，要同博塔里面谈一次。4 月 17 日，帕西奥内通知博塔里，报告已译成法文，请他过目，看看译文是否与原文有出入。

审书局受理此事已近十个月，孟德斯鸠的朋友们正在为他奔走，而他的对手们也不曾闲着。决定性的讨论即将开始，明确态度的时刻到来了。在第一阶段中，博塔里依据罗马天主教的正统观点拟就了一份驳斥报告，把它呈交给帕西奥内，帕西奥内又将它递交给尼维尔奈公爵，尼维尔奈则把报告寄给孟德斯鸠，让他对报告中提出的问题做出澄清。

博塔里在报告中指出，书中有十七处在他看来是违禁的或需要修改的。报告的主要目的是指明书中哪些章节应重点审查，在哪些问题上与基督教教义不符。简直可以认为，他提出的是《论法的精神》的修改大纲，这些批评意见都比较温和，对作者的倾向没有提出任何指责，也不要求作重大修改。只有一项强烈要求，不是稍作修改就能满足的，那就是把关于宗教裁判所那一节删去。法国的耶稣会和詹森派的审书官们并没有提出这项要求，所以，对于罗马的那些孟德斯鸠的支持者来说，这项要求成了事情能否谈成的关键。

可是，孟德斯鸠对博塔里的回答，只是泛泛而谈，对任何问题都未陈述具体的看法；对于删去一节这个最重要的问题，他只字未提。这种态度酿成了《论法的精神》最终被禁的结局。

孟德斯鸠的对手们不耐烦了，1750 年 8 月 28 日，他们派了一位“最受尊敬的人”去会见帕西奥内，向他表示：“关于《论法的精神》一事的讨论，不该再拖了。”据贝拉尔称，这位“最受尊敬的人”是审书局的成员，也许是负责安排工作日程的官员，他认为，已经到了不能再拖延的时候了，任何事情再也挡不住他将此事列入议程。

帕西奥内要求再度顺延，理由是在做出裁决之前，应该充分了解当事人为自己所做的辩护。他认为，审书局应该拿出时间来研究孟德斯鸠所做的澄清，尤其因为他已宣布，准备依据审书局的意愿，至少部分地修改自己的著作。帕西奥内的动议得到了尼维尔奈的支持，经博塔里努力，又争得了一次顺延。最终的讨论将于 1750 年 12 月进行。

孟德斯鸠的朋友和对手，都充分利用了 1750 年 8 月至 12 月这段不算很长的时间。11 月 11 日，尼维尔奈建议孟德斯鸠接受博塔里的要求，"博塔里先生答应把有关回答你的答辩的新材料告诉我。我觉得，为了平静地了结这件事，应该接受他的要求，何况根据各种迹象来看，你只需在你的著作的意大利版本中进行这些修改，在其他地方出版的版本中，你仍然可以坚持原来的看法。再说，裁决一旦宣布，就不会再有人过问了"，但是，尼维尔奈一边向孟德斯鸠建议接受这个并未见诸文字的默契，尽管不那么光彩，一边却又说，对《论法的精神》裁决将依据现有版本做出："不管你如何顺从，最大的难处在于设法阻止他们依据现有版本做出裁决，我将竭尽全力去做，但不敢向你保证肯定能做到。他们会反驳说，有人认为，最初那几个版本中有些危险的东西，这些版本已在欧洲广泛流传，所以，当然应该通过裁决来加以制止。"

由于意大利的多明我会教士达尼埃尔·龚奇纳神父的出现，孟德斯鸠的对手的地位得到了加强，使他们获得了一些新的说词。龚奇纳于1750 年在罗马出版了他的《基督教教义和道德神学》，此书对《论法的精神》第二十六章"法律和它所规定的事物秩序的关系"进行了激烈的攻击，指出了二十一点谬误，其中最严重的是孟德斯鸠对宗教裁判所的指责。切拉蒂在 1751 年 1 月 31 日致博塔里的信中，责备龚奇纳做得太过分："总起来说，他没有读懂让他大发雷霆的那几行文字。这一段，孟德斯鸠写得很具说服力，龚奇纳本来完全可以不让自己的东西相形见绌的。"然而，龚奇纳不但擅长说教，也是一位令人生畏的辩论家，对于主张在道德上可以有所松动的人，他向来不放过；而他与耶稣会士的论战更使他威望倍增。所以，他对孟德斯鸠的批评，不可能不加强审书局中孟德斯鸠的对手的地位。

另一位多明我会教士贾琴托·西吉斯蒙多·杰尔迪也于 1750 年发表了一通演说。这位来自萨瓦的萨莫安地区的红衣主教在都灵发表的题为"君主国和共和国同样需要良好的政治品德"的演说，对《论法的精神》提出了批评，并力图证明，政治品德在君主政体中的重要性，绝不亚于它在共和政体中的重要性。

在同一时间里发生的另外两件事，使孟德斯鸠更为忧虑，并使他在教会面前的处境更为尴尬，而他的对手则显得劲头十足。1750 年 5 月，孟德斯鸠获悉，耶稣会士“达到了在维也纳禁止发行”《论法的精神》的目的。孟德斯鸠向弗兰西斯一世皇帝派驻巴黎的大使斯坦维尔侯爵诉说了自己的不安：“他们之所以这样做，为的是半年之后可以在这里（巴黎）声称：这是一部有害的著作，否则就不会在维也纳遭禁；他们借助于帝国的威望，利用了整个欧洲对这位伟大的皇后［玛丽－泰莱丝］的尊敬和景仰。”

《论法的精神》在维也纳遭禁的消息并不确切，可是，事实是它居然能传到巴黎，这说明围绕着此书的发行，确实存在着一种疑虑重重的气氛。皇帝的图书管理员瓦伦丁·贾默莱－杜瓦尔在 1750 年 6 月 26 日写给斯坦维尔的信中谈到了事情的原委：“由于相距甚远，传闻有时会走样”；他请斯坦维尔相信，维也纳政府从无禁止《论法的精神》的念头。他还对此事的原委作了一种可能令孟德斯鸠感到轻松的解释：这部人类智慧的杰作在这里遇到的唯一障碍，来自这里负责图书审查的一位年轻官员，由于几位大人物对他施加了影响，这位生性胆小的人更加处处小心。出身好，年纪轻并不等于学识渊博和鉴别能力强，所以这位审书官认为有必要征询一下被他视为真理化身的几位权威人士的看法。据说，经权威人士点拨，这位审书官发现《论法的精神》中有这样的说法：赤道和子午线对人的性格影响极大，使人们对这种或那种宗教习惯的反应不同……由于该国的神父和画家把鬼描绘成头上长角、手上有爪的咄咄逼人的形象，而一些虔诚和顺从的人则由于轻信，把《论法的精神》说成是一部包含有异端邪说的著作，这位警觉性极高的审书官遂决定不准人们阅读这部著作。

因此之故，维也纳的审书官们尽力阻挠《论法的精神》在当地发行。可是，他们的这个决定却事与愿违：“大家都想读一读这部书，而且确实都读了，读了之后异常兴奋。我敢说，这位可敬的作者为自己所做的辩护在此地得到同情的程度，绝不亚于巴黎。”至于皇后本人，“我敢肯定，倘若王权许可，她非但不会禁止此书发行，而且会率先垂范，认真阅读这部非常值得一读的著作”。关于禁书的传闻虽然不完全真实，但此事说明了对手们对孟德斯鸠的指责，同时也表明，当他们无法促使当局发布禁令时，仍然会千方百计地阻挠此书的发行。《论法的精神》一版接一版地出，但人们并不知道，这些书是经当局同意在巴黎印制的还是在国外自行印制的，因而许多人更感困惑不解。

译成意大利文的《论法的精神》在那不勒斯出版了，此事反而加强了孟德斯鸠的对手在教廷面前的地位。意大利文版第一卷于 1750 年 9 月面世，全书没有根据博塔里的意见进行修改。孟德斯鸠与这个版本纵然毫无关系，正值教廷审书局决定不再拖延对《论法的精神》做出裁决之时，在意大利发行这样一个版本，毕竟不是时候。尼维尔奈察觉到了危险，于 1750 年 9 月 6 日写信给孟德斯鸠：“这个版本如在目前形势下面世，只能对我们造成巨大伤害。”他竭力阻止发行，静观审书局的决定：“采取这一谨慎的做法，不但对我们无害，反而会对我们有利。因为，若能在第一卷中更换一些书页，对其他各卷也作一些适当的修改，宗教裁判所肯定会立即表示满意。”驻那不勒斯王国特命全权大使洛斯毕塔尔侯爵成功地阻止了第二卷的发行，却无法阻止第一卷流传。至此，尼维尔奈为延缓审书局做出决定的一切努力都归于失败。审书局遂决定尽快结束对《论法的精神》的审查，宣布裁决。对于许多人来说，这个裁决已经等得太久了。孟德斯鸠和尼维尔奈怎么会认为，在意大利文版上下点功夫，就能使审书局改变深思熟虑的决定，转而作出有利于他们的决定呢？

1750 年秋，孟德斯鸠无可奈何地看到“事情朝坏的方向发展”。如果如尼维尔奈公爵所担心的那样，审书局谴责的是《论法的精神》最早的几个版本，那么，孟德斯鸠对博塔尔的答复，即在新版中将根据博塔尔的意见进行修改的保证，就都不会产生任何效果。他不无苦涩地承认：“迄今我所做的一切，都是给自己增添麻烦。”

1750 年 10 月 8 日，孟德斯鸠给尼维尔奈公爵写了一封长信，对整个事件作了概述，毫不退让地捍卫自己的立场，为自己的真诚申辩，对于对手们的固执表示了惊奇和气愤。他不是已经同意了博塔里的几乎全部要求吗？他不是承诺了在未来的新版中“修改那些使普通人感到难堪的语句”吗？可是他的善意不是得不到好报吗？“博塔里向我提出的异议，我把自尊心踩在脚下，几乎不加思索就全部接受了。可是，现在却有人在我的辩护上大做文章，扬言要进行谴责。”孟德斯鸠真不知道该怎么办了，因为此前他所表明的善意反而招来了麻烦。他发现：“事情的发展表明，我自己招来的麻烦，比别人加在我头上的麻烦还多。我们那些法国法学家同事，对于审书局在各阶段采取的步骤，全都漠然视之，我也是一个法国法学家，如果我也同样不把人家针对我制造的麻烦当作一回事，这些麻烦也就不成为麻烦了。”

他不认为自己有宗教裁判所说的有异端倾向的话，而这正是审书局最关注的问题，也正是孟德斯鸠唯一不愿改变看法的问题：“我关于宗教裁判所的议论，谈的仅仅是一个国家中的治安问题，而这个问题在各个国家中的情况各不相同；在一些国家中比较宽和，在另一些国家中过于严厉。我的这部书是为所有国家写的，所以我在书中指出，有的宽和，有的过火。”况且，使他感到困扰的是：“我认为，诋毁一部被整个欧洲称赞的著作，对罗马教廷没有任何好处可言，禁止发行有什么用，应该把它销毁才是。”

孟德斯鸠在绝望之中还存有一线希望。因为教士大会和索尔邦神学院尚未谴责他的这部书，审书局如果愿意取消对此书的审查，完全可以找到体面的理由。他之所以有这种想法，可能是他想入非非，也可能他不了解罗马的办事规则。事实是，任何人的干预，任何新的事实都不能使审书局中止审查。与孟德斯鸠的期待相反，事件接二连三地发生。1750 年 12 月 23 日，尼维尔奈公爵告诉孟德斯鸠，形势日趋恶化，审理正在加速进行：“审书局刚刚采取了一个重大举措，上星期开了会，据我所知，会上审查了《论法的精神》，裁决已不可能再推迟了。”尼维尔奈恳请教皇提供保护，强调孟德斯鸠已承诺对有争议的段落进行修改；他还通过瓦伦丁红衣主教，敦促审书局再次搁置裁决，理由是教士大会和索尔邦神学院并未谴责《论法的精神》。可是，审书局部长盖里尼红衣主教虽然没有拒绝尼维尔奈的请求，尼维尔奈却“不敢担保将会发生什么事情”：“据我所知，这里的人显然并非主动要求对你的书进行审查，问题是他们受到了别人的怂恿；我虽对内情不甚明了，但我与此间一些有头脑的人都认为，法国有人提出了指控。”

孟德斯鸠遵照尼维尔奈的劝告，于1751年年初给盖里尼红衣主教写了一封信。一来感谢他的保护，二来为自己申辩：“我一再说明，我的书是一部法国的法学著作，在我的《辩护》里，我已就此书的观点、初衷和精神做了说明；我想人们对此不应再有误解……读过此书的人不会不发现，我并无任何恶意，倘若此书应遭攻击，那么，法国的所有法学著作都该受到攻击，而这恐怕不是彼此和解的好办法；把我的书提交审书局，无非是支持《教会新闻》对我的攻击，让那伙人再次自以为不可一世。”

盖里尼红衣主教请尼维尔奈公爵交给孟德斯鸠一封信，“向他和他的著作表示敬意”。尼维尔奈公爵建议孟德斯鸠写一封回信，信中“笼统地讲些一般性的客套话，对你的书和他对此书的评价以及他在这件事上所表现的好意，你一个字也不要提”。尼维尔奈解释了他建议孟德斯鸠这样做的原因：“教皇目前向着你，他万一知道你把希望寄托在盖里尼身上，他马上就会改变态度，而盖里尼红衣主教肯定会把你给他的信公之于众，所以，你千万小心，别向他提什么请求。”

尼维尔奈公爵和孟德斯鸠就这样走在布满陷阱的田野上，要想不落入陷阱，非得十分熟悉关系、派别以及公开和隐蔽的矛盾才行。尼维尔奈公爵为自己耍了一个小手腕而颇为得意，他让博塔里把关于《论法的精神》的审查报告的起草工作，交给了“拉丁文秘书艾玛尔迪”，此人对《论法的精神》很欣赏。其实，这个主意不一定是尼维尔奈自己想出来的，而且此举即使可以争取一些时间，也不大可能让审书局改变决定。尼维尔奈对孟德斯鸠也不隐瞒这一点：“可是，不应指望审书局的裁决会对你有利，因为他（艾玛尔迪）很怕被人说成过于宽容，这种担心对他的影响可能比他自己的看法更大。不过，他答应我要十分谨慎从事，所以我们还能有些时间，这正是我们所需，至少是目前我所能办到的，因为不能以为平平静静地就会结束这件事，而只可能长期拖下去，使人们把它遗忘。即使如此，你也没有什么可庆幸的，因为当一部书在此间一旦受到指控，数不清的宗教狂热分子和伪善者就不会放过它，这一点你不会想不到。”

尼维尔奈想尽办法，绞尽脑汁，充其量也只能不事声张地悄悄行动，而且不敢对最终结局抱任何幻想。机器已经开动，以不可阻挡之势向前行进，什么力量也不能让它停下来。1751 年 11 月 29 日，审书局宣布将《论法的精神》列为禁书。12 月 8 日，尼维尔奈把这个“坏消息”告诉孟德斯鸠，并说他“早已料到”：“真的，我一直认为至多能拖延一些时日或使之悬而不决，想要阻止将《论法的精神》列为禁书是不可能的。因为所有被告发到教廷或审书局的著作，无一例外地均以被禁而告终，这已是惯例。如果仅仅涉及你，我本来是可以设法再让它延宕一些时间的；可是，问题不在于有人恨你，而是那个在那不勒斯出版的意大利文译本和在柏林出版的（拉博梅尔的）辩护。在那不勒斯王国里，为了确立教皇绝对权威，已经采取了许多措施，人们唯恐措施不够严厉而妨碍教皇绝对权威的确立。”

然而，尼维尔奈公爵还是从教皇那里争取到了“教皇敕令将不单独颁布”这一结果。他补充说：“由于这项办法，这个裁决在这里将在一年后公布，而且不是单独的禁令，这样做只会扩大并增加以你的书名赋予的那些在一年之内被判定的书单的荣誉。”尼维尔奈向孟德斯鸠表白，他已“仁至义尽”地做了一切能做的事，并劝孟德斯鸠以平常之心接受禁令：“你目前所能做的，便是以一个法国人的冷漠看待此事，并且应该相信，那些人并不认为禁令对你会有多大伤害。”

这就是说，尼维尔奈公爵的种种努力，并未达到阻止禁书的目的，只是将禁令的公布推迟而已。教皇的好意、帕西奥内红衣主教和博塔里以及其他或多或少出过力的高级教士们为孟德斯鸠说过的好话，都无济于事，《论法的精神》最终还是被禁了。其实，正如孟德斯鸠一再声明的那样，他写的不是一部神学著作，但他没有把教会看作一个神的机构，而是把它看作一个人的社会，所以他把教规当作法律对待，而这正是他的专业。他的某些论述不可能不惹恼基督教徒和教会。可是，孟德斯鸠虽然声称热爱基督教，却不大懂得自己的信仰，而且与反对教会的人广交朋友，深受18世纪上半叶的哲学思想的影响，因而不大理解天主教会的先验性。布莱特·德·拉格莱塞说得很对：“与伏尔泰、卢梭、狄德罗、爱尔维修相比，孟德斯鸠不是自然神论者，也不是无神论者，而是一个基督教徒；他不是唯物论者，而是一个唯灵论者。不过，他是一个既不太懂又不大听话的基督教徒。”[11]

唯有把按照博塔里的意见修改过的新版迅速推出，才有可能逃避被禁的厄运；可是纵然如此，此前已在欧洲流传的二十二种版本中，那些有争议的言论已是白纸黑字，永远无法消除。孟德斯鸠为这个新版花了不少力气，但直到去世也没有下决心付梓印行。他去世后于1757年问世的新版中，却见不到他生前所做的修改。他虽然作了许诺，却始终不愿意在他认为属于根本性的问题上做出让步，根据罗马的意愿进行修改并出新版。原因何在？是他甘冒被禁的风险？还是在结果最终到来之前，他始终以为不可能遭禁？然而，他毕竟还是受到了罗马的破例优待；他从一个文件中读到了博塔里的报告和对他的种种指责，而且他还作了答复。他的朋友索拉尔和尼维尔奈等人及时向他通报事件进展的各阶段情况，告诉他应该采取什么对策。此外，罗马的一些教会人士对他相当友善，只不过连这些教会人士也认为，《论法的精神》如不大做修改，终难逃过遭禁的厄运。教皇决定不公布禁令，说明他有意减轻对孟德斯鸠的伤害，因此之故，《论法的精神》被禁一事，在法国没有成为官方消息，连《教会新闻》也不曾报道。在同一时期对《论法的精神》进行审查的索尔邦神学院，也从未提到罗马的决定；如果罗马的禁令正式公布，索尔邦神学院绝不会不利用此事作为有力的证据。然而，索尔邦神学院肯定知道罗马做出的决定，正因为如此，它才不急于对《论法的精神》进行制裁。由此可以认为，也许正是罗马的决定才使孟德斯鸠在巴黎没有受到巴黎神学家们的谴责。

实际上，上面谈到的那些事相继在罗马发生时，在巴黎，《论法的精神》也受到了法国教会最高当局、法国教士大会和巴黎索尔邦神学院的审查。1750年7月14日，法国教士大会主席罗什福柯红衣主教恳请国王对若干反宗教的著作予以注意，《论法的精神》虽未被点名，却已成了批判的目标。与孟德斯鸠同为法兰西学士院院士的桑斯大主教朗盖·德·热尔吉起草了一份备忘录，文中写道："他就此写了一部巨著，对我不曾谈及神启一事大做文章，而在神启问题上，他自己却在推理和事实之间游移不定。"

1750年8月1日，事情被提到索尔邦神学院，交由一个十二人委员会处理。孟德斯鸠向他的朋友、贝里克元帅之子苏瓦松主教费兹－詹姆斯求援。1750年9月29日，费兹－詹姆斯在回信中批评了索尔邦神学院的做法，并且对于当时的书籍审查制度的原则是否有道理，用这种办法对付仇教者对天主教的攻击是否有效，表示怀疑。他写道："我的同事们对书籍审查劲头十足，我却兴味寥寥；他们疏忽了这样一点：审查的首要概念是纠偏，所以如果已经预计到，即使进行审查也于事无补，那就应该放弃审查。我跟许多人谈过这个看法，并非具体涉及你的书，因为我并不知道你的书出了问题，而是就有人对我说的那个十二人委员会而言。据说，这个由十二位大学者组成的委员会奉命对充斥世界的大量坏书进行审查。我认为这不是一种好办法，尤其因为我了解那个委员会的成员，我担心他们会办傻事，成事不足，败事有余。"

苏瓦松大主教认为，与其谴责作者，不如花力气研究产生这类著作的深层次原因，他说："为了根绝这类坏书，应该认真考虑让如今已完全衰败的神学研究再度兴旺起来，努力培养一批懂得宗教并且有能力捍卫宗教的专门人才。基督教妙不可言。我相信，不懂得它的人是不可能热爱它的。有人亵渎基督教，那是由于他们不了解基督教。如果我们能拥有一批波絮埃、帕斯卡、尼古拉·费奈隆，单是他们的学说和个人名望，就远远胜过成百上千个审书官。"

费兹－詹姆斯向孟德斯鸠承诺，他要向巴黎大主教克利斯朵夫·博蒙说明情况："我觉得，与他就此事面谈比给他写信为好。我没有把握让他接受我的观点，因为他很固执，但是我一定会尽力而为。"他想知道，博蒙是否在索尔邦神学院的那些神学家眼中有很高的威望，他觉得，如今掌管教士薪俸的前米尔普瓦主教布瓦耶对他们的影响力比较大。

作为孟德斯鸠的挚友，费兹－詹姆斯很愿意真心诚意地帮他一把。他把自己迅速浏览《论法的精神》所得到的关于孟德斯鸠对宗教态度的印象，原原本本地告诉了孟德斯鸠。他对孟德斯鸠的感情所做的细腻分析很值得注意，因为他着重分析孟德斯鸠对人的尊重。他认为，对人的尊重是孟德斯鸠的动机，这种动机在不知不觉中肯定对孟德斯鸠的某些观点发生了影响，使他没有把心灵深处的一些想法和盘托出。费兹－詹姆斯写道：“我发现，你没有说出来的比你已经说出来的更可怕。我记得曾向你说过，你对斯多噶派哲学家的批评令我难过。你曾说：‘如果我不是基督教徒……’可是，你应该知道，在某些场合，这句话会让人觉得你确实不是基督教徒。亲爱的庭长，我希望你是基督教徒，我相信你是基督教徒。你若不是基督教徒，不可能具有如此深刻的思想。但是，即使是最杰出的人物，有时也会为一种不幸的对人的尊重所支配。你不是担心让人觉得你过于笃信基督教吗？你不是担心，如果公开宣扬基督教，你的著作就会被那些自诩为才子的人所不齿吗？”

10 月 8 日，孟德斯鸠在给费兹－詹姆斯的回信中为自己对斯多噶派哲学家的态度作了辩解；他还指出，费兹－詹姆斯对他的感情所做的批评使他大受震动，而且认为费兹－詹姆斯对他的感情和信念的分析不正确。他说，早在青年时代，他就通过西塞罗发现了斯多噶哲学；他还叙述了自己的思想，如何在漫长的岁月中，在写作生涯中一步步形成和发展。他为自己辩解说，他从未有过攻击基督教的念头，不但如此，他还毫不犹豫地声称，某些评论家甚至认为他是基督教的最忠诚的卫士之一：“不过，说真的，除非我已愚不可及，否则我怎会有意在书中使用亵渎基督教的言辞呢。在英国，人人都知道，在驳斥霍布斯和斯宾诺莎这方面，做得最多和最好的是我。德国人认为，我在那两章书中对培尔的批评，超过了巴斯纳日等神学家专为批驳培尔而撰写的著作。在我的著作中，我一有机会就赞颂基督教，除了一般性地赞颂外，还在每个具体场合让人感到它的好处。可以肯定，我若有意贬损基督教的威望，那就是违背了我的写作计划。”

对于孟德斯鸠来说，《辩护》一发表，强加于他的这场讨厌的论争也就了结了，从此之后，他就退出了这场无谓的笔墨官司。他写道："朋友们要我不管别人再说什么，再也不作任何回答……于是我一直保持沉默。如果说我对神学家们不够尊重，我却是始终尊重神学的。一些无知的教士对我进行无端的攻击，我向大家揭露了他们的无知，这样做，除了让他们知道自己无知之外，当然不应还有其他别的后果，如果上流社会人士因此而觉得我是在指责基督教，那就请他们原谅我吧！"

他确信自己的立场完全正确，以至于希望神学院审查他的书："我刚去过索尔邦神学院，我希望它禁止我的书，但我不相信它会这样做。那么会怎样呢？大多数神学家并不熟悉我在这部著作中论述的问题；一部著作如果未被读懂就遭禁，公众就会认为这完全出于偏见。况且，这部书只可能在涉及神学的一些枝节上遭到攻击，公众会说对此书的攻击是无的放矢。最后，我将被证明是无辜的，大家都会看清，强者其实是我。到头来，那些攻击我的人将会威信扫地，失去公众的尊敬。所以，有什么必要如此小题大做呢！"

这就是说，孟德斯鸠信心十足。他在1750年10月8日给尼维尔奈公爵的信中表示，他对于自己将毫发无损地结束这场争斗充满信心："此事已被提交索尔邦神学院，我的书绝不会遭禁，但我不露声色，免得促使对手们变本加厉。"孟德斯鸠这样高枕无忧依据的是什么消息呢？是不是因为他确信自己无懈可击，而对《论法的精神》的攻击则又毫无道理因而盲目乐观呢？尼维尔奈公爵的秘书布吕斯倒比较清醒，他担心索尔邦神学院的行动会损害"尼维尔奈公爵在此间竭力促成的有利形势"。

孟德斯鸠依然十分乐观。是他企图以这种态度震慑对手呢还是有人已经向他许了愿？若是真有人许愿，那是谁呢？不管怎样，事实是，索尔邦神学院于1751年2月1日进行了讨论之后，他仍然认为"不会发布禁令"，"此事与迪雷纳尔教士和西鲁哀特的同类事件一样，已经不了了之"。

索尔邦神学院的讨论迟迟没有结果，逐渐陷入困境。劲头十足地攻击孟德斯鸠的《教会新闻》虽不愿就此罢休，却也对久等不来的禁书决定颇感失望。1752 年 1 月 23 日发表在该刊上的一篇文章，回顾了事情的由来和各个发展阶段，对索尔邦神学院的神学家们的拖沓大发牢骚，文章还注意到，孟德斯鸠已于 1751 年 5 月返回波尔多，这说明他对神学家们的讨论不大关心。文章说：“大主教愿为《论法的精神》一事进行调解，提供帮助。米叶先生（当时任总管）和雷诺先生受同事之托，负责与大总管和作者联系。可是，作者已经返回波尔多，这说明他对此事抱着无所谓的冷漠态度，听凭大主教和神学家们去处理。这表明，审书已半途而废。我们不知道神学家们放弃继续审书的确切原因。以往他们总要印发一份受审著作中的问题要点，供他们中的每一个人思考，以便在讨论时更有依据，更有针对性，可是，这次他们并未印发这种要点。”

但是，《教会新闻》在 1751 年 8 月 17 日透露：“受审著作被认定有十九处违禁，这一看法已得到确认；但在 9 月 1 日复审时，再次决定延期公布这份文件。”这说明，孟德斯鸠在第一阶段中似乎占了上风。在这个阶段中，起初对他的攻击来势汹汹，后来由于他的友人们的奔走，攻势有所减弱。《教会新闻》也反映了这种趋势，这份刊物透露，巴黎大主教站在孟德斯鸠的支持者一边；这大概是费兹－詹姆斯说项的结果。

1752 年 3 月 19 日，《教会新闻》再度发难，大概因为它暗中得到了《论法的精神》在罗马被禁的消息，而由于禁令未正式公布，所以它也有意不提这个禁令。《教会新闻》又一次抱怨索尔邦神学院的讨论进展缓慢，犹豫不决和旷日持久：“神学院对《论法的精神》的审查已超过一年半了。”

在《教会新闻》等报刊的催促下，索尔邦神学院加快了听证步伐。1752 年 6 月 17 日，“神学院已完成对《论法的精神》一书的摘录，不久将公布对它的禁令，神学院已将摘录印发给各位神学家，请他们就提出的问题发表意见”。这个摘录提出了《论法的精神》中的十六个违禁问题，作为审查草稿取代 1751 年 8 月 17 日提示的那个包含十九个违禁问题的文件。讨论并未就此结束，7 月 18 日，索尔邦神学院再次修改审查草稿，删除了四个问题，7 月 24 日又增添了六个问题，于是变成了十八个问题；到 8 月 1 日，又删成十七个问题。不懂得神学奥秘的人，实在无法理解这场讨论为何如此困难。尽管神学家们秘而不宣，讨论实际上步履艰难，在一些问题上曾陷入困境。

远在拉布莱德的孟德斯鸠关注着索尔邦神学院的一举一动。他虽然不能及时了解讨论过程中的每一个细节，不知道审查报告的草稿一次次地修改，但是，对于逐月顺延，迟迟不能公布的最后结果，他却并不担心。1750 年 8 月 8 日，他在给加斯科的信中谈到了自己的信心："我想告诉你，索尔邦神学院的一些代表人物对我的书颇有好感，当局对此大为不悦，重新任命了一些人审查我的书。我对此泰然处之，他们只可能重复《教会新闻》上那位作者的话，他们不会因为有了这位作者的支持而变得强大，这位作者也不会因为有了他们的支持而变得强大。大家最终都得回到理智上来，承认我的书不是神学著作而是政治学著作，他们批驳的并不是我的书，而是他们臆造的目标。"

1752 年 9 月，孟德斯鸠陪伴他的弟弟圣瑟兰长老去科明杰的尼索尔修道院，10 月 4 日他写信给加斯科说："我在这里什么都不知道，这种与世隔绝的状态令我十分高兴"。实际上，索尔邦神学院正在忙着审查波普和布封的著作，无暇顾及《论法的精神》，对是否应该禁止此书，一时难于达成一致，所以迟迟不能宣布禁令。推迟归推迟，禁书的初衷并未改变。孟德斯鸠察觉了索尔邦神学院进退两难的窘境，于 1753 年 3 月 5 日写道："索尔邦神学院一直想收拾我，为此已忙了两年，至今仍不知所措。"他还借用伏尔泰新近出版的《索尔邦神学院之墓》调侃说："如果索尔邦神学院让我步其后尘，我想我会接着干下去，把它埋进坟墓，我大概会十分懊恼，因为，我喜爱和睦胜过一切。"

在孟德斯鸠看来，"索尔邦神学院纯粹是无事生非，把一切搅得乱七八糟"。在《随想录》[12]里，他流露了深藏内心的想法。面对这些花样不断翻新的攻击，他绝非无动于衷，他所渴求的宁静被搅乱了，心中不免充满惆怅："与索尔邦神学院交手之时，'我看到，云团已在远处越聚越大，暴风雨即将来临。我感到，我最终将被迫舍弃最心爱的那部分。随它去吧。不管最终在何处安息，一定要把头颅放在花环之下。’”在他所写的《解释》中，他从心底发出呼喊，这种呼喊比长篇描叙更能真切地表明，对他的种种指责深深地伤害了他的感情：“我忍不住要大吼一声，神学院对作者进行了恶毒的侮辱。‘引起了对君主政体的仇恨’，这是多么可怕的罪名啊！神学家们如果以为我的精神出了毛病，那就好了，本来就不应该让他们发觉我的内心痛苦。他们若非把我设想成坏得无以复加，否则是不会这样对待我的；同样，他们除非把我设想成对基督教虔诚得无以复加，否则就不敢指望我会宽恕他们的行径。即使是宗教裁判所，也不至于作这种设想。任何一个公民从未在自己的国家里遭受如此恶毒的侮辱，也没有任何一个公民像我这样不应遭到这种不公的对待，想到这一点，我多少感到一些宽慰……然而，神学院无论怎样无端地指责我仇恨君主政体，它毕竟会看到，我绝不认为它在这个问题上有丝毫的裁决权。我把它的决定看作滥用职权，我为此请求公众做出评论，我自己也要对此做出评论，我的评论不见得不具威力。”

1754 年 7 月 3 日，《教会新闻》卷土重来，并表示不满：“神学院早已着手审查《论法的精神》，至今没有下文。我们已向神学院寄送计划……但它根本不理……他们发布了问题清单，但禁书草案却又一次流产。”1754 年 6 月 15 日，神学院的全体教士大会审查了代表们 5 月 7 日和 5 月 15 日起草的禁令草案，决定发布禁令。可是，这个禁止发行的决定，无论是在孟德斯鸠生前的最后几个月中还是在他死后的几个月中，都永远未能公布。

这样，从 1751 年 8 月至 1754 年 6 月，索尔邦神学院先后提出了五个审查草案，其中每一个草案都未导致对《论法的精神》的公开禁止发行。由于这些草案一改再改，我们就无法对孟德斯鸠的坚定性和他对索尔邦做过的和没有做的让步发表意见。他留下了一份《对于神学院对〈论法的精神〉十七点指控的解释》，这份东西是针对神学院 1752 年的审查草案写就的，可是我们无法确定写作时间，不知道究竟写于 1752 年或 1753 年，甚至更晚的 1754 年年初。假定这份《解释》很晚才写成，那就有一个问题：孟德斯鸠在这篇东西中表示要对《论法的精神》作一些修改，而在他死后1757年出版的《论法的精神》中，为什么见不到这些修改呢？孟德斯鸠逝世前一直忙着为这个版本作准备，他于1754年12月4日写道："等我完成《论法的精神》新版后……"可见，新版的准备工作，直到这一天尚未结束。

总之，正如贝耶指出的那样[13]，教会当局、教廷审书局和索尔邦神学院向孟德斯鸠提出的那些指控，涉及《论法的精神》中多次谈到的一些重大问题，而孟德斯鸠在这些问题上的态度始终没变，尽管为了逃避被禁的厄运，他不得不采取一些不同的策略。这些争议主要涉及一些道德问题：个人道德包括罗马人和英国人的自杀问题，家庭道德包括多妻制、名望、独身制等问题，社会道德包括有息贷款的有效性和合理性等问题，政治道德则包括君主政体中的品德和荣誉等问题，此外还有宗教与国家的关系，基督教与其他宗教的对比等问题。

所有这许多指控都源于对孟德斯鸠是否确实信奉基督教的怀疑。孟德斯鸠被指责为态度不明确，对基督教漠不关心，因而他被归入了基督教的敌人行列之中。费兹－詹姆斯要求他"公开宣扬基督教"，这一点正是孟德斯鸠为新版《论法的精神》所准备的修改的基调，新版在他去世后才出版。如果孟德斯鸠在书中公开宣扬了基督教，那也只是一些不重要的附注性的文字，而不是正题。纵然如此，他的科学精神和政治思想在以下三个方面依然保持不变：人的道德、科学决定论和国家的治理。他认为，在这些问题上，他的言论没有丝毫违背基督教教义之处；他甚至认为，在捍卫基督教这一点上，他比宗教卫道士所想象的做得更好，"用禁书这种手段"对他是没有好处的。

第八章　最后的岁月（1748—1755）

“我只剩下两件事要做：一是学会生病，二是学会死。”[1]

《论法的精神》的出版，给孟德斯鸠带来了学术上的巨大满足。此书在巴黎受到了朋友们的嘉许和赞扬；在国外，尤其在英国和意大利，知识界和政界人士对此书的好评如潮，这些人士的评价又对其他有判断力的人士产生了影响。可是，这部书的出版也给他带来了数不清的困扰和忧虑。尽管从表面上看，他坚定不移地相信自己无懈可击，审书官们心术不正，对他的著作进行了歪曲，但是，在《论法的精神》之争的各个阶段中，他依然承受着这些困扰和忧虑的折磨，时而恼火，时而气馁，只是一想到自己付出了如此艰辛的劳动，为公众献上了一部交口赞誉的好书，心情不禁为之开朗，坚信任何审查都不能加害于它。他确信自己提出的原则和对这些原则所做的分析都是正确的，正是这种信念自始至终支撑着他。《论法的精神》的成功使朋友们对他更加敬重。从1748年至1755年，《论法的精神》之争占去了孟德斯鸠一生中最后岁月的许多精力。当然，这几年也为他带来了荣誉，为他的一生带来了完美的结局。他孜孜不倦地研究和思考了一生，永不停息地深化自己的思想，从而终于赢得了巨大的声望。

他这个时期的书信大部分至今尚存，因而我们对他这个时期的精神状态和学术活动，有可能比他一生中的其他时期了解得更为真切。此外，借助他的几幅肖像和他的同时代人的记述，我们对他的健康状况也了解得更为清楚。不知出于什么原因，孟德斯鸠一贯不愿让人为他画像，也许他觉得长时间地摆着架势让人作画是浪费时间。保拉·贝塞利·昂布里[2]在梵蒂冈图书馆发现了一幅孟德斯鸠的漫画像，是罗马的一位画家皮埃尔·莱昂·盖吉在1729年7月12日画成的，画面上的孟德斯鸠身材不高，五官的线条明显，鼻子突出，下巴向外翘起。

波尔多科学院收藏着一幅孟德斯鸠的侧身像，画面的四分之三是他的左侧，目光正视前方，左手拿着他的庭长臼形帽，身着波尔多高等法院庭长的猩红色长袍和松鼠皮外套以及白鼬皮的披肩。画像上方写着："夏尔－路易·德·色贡达·德·孟德斯鸠，1718年任院长。"从服饰看，这幅画像是某个画室的作品，但面部画得很好，在阴影衬托下，线条很突出，年龄和性格特征都很明显，具有比利牛斯表现主义的画风。实际上，这幅肖像作于1739年，作者是图鲁兹的画家让·拉派纳；他是为图鲁兹神庙作画的安托万·里瓦茨的学生，他为波尔多科学院自创建以来的历任院长一一画了肖像。关于这幅肖像，加斯科有以下记述："画家说，孟德斯鸠的脸部一时一个样，不断变化，对于让人画像显得极不耐烦；他说从未为这样的人画过像。"这幅画像看来很让画家拉派纳为难，他画的是富丽堂皇的肖像，要表现出服饰和神态的庄重、严肃，同时也要表现被画者生动而极富变化的面部，反映出他过人的智慧，把这两者统一起来，确实不易。[3]

这幅肖像为雕刻家提供了一个底稿，让－巴蒂斯特·德·色贡达说，让－巴蒂斯特·勒穆瓦纳曾把这幅肖像作为"头部前端的轮廓"，用白色大理石作了一具半身雕像，1767年送给了卢浮宫。

拉布莱德古堡中藏有一幅孟德斯鸠的肖像画，这是一位业余画家在1744年用红粉笔画的，画面上的孟德斯鸠神情很放松，服饰也很随意，像是刚从葡萄园回来的样子。

在朋友们一再催促下，已步入晚年的孟德斯鸠终于很不情愿地同意让达西埃于1753年为他制作了一个浮雕头像。这个形似纪念章的浮雕头像最终在伦敦冲压成形，它生动地反映出《论法的精神》的作者的智慧，正面铸着说明文字“德·色贡达·德·孟德斯鸠男爵像”和穿着宽大衣服的半身像，面向右，免冠侧面像。背面铸有“此即法律”字样。一位身处云端的真理女神，女神一手持光明，一手拿着书和棕榈，书上写着《论法的精神》字样。在下方土地上站着正义之神，左手握着从真理女神手中落下的披纱，右手拿着一台天平，脚下躺着一把利剑。

波尔多商人弗朗索瓦·李斯托在1778年的一封信中，谈到了“雕刻家雅克·安托万·达西埃制作孟德斯鸠这个带肖像的纪念章”的具体情况。这幅肖像堪称孟德斯鸠的最佳肖像，画家们在他去世之后画的像，大多以这幅肖像为依据。与1744年那幅红粉笔肖像一样，这幅肖像上的孟德斯鸠也是一头卷成珠子状的乱发，鼻子的轮廓十分清晰，嘴角微微翘起，下巴倔强地向前翘，鼻梁呈弓形，中间鼓起，胸锁乳突肌的甲状软骨异乎寻常地凸现。不过，最具特点的还是他的眼睛，眼眶高高隆起，眼窝深陷，眼睑下面略现浮肿，上眼皮异常突出，眼球不正常地往外鼓，让人一看就知道是个近视眼患者。[4]

孟德斯鸠虽然不曾说过多少感谢之类的话，但他对达西埃的这幅浮雕肖像显然很满意，他赠给达西埃的一首小诗可资证明：

达西埃，你若早生千余年，
亚历山大大帝定会选中你，
用你手中高超的刻刀，
使他的尊容传之久远。
如今你以令人赞叹的技艺，
欣然为我雕像。
一个是留下了肖像的我，
一个是展示了技艺的你，
你说我们两人，
谁获得了更多的荣誉？

在《论法的精神》的准备和写作过程中，孟德斯鸠的视力急剧减退，后来又得了白内障。朋友们一再劝他接受手术治疗，他却始终下不了决心。1749 年 4 月 23 日，德·唐森夫人得知普鲁士眼科医生伊梅尔来到巴黎后，催促孟德斯鸠赶到巴黎来。她在信中写道："这位医生切除白内障的手术极佳"，并告诉他若干例成功的手术："他曾为列奥弥尔家的一个女孩的先天性白内障施行手术，手术过程中患者没有任何痛苦，术后也没有发炎"。不过，德·唐森夫人极为谨慎："请告诉我，你是否打算利用这次机会，以便我作进一步了解。我知道，他的手术做得很好；但是，你若不光有白内障，还有别的眼疾，我就不大清楚他是否同样高明。"

艾迪骑士和国王秘书德·莱特尔也敦促孟德斯鸠接受伊梅尔大夫的诊治，但孟德斯鸠依旧顾虑重重；德·唐森夫人最后似乎也放弃了自己的主张，她在 1749 年 6 月 7 日的信中写道："你关于眼科大夫的想法，我觉得有道理，既然手术并非绝对必要，那就不应该冒险，何况这位大夫只是手法灵巧，其他方面都不算高明"。孟德斯鸠于 7 月间来到巴黎，多方了解情况，人家的意见是以不让伊梅尔医生动手术为上策。7 月 22 日他写信给多姆维尔说："我此番专程来到巴黎，了解这位普鲁士医生的情况，我觉得还是不让他动手术为好……此人做起手术来灵巧而胆大；他倒是挣了钱，但是，到头来倒霉的是患者。他擅长摘除尚未成熟的白内障，而此类手术的普遍经验表明，白内障不宜在成熟之前摘除。"

从此以后，孟德斯鸠虽然有时还提起动手术之事，但实际上似乎已经打消了这个念头。1754 年 2 月 20 日，他写信给患青光眼的瑞士哲学家和博物学家夏尔·博奈："我跟你一样也无法看书了，十年之前我就患了白内障。"博奈劝他找色当公国的著名外科医生安德里安诊治，他兼通眼科和外科，孟德斯鸠拿不定主意："我听说过这位名医，可是我总也下不了做手术的决心，一旦下决心做，我想就请他做。"朋友们担心他会完全失明。莫尔顿伯爵詹姆斯·道格拉斯在 1753 年 5 月 25 日写给孟德斯鸠的信中说道："听说你为视力不佳而烦恼，我很担忧，对于你的学识来说，视力好坏已经无关紧要了；可是，对于大家来说，你的视力不佳，影响可就大了，在某种程度上，它会妨碍你用你的学识来为人类造福。我觉得，向秘书口授与自己动手写，完全是两码事。”孟德斯鸠也感到，靠别人朗读，很难读懂用外文出版的著作。在1753年6月6日的信中，他对约克说：“我觉得，华尔柏顿关于尤利安的那部著作很不错，可惜，为我朗读的那位英文秘书显然很糟糕。”1752年至1754年之间，孟德斯鸠的亲笔信越来越少，字体越来越粗笨、歪斜，《随想录》最后几页上就是这种字体，这说明他的视力每况愈下。在世的最后几年，他的写作活动日渐减少，可能就是因为眼神不济和《论法的精神》之争引起的麻烦所致。他不再整理旅行笔记，只写了两部作品，一部是《吕西马库斯》，他把这部作品献给斯坦尼斯拉斯·莱钦斯基，作为对帮助他入选南锡科学院的感谢；二是应《百科全书》之约写了《论情趣》一文。

当他还有力气和兴趣做事时，他把大部分时间用来修改《论法的精神》和准备《波斯人信札》的新版，以及审读《罗马盛衰原因论》的英译本，此书后来于1751年在爱丁堡出版。《论法的精神》1750年日内瓦版被他用作底本，认真地进行修改，记满了三个笔记本；他还把一些材料誊入《随想录》。这些表明，孟德斯鸠一直在不断完善自己的著作，积累素材，直到生命的最后一刻。这三个笔记本后来被里谢尔利用来整理1757年出版的《论法的精神》。

为《波斯人信札》准备新版也占了孟德斯鸠的许多精力。他希望留给后人一个好版本，于是把书中可能有损自己名声的一些不妥之处删去，并增了十一封信。这个新版于1754年在科隆的皮埃尔·马尔托出版社出版。他还想通过推出新版本，回应人们对这部旧作的批评。他写道：“这部书出版时，有人把它看成一部不严肃的著作，它确实有些不够严肃。书中有几处毫不遮掩地表露了作者的心境，说了一些考虑不周的话。不过，都得到了人们的原谅，因为，此书虽然几乎对一切都提出了批评，但并未对任何事物进行恶毒攻击。每位读者都看到了这一点，他们从书中感到的全是快乐。人们过去恼火，现在也恼火。不过，以前人们更懂得该在什么时候恼火。”[5]他认为，1721年以来《波斯人信札》的几个版本都不好：“现在奉献给读者的这个版本应该被优先选读，因为对第一版中几处文字作了润色，并对印刷中疏漏的一些错误作了改正。此书1721年出版后，作者就不曾过问，所以在历次再版时，讹误越积越多。”[6]

1751年，戈尔蒂埃教士发表了《亵渎神明的〈波斯人信札〉》，对《波斯人信札》提出批评。此时，《论法的精神》之争正处于高潮，孟德斯鸠担心戈尔蒂埃的批评会给这场争论增添新的麻烦，因而决定对《波斯人信札》作一次审改。他在1752年10月4日致加斯科的信中写道：“于阿尔打算推出《波斯人信札》的一个新版本，书中有几处年轻人易犯的毛病，我早就想改。虽然一个突厥人不应作为基督教徒去看去说，而应该以突厥人的眼光去看，以突厥人的身份去说，但是，许多人在读《波斯人信札》时却想不到这一点。”

在新版的序言中，孟德斯鸠强调《波斯人信札》的这一特点，以此说明书中的两位波斯人初到欧洲时为什么说那样的话，对事物有那样的看法。他写道：“有人觉得，头几封信中的一些言辞过于大胆，但是，我请大家注意这部书的性质。两位主人公从异国突然来到欧洲，作者必须把他们描写成在一段时间里充满偏见，对周围的事物完全陌生。作者所考虑的是让读者看到，他们的想法是如何产生和发展的，所以，他们初到时的想法就应该很古怪，只有让他们显得古怪，才能真实反映他们初到时的心态，才能真实地描述他们见到每一件新奇事物时的感觉。作者绝未想到要对宗教原则进行评论，甚至也没有因不谨慎而议论宗教原则。我现在作此说明，完全出于对真理的热爱，与我对人类的尊重无关，当然，我也绝对无意触及人类感情中的最敏感之处。”[7]

孟德斯鸠的这一辩护，与他为《论法的精神》所做的辩护如出一辙，然而，他那显而易见的良好愿望并不能使审书官们感到满意，直到孟德斯鸠临终之时，他们依然不依不饶地要他否定这部青年时代的著作。

孟德斯鸠已年近六十，随着老之将至，也出于得到休息和安宁的期望，他比任何时候都更想重享故乡的温馨。《论法的精神》修改完毕后，他等不得出版发行，嘱咐友人们及时将公众对新版的反应告诉他，就于

1748 年夏季离开巴黎返回波尔多，在那里一直逗留到 1749 年 7 月。让-巴蒂斯特不愿当波尔多高等法院的庭长，孟德斯鸠一度想再捡起这个职务自己当，但很快打消了这个念头。1748 年 7 月，他最终卖死了这个职务，从此与法院割断了最后的一丝联系，也割断了把他“挽留”在故乡的“锁链”。

实际上，孟德斯鸠要不断分身，既需要在拉布莱德“振兴家业”，也需要巴黎的社交生活。这种双重需要使他的想法时常变化，时而回到乡间，时而重返巴黎，久而久之，竟使他身在巴黎想乡下，身在乡下想巴黎。他写道：“我在这里很好。可是，人总是这样，身在福地还想着仙境。”1754 年之初，他制订了一个后来并未实现的计划：“我打算每年在这里（拉布莱德）只住三个月，只要上帝赐给我足够的健康，在我闭上眼睛之前，我就年年这样来回跑。”

他为照管他的产业，必须经常在拉布莱德。他与他的心腹拉塔皮的通信以及 1751 年购置比斯盖当领地一事都表明，保住进而扩大产业始终是孟德斯鸠念念不忘的一桩大事：“我种了一些树，开垦了一些荒地；应该尽情地消遣。波尔多是个凄凉的城市，我并不喜欢在此久住。”当地的经济状况令他不安：“富人令人怜悯，穷人令人伤心，除此之外，还有生活在围城里人皆有之的那种沮丧。庄园的厚墙是我的全部财富，我住在这里，心却飞向瑞士。”他对加斯科说：“本省已经颓败，在这种情况下，人人需要留在家里。有人告诉我，巴黎的奢华令人惊骇，我们这里失去了奢华，但损失不大。”他还告诉杜 · 德芳夫人：“我在这里听到的只是关于葡萄园、苦难和讼案的谈论，幸好我还相当坚强，能以这些为乐，也就是说，我对这些事尚有兴趣。”生活在这片土地上的农民异常困苦，孟德斯鸠不是无动于衷，而是给予资助：“请拉塔皮先生按月付给磨坊的老磨工 30 索尔，寡妇米涅翁 · 德 · 雅敏一旦揭不开锅，也按月付给她 30 索尔；至于那个孤儿德莫拉，等她康复到能劳动时，就停掉她的年金。”

作为一家之主，他不断地指导戴妮丝的丈夫、他的女婿戈德弗洛瓦如何管好产业；鼓励他的堂弟洛克福男爵格拉蒂安 · 德 · 色贡达照看好新近过世的堂兄弟让-蒂布斯-戈德弗洛瓦·德·色贡达的孩子："我为你出的主意其实也是为我自己出的，除此之外，我没有别的忠告。你热爱自己的家庭，具有一切善良的品德，你如果能够证明，你承担起了重整家业的重任，你不仅能为侄子们守住家产，还能让他们有所发展，弄个 官半职，光耀门庭，倘若果能如此，你岂不是就可以心满意足了吗？在这个世界上，好人不光为自己活着，只有那些庸人才光想着自己"。

孟德斯鸠的弟弟圣瑟兰长老约瑟夫于1743年当上了坐落在科明日的尼索尔修道院院长。1752年8月8日至10月4日，孟德斯鸠随着他去了一趟尼索尔。途经图鲁兹时，他去"拜访了百花诗社的创始人克莱芒·伊索尔"。孟德斯鸠在一封信中提及此事时，只说此行"打乱了我的安排"，并未说明此行的目的，但很可能是想帮助修道院在与龚多-比隆庄园主的产权之争中获胜。

无论在拉布莱德还是在巴黎，孟德斯鸠时刻把波尔多科学院的事放在心上。1750年10月31日，他鼓励巴尔博把藏书赠给科学院。他在信中表示："此计划极好……我不但赞成，而且怂恿你这样做。至于你将如何处置，这完全取决于你打算如何去办这件好事。我如处在你的位置上，我也会像你那样去做。科学院肯定会感激不尽地接受你的赠予，因为那400册可丢可不丢的书，都是些乱七八糟的东西，而你的藏书则本本是精品，数量也不少，科学院图书馆有了这批书，就成了全国首屈一指的图书馆了。"

1749年，波尔多的一批文人与省督图尔尼在让-雅克·贝尔留下的坐落在图尔尼街的府邸问题上产生了对立，孟德斯鸠坚决站在文人朋友们一边；他径直到特吕戴纳那里去交涉，因此而惹恼了那位"讨厌不听他的话和反对他的计划的人"的省督。孟德斯鸠责备图尔尼态度蛮横，自食前言；他在1750年12月5日给加斯科的信中写道："人有点心计是好事，但不能把别人当傻瓜。省督先生可以说他愿意说的话，但是，他没有履行自己向科学院做出的许诺，而且用花言巧语骗了它，让它干了蠢事，在这个问题上，他是无法洗清的。他觉得自己错了，竭力开脱，这并不奇怪，可是，你是见证人，什么都明白，你不应该见他说了几句道歉话就不再追究了，他的道歉比他的许诺强不到哪里去。我早已回报了他为我提供的方便，如今再也不想求他帮忙了。这种有地位的人的友谊有什么用？他对谁都不信任，在他看来，只有称他的心才是对的，他永远不会为别人做什么好事，帮什么忙。我觉得现在这样更好，既不能为自己也不能为别人求他帮忙，这样就让我摆脱了许多麻烦。”

孟德斯鸠在保护自己的利益以及家人和朋友的利益时，虽然始终保持着好斗的特点，但随着年岁的增长，他的性格毕竟不再那样咄咄逼人了，从他写给友人的信中不难看出，他在考虑一些问题时，显示出一种委曲求全、息事宁人的心情。1748 年 8 月 15 日，他对杜克洛说：“我学乖了，什么都不想干了，我打定主意不再为自己打算盘，而要一心一意让别人愉快。”他的心情渐显忧郁，常靠读书来打发愁思。1754 年 8 月 11 日他写给埃诺庭长的信显示了他的这种心境：“我日益消沉，心如死灰，除了休息别无所求，你又给我以活力。”

在拉布莱德接待来访的朋友，在巴黎长时间的逗留，这些都有助于孟德斯鸠度过这些疲惫而忧郁的时刻。远游异国的计划又点燃起他的热情，表明他那强烈的求知欲始终不灭，可惜这个计划并未实现。加斯科、索拉尔、维努蒂都劝他重游意大利，米尔波瓦夫人的丈夫于 1749 年出任驻伦敦大使，这位夫人希望孟德斯鸠也去伦敦小住。1753 年，他仍未放弃再渡英吉利海峡的打算，当年 6 月 6 日他写信给约克：“我有一包自己的著作要寄给你，是好是坏且不去说，也许我有机会亲手面交。”他的瑞士朋友特隆闪、博奈、韦尔内等人也希望他重游日内瓦。爱尔维修于 1751 年 9 月 27 日给他来信：“看来，你对来此一事还有点三心二意，我向你保证，你将受到应有的接待，你对此行绝对不会后悔。毫无疑义，我享有请希腊第八位贤哲和欧洲第一位贤哲在舍间下榻的优先权。”

孟德斯鸠对于出国远游一事迟迟拿不定主意，一直在书信中与他的外国朋友商量。奥地利王位继承战结束后，马丁 · 福克斯与他恢复了联系，福克斯 1748 年 8 月 13 日的信中写道：“可恶的战争把我们隔断了那么长久，现在我终于又可以向你问好了。祝你长寿、幸福。但愿我们能共同享受彼此相爱的愉悦而不触犯我们的主子，他们虽然君临一切，却无法妨碍我们保持友谊，也不能阻挠我们嘲弄他们动辄诉诸武力的恶劣行径。”1751 年，孟德斯鸠有幸先在巴黎后在拉布莱德接待了康伯瑞子爵亨利·海德，在乔弗里夫人的笔下，此公是一位“才华横溢、风度翩翩、心地纯洁和富有魅力的人”。

阿伯丁的马里查尔学校的希腊文教员托马斯·勃莱克维尔于 1751 年给孟德斯鸠寄来了一份正在编辑中的柏拉图著作集征订单，他在回信表示感谢时谈到了自己从这位希腊哲学家身上获得的教益：“你所编辑的大概是我一生中最想拥有的著作。我觉得，我从他的著作中获得了最有益的教诲，他是天使的哲学家，也是凡人的哲学家，因为他让人懂得了人性的尊严。”

格洛斯特主教威廉·华尔柏顿经约克介绍认识了孟德斯鸠，给后者寄来了由他编辑出版的波普的著作集，他利用出版博林布鲁克《遗著》的机会，指责博林布鲁克企图“建立自然主义，而不是自然宗教”。孟德斯鸠赞同华尔柏顿的批评，他说：“攻击神启宗教的人所攻击的只不过是神启宗教，可是，攻击自然宗教的人所攻击的却是世界上所有的宗教。如果告诉人们并不受此约束，他们就会以为必定受彼约束；但是，如果告诉他们什么约束也没有，那就更有害。对神启宗教进行攻击并非不可能，因为神启宗教的存在需要借助一些特殊的事实，而这些事实则因其性质而可能成为争论的对象。然而，自然宗教则不然，它来自人的本性，而人的本性是无可争辩的，它也来自人的感情，而人的感情同样是无可争辩的。”

由于《论法的精神》在日内瓦出版，孟德斯鸠在这个哺育了加尔文的城市里结识了一批有才华的人士，其中有博物学家和哲学家夏尔·博奈。在《论法的精神》排印过程中，博奈听人朗读了此书中若干涉及宗教的章节，但不曾与作者谋面。1753 年年底，博奈把自己的著作《植物对树叶的利用研究》寄给孟德斯鸠，趁此机会向他的“宏论”和“品德”表示敬意。他在信中写道：“你的著作令我无比欣喜，它使我的理解力得到改善，使我的视野得到扩展，我在书中审视了人类社会变化多端的政治体制，看到了各种政治实体所组成的时起时伏的曲线，竭力辨认组成这条曲线的每一个点。牛顿发现了物理世界的规律，而先生你，你发现了心智世界的规律。”博奈也像孟德斯鸠那样患有眼疾，视力很差；同病相怜使两人的关系更加密切，他们时常交换药方和有关名医的消息。孟德斯鸠很赞赏博奈“关于法的关系的看法。这是一个广阔的天地，可以做出许多成果，只待人们去努力”。博奈的一位同胞埃蒂安·博蒙，在博奈的鼓动下把自己的著作《道德哲学原理》寄赠给孟德斯鸠，孟德斯鸠感到“非常满意”：“在我为法律所下的第一个定义中，法律可以拥有非常广泛的意义；在这一点上，我觉得你我的想法完全一样。我依然采用我的表述，因为在我看来，有关人的普遍性的法则，绝非任何事物的结果，恰恰相反，这些法则倒是产生了难以胜数的结果。”

在巴黎，孟德斯鸠继续与旧友们往来，参与社交活动，会见“政界人士”特吕戴纳、勒布雷等人以及贵族、学者和哲学家。他常在勃朗卡府邸受到接待。路易－巴西尔·德·勃朗卡通常被人称为福卡尔蒂埃伯爵，是罗什福尔夫人的兄弟；达埃吉翁夫人则谑称他为“不朽的行将就木者”，他娶了有倾国倾城之貌的勒内·德·沙博奈尔为妻，这位太太的前夫是昂丹侯爵。博朗卡府上常演出一些小型喜剧，“从福卡尔蒂埃先生脑子里像闪电一样冒出来的讨人喜欢的小喜剧”。孟德斯鸠也参加蓬巴杜侯爵夫人府上的晚会：“蓬巴杜夫人的歌剧和喜剧即将上演，拉伐利埃尔公爵将成为本世纪最重要的人物之一。”孟德斯鸠喜爱戏剧，1754 年 3 月 11 日，他出席了沙朵勃班的《特洛伊妇女》的首演式：“戏的主题很好，写得很糟……和塞涅卡写的东西相差无几。有几段很不错，第四场很好，第五场的开头也不错。”

孟德斯鸠与贝里克的妻兄弗朗索瓦·德·柏克莱一度恢复了交往，此人为了《论法的精神》在伦敦出版，曾求助于多姆维尔。与此同时，孟德斯鸠也结识了一些新朋友。他与布莱士－玛丽·德·艾迪骑士早就认识，自 1749 年起书信不断，他住在贝里科的马雅克，是有名的埃塞小姐的情人。他们来往的书信十分亲热，说明两人的关系非常好。孟德斯鸠曾说，艾迪的友谊“像黄金一样珍贵”；艾迪则认为，很难想象“一个人竟能兼具天使的智慧和稚童的率真，然而，世上确有其人，这便是可敬的庭长，我亲爱的庭长，我对他的敬爱难以言表”。

加斯科教士常年在外游荡，往返于意大利、英国、奥地利之间；他有个嗜好，喜欢收集各国科学院的院徽，孟德斯鸠对他的这些怪癖常常冷嘲热讽，但是他们的友谊经得起时间的考验。孟德斯鸠把加斯科带回拉布莱德，“为他居无定所的生活赎罪。两人都喜欢研究学问，侍弄庄稼”。1753 年，奥地利宫廷聘任加斯科为王子的太傅，孟德斯鸠劝他应聘：“对于一位君主来说，学习历史极为重要，不过他应该以哲学家的眼光学习历史。入了修会的教士往往学究气十足，偏见很深，很难以哲学家眼光讲授历史，尤其当帝国正处在生死存亡的关头。”

对于身处困境的朋友，孟德斯鸠一贯义无反顾地给予帮助。1749 年 4 月 29 日，莫尔帕因被怀疑为一首小诗的作者而失宠，这首小诗夹在路易十五送给蓬巴杜夫人的花束上。孟德斯鸠立即给莫尔帕写信，表明他对此事的愤慨：“国家失去了一位元老，每个公民都觉得失去了一位挚友，每个不幸的人都觉得失去了一位保护者……你虽然未能为自己彻底洗刷，但你所做的一切，已足以让你的继任者不得不继续完成你所开创的事业，否则，任何荣誉都将与他们无缘……你的恩泽和你的拒绝都有益于祖国。你的拒绝就像是家长对孩子的拒绝，而你在给予时则如同一位朋友。”[8]

人们也不会把孟德斯鸠对达尼埃尔·格勒努瓦洛等人的帮助挂在嘴上。格勒努瓦洛是波尔多人，信奉新教，流亡在日内瓦。孟德斯鸠也帮助过达尼埃尔·肖比奈，此人是他的邻居，被控犯了杀人罪。他把肖比奈送到巴隆保护起来，以免受到索夫·梅厄尔修道院教士们的审讯，使肖比奈躲过了一场不光彩的官司。

拉博梅尔因发表《为〈论法的精神〉辩护续篇》而给孟德斯鸠制造了不少麻烦，但是当这位惹是生非的过分热心的朋友于 1753 年被囚禁在巴士底狱时，孟德斯鸠不遗余力地多方奔走；当拉博梅尔获释后，他又向马勒塞布求援，争取出版拉博梅尔编辑的《小报》，以便让拉博梅尔得以发表自己的文章，表明自己的看法。遗憾的是此事未能办成。孟德斯鸠虽然不同意由拉博梅尔出版他的《吕西马库斯》，因为他认为，“在目前情况下”，不应“发表任何作品”，可是，他却始终鼓励和支持拉博梅尔的事业。

孟德斯鸠生性与人为善，热心扶持他所发现的青年学者和作者。早在青年时代，他就保护过波尔多同乡奥古斯丁·鲁·德·圣阿芒，此人后来于1750年当上了医生；鉴于“有才华的人在本省不受重视”，孟德斯鸠劝他“离开本省”到巴黎去，还为他给“一些朋友写了推荐信”。后来通过一位名叫鲁的人的介绍，孟德斯鸠认识了让·达塞，并让他担任自己的秘书。这位原籍朗德的学者后来成了化学家。孟德斯鸠还勉励过一位名叫亚历山大·德莱尔的加斯科尼人，德莱尔曾是耶稣会士，后来退出了修会，接受了哲学家们所主张的原则，《孟德斯鸠的天才》一书便出自德莱尔之手。

苏阿尔是孟德斯鸠早年帮助过的一个人，据他说，孟德斯鸠很想把激励自己的求知欲和研究各种思想的兴趣传授给青年人，而且对雷纳尔教士、鲁医生、爱尔维修、苏阿尔等人说过这样的话：“先生们，你们正当奋发有为获得成就的年龄，我希望你们有益于人类，有益于人类的最大幸福。我有过痛苦和烦恼，但只要沉思半小时，任何痛苦和烦恼都会大大减轻。我的精力已经耗尽，残烛即将熄灭，余下的日子已屈指可数。你们刚刚开始，你们要瞄准目标；我没有达到目标，但我确信已看见了目标。人虽然与动物相去不远，但人不曾想也没有停留在自认为是安全的本能状态。为了使自己升华到理性状态，人犯过种种可怕的错误。人的品德、人的幸福与人的思想一样，都真实得无以复加。各个民族都拥有大量财富和才智，而人却常常缺少面包和常识。为了使每个人都拥有必不可少的面包、良知和品德，办法只有一条：启发人民，启发政府。这是哲学家的事业，是你们的事业。”[9]

路易十五反对把诗人阿莱克西·庇隆选入法兰西学士院，当时担任院长的孟德斯鸠为帮庇隆的忙而求助于蓬巴杜夫人，他对她说：“庇隆因为那些据说是他写的诗，已经受到了严厉的惩罚，可是，他也写了许多好诗。他双目失明，家境贫寒，又老又残，家有妻室，国王难道不能给他一份菲薄的年金吗？你应该利用优秀的品质赋予你的威信，况且你很幸福，你肯定不希望世上有不幸的人。先王曾因拉封丹的《故事》而不准他在学士院占有一个席位，半年之后，却因他的《寓言》而恩准他成为学士院的成员，而且先于戴普瑞奥正式就任院士，戴普瑞奥是紧接着他向学士院提出申请的。”

在孟德斯鸠的晚年生活中，与妇女的来往依然占有重要的地位。他虽已年迈，但名声依旧。莫佩蒂乌说他“纯朴、深沉、高尚，富有魅力，常给人以教诲，从不伤害任何人”。达埃吉翁公爵夫人安娜·夏洛特是他最忠诚的女友之一，也是他在达埃吉翁附近的克莱拉克和巴黎所见到的最出色的才女之一。孟德斯鸠很欣赏她的机敏和活泼的性格，不过，在一宗为封建权利而进行的讼案中，他险些与这位夫人闹翻。加斯科曾当着他的面夸耀这位夫人：“知识渊博，富有教养，才思高雅，彬彬有礼”；可是，孟德斯鸠却在《随想录》中写道：“在全法国所有的女人中，有时她是最能说谎的一个”[10]，“她与敌人比与朋友更要好”[11]，“她有才智，不过，这是那种最可怜的才智；在她身上，既有卖弄学问的人的那种自负，也有跟风的人的一切毛病”[12]。孟德斯鸠对达埃吉翁夫人的看法虽然不好，但仍然与她交往，做她的朋友，高高兴兴地与她在一起。1754 年 3 月，他还与她一起在蓬－夏特兰的莫尔帕家中住了一星期，这位夫人对孟德斯鸠始终非常友好，直到他临终时，还给予帮助。

迪普莱·德·圣－莫尔夫人本名玛丽－玛尔特·阿莱昂，她的丈夫是巴黎审计院的官员，儿子尼古拉·迪普莱·德·圣－莫尔后来当上了波尔多的省督。这位夫人也是孟德斯鸠的可靠朋友。据加斯科说，孟德斯鸠认为“她是一个能够当好他的情妇、妻子和朋友的女人”。孟德斯鸠在信中向她频献殷勤，总想讨好她。他送给她的《论法的精神》是苏格兰出版的，为的是让她读一个“好版本”[13]。随着岁月的流逝，他对她的感情日益深厚，常在巴黎的沙龙里与她待在一起。他们有一些共同的朋友，如特吕戴纳、列奥弥尔、雅谷尔骑士，他还认为，加斯科描绘她的那首小诗写得很传神。

孟德斯鸠也会迎合社会习俗，委屈自己做一些礼仪所要求的事，比如，他虽然感到厌烦，仍然应邀在一些场合露面，取悦某个年迈多病的老夫人。1750 年 12 月，他应杜 · 迈纳夫人之邀，去过阿奈。事后在给迪普莱 · 德 · 圣－莫尔夫人的信中谈及此行时写道："我去了阿奈，为的是让杜 · 迈纳公爵夫人知道，尽管半年没有见面了，我并未忘记那次返回途中曾有幸受到她的邀请。我本想只住三天，可是，三天之后我走不了，八天之后仍然走不了。有权威欲的人总要求别人服从自己，这大概是由帝王的血统世代相传的，舍此便无仁慈可言。于是，我只得陪伴这位因患感冒而发烧的公主又过了好几天，有那么三四件古董聊以解闷，古董上面布满皱褶，可见都是非常古老的文物。"

从 1733 年起，孟德斯鸠开始与博伏亲王的姐妹安娜－加布里埃尔 · 德 · 博伏来往，那时她还是利克兴公主。后来她与米尔波瓦侯爵结婚，这时孟德斯鸠大概已经爱上了她，他劝她答应这门亲事，为此给她写了不少令人费解的箴言，其中的一句"我爱怜友谊"[14]被小心翼翼地涂掉了，这句话却让人窥见了他内心的真实感情。后来米尔波瓦成了公爵。根据杜 · 德芳夫人的描述，米尔波瓦夫人颇具魅力："米尔波瓦夫人腼腆而不矜持，应对机智而得体。她容貌艳丽，光彩照人，五官虽说不上至善至美，却长得十分协调，比谁都显得年轻、漂亮。她待人殷勤，不是卖弄风姿，而是彬彬有礼，女人对她不生嫉妒之心，男人也不敢有爱恋之意。她的言谈举止十分得体，全身透着一股恬静和有分寸的气质，比之于严肃和威严，这种气质更令人肃然起敬，谁也不敢有任何非分之想。"[15]

1747 年孟德斯鸠在吕内维尔宫廷逗留时，写了一首小诗，后来由维努蒂译成意大利文，这首诗既表现了孟德斯鸠对心仪的人儿炽热的爱恋，又流露出一丝淡淡的失意：

我爱慕的美人竟不知道自己颇具风采，
请告诉她，她的美之所在。

天真烂漫，朴实无华，
腼腆而不羞涩，
犹如一朵初绽的信风子花。
她不卑不亢，
既不傲视身边的白花，
也不隐匿自己的身影，
怡然自得地盛开在草地上。
如果无人前来寻觅，
她将默默地度过一生。
她的魅力何止千种，
但她最看重诚实、温柔和恬静，
这些都由米尔波瓦与人共享。
她的脸上从不流露傲慢的神情，
否则就会损害美丽的面容。
她的温情如旭日初升，
婚姻之神谈论她，
爱神却不了解她。

孟德斯鸠的朋友们时刻关注着米尔波瓦夫人的一举一动，而且很愿意向他通报。柏克莱去了米尔波瓦夫人家，在她家进了餐，随后他就一一告诉孟德斯鸠。米尔波瓦侯爵被任命为法国驻伦敦大使，夫妇二人即将动身赴任，此事引起了不少议论。德·唐森夫人于 1749 年 5 月 20 日写信给孟德斯鸠："你心爱的人儿即将前往伦敦，有人对我说，她希望你去伦敦找她，我听了又高兴又生气。"1749 年 7 月 22 日，米尔波瓦夫人启程那天，孟德斯鸠向维努蒂通了消息，并写道："没有任何迹象说明我将去英国。"米尔波瓦夫人实际上早在 3 月 19 日就请孟德斯鸠陪同她的父亲克拉昂亲王一同到伦敦去："我不说你也知道，我希望你也到伦敦去，这是不言而喻的。"

但是，孟德斯鸠决定留在法国。1749 年 8 月 27 日，索拉尔拿他的故作镇静开玩笑："你若无其事地让米尔波瓦夫人走了，对于你这个情种来说，这可不是好兆头。我原以为你会难过得要死，可是你却一点也不。我祝贺你，你将会更加宁静。"对于孟德斯鸠不愿去伦敦一事，米尔波瓦夫人反应强烈："我到了一个新地方，而你却不在，大家都说你不愿意来。你知道，这对我来说意味着什么。你已经很久很久没有想到我了，给我的信里也只说几句寒暄话，还有比这更无礼的举动吗？看来，你是把朋友当作熟人了。我不想细究这种坏毛病是如何养成的，我担心根子在你心里。不管别人怎么说，我承认，我是在担心，而且为此感到难为情。不过，尽管如此，我还是发疯似的爱着你，而且还要对你说，我的一位兄弟和丈夫几乎同我一样地爱着你。我已经把你与整个英国搅在一起了。"

加斯科途经伦敦时，看到米尔波瓦夫人已经获得了英国人的好感。可是，这位夫人与孟德斯鸠来往的信件却日渐稀少。杜·德芳夫人觉得，孟德斯鸠像是在有意冷落米尔波瓦夫人，颇觉不安，孟德斯鸠在 1753 年 10 月 12 日的信中对自己的态度作了解释："你说我没给米尔波瓦夫人去信，我觉得有两个原因，一是她病了，二是她正牵扯在宫廷的纠葛之中。"我们不能像夏克尔顿那样[16]，单凭书信就确信米瓦波瓦夫人是孟德斯鸠的情妇，不过，有一点可以肯定，他们的友谊非常深，直到孟德斯鸠过世，米尔波瓦夫人对这份友谊始终坚贞不渝。

孟德斯鸠经常出入德·唐森夫人、乔弗里夫人和杜·德芳夫人的沙龙，但他与这三位夫人的关系并不完全一样。他与德·唐森夫人是一种积极有效的朋友关系，与乔弗里夫人是一种有所保留的关系，而与杜·德芳夫人则是情深谊笃、肝胆相照的关系。在《论法的精神》出版前后，德·唐森夫人对她的这位"小罗马人"表示了无限的敬仰和有所戒备的友情，孟德斯鸠对她则报以真诚和极有分寸的爱慕。直到德·唐森夫人 1749 年 12 月 4 日去世，他们一直彼此十分融洽。她如果能多活几年，在《论法的精神》之争的艰难时刻，将会给孟德斯鸠送去多少温暖啊！

孟德斯鸠与乔弗里夫人虽然早在 18 世纪 30 年代就是朋友，但他们之间的关系却远不是那种彼此信任、相互尊重和友好的关系。孟德斯鸠不否认她“总有一批好朋友与之往来”，然而，这位贵妇人不但对光顾她家沙龙的客人很挑剔，而且在谈话和讨论中很有些霸道，总是牢牢地控制着话题，为的是不让那些胆怯的人在哲人面前手足无措，不让那些老爷遭到文人们的奚落。1749 年 4 月 15 日，孟德斯鸠给乔弗里夫人写了唯一的一封信，这封信中见不到他往常向妇女们表示的那种热烈的口气、亲热和温柔。在加斯科与乔弗里夫人闹纠纷期间，孟德斯鸠坚决站在加斯科一边，他写道：“对于这位夫人的不老实，我确实很气愤，不过，我不感到意外；你要是知道她也捉弄过我好几次，你大概就不会那样吃惊，那样难过了。”

能说明乔弗里与加斯科不和的真正原因的，只有加斯科塞在他所编的《孟德斯鸠家书集》中的一条脚注和《格里姆与狄德罗文学通信集》，所以个中原委至今仍不很清楚。加斯科承认，“她知识渊博，很有教养，彬彬有礼，她把巴黎最优秀的人物都吸引到她家中，其中既有文人，也有尊贵的外国人”。可是，加斯科对她也有怨气，说了她一些难听的话：

> 由于有关此事的传闻在巴黎不胫而走，我不妨就此说上几句。乔弗里夫人与曾是她圈子里的这位外国人分手的原因有好几个：第一，这位外国人在英国时，托乔弗里夫人代购一套细瓷彩釉餐具，事后并未寄汇票给她一次付清，而是让人从他留在巴黎的存款中分三次向乔弗里夫人付清买餐具的款项；第二，有一天在乔弗里夫人家里，大家正要入座进餐时，这位不拘小节的外国人说他正患肠绞痛症，不得不告辞；第三，他参加的团体太多；第四，乔弗里夫人怀疑他是维也纳或都灵宫廷派来的间谍，因为他与外国使节们过从甚密。这些原因大概都确有其事，但有人却以嘲弄的口气提到了另外一些原因：第一，这位外国人初到巴黎时熟人不多，后来朋友多了，就不再天天朝乔弗里夫人家跑了，乔弗里夫人感到受了冷落；第二，他写了一部康梯米尔亲王的传记，谈到了自己的许多朋友，

却避而不谈乔弗里夫人；第三，这位外国人向她夸耀撒丁王国大使德·圣日耳曼侯爵，逗得她亟盼能在家中接待这位大使，可是大使并不把此事放在心上，始终没有光顾，于是关系就冷了下来。此外，有一天，乔弗里夫人让这位外国人当众受了侮辱，从此两人就断绝了来往。乔弗里夫人后来千方百计推卸自己的责任，甚至企图挑动孟德斯鸠与这位外国人不和，但孟德斯鸠与此人的友谊却牢不可破。

《格里姆与狄德罗文学通信集》[17]对乔弗里夫人与这位外国人失和的原因，另有说法："（孟德斯鸠）庭长把他（加斯科）引荐给乔弗里夫人。加斯科插进来之后，乔弗里夫人面临抉择，要么把他撵走，要么眼看着其他客人日渐稀少。她对孟德斯鸠满怀敬意，所以对受他保护的加斯科不敢过于怠慢。她嘱咐看门的仆役，加斯科来访五次，只能放他进来一次。即使如此，接待这位客人的次数仍然不少，因为他每天都来。每当仆役告诉加斯科主妇不在家时，加斯科却说乔弗里夫人肯定在家，而且自说自话地闯进门去。乔弗里夫人很不高兴，对仆役说，如果他不能把加斯科挡在门外，她就要把他赶出门去。仆役不想因这位长着一双丑陋的红眼睛的教士而丢掉饭碗，就干脆挡在门口，加斯科如敢闯进去，就把他轰到大街上去。"

加斯科举止失度，乔弗里夫人的自尊心受到伤害，这是否足以说明他们关系破裂的原因呢？此事颇为引人瞩目，后来加斯科趁1767年出版《孟德斯鸠家书集》之机，对乔弗里夫人大肆报复，这些都表明，原因更为复杂。孟德斯鸠当然了解内情，他对加斯科受到的指责大为愤慨，在写给加斯科的信中说："乔弗里夫人来看我，似乎是来摸我的底。她当然不会放过对你冷嘲热讽的机会，我不客气地打断她的话，并且告诉她，她明明知道你是我所敬重和爱戴的好朋友，还要如此对待你，实在让我不痛快。她多少有些吃惊，我与她只交谈了一小会儿。我打算不再与她来往。我觉得，她没有那么大的本事干这么些坏事。达埃吉翁公爵夫人跟我一样，对此事很不高兴。她很容易地推断说，她了解你，你不可能从事政治间谍活动，因而所谓对你身份的发现很可笑。她还指出，整个战争期间，你和我们在一起，没有任何让人怀疑的言行。如今与你们的国家已经讲和了，更没有理由当间谍了。”孟德斯鸠一面为加斯科辩白，一面推测这些指控是存心不良的人罗织的罪名，他说：“你的维也纳之行和你在佛兰德的言行，可能有过什么事，　传丨，十传百，就走样了，被不怀好意的人利用了。”写了这封信几个星期后，孟德斯鸠就去世了，所以他至死没有与乔弗里夫人断绝来往，然而，乔弗里夫人终究不是他的名副其实的朋友，而只是社交场上的一位熟人，常在自家的沙龙里接待孟德斯鸠。

关于孟德斯鸠与杜·德芳夫人之间深厚而真挚的友情，艾迪骑士提供了令人感动的细节。孟德斯鸠曾“以他惯常的天真和真挚”对艾迪说：“我真心实意地喜欢这个女人，她让我愉快，让我高兴。”他确实很喜欢她的沙龙中那些“可爱的朋友们”，高度评价她的思想，常常津津有味地重复她说过的话，“杜·德芳夫人说得真好：人可以说谎，但绝不能虚假”[18]。他们之间情意绵绵的书信中，既有甜言蜜语，也不乏严肃的哲理探讨。孟德斯鸠向杜·德芳夫人表示，希望做她的哲学家：“夫人，我很乐意在巴黎做你的哲学家，如若不然，我就要到处找你，跟在你身旁，时时见到你。”杜·德芳夫人对孟德斯鸠也表示了深厚的友谊和真挚的感情：“……谁也比不上我对你的爱。我们不是兄妹，着实令我遗憾。否则我日日夜夜都不会离开你，像现在这样，你我都会食不甘味，寝不安席。”她曾对谢菲尔男爵说过：“孟德斯鸠庭长始终与众不同，这一点你很了解，而我则发疯似的爱他。”她同孟德斯鸠一样患有眼疾，这使他们彼此更觉亲近。1751 年 11 月 8 日，她在信中写道：“我要死了，让人把我葬在索城，这是千真万确的。有人说我会复活，我不相信，如果说我还有什么期待，那就是今天我想到要给你写信，给你这位生命力最强的人写信……庭长，来到索城一个月以来，我的身体糟透了，这确是事实，视力降到了不能亲笔给你写信的地步，头晕得既不能独自待着，又不能同别人在一起。正因为如此，我才选中了此地，这里很像圣经中所说的约沙法谷地，只是没有人受到审判而已……”

杜·德芳夫人烦躁得如同魔鬼缠身一般。龚古尔兄弟在一篇激动人心的短文中描述了她千方百计驱赶烦恼的情景："这是一位不再企盼欢乐时刻的妇人，这是一位对别人满意，对自己厌烦的妇人，正如她自己所说，她'宁可与修士们在一起度过夜晚，也不愿意一人独处'；这是一位双目失明的妇人，在黑暗和枯燥中，她除了精神之外，再也没有别的感觉、触觉、光明和热情。杜·德芳夫人为了支撑自己活下去，只能把时间作为最好的消遣，她不断地倾听别人谈话的声音和周围的多种声响，回忆各种各样的人，沉浸在思索中。"[19]

在对待烦恼和幸福这个问题上，孟德斯鸠的态度与杜·德芳夫人截然不同。杜·德芳夫人认为，在这个世界上，谁都不幸福，从天使到牡蛎概莫能外。孟德斯鸠不同意她的看法，他的回答既像玩笑又很严肃："夫人，你说从天使到牡蛎，没有谁是幸福的，我看还是有区别的，上品天使一点也不幸福，因为他们太崇高了，就像伏尔泰和莫佩蒂乌一样，我相信，他们在天堂里彼此挖墙脚。可是，长着翅膀的小天使非常幸福，对此你不应怀疑。牡蛎比我们幸福，人们把它吞下去，它自己并不知觉。我们则不同，我们事先被告知将要被人吃掉，然后真切地感到和看到如何慢慢地被消化掉。你喜欢吃，我就跟你说说那些长着三个胃的东西，倘若这三个胃当中没有一个是好胃，那就是魔鬼。回过头来再说牡蛎，当它因病而变成珍珠时，它是不幸福，可是，这恰恰是贪心带来的幸福。如果是一只绿牡蛎，情况也不见得好些，因为绿不只是一种底色，而且说明这只牡蛎没有长好。"

杜·德芳夫人告诉孟德斯鸠，她突然双目失明；孟德斯鸠的视力也几乎完全丧失了。对于杜·德芳夫人这位始终是最亲密的朋友，他以戏谑的口吻谈论他们共同的不幸，企图借此减轻她的痛苦："你说你瞎了，你我如今生活在黑暗中，你不觉得这是因为过去我们多少有些叛逆精神而受到了惩罚吗？那些明眼人虽然看得清清楚楚，却并未因此而光彩照人，我们应该从中得到慰藉。"

在杜·德芳夫人和乔弗里夫人的沙龙里，孟德斯鸠结识了德·唐森夫人的私生子让·勒隆·达朗贝尔。达朗贝尔说起话来风趣机智，绘声绘色；他把喜剧院和歌剧院的演员模仿得惟妙惟肖，颇得众人称道；他还被人称为“出色的几何学家”。自从在埃诺庭长家里结识杜·德芳夫人以后，他成了杜·德芳夫人沙龙里的一位引人注目的人物。自1750年起，他应狄德罗之邀参加《百科全书》的编辑工作；通过他的介绍，孟德斯鸠进入了《百科全书》哲学家们的圈子。达朗贝尔在1751年发表的《百科全书》第一卷前言中，对孟德斯鸠大加赞扬：“这是一位极富判断力的作家，又是一位好公民和大哲学家，他为我们献上了一部关于法的原理的著作。这部著作将是作者的天才和品德不朽的丰碑。在哲学史上，本世纪中叶将是一个令人难忘的时代，在这个时代里，他的这部著作将成为理性进步的不朽丰碑。这部著作虽然遭到了一些法国人的贬斥，却在整个法国与欧洲赢得了巨大的声誉。”孟德斯鸠对这番话很是满意，请杜·德芳夫人转致谢忱，感谢达朗贝尔“在前言中提到了我，我还要感谢他写了这篇极佳的前言。回到波尔多后，我立即好好地读”。

杜·德芳夫人请她的朋友们，特别是孟德斯鸠，向法兰西学士院推荐达朗贝尔作院士候选人。可是，由于达朗贝尔不同意在《百科全书》中赞扬埃诺庭长，这件事不大好办。1753年孟德斯鸠担任法兰西学士院院长，他支持对达朗贝尔的提名。10月12日，他写信给杜·德芳夫人：“我真希望达朗贝尔能进入学士院，我的这个愿望和你的愿望一样强烈，超过达朗贝尔本人的愿望，因为我是功勋团的骑士。上次选举（6月23日选举布封那一次）时，有人抱团，这对下次选举会有影响。”1754年11月28日，达朗贝尔被选入学士院。为了最终说服达朗贝尔，孟德斯鸠给他写了一封信：“你对学士院的抵制是徒劳的，我们也有一些唯物论者，多利弗教士可作证明，他的地位处在圆心，而你则是无足轻重的。”

孟德斯鸠尚未从《论法的精神》被禁的打击中解脱出来，加上他在《百科全书》圈子里没有职权带来的困难，他不大乐意与狄德罗和达朗贝尔合作。达朗贝尔要求他为《百科全书》写两个词条：民主和专制主义，他软中有硬地加以回绝：“《百科全书》是一座漂亮的宫殿，我当然对进入这座宫殿抱有兴趣。不过，民主和专制主义这两个词条，恕我不想写，因为我的脑袋中关于这两个词条的想法，早已掏得一干二净了。我的思想就像一个模子，浇铸出来的全是一模一样的东西。我若为你们撰写这两个词条，充其量只能重复已经说过的话，而且还可能不如以前写得好。所以，你们如果想要让我写些什么，那就不如由我自己选题。你们如果同意，我可以在杜·德芳夫人家里喝着酸樱桃酒考虑选题。卡斯泰尔神父说过，他写的文章不能改，一改就会变样；我也不能改，因为我唱来唱去总是一个调调。”不过，他说他“也许可以写”趣味这个词条。后来，趣味这个词条的撰稿人是伏尔泰，《百科全书》的编者把孟德斯鸠的《论情趣》排在伏尔泰的词条之后，并附有这样的按语：“我们将孟德斯鸠庭长为《百科全书》撰写的关于趣味的文章，放在这个写得极好的词条后面……孟德斯鸠的文章是我们从他的文稿中找出来的，并不完整。”

孟德斯鸠还与另外一些学者交往。在迪夏泰尔夫人家中，他结识了天文学家夏尔－玛丽·德·拉孔达米，这位以非洲沿岸地区和秘鲁游记出名的学者，因耳聋而深居简出。1753 年 2 月 14 日，他在给孟德斯鸠的信中写道：“治疗耳聋的唯一良方是独处一隅。在他们这些健全人面前，我若懊丧不已，那就无法得到慰藉。我虽无法听你们说话，但我读你们的书，以此作为补救，并且牢牢地记在心里。”

孟德斯鸠于 1749 年当选为柏林科学院院士，莫佩蒂乌为此出了不少力，两人因此而有所接近，可是思想上的分歧使他们难以亲密。1749 年，莫佩蒂乌出版了《哲学道德论》，孟德斯鸠称之为“一位才华出众的人的著作”，“他对自己的一生无怨无悔，不过他似乎表示自己并不幸福”。因为，照孟德斯鸠看来：“莫佩蒂乌先生记在心上的只有欢乐与痛苦，也就是说，只有撞击心灵的那些好事和坏事；活着的幸福和日常的快活都平淡无奇，从中得不到任何教益，莫佩蒂乌从不把这些记在心上。只有那些不寻常的事，我们才称之为欢乐。如果我们天天都吃得津津有味，那么，就不能说这是一种欢乐，而是生存和本能。我们不应该说：幸福是我们不愿意换成另一个时刻的这个时刻；我们应该换个说法：幸福是我们不愿意换成不存在的这个时刻。”[20]

1753年，瑞士数学家萨缪埃尔·柯尼希攻击莫佩蒂乌，伏尔泰在他的《阿卡基亚先生的抨击》一文中讥笑《关于科学进步的一封信》，孟德斯鸠挺身保护柯尼希。他与伏尔泰的关系始终难以理清；这两位哲学家先后去过英国，在国内则极少会面。他们彼此都讨厌对方，不过，孟德斯鸠赞赏伏尔泰的文学才华，把他的作品比作“五官不匀称的一张脸，焕发着青春气息”[21]。在孟德斯鸠看来，伏尔泰“是个谜，有人对他颂扬备至，有人对他棍棒相加，谁是谁非，难以说清”[22]，“他读的书，全是他自己所写，读过之后，他就批评或赞扬自己的书”。孟德斯鸠认为，伏尔泰“从未写出一个好故事，他与修士一样，写信不是为了论述什么问题，而是为了替自己的修会争光，伏尔泰写书也是为了他自己的修道院”[23]。他曾说：“法兰西学士院可能为有伏尔泰这位院士而感到羞耻，而伏尔泰若当不上院士，他肯定终将感到羞耻。”[24]他毫不隐晦对伏尔泰人品的鄙视：“有人一一历数伏尔泰的毛病，有人则总是反驳：‘他很有才华’，那人听得不耐烦了，于是说道：‘不错，这又是他的一个毛病。’”[25]

由于应酬很多，而且经常返回波尔多和拉布莱德，孟德斯鸠花在法兰西学士院的时间很少。1749年和1750年，他参加了学士院选举和接收新院士活动；1751年和1752年，他都没有在学士院工作。1753年4月2日，孟德斯鸠当选为法兰西学士院院长，在上任后的头三个月里，他恪尽职守。6月23日，布封当选为院士，孟德斯鸠希望亲自为他主持就职仪式，事先拟好了讲演稿，这份讲演稿如今还有一部分完好地保存着。[26]1754年4月27日，他去学士院参加布甘维尔的选举，此后他再也没有去过学士院。

《论法的精神》虽然受到一些与政府关系密切的人的批评，孟德斯鸠却为宫廷所青睐。在《论法的精神》之争初起时，图书贸易视察官约瑟夫·戴默利在他写于1749年4月1日的治安报告[27]中，没有一句指责孟德斯鸠的话，提到他时的口气很是友善：“他是学士院的院士，也是伦敦王家学会会员和柏林科学院院士，曾任吉耶纳高等法院的庭长。

此人才华横溢，视力极差，写过一些佳作，如《波斯人信札》、《尼多斯的神殿》以及著名的《论法的精神》等；《论法的精神》为四开两卷本，是在日内瓦偷偷出版的。这部著作给他带来了许多麻烦，索尔邦神学院要审查此书，掌玺大臣则要查禁此书；不过，由于他多方奔走，总算渡过了难关，在默许之下，他在巴黎又印行了若干版。"

据教廷驻法国大使证实，1751 年当伏尔泰前往柏林，法国宫廷的史官出现空缺时，孟德斯鸠曾想得到这个职位，但后来争到这个职位的却是杜克洛。同年，王后的父亲斯坦尼斯拉斯·莱钦斯基为向《论法的精神》的作者表示敬意，在他新近创建于南特的科学院中，为孟德斯鸠提供了一个院士的位置。孟德斯鸠提出申请后，斯坦尼斯拉斯·莱钦斯基非常高兴，立即回复并表示：他相信新建的这个学社为能"接纳您这位文学界杰出的人物和您所作出的比您的名字更伟大的成就"引以为荣。科学院的常任秘书索利尼亚克骑士将任命为院士的消息通知孟德斯鸠，孟德斯鸠回信表示谢忱，并且告诉索利尼亚克，为了"上贡"和表示要恪尽"院士的职守"之意，已把《吕西马库斯》寄给他了。这是一部散文小故事，20 年前就已开始酝酿，风格与《苏拉和欧克拉的对话》相似，故事则与穴居人的故事差不多。在他眼里，《吕西马库斯》是用来向莱钦斯基这位流亡国王表示敬意的："我在书中说的是一位因品德高尚、智慧超人而在亚洲登上了王位的君主，他的品德和才华却又使他经受了许多挫折。我把他描绘成一位国父，一位受臣民爱戴、为臣民带来幸福的君主。所以，我觉得，这部作品比任何其他作品更适宜于赠给您所创建的科学院。"1751 年 5 月 8 日，《吕西马库斯》在科学院全体会议上朗读，后来刊登在该院院刊第一期和《法兰西信使》上。

孟德斯鸠在去世前的最后几年中，大部分时间花在为《论法的精神》准备新的版本上。他对詹森派引发的问题一直非常关心，对詹森派在政治上造成的后果深感忧虑。1753 年，巴黎的一些神父拒绝为詹森派教士做临终圣事，由此而酿成事件，巴黎高等法院因在这个事件中采取了公开反对教皇圣谕的立场而于 5 月 19 日至 10 月 8 日被流放到外地。

就在此时，孟德斯鸠撰写了《关于教皇圣谕〈唯一圣子〉》一文。1753年7月9日，孟德斯鸠给流放在布尔日的迪隆·德·麦尼埃尔院长就此问题写了一封长信，他认为自己的立场不偏不倚，因而有资格对巴黎高等法院的立场和40年以来（教皇圣谕《唯一圣子》颁布于1713年）使法国教会分裂的这场争论，发表公正的看法。他写道："我打算陈述一下明白事理的人们对当前事件的看法。我听取了各方面的意见，其中有拥护高等法院的，也有反对高等法院的；有拥护教会和教士的，也有反对教会和教士的；而我不属于任何一派，没有说过任何自相矛盾的话，所以，我大概与那些在各方面都很渊博的人一样，有资格对这些事情作出评论。"

作为波尔多高等法院的前任庭长，他对巴黎高等法院所采取的立场吃惊："你们不应对你们的谏书采取这种固执的态度，因为谏书中虽然不乏正确的意见，但只要不抱偏见，谁都能看到，其中也有一些令人难以容忍的东西，无法为国王所接受。关于教皇圣谕的争论已延续了40年，圣谕已被宣布为教会和国家的法律，从而平息了争论，使公民们彼此和解。教皇圣谕是不是国家的法律，这个问题已与当前事态无关，因为是也罢，不是也罢，教士们已不再有权搞新花样了。"

孟德斯鸠对于新近的事态深感不安，在信中对迪隆·德·麦尼埃尔提出责备："我不明白，高等法院怎能认为发生这些事情是理所当然的呢？高等法院本应主持公正，如今却支持一派，反对一派，成了一派的头头，它的目标难道不应该是防止分裂吗？难道它只登录一种法律，而不登录所有法律吗？"

高等法院采取的立场对政府事务的正常运作产生了严重的后果，高等法院是否已经越权和失职了呢？是否由于擅自扩大权限而破坏了权力平衡呢？"国家是一架大机器，你们仅仅是其中一个部件。你们不让机器转动，可是机器不能不转动。你们想让我们变成什么呢？司法机构突然停止转动，这种剧烈状态及其后果以及关满囚犯的监狱等，难道不应采取断然和真心实意的措施，制止这种状况吗？难道不应为了达成和解而不在小问题上纠缠并表现出诚意吗？"

高等法院的态度是否会为教会所用，事与愿违呢？“我提请你们注意教会的做法：它保持沉默，显得镇定自若，坐观你们吵得不可开交；可以说，它不再主动出击了，因为它已经看清，你们肯定会自我毁灭。在这种情况下，它之所以比你们做得好，不是由于它才智高，而是由于它沉着镇定。”孟德斯鸠说得非常直率，对自己的“这些话未加斟酌”，这是因为他觉得形势十分严重：“不过，我既不想褒扬也不想贬斥，既不赞成也不反对，我只是清醒地审视自己的想法和当前的事态。我觉得，在朋友面前应该袒露胸怀，所以我怎么想就怎么说。”确实，这封实际上为《关于教皇圣谕〈唯一圣子〉》做注脚的十分坦诚的信，显示了孟德斯鸠一向的正直，他对友谊的忠诚，以及真挚和忧虑。

“我只剩下两件事要做，一是学会生病，二是学会死。”这是孟德斯鸠写在《随想录》[28]最后几页上的一段话，笔迹又粗又大，歪歪斜斜，这说明他的视力已经很弱了。不过，死的念头似乎并未在他脑际萦绕，他在自己的作品尤其是笔记中，很少谈起这个人人无法躲避的大问题，仅有几处谈到这个问题的文字也都是年轻时写下的。可是，死亡的威胁是现实的存在。当时瘟疫流行，1721 年黑死病在马赛肆虐；还有令人谈虎色变的天花，当时的医学技术对这种流行病简直就束手无策。事实上，“我们缺的不是医生，而是医学”[29]，“这个”因其错误而“断送了无数性命的残酷的女神”。为了判断“新医和旧医孰优孰劣”，孟德斯鸠建议对成功和失败的病例作一番统计，以便对“新医和旧医”的实际疗效做出评估。[30]他认为，“人人都可能染上的天花是一大灾祸，是人固有一死的一个新原因。在荷马的笔下，人在临死时笑容可掬，鲜花被农夫用镰刀割下来，或被牧羊女用纤细的指头摘走，患天花而死的人既非笑容可掬的临终之人，也不是被割或被摘的鲜花。”

孟德斯鸠认为，“死对于古罗马人和基督教徒来说是两码事”[31]，“死亡是可怕的，但人应该正视死亡”，“不能让人们对死亡无所畏惧，否则法律就会形同虚设”。[32]

孟德斯鸠年轻时在 1711 年前后写过一篇《论反对将异教徒永远罚入地狱》的文章，现已失传。不过，借助《随笔》中的某些段落，可以大致看出这篇文章的主要思想。他对罚入地狱这个问题处之泰然，对其是或非不置一词，只探究如何正确地阐明神的奖惩问题。[33]他像法学家那样考虑问题，人们由于没有遵守他们并不知晓的一条规矩而被宣布为有罪，受到永久性的惩罚，对此孟德斯鸠很不理解："人为什么要受到永入地狱的惩罚，单靠理性很难想通；因为奖励和惩罚都是用来对付未来的，今天惩罚一个人，为的是他本人和他的同类以后不再犯罪。可是，既然未受惩罚的人不再有犯罪的自由，罚入地狱的人不再有改恶从善的自由，奖励和惩罚还有什么意义呢？"[34]他对地狱的存在表示怀疑，在《波斯人信札》中他曾说，宗教"让坏人相信地狱确实存在，比让好人相信天堂确实存在"来得容易些。在《论法的精神》中，他认为，一种宗教如果主要以仁爱而不是以公正为本，就可以滋生一些无法补赎的罪行。尽管如此，他最终还是接受了这样的思想："一个恶贯满盈的人应该永远罚入地狱。"他对基督教以仁慈为怀的特点大加颂扬，主张对触犯神的戒律且不思悔改的人处以惩罚；在这一点上，他显得像个神学家和正统的教徒。[35]

孟德斯鸠认为，所有生物中最不幸的是人："野兽比我们幸福，它们虽逃避灾难，却不惧怕死亡，因为它们不解死亡为何物。"[36]从这点看来，他表面上对死泰然处之，内心却是恐惧的。在他最后的那些日子里，这种恐惧始终缠绕着他。面临死亡时痛苦的孤独感和早已明白的道理，不可避免地会发生矛盾，搅得他无法宁静。

孟德斯鸠年届六旬时写下了遗嘱，一式两份，其中一份"用于在计划中的异国之游时随身携带"。遗嘱的主要内容是让其儿子让－巴蒂斯特继承拉布莱德的田产，保证家族和产业世代承续。

1755年1月29日星期三，孟德斯鸠染疾。起初像是无关紧要的小毛病，十三天后却夺走了他的性命。1755年2月10日，孟德斯鸠溘然长辞。他的医生洛里诊断为炎症引起的发烧，恶化为胸部发炎，进而因"内脏发炎"而使病情变得复杂。其实，他得的是肺炎，可能是由流行性感冒引起的，病情很快就变得令人不安。家人远在波尔多，孟德斯鸠得到了朋友们的关怀。尽管他重病在身，住所里却依旧人满为患。公众前来探望，朋友们接到他的秘书圣－马克的通报后也纷纷前来慰问，孟德斯鸠对此甚感欣慰。达埃吉翁公爵夫人、迪普莱、德·圣－莫尔夫人、费兹－詹姆斯一家、若古尔骑士、卡斯泰尔神父以及孟德斯鸠的秘书让·达塞、圣－马克和费兹－帕特里克，一个接一个来到他的床前。路易十五派遣尼维尔奈公爵前来看望，向他表示敬意，打听他的病情。所有的人都盯着孟德斯鸠，有人带着好奇的神情，有人怀着焦虑的心情，不知道这位《波斯人信札》和《论法的精神》的作者，会以什么样的态度面对死神。[37]

关于孟德斯鸠临终的情景，有好几种说法，其中大多是目击者事后不久的记述，但在叙述和解释方面，彼此有些出入，有的差异还相当大。加斯科当时不在场，但他也写下了关于孟德斯鸠临终的记述。据他说，耶稣会士们曾千方百计地让孟德斯鸠对自己的错误表示追悔，他们还企图攫取他的文稿："有一天，达埃吉翁公爵夫人走出房间去吃饭，为孟德斯鸠做了忏悔的爱尔兰籍耶稣会士鲁思走进房来，发现除了病人只有秘书，遂吩咐秘书离开房间，接着就关门上锁。达埃吉翁夫人饭后回来时，独自呆在前厅的秘书告诉她，鲁思神父要单独与孟德斯鸠谈话，把他撵了出来。达埃吉翁夫人走近卧室时，听见房里孟德斯鸠在激动地说话，急忙敲门，鲁思把门打开，夫人问道：'为什么要折磨快要断气的病人？'这时，孟德斯鸠接过话头说：'夫人，鲁思神父逼我把书柜的钥匙交给他，他要把我的文稿取走。'达埃吉翁夫人斥责忏悔师的这一粗暴行径，鲁思表示歉意并说：'夫人，我不得不服从上司。'鲁思被轰走了，什么也没拿走。"

从这位喜欢添油加醋的教士的叙述中，可以归纳出两件事，一是孟德斯鸠做了临终忏悔，二是他拒绝追悔往事。关于忏悔，所有目击者均无异说，对于忏悔时的细节，则说法不一。侣纳公爵说："孟德斯鸠先生病笃时，不愿让人对他的宗教感情有任何怀疑。柏克莱先生是他的朋友中信得过的一位，他让人把柏克莱找来，让柏克莱把病情如实地告诉他。柏克莱说医生没有失去治疗的希望，不过，他觉得病情相当严重。孟德斯鸠马上就说：'不必往下说了，我明白了，请找个忏悔师来。'"

孟德斯鸠的秘书圣－马克对于请忏悔师一事另有说法："他让人把前来探望的人的名字一一告诉他，当说到圣－苏尔比斯本堂神父时，他问道：'你说是谁？请再说一遍。'他很生气，因为手下的人没让这位本堂神父进来；他随即吩咐，不管这位本堂神父什么时间来，都让他进来。"本堂神父第二天又来了，他问孟德斯鸠："在巴黎有没有贴心人可以来帮忙？"孟德斯鸠答道："在这类事情上，按理说，除了本堂神父，再也没有更可信的人了，不过，既然本堂神父让他自由挑选，他在巴黎倒是有一位十分信得过的人，可以派人找来，先做忏悔，再做临终圣事。"

孟德斯鸠让人找来的是耶稣会士卡斯泰尔神父，圣－马克感到十分吃惊。卡斯泰尔与孟德斯鸠是莫逆之交，他曾说过："任何时候我们都有共同语言，彼此间无须通信或谈话，就可以相互心领神会。"卡斯泰尔神父带来了他的同事贝尔纳·鲁思神父。鲁思在写给教廷驻巴黎大使的信中说，孟德斯鸠多方面的表现都证实他信仰宗教。这封长信写于1755年，1767年被收进《反哲学辞典》，如何看待这个文件呢？鲁思在这封信中显然想证明，孟德斯鸠完全是按自己的意愿自由行动的，"向公众宣布，孟德斯鸠各方面的表现都证实他信仰宗教"，这也是孟德斯鸠本人同意的；可是，这封信中关于他同孟德斯鸠进行最后谈话的情节，与加斯科的记述很不一致。根据鲁思所说，为孟德斯鸠作完忏悔后，他与孟德斯鸠商量了作品的修改问题。加斯科那段绘声绘色的记述中说，达埃吉翁夫人出去时，鲁思神父要求孟德斯鸠对以往表示追悔而遭到拒绝的情节，似乎完全出自加斯科的丰富的想象。

鲁思神父并不隐瞒孟德斯鸠的病情每况愈下："他发高烧已是第八天，头几天侍候他的人不曾注意到这种病的危险性，现在已成了胸部和内脏发炎，随时可能致命。每晚体温升高，并伴有谵妄，在我们的看护下，他神志清醒，一点也不迷糊，但是，在最意想不到的时刻突然丧失神智，这并非不可能。我还发现，我们本想安慰他，可是他却反而因说话激动而十分疲惫，他生来就爱激动，一说话就很动感情，尽管我一再劝阻，他还是说得太多太激动了。他向我口述了计划中要对自己的著作所作修改的某些细节。我看见他几乎连说话的力气也没有了，就请他停止口述，只要求为了公众利益而做到以下几点：第一，如果上帝最终让他康复，复活节时到教区的教堂去望弥撒；第二，在上帝面前向我许诺，一旦身体许可，就为了公众利益而诚心诚意地按照我考虑再三后提出的要求去做，对他的著作给读者留下的印象进行补救；这些印象可能并不符合他对宗教信仰的一切真理的服从与热爱，而正是在这种由罗马天主教宣扬的宗教信仰中，他生活了一辈子，而且将在这种信仰中死去；第三，向苏尔比斯本堂神父或前来为他领临终圣体的其他神父表明他的信念，并同意由我向公众转述他的最后心愿。”

鲁思神父还说，孟德斯鸠满怀诚意地接受了这些条件。马朗及其儿子以及艾斯蒂亚克伯爵，立即拿着鲁思神父开具的忏悔票，赶到苏尔比斯教堂，“为庭长请求临终圣事”。“苏尔比斯本堂神父赶来为孟德斯鸠做临终圣事，他走到床前跟病人说话，刚一开口，尚未说完一句话，孟德斯鸠就把他打断，高声地对他说：‘先生，我已经与那位可尊敬的神父作了安排，我很满意，你大概也会满意的。’我见他胸部痛得说不下去，就接过话头，把孟德斯鸠的决定和他的许诺，统统告诉本堂神父先生。这位能干的本堂神父对孟德斯鸠说，他对这样的安排很高兴，接着就按惯例做了劝诫和祈祷，敷了临终面油，做了临终圣事。孟德斯鸠以令人欣慰的忏悔和虔诚的神情领受本堂神父所做的一切，双手合在胸前对祈祷作答。”

在场目击这一番仪式的人很多，鲁思神父和卡斯泰尔神父，苏尔比斯本堂神父和与他同来的两位教士，艾斯蒂亚克伯爵夫妇都在场，此外还有几位鲁思不认识的人及几位仆役。

照鲁思神父所说，孟德斯鸠答应，他若能熬过这一关，他将在自己著作的新版中，追悔并改正自己的过失。我们不禁要想，孟德斯鸠真能如那位耶稣会士所说的那样轻易地答应他的要求吗？他真的准备对他已经整理妥当的新版本再次进行修改吗？新版是在他死后出版的。据说，他还对达埃吉翁夫人说，“我愿将一切奉献给理性和宗教，但不奉献给修会”，也就是说，不奉献给耶稣会。据说，他把文稿交给达埃吉翁夫人和迪普莱·德·圣－莫尔夫人时说道：“决定出版之前，先征询一下我的朋友们的意见。”

鲁思神父的记述中可能有些不实之词，在转述孟德斯鸠的话时掺进了他自己的想法，可是，孟德斯鸠的秘书圣－马克、达埃吉翁夫人、侣纳公爵等人的身份各不相同，他们的记述不应被否定。孟德斯鸠临终时如何看待自己的一生、自己的言行和著作，这个难以弄清的事实，在圣－马克写于孟德斯鸠去世当天的一封信中，也许可以得到澄清。他写道：“孟德斯鸠做了忏悔，苏尔比斯本堂神父在三点左右向他展示神像。本堂神父双手捧着圣饼问他：‘你相信这是你的上帝吗？’庭长答道：‘是的，我相信，我相信。’本堂神父接着说：‘那就请你作一个崇拜上帝的表示。’孟德斯鸠于是眼望上方，举起拿着帽子的右手，领了圣体。”

据达埃吉翁公爵夫人说，孟德斯鸠当时说道：“我一贯尊重宗教，福音书是一件非常好的东西，是上帝赐给众人的最好礼物。”侣纳公爵在回忆录中有一段写于1755年2月15日的文字，进一步肯定了达埃吉翁夫人的证明：“孟德斯鸠先生不但作了忏悔，虔诚地领了圣体，还当众宣布，他不希望有人怀疑他的宗教信仰，他的著作中如有应受指摘的东西，他完全予以否定。”

埃诺庭长对上述说法给予肯定，对切斯特菲尔德1755年2月写给《伦敦每日邮报》的信中的说法表示反对，驳斥了对孟德斯鸠不敬神的指责：“悼念孟德斯鸠的文章很多，在英国发表的悼念文章中出现的那些东西，实在不是我愿意读到的。孟德斯鸠若地下有知，我敢肯定，他也会断然予以否定。有人说，他因被人怀疑为不信教而自鸣得意，这是对他不了解。他纵然有过一些不够谨慎之举，却都立即加以补救。他临终时的情形很能说明问题。”[38]

马朗写于1755年2月15日的一封信，对孟德斯鸠临终时的情形和他的宗教感情，提供了一些有意义的细节：“他已病了两星期，我在第十四天才听说，急忙赶去探视。他发着高烧，头痛得厉害，精神持续恍惚。星期一那天，他在我的怀中闭上了眼睛……他以最大的虔诚接受了所有圣事，直到咽气，他始终保持着宗教感情，这使我十分宽慰。可是，他终于离我们而去，我们没能保住他那珍贵的生命，虽然深感遗憾，但也于事无补了。"

孟德斯鸠病重期间和临终时在他身边的所有人的记述都彼此印证，表明鲁思神父的记述确凿可信。孟德斯鸠虽然发着高烧，使他难以忍受，时而显得精神恍惚，他还是要求忏悔，并在完全清醒之中接受了天主教教会的圣事。他临终时表达得十分清楚的这种愿望，与他一生中对待宗教的态度，至少是表面上的态度，是否有矛盾呢？判断宗教信仰这个纯属私人内心感情的问题，需要十二万分的谨慎。对于一个人来说，当他内心深处的真实想法不甚为人了解时，一生中会有一些看似彼此矛盾的事，这种情况并非绝无仅有。孟德斯鸠在家庭里、在奥拉托利派的朱伊公学中接受了宗教教育，他的近亲中多人终生献身于上帝，其中包括三位叔伯和舅父以及两位姑姑，他的弟弟约瑟夫·德·色贡达是费兹的教士和圣瑟兰教堂的长老，他们的关系一直亲密无间；他的两个姐妹出家在阿让当嬷嬷，他向她们提供一笔年金，对她们所属宗教团体的事一直很热心。

他的朋友中有许多教会人士，其中有几位十分虔诚。奥拉托利修会的戴穆莱神父是他在朱伊公学认识的老朋友，耶稣会士卡斯泰尔神父对他的友情始终如一，此外还有苏瓦松主教费兹－詹姆斯。孟德斯鸠出生在基督教徒家庭，生活在基督教徒家庭，唯有他的妻子似乎始终信奉新教，他虽然不经常参加宗教活动，但一生中毕竟从未脱离天主教会。他相信上帝，在《论责任》的残稿中，他驳斥了无神论者的言论："倘若把上帝从我们的心中赶走，把谬误和偏见加在人的本性上的枷锁打碎，并因此而确信自己已摆脱了这个羁绊，不妨看一下，我们将会取得什么样的成功！从此以后，我们将不再拥有抵御厄运的手段，既不能抗御疾病和衰老，也不能抵御死亡。我们将会死去，上帝也不复存在了！我们将进入虚无，这是多么可怕的念头啊！我们的灵魂纵然幸存下来，可它孤立无援，在大自然中孑然独行，这是一种多么可悲的情景啊！”[39]

《随想录》中有一段话，是他感到自己已经老朽，来日无多时流露的心声，令人读来为之动容：“我已到了这样一个时刻，在这个时刻我应该开始和结束，这个时刻既揭示一切，又掩盖一切，这是一个痛苦的时刻，也是一个欢乐的时刻；在这个时刻，我将失去一切，甚至包括我的软弱。我何苦还要想着那些无聊的文字呢？我在寻求不朽，而不朽却在我自己身上。我的灵魂啊，快快成长，冲向无垠！回归伟大的存在！……上帝，不朽的上帝！人类是你最杰出的作品。热爱人类，便是热爱你，在生命行将终结之时，我把爱奉献给你。”[40]

可是，相信上帝，相信灵魂不死，是否就足以成为一个基督教徒呢？塞尔吉奥·科塔根据对孟德斯鸠的文稿所做的研究认为，孟德斯鸠没有脱离欧洲的基督教和天主教传统。[41]他在撰写《罗马盛衰原因论》时，探讨了罗马人获胜的原因。以“奥古斯丁”的口吻和波絮埃的“天意论”写道，“基督教若非神授的宗教，必定是荒谬的宗教。哲人们之所以抛弃异教而改宗基督教，怎么会是因为基督教荒诞不经呢？不对！那些认为异教以不公正的态度对待神明的哲人们，一旦把上帝的永恒、无垠、灵性和智慧告诉人们之后，就接受了这样一种观念：存在着一个受难的上帝！……这就是说，他们是以上帝受难说作为开端的。然而，如今已成为我们膜拜对象的十字架观念，当初沉重地压在古罗马人的心上，现在对于我们来说，却并非如此，当然，也有许多例外……福音书已为大家所知，主张怀疑一切的怀疑论者，把一切都看作来自事物及其运动的自然主义者，所有饱学之士和各种派别的哲学家，对异教的所有奇迹都嗤之以鼻的伊壁鸠鲁学派，所有这些人也都接受了福音书。基督教在罗马人中间的创建虽然仅是此岸世界的一个事件，却是同类事件中迄今最不寻常的事件。”[42]

在《论法的精神》中，孟德斯鸠分明让人看到，他不但理解基督教，而且颇有好感，而一个对基督教不懂又不信的人，是很难做到这一点的。他对基督教的中心教义：上帝对人的仁爱和耶稣在人与上帝之间的中介人地位，也深信不疑：“有一种宗教，它控制一切情欲，不但控制行为，而且控制欲望和思想；它不是用几条链子，而是用千丝万线系住我们；它把人类的正义放在一边而另立正义；它的使命是不断引导人们由忏悔达到仁爱，又由仁爱达到忏悔；它在裁判者和罪人之间设立一个伟大的中介人，在正直的人和中介人之间设立一个伟大的裁判者。”[43]

当然，正如夏克尔顿先生所指出的，在孟德斯鸠的全部著作中，这是我们看到他信仰或接近基督教的唯一的一段话。[44]在其他地方，我们读到的是另一种观点。他常对各种宗教进行比较，认为宗教是一种社会现象，并不懈地努力探索宗教感情的社会原因和心理原因。如同 18 世纪的许多人一样，他认为宗教仪式是无关紧要的，道德比信仰更重要。他的思想充满着矛盾，那么，他对宗教的真实想法究竟是什么呢？他到底是一个自然神论者抑或是基督教徒呢？夏克尔顿先生留有余地的结论，看来符合孟德斯鸠的思想实际：“他在实践中是天主教徒，他的信念是自然神论。然而，在他一生中的某些时刻，他在感情上更靠近基督教。他从小就在家庭中受基督教的熏陶，他本人也从未完全放弃基督教信仰。”[45]

涂完临终圣油后，孟德斯鸠不再跟人说话，接着就丧失神智，进入弥留状态。达埃吉翁夫人在记述中写道：“直到最后时刻，他依然保持着温和的性格，不抱怨，不急躁；他还问医生：‘希望和恐惧是怎么回事？’”十八小时之后，他永远闭上了眼睛，此时是他病后第十六天，1755 年 2 月 10 日，终年 66 岁。翌日下午五时，他被安葬在苏尔比斯教堂里的圣日诺维也芙小教堂中。在大革命恐怖时期，他的遗骸被扔到地下墓穴中。共和四年风月十二日（1796 年 3 月 2 日），元老院根据约瑟夫·德·普雷弗林的建议，想把孟德斯鸠的遗骸改葬在先贤祠，但没有找到。

格里姆在《书简集》中说，孟德斯鸠的去世，“公众几乎未曾注意到，送葬队伍稀稀拉拉，狄德罗先生是唯一到场的文人……然而，我们如果是无愧于这位伟人的同时代人，就该舍弃那些浮华无聊的乐趣，在他的墓上放声大哭，举国上下就该向他致哀，以此为整个欧洲做出榜样，告诉人们，一个有教养的民族应该如何向兼具品德和天才的人致敬”。不过，噩耗一传出，孟德斯鸠的亲朋好友立即就向他表示了热爱和敬仰之情。让－雅克·卢梭写道：“拥有祖国并热爱祖国的人，应该为这位伟人哭泣。他的一生十分伟大，足以使他永垂不朽。他本应永远活在人间，教导各国人民懂得自己的权利和义务。”[46]列奥弥尔在写给特朗布莱的信中表达了他对孟德斯鸠的敬意：“敬爱的孟德斯鸠庭长是世所罕见的伟人，他身后留下了一个巨大的空白，他的去世在我们心中产生了强烈的震动，就像发生了意外的灾难，造成许许多多人丧生那样。”

夏尔·博奈非常难过，在1755年3月22日给《丹麦书简》的作者安德烈·罗杰的信中写道：“……世界失去了最伟大的人物，孟德斯鸠逝世了。亲爱的朋友，为这位人类的导师痛哭吧！……我无法用语言表达我为这位伟人的去世而感到的伤心。一个月以来，我萌生了写作一部悲歌或散文颂歌的念头，但至今一个字也没有落在纸上。听过我的腹稿的人都很满意，甚至比我自己更满意，他们希望我写出来发表，或者寄给德·色贡达先生……”[47]

向《论法的精神》的作者致敬的信件，不断向孟德斯鸠的儿子飞来。斯坦尼斯拉斯国王在1755年3月27日的信中写道：“……他是全世界的公民，他孜孜不倦地向全世界传播对正义的热爱；他热爱人类，以崇高的天才向人类指明了义务之所在；他希望人类能以发扬光大自己的理性为己任。从我就这位伟人所说的这几句话中，你定能看出，他的去世确实让我十分伤心……”[48]

让－巴蒂斯特因丧父而万分悲伤，他从少年时代起就协助父亲。在1755年2月18日的信中，他对妹妹戴妮丝倾吐了满腔悲痛：“我们遭受了巨大的不幸，但我不打算安慰你，因为我自己比任何人更需要安慰。我希望，这件令人伤心的事将使我们更加亲近……”[49]

英国人切斯特菲尔德在《伦敦小报》上发表文章：“……他的品德为人性争了光，添了彩，他的著作对人性做出了正确的评价，也让他人正确对待人性；他是所有人的朋友，他坚定有力、无懈可击地支持人们不容置疑和不可剥夺的权利……他对我国的良好政体有着透彻的了解，并公道地给予称赞，我国固定的和众所周知的法律犹如制动器，遏制了向着暴政蜕化的专制制度和向着放荡蜕变的放任自由。他的著作使他名闻遐迩，除非正直的理性、道德的约束和法的真正的精神不再被人理解、尊重和保住，否则他的著作将会流芳百世。"[50]

《阿姆斯特丹小报》也刊登了一篇悼念文章："……他是那种每个世纪屈指可数的罕见人物。《波斯人信札》显示了他的哲人精神，《罗马盛衰原因论》显示了他深刻的政治见解，《论法的精神》则表明，他是当今渊博而高尚的天才之一。《论法的精神》遭到了激烈的批评，但仍然为许许多多读者所赞扬。这三部著作给作者带来了不朽的荣誉。我们必须承认，孟德斯鸠的精神、心灵和感情，为他的祖国，为他的时代和人性，增添了光彩。"[51]

巴黎的《法兰西信使报》和《文学年报》在1755年中发表了不少悼念文章，最引人瞩目的要数莫佩蒂乌发表在柏林科学院的悼词和达朗贝尔在《法兰西信使报》上发表的悼文，达朗贝尔的悼文[52]后来收入《百科全书》，刊在第5卷卷首，文中写道："……但是，在《论法的精神》中，孟德斯鸠体现了公民意识，正是这种公民意识促使他撰写了《论法的精神》。这种公民意识对于任何人都是可望而且可即的，它使作者得到了各国人民的钟爱，纵然有人犯了比他更大的错误，只要有了这种公民意识，就能得到谅解。对于公众幸福的热爱，对于人类幸福的热切追求，书中比比皆是。这部著作即使只有这一罕见而可贵的优点，也有资格成为所有的百姓和君主的必读之书。"

孟德斯鸠的家庭环境和他在朱伊公学接受的笛卡尔和马勒伯朗士的影响，使他的思想在很多方面都属于他所处的时代。他亲眼目睹了摄政时代的种种成就和怪象，深受其影响；他专注地观察了精神和习俗的演变；他也是宣告启蒙时代到来的18世纪初叶的人。他的事业终结之时，时值《百科全书》第一卷问世。谁也无法说清，他是否会把狄德罗、达朗贝尔以及他们的合作者们的思想看作他的思想。孟德斯鸠首先是一个温和的、眷恋传统、以关心人们的幸福为己任的人。他为自己追求各种各样的幸福，其中大多是无可指摘的，尽管他也寻欢作乐。他喜欢社交生活，在巴黎的文学沙龙里如鱼得水；不过，他始终与故乡保持着联系，在困难时刻，在遇到麻烦的时候，他常常返回故乡；当然，返回故乡有时也是为了写作所必需的平衡和宁静。

在他的政治和社会思想中，有一种平衡和分寸感。当然，评论家由于各自的观念和立场不同，对孟德斯鸠思想的解释迥然有异，他们的分歧和矛盾有助于我们充分认识孟德斯鸠思想的这个或那个方面，以及它所产生的各种影响。孟德斯鸠是个酷爱读书的人，他不但读得多，而且善于从先辈的思想中汲取营养，把他们的思想化作自己的思想，同时又深深地打上他个人天才的印记。他反对各种形式的专制主义，无论是明目张胆的还是遮遮掩掩的；他主张宽和的政体，在这种政体中，各种权力彼此和谐地处于平衡状态并促进国家和居民的精神和物质福祉；他确信，英国式的君主制是最佳政体。

被尊为“美国宪法之父”的詹姆斯·麦迪逊，在《联邦党人》一书中有一段极为贴切的话：“在立宪问题上，自始至终被我们倾听和援引的是著名的孟德斯鸠。诚然，在政治科学中具有不可估量的价值的这一（分权）原则，并非由他首创，然而，他以最易接受的方式向人们阐述和介绍了这个原则，这至少是他的功绩。”[53]的确，“孟德斯鸠的分权理论在美洲找到了条件齐备的实施场所，那里的人们对于权利的观念以及殖民地形成以来的政体传统，都适宜于实行分权制。如果没有这些条件，这个理论就会同其他地方一样无法实行。倘若不采用这个理论，单有司法和宪法传统，也不可能产生美国宪法这样一个明确而合理的结果。”[54]

然而，在孟德斯鸠的祖国，任何人都不是预言家。他的理论在很久之后才在法国被采用。他的思想与任何意识形态和宗教教条都毫无干系，人们如果对他的思想有更好的理解，许多风险、考验和摸索本来都是可以避免的。他所宣扬的，其实是对法国君主制的尊重；在他看来，法国君主制是“事物的性质”和漫长的岁月所造成的；他的理想是一位在若干能干而不谄媚的大臣辅佐下的贤明君主。他不主张为君主制设置过于僵硬的法制，只主张进行一些审慎的改革，如同《波斯人信札》中郁斯贝克所说："有时需要更换某些法律，但这种情况并不多，每当此时，必须慎之又慎。"

孟德斯鸠是一位责任心很强的法官，这一点清晰地表露在他于1725年所做的《审判和执法应以公正为准绳》的演说中；他是一位对以往千百年有着透彻了解的历史学家；他是一位善于思考的社会学家，早就预感到"欧洲是一个由若干省份组成的国家"[55]，他把自己的理想概括为以下这条经常被人引用的生活准则："如果我知道，某些事对我有利，但对我的家庭有害，我连想都不想；如果我知道，某件事对我的家庭有利，但对我的国家不利，我就设法忘掉它；如果我知道，某些事对我的国家有利，但对欧洲有害，我就把它看成一种罪行。"[56]

注释

第一章　家庭与童年

[1]《随想录》(*Pensées*)，第 5（69）条。(译者按：《随想录》是孟德斯鸠的一部笔记，写作时间长达数十年。笔记分条，每条均有编号。巴克豪森于 1899 年整理出版这部笔记时，将原稿的次序打乱，重新编号。20 世纪 50 年代的《孟德斯鸠全集》Nagel 版，则仍保留原有编号。本书作者将两种编号同时列出，括弧外的数字为原有编号，括弧内的数字为巴克豪森版的编号。不同版本中的条目仅编号不同，文字则完全一样。)

[2]《随想录》，第 213（4）条。

[3]《随想录》，第 1387（1135）条。

[4] F. 卡迪隆：《波尔多的法官、院士和大地主孟德斯鸠》(F. Cadilhon, *Montesquieu parlementaire, Académicien, Grand propriélaire bordelais.Travail d'études et de recherche*)，波尔多，波尔多第三大学，1983 年，第 27 页。

[5] 路易 · 维安：《孟德斯鸠的故事》(Louis Vian，*Histoire de Montesquieu*)，巴黎，1878 年，第 337 页。

[6] 参见雷蒙 · 赛莱斯特：《孟德斯鸠：传说与历史》(Raymond Céleste，Montes-quieu，Légende，Histoire)，载《吉隆特郡历史档案》(*Archives du historques de la Gironde*) 第 62 卷，1907 年，第 493 页。

[7] 蒙田：《随笔集》(Montaigne, *Essais*)，第 3 卷，第 13 页。

[8] 安东 · 万丢什：《〈波斯人信札〉中的个人成分》(Anton Vantuch，*Les* éléments personnels dans *les Lettres Persanes*)，载《尼斯人文学院年鉴》(*Annales de la faculté des lettres et sciences humaine de Nice*)，1969 年，第 134 页。

[9] 参阅罗伯特·夏克尔顿：《孟德斯鸠评传》，北京，中国社会科学出版社，1991 年，第 106 页。

[10] 冉奈特·热弗里奥－罗索：《孟德斯鸠与女性》(Jeannetle Geffriaud-Rosso, *Montesquieuet la féminité*)，比萨，1977 年，第 28 页。

[11] 罗迪埃：《〈论法的精神〉成书经过，孟德斯鸠与朱伊公学中的奥拉托利教士》(Roddier, De la composition de *l'Esprit des lois*.Montesquieu et les oratoriens de l'Académie de Juilly.)，载《法国文学史评论》(*Revus d'histoire Littéraire dela France*)，1952 年，第 439 页。

[12] F. 卡迪隆：前引书，第 35 页。

[13]《随想录》，第 218（1758）条。

[14]《随想录》，第 183（1757）条。

[15]《随想录》，第 1302（595）条。

[16]《随笔》，第 568 条。

[17]《罗马史》(*Historia Romana*)，卡鲁瓦对此文所做的摘要，已收入《孟德斯鸠全集》(*Montesquieu Oeuvres complèles*)，巴黎，伽里玛出版社，第 2 卷，1951 年，第 1443—1445 页。

[18]《随想录》，第 359（477）条。

[19] 皮埃尔·巴里埃尔：《一位伟大的外省人：孟德斯鸠男爵》(Pierre Barrière, *Un grand provincial Charles-Louis de Secondat Baron de la Brede et de Montesquieu*)，波尔多，1946 年，第 120 页。

[20]《论法的精神》，第 30 章，第 2 节。

[21]《随想录》，第 213（4）条。

[22] 伊利斯·考克斯：《孟德斯鸠与法国法律史》(Iris Cox，*Montesquieu and the History of French laws*)，1983 年，第 173 页。

[23]《随笔》，第 10 条。

[24]《随想录》，第 131（465）条。

[25]《随想录》，第 117（451）条。

[26]《随想录》，第 2004（591）条。

[27]《随想录》，第 1294（906）条。

[28] P.-M. 孔隆：《启蒙时代的序曲》(P.-M. Conlon, *Prélude au Siècle des Lumières*)，第 4 卷，日内瓦，1973 年，第 1708—1715 页。

[29] 艾丹妮：《尼古拉·弗雷莱（1688—1749），一位 18 世纪的人文学者对中国的思考》[Danielle Elisseff-Poisle, *Nicolas Fréret* (1688—1749). *Réflexions d'un humaniste du XVIIIe siècle sur la Chine*]，巴黎，1978 年，第 36 页。

[30] 安德烈·马松：《〈波斯人信札〉的中国启示者》(André Masson，un Chinois inspirateur des *Lettres Persanes*)，载《两个大陆杂志》(*Revus des Deux Mondes*)，1951 年 5 月 15 日，第 348—354 页。

[31]《波斯人信札》，北京，1958 年，第 1 页。

[32] 路易·戴格拉夫：《孟德斯鸠关于中国的笔记》(Loais Desgrave，Notes de Montesquieu sur la Chine)，载《波尔多历史杂志》*(Revus historique de Bordeaux)*，1958，第 199—219 页。

[33] 弗朗索瓦兹·韦尔：《怎么会是中国人呢?》(Françoise Weil，Comment peut-on être Chinois?)，载《技术、工艺与科学—技术教育杂志》(*Technique*，*art et science. Revue de L'enseignement Technique*)，1957 年，1 月号，第 3—14 页。

[34]《随想录》，第 1880（268）条。

[35] 亨利－让·马兰：《法国出版史》(Henri-Jean Marin，*Histoire de L'édition Française*)，第 2 卷，巴黎，1984 年，第 262 页。

[36]《随想录》，第 212（1510）条。

第二章 孟德斯鸠：法官和院士（1714—1721）

[1] 孟德斯鸠离开巴黎的确切日期载于黄嘉略的日记中："拉布莱（原文如此）先生于今日动身去波尔多。1713 年 12 月 5 日。

[2] 让·达拉：《孟德斯鸠法官》(Jean Dalat，*Montesquieu magistrat*)，第 2 册，巴黎，1972 年，第 14 页。

[3]《随想录》，第 19（1921）条。

[4]《论法的精神》，第 5 章，第 19 节。

[5]《随想录》，第 213（4）条。

[6]《德·萨维尼亚克先生回忆录》(*Mémorial général de M. de Savignac*)，波尔多，第 158 页注，1931 年。

[7]《随想录》，第 213（4）条。

[8] 冉奈特·热弗里奥·罗索：《孟德斯鸠与女性》，第 34 页注 17。

[9] 让·波尔特梅：《论 17 世纪法兰西法令规定的妇女权限》(Jean Portemer，Réflexion sur les pouvoirs de la femme selon le droit français au XVIIe siècle)，刊于《17 世纪》(*XVIIe Siècle*) 第 189—199 页，1984 年。

[10]《随想录》，第 106（1038）条。

[11]《随想录》，第 1061（1390）条。

[12]《随想录》，第 509（578）条。

[13]《随想录》，第 719（1087）条。

[14]《随想录》，第 564（487）条。

[15]《随想录》，第 338（486）条。

[16]《随想录》，第 1047（511）条。

[17]《随想录》，第 213（4）条。

[18]《随想录》，第 1048（512）条。

[19]《随想录》，第 1213（1277）条。

[20]《随想录》，第 1383（993）条。

[21]《随想录》，第 113（447）条。

[22]《随想录》，第 548 条。

[23]《随想录》，第 283（1264）条。

[24]《随想录》，第 1012（1081）条。

[25]《随想录》，第 1000（1927）条。

[26]《随笔》，第 283 条。

[27]《随想录》，第 213（4）条。

[28] 冉奈特 · 热弗里奥 · 罗索著作，第 33 页注 16。

[29]《随想录》，第 1340 条。

[30]《随想录》，第 180（1969）条。

[31]《随想录》，第 5（69）条。

[32]《随想录》，第 2169（34）条。

[33]《随想录》，第 2142（65）条。

[34] 见布歇致总监的信，存于吉龙德省立档案馆，编号 C1624。

[35] 见比代著《论葡萄的特性与种植》(Bidet，*Traité Sur la Nature de la Vigne*)，1759 年。

[36] 见《波斯人信札》，第 33 封信。

[37] 见前引卡迪隆著作，第 75 页。

[38]《随想录》，第 545（62）条。

[39]《随想录》，第 1133（36）条。

[40]《随想录》，第 1451（1865）条。

[41]《随想录》，第 1387（1135）条。

[42]《随想录》，第 1182（37）条。

[43] 见前引让 · 达拉著作第 1 册，第 48 页。

[44] 伊利斯 · 考克斯：《孟德斯鸠与法国法律史》，1983 年，第 173 页。

[45]《随想录》，第 2009（582）条。

[46] 让 · 罗斯当：《孟德斯鸠（1689—1755）与生物学》（Jean Rostand，Montesquieu（1689—1755） et la Biologic），刊登在 1955 年出版的《科学史及其应用史杂志》（*Revue de l'histoire des Sciences et de Leur applications, 1955.*），第 129—136 页。

[47]《随想录》，第 77（2105）条。

[48]《随想录》，第 1145（2104）条。

[49]《随笔》，第 565 条。

[50]《随想录》，第 2203（756）条。

第三章　从《波斯人信札》到出国旅行（1721—1728）

[1] P. 韦尔尼埃编注：《波斯人信札》（ P. Vernière，éd. des *Lettres persanes*），巴黎，1960 年，第 1 页。

[2]《随想录》，第 1145（1613）条。

[3]《随想录》，第 1306（596）条

[4] 见伊夫－玛丽 · 贝塞出版的《农民起义史》（Yves-Marie Bercé，*Histoire des Croquants*）第Ⅱ卷，日内瓦，1974 年，第 851—852 页。

[5]《随想录》，第 173（129）条。

[6] P. 韦尔尼埃编注：《波斯人信札》，第Ⅳ页。

[7] 埃德加 · 马斯（Edgar Mass）：《启蒙时代前的文学与书审》（*Literatur und Zensur in der frühen Aufklarung.* Produktion, Distribution und Rezeption *der Lettres persanes.*），法兰克福，1981 年。

[8]《随想录》，第 2033（112）条。

[9]《随想录》，第 2033（112）条。

[10]《随想录》，第 1533（886）条。

[11] 埃德加 · 马斯：《〈波斯人信札〉篇幅的增加和当时的读者》（Le développement textuel et les lecteurs contemporains des *Lettres persanes.*），载《国际法国研究协会手册》（*Cahiers de l'Association Internationale des Ètudes Françaises*），第 35 卷，1983 年 5 月，第 199—200 页。

[12] 罗歇 · 洛费（Roger Laufer）：《〈波斯人信札〉的文学成就及意义》（La réussite romanesque et la signification des *Lettres persanes*），载《法国文学史杂志》（*Revue*

d'histoire Littéraire de la France)，1961 年，第 188—203 页。

[13] 皮埃尔·巴里埃尔（Pierre Barrière）：《〈波斯人信札〉中的波尔多人与事》（Les éléments personnels et les éléments bordelais dans les *Lettres persanes*），载《法国文学史杂志》（*Revue d'histoire Littéraire de la France*），1951 年，第 17—36 页。

[14] 昂通·旺蒂（Anton Vantuch）：《〈波斯人信札〉中的人物》（Les éléments personnels dans les *Lettres persanes*），载《尼斯文学及人文科学院年鉴》（*Annales de la faculté des lettres et sciences humaines de Nice*），1969 年，第 127—142 页。

[15] 希拉·梅森（Sheila Mason）：《孟德斯鸠的法学思想》（*Montesquieu's Idea of Justice*），海牙，1975 年。

[16]《随想录》，第 1438（89）条。

[17]《随想录》，第 30（549）条。

[18] 让·厄拉尔：《〈波斯人信札〉的政治意义》（Jean Erhard，La signification politique des *Lettres persanes*），载《孟德斯鸠研究》（*Etudes sur Montesquieu*），巴黎，1970 年，第 99 页。

[19] 让－玛丽·古勒蒙：《关于〈波斯人信札〉的政治意义的几个问题》（Jean-Marie Goulemont，Questions sur la signification politique des *Lettres persanes*），载《走向启蒙时代》（*Approches des Lumières*）纪念让·法布尔专集，巴黎，1974 年，第 213—224 页。

[20] 让－玛丽·古勒蒙：前引书。

[21]《随想录》第 1946（673）条。

[22]《随想录》，第 273（2056）条。

[23]《随想录》，第 852（1337）条。

[24]《随想录》，第 2033（112）条。

[25]《随想录》，第 2249（110）条。

[26]《随想录》，第 15（1288）条。

[27]《随想录》，第 626（1283）条。

[28]《随想录》，第 212（1510）条。

[29]《随想录》，第 1001（46）条。

[30]《随想录》，第 1184（593）条。

[31]《随想录》，第 2156（1346）条。

[32]《随想录》，第 1084（1276）条。

[33]《随想录》，第 213（4）条。

[34]《随想录》，第 143（916）条。

[35]《随想录》，第 472（1737）条。

[36]《随想录》，第 1223（921）条。

[37]《随笔》，第 434 和第 642 条。

[38]《随想录》，第 1458（1112）条。

[39]《随想录》，第 1459（1206）条。

[40]《随想录》，第 116（450）条。

[41]《随想录》，第 68（920）条。

[42]《随想录》，第 1460（930）条。

[43]《随想录》，第 1962（594）条。

[44]《随想录》，第 116（450）条。

[45]《随想录》，第 111（445）条。

[46]《随想录》，第 894（848）条。

[47]《随想录》，第 1207（1207）条。

[48]《随想录》，第 1655（128）条。

[49] 罗伯特 · 夏克尔顿：《〈论法的精神〉的产生》（Robert Shackleton，La Genèse de *L'Esprit des lois*），载《法国文学史杂志》（*Revue d'histoire littéraire de la France*），1952 年，第 433 页。

[50]《随想录》，第 1266（615）条。

[51]《随想录》，第 220（597）条。

[52]《随想录》，第 538（641）条。

[53]《随想录》，第 741（11）条。

[54] 图尔尼奥尔 · 迪 · 克洛：《孟德斯鸠的金融观》（Tournyol Du Clos，Les idées financières de Montesquieu），载《科学与财政法学杂志》（*Revue de Science et de l Égislation financières*），1912 年。

[55] 孟德斯鸠：《德 · 拉福尔瑟公爵颂》（*Eloge du Duc de la Force*）。

[56]《随想录》，第 173（129）条。

[57]《随想录》，第 837（83）条。

[58]《随想录》，第 1064（1217）条。

[59] 儒勒 · 德尔皮：《孟德斯鸠之子》（Jules Delpit，*Le Fils de Montesquieu*），波尔多，1888 年，第 30 页。

[60]《随想录》，第 213（4）条。

[61] 路易 · 戴格拉夫：《孟德斯鸠和法兰西学士院》（Louis Desgraves，Montesquieu et l'Académie française），载《波尔多历史杂志》（*Revue historique de Bordeaux*），1957 年，第 201—216 页。

[62] 伏尔泰：《笔记》（Voltaire，*Notebooks*），第 1 卷，第 87 页。

第四章　游历欧洲（1728—1731）

[1] 米什利纳 · 福特 · 哈里斯：《孟德斯鸠旅居意大利的日子（1728 年 8 月至 1729 年 7 月）：年表和说明》[Micheline Fort Harris，Le séjoar de Montesquieu en Italie (août 1728-juillet 1729)：Chronologie et Commentaires]，载《伏尔泰与 18 世纪研究》（*Studies on Voltaire and Eighteenth Century*），第 117 卷，第 74 页。

[2] 杰里米 · 布莱克、约翰 · 洛著：《孟德斯鸠 1728 年在维也纳》（Jeremy Black and John Lough，Montesquieu in Vienna in 1928），载《法国研究通报》（*French Studies Bulletin*）第 13 期，1984—1985。

[3]《随想录》，第 339（51）条。

[4]《论法的精神》第 28 章，第 22 节。

[5]《随想录》，第 212（1510）条。

[6]《随笔》，第 461 条。

[7]《随笔》，第 461 条。

[8] 让 · 厄拉尔：《孟德斯鸠论艺术》（Jean Ehrard，*Montesquieu critique d'art*），巴黎，1965 年，第 15 页。

[9]《随想录》，第 2264 条。

[10] 见《论法的精神》第 21 章，第 6 节。

[11] 罗伯特 · 夏克尔顿：《孟德斯鸠评传》，第 115 页。

[12] 见《波斯人信札》第 138 和 145 封信。

[13]《随笔》，第 462—463 条。

[14] 见《论法的精神》第 20、第 21 章和第 22 章第 10 节。

[15] 见前引让 · 厄拉尔著作，第 21 页。

[16] 见前引罗伯特 · 夏克尔顿著作，第 93 页。

[17] 见前引福尔 · 哈里斯著作，第 17 页注 33。

[18] 见前引福尔 · 哈里斯先生的文章，第 98 页注 12。

[19]《随笔》，第 448 条。

[20] 见前引福尔 · 哈里斯先生文章，第 100 页注 9。

[21] 见《1729 年与孟德斯鸠在罗马漫步》（Promenades dans Rome en 1729 avec Montesquieu），转引自 F. 韦尔（F.Weil）的文章《技术、艺术与科学》，载《技术教育杂志》（*Technique art et science. Revue de l'enseighement technique*）第 121 期，第 2 页，1958 年。

[22] 见前引让 · 厄拉尔著作，第 32—33 页。

[23]《随笔》，第 365 和 369 条。

[24] 见前引罗伯特 · 夏克尔顿著作，第 12 页。

[25] 见前引让 · 厄拉尔著作，第 37 页。

[26] 见前引让 · 厄拉尔先生著作，第 39 页。

[27] 见前引福尔 · 哈里斯先生著作，第 123 页注 20。

[28] 转引自福尔 · 哈里斯先生作品，第 123 页注 20。

[29]《随笔》，第 427 条和前引罗伯特 · 夏克尔顿著作，第 103 页。

[30]《随想录》，第 298（968）条。

[31]《随想录》，第 435（2081）条。

[32]《随笔》，第 483 条。

[33] 见《波斯人信札》，第 24 封信。

[34]《随笔》，第 493 条。

[35] 见前引福尔 · 哈里斯著作，第 140 页注 132。

[36] 见前引让 · 厄拉尔著作，第 69　70 页。

[37] 见前引让 · 厄拉尔作品，第 78 页。

[38]《随想录》，第 203（958）条。

[39] 见前引福尔 · 哈里斯先生作品，第 142 页注 35。

[40]《随想录》，第 131（465）条。

[41] 见前引让 · 厄拉尔著作，第 87 页。

[42] 见《论情趣》，第 14 章。

[43] 见前引夏克尔顿著作，第 183 页。

[44] 罗索：《孟德斯鸠与维柯》（Corrado Rosso，Montesquieu et Vico），载《伦理学家孟德斯鸠：从法律到幸福》（*Montesquieu moraliste*，*Des Lois au bonheur*），波尔多，1971 年，第 327—344 页。

[45]《随想录》，第 836（2201）条。

[46] 见前引福尔 · 阿里著作，第 171 页注 29。

[47] 转引自前引福尔 · 阿里先生著作，第 171 页注 29。

[48]《随想录》，第 272（956）条。

[49]《随笔》，第 461 条。

[50]《随想录》，第 1003（6）条。

[51] 见前引夏克尔顿著作，第 100 页。

[52]《随笔》，第 580 条。

[53]《随想录》，第 2126（1351）条。

[54]《随想录》，第 1231（945）条。

[55]《随想录》，第 1466（60）条。

[56] 弗洛朗斯 · 德 · 吕西：《英国共济会起源初探》（Florence de Lussy，Un peu de Lumière sur les origines anglaises de la franc-maçonnerie），1984 年夏发表于《国立图书馆杂志》（*Revue de la Bibliothèque nationale*），1984 年夏季第 12 期，第 17—32 页。

[57]《随想录》，第 2124（1355）条。

[58] 见前引夏克尔顿著作，第 108 页。

[59]《随想录》，第 17（2019）条。

[60]《随想录》，第 428（1876）条。

[61]《随想录》，第 901（1772）条。

[62]《随想录》，第 816（1677）条。

[63]《随想录》，第 751（1805）条。

[64]《随想录》，第 1132（1836）条。

第五章　从《罗马盛衰原因论》到《论法的精神》（1731—1748）

[1]《随想录》，第 213（4）条。

[2] 勒内 · 波莫：《孟德斯鸠与其信友》（R. Pomeau，Montesquieu et ses Correspondants），载于 1982 年《法兰西文学史》（*Revue d'histoire littéraire de la France*）第 179 页。

[3] 见波尔多市立图书馆 1988 年公布的资料。

[4] 夏克尔顿：《孟德斯鸠夫人与对泰莱丝 · 德 · 色贡达的一些思考》（R.Shackleton，Mme de Montesquieu with Some Considerations on Thérèse de Secondat），载于纪念约翰 · 斯特芬森文集《18 世纪的法国妇女与社会》（*Women and Society in 18th Century in France*），伦敦，1979 年，第 230 页。

[5]《随想录》，第 2129（727）条。

[6] 罗伯特 · 夏克尔顿：《约翰 · 布莱克和孟德斯鸠：寻求一致》，载纪念詹姆斯 · 马歇尔 · 奥斯本文集《古典文学考》，牛津，1979 年，第 215 页。

[7] 司汤达：《南方游记》（Stendhal，*Voyages dans le Midi*）。

[8]《随想录》，第 896（925）条。

[9]《随想录》，第 1253（604）条。

[10]《随想录》，第 1012（1081）条。

[11]《随想录》，第 1061（1090）条。

[12]《随想录》，第 1009（17）条。

[13]《随想录》，第 308（1092）条。

[14]《随笔》，第 657 条。

[15]《随想录》，第 213（4）条。

[16]《随想录》，第 756（781）条。

[17]《随想录》，第 2165（534）条。

[18]《随想录》，第 327（961）条。

[19]《随想录》，第 1050（960）条。

[20]《随想录》，第 1028（966）条。

[21] 见前引让 · 厄拉尔著作，第 125 页。

[22] 莫格拉：《吕内维尔宫廷》（Maugras，*La Courde Lunéville*），第 202 页。

[23] 让 · 萨莱尔：《唐森一家》（Jean Sareil，*Les Tencin*），日内瓦，1969 年，第 39 页。

[24] 见前引《唐森一家》，第 216 页。

[25] 见前引《唐森一家》，第 235 页。

[26]《随想录》，第 107（1193）条。

[27]《随想录》，第 1014（1738）条。

[28]《随想录》，第 1285（1739）条。

[29]《随想录》，第 1277（626）条。

[30] 见 C. 费瓦尔：《杜 · 德芳夫人和 18 世纪的爱情》（C. Ferval，*Mme Du Deffend et l'amour du XVllle siècle*），巴黎，1933 年，第 146 页。

[31] 见 P. 巴里埃尔：《孟德斯鸠和西班牙》（P. Barrière，Montesquieu et l'Espagne），载《西班牙通报》（*Bulletin hispanique*）第 159 卷，第 300 页，1947 年。

[32] 勒维 · 马尔瓦诺：《孟德斯鸠和马基雅弗利》（Levi-Malvano，*Montesquieu e Machiavelli*），巴黎，1912 年。

[33] A. 巴蒂埃尔：《马基雅弗利的读者孟德斯鸠》（A. Barlière，Montesquieu, lecteur de Machiavelli），载《孟德斯鸠研究会汇编》（*Actes du Congrès Montesquieu*），波尔多，1956 年，第 141—158 页。

[34] 蒙田：《随笔集》，第 2 卷，第 19 节。

[35] 见《论法的精神》，第 24 章，第 10 节。

[36]《随想录》，第 1532 条。

[37]《随想录》，第 1669—1634（155—159）条。

[38]《随想录》，第 1983—2003（648—668）条。

[39]《随想录》，第 2183—2202（160—170）条。

[40]《随想录》，第 2244（180）条。

[41] 设在日内瓦附近科洛尼的马丁·博德内基金会自 1939 年起藏有一份题为《我论罗马人一书的若干修订》（Diverses corrections de mes Considératious）的手稿；参阅贝尔纳·戈涅班《在日内瓦发现的孟德斯鸠的两份手稿》（Deux manuscrits de Montesquieu trouvés à Genève），载《18 世纪》（*XIlle siècle*），1973 年，第 413—416 页。

[42] 巴里埃尔：《一个伟大的外省人》，波尔多，1946 年，第 268 页。参阅让·厄拉尔为《罗马盛衰原因论》写的出版序言，巴黎，1968 年。

[43] 参阅亨利·巴克豪森：《孟德斯鸠与〈罗马盛衰原因论〉》（Henri Barckhausen, Montesquieu et les *Considérations sur la grandewi des Romains*），载《法国和外国公法及政治科学杂志》（*Revuc du droit public et de la science politique en France et à l'étranger*）1900 年 7—8 月号。

第六章　《论法的精神》

[1]《随想录》，第 162（1845）条。

[2] 韦尔：《孟德斯鸠的阅读》（F. Weil，Les lectures de Montesquieu），载《法国文学史杂志》（*Revue d'histoire littéraire de la France*）1958 年，第 494—514 页。

[3] 伊利斯·考克斯：前引书，第 86—87 页。

[4]《随想录》，第 1632（1143）条。

[5]《随想录》，第 1707（190）条。

[6]《随想录》，第 1732（328）条。

[7]《随想录》，第 2092（833）条。

[8]《随想录》，第 212（1510）条。

[9]《随想录》，第 1261（612）条。

[10]《随想录》，第 2242（67）条。

[11]《随想录》，第 483—509（552—578）条。

[12]《随想录》，第 1237 条。

[13]《随想录》，第 1252（603）、1145（1613）条。

[14]《随想录》，第 330—338（478—486）、564（87）条。

[15]《随想录》，第 640（488）条。

[16]《随想录》，第 207（1573）条。

[17]《随想录》，第 1122、1145（1613）条。

[18] 韦尔：《〈地理篇〉导读》（F. Well，Introduction aux *Geographica*），见安德烈 · 马松主编的《孟德斯鸠全集》（*Oeuvres complètes de Montesquieu*）第 2 卷，巴黎，1950 年，第 LXXVII 页及此后数页。

[19]《随想录》，第 1868（201）条。

[20]《随想录》，第 942（1788）条。

[21]《随想录》，第 1872（203）条。

[22]《随想录》，第 1805（206）条。

[23] F. 热布兰：《〈论法的精神〉的出版》（F. Gébelin，La publication de *L'Esprit des lois*），载《图书馆杂志》（*Revue des bibliothèques*），1924 年，第 125—128 页。

[24]《随想录》，第 2064（1036）条。

[25] 参阅马斯编辑出版的书信，载《启蒙运动早期的文学和书报检查》（E. Mass，*Literatur und Zensur in der frühen Aufklärung*），法兰克福，1981 年，第 290—296 页。

第七章 《论法的精神》之“争”

[1]《论法的精神》，第 13 章，第 20 节。

[2]《随想录》，第 2239（96）条。

[3] 罗索：前引书，第 288 页注 8。

[4] 布莱特 · 德 · 拉格莱塞（J. Brèthe de la Gressaye）主编《论法的精神》，第 1 卷，巴黎，1950 年；第 LXVIII 页。

[5]《论法的精神》，第 4 章，第 6 节。

[6] 拉格莱塞：前引书，第 1 卷，第 LXXIX 页。

[7]《随想录》，第 2006—2008（435—437）条。

[8] 克洛德 · 劳里奥尔：《拉博梅尔：孟德斯鸠和伏尔泰之间的一位塞文山区新教徒》（Lauril Claude，*La Beaumelle.Un protestant cévenol entre Montesquieu of Voltaire*），日内瓦，1978 年，第 186 页及以后。

[9] 莱昂 · 贝拉尔：《面对教廷审书局的〈论法的精神〉》（Léon Berard，*L'Esprit des lois* devant la congrégation de l'lndex），载《〈论法的精神〉二百年》波尔多，1949 年。

[10] 保拉 · 贝塞利 · 昂布里：《孟德斯鸠的著作在 18 世纪的意大利》（Paola Berselli Ambri，*L'Opera di Montesquieu nel Settecento Italiano*），佛罗伦萨，1960 年，第 55

页及以下。

[11] 拉格莱塞：前引书，第 1 卷，第 LXXX 页。

[12]《随想录》，第 2166（98）条。

[13] 夏尔 - 雅克贝耶：《孟德斯鸠与笛卡尔精神》[Beyer(c.-J.), Montesquieu et l' Esprit cartésien]，载《孟德斯鸠逝世二百周年研讨会文集》（*Actes du Congrès Montesquieu*），第 128 页。

第八章 最后的岁月（1748—1755）

[1]《随想录》，第 2242（67）条。

[2] 保拉 · 贝塞里 · 昂布里：前引书，第 80 页。

[3] 罗伯尔 · 穆絮埃：《孟德斯鸠的肖像画家》（Robert Mesaret，Les portraitistes de Montesquieu），载《波尔多历史杂志》（*Revue historique de Bordeaux*），1954 年，第 95—100 页。

[4] 沙贝：《从信件看孟德斯鸠的眼疾》（A.–A. Chabé，La cecité de Montesquieu d'après sa Correspondance ），载《吉耶纳善本收藏家协会会刊》（*Bulletin de la Société des bibliophilees de Guyenne*），1947 年，第 65—67 页。

[5]《随想录》，第 2249（110）条。

[6]《随想录》，第 2033（112）条。

[7]《随想录》，第 2033（112）条。

[8]《随想录》，第 1543（519）条。

[9] 转引自夏克尔顿，前引书，第 392 页。

[10]《随想录》，第 1393（1371）条。

[11]《随想录》，第 1394（1372）条。

[12]《随想录》，第 1392（1370）条。

[13]《随想录》，第 2063（98）条。

[14]《随想录》，第 1080（2071）条。

[15] 转引自述冉奈特 · 热弗里奥 – 罗索：前引书，第 121 页注 39。

[16] 夏克尔顿：前引书，第 180 页。

[17]《格里姆与狄德罗文学通信集》（*Correspondance Litléraire de Grimm-Diderot*），莫里斯 · 都尔内出版，第 7 卷，巴黎，1879 年，第 389 页及以后。

[18]《随想录》，第 1585（1731）条。

[19] 转引自冉奈特·热弗里奥－罗索：前引书，第 121 页注 39。

[20]《随想录》，第 2010（994）条。

[21]《随想录》，第 1312（1064）条。

[22]《随想录》，第 1589（931）条。

[23]《随想录》第 1446（929）条。

[24]《随想录》第 896（925）条。

[25]《随想录》，第 1275（624）条。

[26]《随想录》，第 2165（534）条。

[27] 巴黎国立图书馆藏品 n.acq.fr.10782，第 168 页。参阅罗伯特·达恩顿：《文人圈，警方档案中的知识分子》（Robert Darnton，La république des Cettres：Les intellectuels dans les dossiers de la police），载《猫的大屠杀，古代法国的态度和信仰》（*Le Grand Massacre des chat*，*Attitudes et Croyances dans l'Ancienne France*），巴黎，1985 年，第 137—176 页；夏克尔顿：《18 世纪的两位警官：贝里埃和戴默利》（R. Shackleton，Deux policiers du XVIIIe siècle：Berryer et d'Hémery），载《启蒙时代的议题和人物》（*Thèmes et Figures du siècle des Lumières*），1980 年，第 253—258 页。

[28]《随想录》，第 2242（67）条。

[29]《随想录》，第 2113（729）条。

[30]《随想录》，第 368（744）条。

[31]《随想录》，第 646（1385）条。

[32]《随想录》，第 228（1736）条。

[33] 罗伯尔·法弗尔：《"死"在启蒙时代》（Robert Favre，*La Mont au Siècle des Lumières*），里昂，1978 年，第 193 页。

[34]《随想录》，第 82（1028）条。

[35]《论法的精神》，第 24 章，第 14 节。

[36]《随想录》，第 921（1028）条。

[37] 路易·戴格拉夫：《孟德斯鸠之死》（Louis Desgraves，La mort de Montesquieu），载《费加罗文学报》（*Le Figaro Littéraire*），1955 年 2 月 12 日。

[38]《杜·德芳夫人、埃诺庭长和柏克莱伯爵致卡尔·弗雷德里克·舍费尔男爵书信集》（Lettres inêdifes de Mme Du Deffend，du président Hénault et du comte de Bulkeley au baron Carl Frederik Scheffer），伏尔泰和 18 世纪研究丛书（*Studies on Voltaire and the Eighteenth Century*），第 9 卷，1955 年，第 384 页。

[39]《随想录》，第 1266（615）条。参见夏克尔顿：《孟德斯鸠的宗教观》（R. Shackleton，La Religion de Montesquieu），载《孟德斯鸠逝世二百周年研讨会文

集》（*Actes du Congrès de Montesquieu*），第 287—294 页。

[40]《随想录》，第 1805（206）条。

[41] 塞尔吉奥·科塔：《孟德斯鸠与社会科学》（Sergio Cotta，*Montesquieu e la Scienza della societa*），都灵，1953 年。

[42]《随想录》，第 969（2148）条。

[43]《论法的精神》，第 24 章，第 13 节。

[44] 夏克尔顿：前引书，第 292 页。

[45] 夏克尔顿：前引书，第 293 页。

[46] 让－雅克·卢梭：《书简》（Jean-Jacques Rousseau，*Correspondance*），第 2 卷，第 159 页，第 282 封信，1755 年 2 月 20 日。

[47] 日内瓦大学公共图书馆（B. P. U.），抄本补充部分，第 738 件，第 31—33 页。

[48] 波尔多市立图书馆，抄本第 1988 号，第 14 件。

[49] 波尔多市立图书馆，抄本第 1868 号，第 312 件。

[50] 转引自维安：《孟德斯鸠的故事》，第 406 页。

[51] 同上书，第 407 页。

[52]《法兰西信使报》（*Mercure de France*），1755 年 11 月，第 77—124 页。

[53] 转引自保尔 . M. 斯普林：《孟德斯鸠对美国宪法的影响》（Paul M. Spurlin，L'influence de Montesquieu sur la constitution américaine），载《孟德斯鸠逝世二百周年研讨会文集》（*Actes du Congrès Montesquieu*），第 272 页。

[54] 塞尔吉奥·科塔：《孟德斯鸠，分权和美国的联邦宪法》（S. Cotta，Montesquieu，la séparation des Pouvoirs et la Constitution fédérale des États-Unis），载《国际政治和宪法史杂志》（*Revue internationale d'histoire politique et constitulionnelle*），1951 年，第 228 页。

[55]《随想录》，第 318（780）条。

[56]《随想录》，第 741（11）条。

孟德斯鸠生平和著作年表

1562 年　雅克二世 · 德 · 色贡达获得孟德斯鸠庄园。

1634 年 2 月 26 日　孟德斯鸠的祖父加斯东 · 德 · 色贡达娶安娜 – 冉娜 · 迪贝尔内为妻。

1686 年　雅克三世 · 德 · 色贡达（孟德斯鸠的父亲）娶玛丽 – 弗朗索瓦丝 · 德 · 佩奈尔为妻，成为拉布莱德男爵。

1687 年 9 月 11 日　孟德斯鸠的姐姐玛丽 · 德 · 色贡达出生。

1689 年 1 月 18 日　夏尔 – 路易 · 德 · 色贡达出生。

1690 年　朗贝尔夫人在巴黎开设沙龙。

1691 年 8 月 31 日　孟德斯鸠的妹妹泰莱丝 · 德 · 色贡达出生。

1693 年　孟德斯鸠的朋友让 – 雅克 · 贝尔出生。

1694 年 11 月 9 日　孟德斯鸠的弟弟夏尔 – 路易 – 约瑟夫 · 德 · 色贡达出生，后来他当上了圣瑟兰教堂的长老。

1695 年　孟德斯鸠的朋友巴尔博院长出生。

1696 年 10 月 16 日　孟德斯鸠的母亲去世。

1697 年　培尔出版《历史和批判辞典》。

1699 年　贝尼埃的《游记》出版，孟德斯鸠写作《波斯人信札》时曾加以利用。

1700 年 8 月 11 日　孟德斯鸠进入朱伊公学。

1703 年　孟德斯鸠的父亲在波尔多的洛里埃街定居。

1705 年　孟德斯鸠离开朱伊公学。

1708 年 7 月 29 日　孟德斯鸠获法学学士学位。·

8 月 12 日　孟德斯鸠获法学硕士学位。

8 月 14 日　孟德斯鸠进入波尔多高等法院任律师。

1709—1713 年　孟德斯鸠旅居巴黎。

孟德斯鸠生平和著作年表

1709年　作《论西塞罗》。

1711年　沙尔丹的《波斯游记》出版。

孟德斯鸠作《论异教徒永禁地狱》(已佚)。

1712年　波尔多科学院建立。

1713年　孟德斯鸠结束学业，回到彼尔多。

1713年11月15日　孟德斯鸠的父亲去世。

1714年2月24日　孟德斯鸠任波尔多高等法院推事。

1715年4月30日　孟德斯鸠在波尔多的圣米歇尔教堂与让娜·德·拉尔蒂克成婚，其妻带来嫁资10万利弗尔。

11月　孟德斯鸠住进波尔多的马戈街。

12月　向摄政王进呈《重整国家的方法》一文。

1716年2月10日　孟德斯鸠的长子让－巴蒂斯特·德·色贡达在马蒂拉克出生。

4月3日　孟德斯鸠当选为波尔多科学院院士。

4月24日　孟德斯鸠的伯父、波尔多高等法院庭长让－巴蒂斯特·德·色贡达去世。

5月1日　孟德斯鸠在波尔多科学院发表院士就职演说。

6月18日　作《论罗马人的宗教政策》。

7月13日　孟德斯鸠获得波尔多高等法院的庭长职衔。

9月28日　孟德斯鸠在波尔多科学院设立总额为300利弗尔的解剖学基金。

11月26日　作《论思想体系》。

1717年1—3月　孟德斯鸠旅居巴黎。

1月22日　孟德斯鸠的女儿玛丽出生。

11月15日　孟德斯鸠在法兰西学士院发表题为《论天才的区分》。

1718年1—4月　孟德斯鸠当选波尔多科学院院长。

5月1日　作《回声的成因》。

6月29日　作《关于槲寄生和橡树上的藓台以及可食用的植物》。

8月25日　作《关于肾腺》。

1719年1月　孟德斯鸠的《古今地球物理史提纲》在《学者杂志》刊出。

5月10日　孟德斯鸠在波尔多的米拉伊街租下一所房子。

1720年　孟德斯鸠旅居巴黎，经常出入苏比泽公馆和中二楼俱乐部。

5月1日　作《论重力的原因》。

8月25日　作《论物体透明的原因》。

11月20日　作《论自然史观察》。

1721年　《波斯人信札》出版。

1722 年 8 月 7 日　孟德斯鸠动身赴巴黎。

12 月　作《论政治》；孟德斯鸠在中二楼俱乐部宣读《苏拉与欧克拉特的对话》。

1723 年 1—8 月　孟德斯鸠在巴黎。

作《色诺克拉特致菲雷斯的信》。

11 月 18 日　作《论运动》。

1724 年　让－巴蒂斯特·德·色贡达就读于大路易学校。

5 月 21 日　孟德斯鸠的弟弟获费兹修道院。

5 月　孟德斯鸠在巴黎和凡尔赛。

8 月　孟德斯鸠前往布里的贝依古堡，探望贝尔特洛·德·杜谢。

在《法兰西文丛》上发表《尼多斯的神殿》。

作《论西班牙的财富》，未发表。

1725 年 3 月　《尼多斯的神殿》出版。

5 月 1 日　在波尔多科学院宣读《论责任》。

7 月 13 日　孟德斯鸠的弟弟当选为圣瑟兰教堂的长老。

8 月 25 日　作《声望与名誉》。

8 月 28 日　孟德斯鸠当选为波尔多科学院院长。

11 月 11 日　在波尔多高等法院发表题为《审判和执法应以公正为准绳》的演说。

11 月 15 日　在波尔多科学院发表题为《鼓励我们进行科学研究的原因》的演说。

1726 年　德·唐森夫人的沙龙在巴黎开设。

1—5 月　孟德斯鸠在巴黎。

6—12 月　孟德斯鸠在波尔多。

作《葡萄栽培问答》。

7 月 7 日　孟德斯鸠出售波尔多法院庭长职衔。

8 月 25 日　在波尔多科学院发表《德·拉福尔瑟公爵颂辞》。

12 月 28 日　孟德斯鸠将家业托付给妻子后前往巴黎。

1727 年　孟德斯鸠旅居巴黎。

2 月 23 日　玛丽－约瑟夫－戴妮丝·德·孟德斯鸠出生。

作《磁针的变化》。

作《论欧洲一统王国》。

12 月　作《帕福斯游记》。

1728 年 1 月 15 日　孟德斯鸠当选法兰西学士院院士。

1月24日　孟德斯鸠在法兰西学士院就职。

4月5日　孟德斯鸠启程远游。

4月30日　到达维也纳。

5月20日　到达卢森堡。

6月　游匈牙利。

7月9日　离维也纳去格拉茨。

8月16日　到达威尼斯。

9月14日　抵帕多瓦。

9月24日　抵米兰。

10月16日　离米兰。

10月18日　游博罗梅诸岛。

10月23日　到达都灵。

11月9日　抵热那亚。

12月1日　到达佛罗伦萨。

1729年1月15日　抵达锡耶纳。

1月19日　抵罗马。

4月18日　离罗马。

4月23日　到达那不勒斯。

5月6日　离那不勒斯返罗马。

7月4日　离罗马。

7月9—17日　在波洛尼亚。

8月3日　抵达慕尼黑。

8月16—23日　在奥格斯堡。

8月29—31日　在法兰克福。

9月1日　在美因茨。

9月3日　在波恩。

9月8日　在科隆。

9月9—10日　在杜塞尔多夫。

9月11日　在蒙斯特。

9月12日　在奥斯纳布吕克。

9月24日　抵达汉诺威。

9月28日　参观哈茨矿区。

10月9日　返抵汉诺威。

10月15日　抵达阿姆斯特丹。

12 月 21 日　抵达伦敦。

1730 年 2 月 26 日　孟德斯鸠加入伦敦王家学会。

5 月 6 日　孟德斯鸠加入共济会。

1731 年　孟德斯鸠回到波尔多。

8 月 25 日　作《匈牙利两个可变铁为铜的水泉记述》。

12 月 20 日　作《德国的矿业》。

1732 年　在波尔多和拉布莱德。

11 月 15 日　作《古罗马人的奢靡与罗马居民的节俭》。

1733 年　1—4 月，在波尔多和拉布莱德。

5—12 月，在巴黎。

1734 年　作《罗马盛衰原因论》。

让 - 雅克 · 贝尔批评孟德斯鸠的《真实的故事》。

伏尔泰发表《哲学通信》。

迪博作《高卢法兰西王国建国史评》。

孟德斯鸠作《贝里克元帅颂辞》。

1—9 月　在巴黎。

10—12 月　在波尔多和拉布莱德。

11 月 14 日　让 - 巴蒂斯特 · 德 · 色贡达当选波尔多科学院院士。

11 月 29 日　孟德斯鸠作《思想的形成与进步》。

1735 年 1—4 月　在波尔多和拉布莱德。

5—12 月　在巴黎。

1736 年　1—9 月，在巴黎。

11 月 2 日　孟德斯鸠为其子让 - 巴蒂斯特购得波尔多高等法院推事职位承继人的指定权。

1737 年 1—4 月　在波尔多和拉布莱德。

5—12 月　在巴黎。

1 月 30 日　让 - 巴蒂斯特就任波尔多高等法院推事。

1738 年 1—10 月　在巴黎。

11—12 月　在波尔多和拉布莱德。

11 月 19 日　孟德斯鸠之女玛丽与约瑟夫 - 樊尚 · 德 · 吉夏内 · 达尔玛让结婚。

1739 年 1—2 月　在波尔多和拉布莱德。

3—12 月　在巴黎。

孟德斯鸠的秘书达穆尔销毁《路易十一史》。

图鲁兹画家拉派纳为孟德斯鸠作肖像，现存波尔多科学院。

孟德斯鸠生平和著作年表

孟德斯鸠作《我们吸入的空气是否进入血液》，《矿泉水的冷与热》。

1740 年 1—3 月　在波尔多和拉布莱德。

4—12 月　在巴黎。

8 月 30 日　让-巴蒂斯特·德·色贡达与玛丽-卡特琳娜-泰莱丝·德·蒙斯结婚。

1741 年 1—3 月　在波尔多和拉布莱德。

4—12 月　在巴黎。

1742 年　在巴黎。

作《阿萨斯与伊斯梅尼》，此书迟至 1783 年方出版。

《尼多斯的神殿》增订本出版。

1743 年 1—8 月　在巴黎。

9—12 月　在波尔多和拉布莱德。

1744 年　在波尔多和拉布莱德。

《波斯人信札》增订本出版。

埃诺作《法国编年史简编》。

1745 年　在波尔多和拉布莱德。

2 月　《苏拉和欧克拉特的对话》在《法兰西信使报》刊出。

2 月 2 日　《论法的精神》部分章节在波尔多宣读。

3 月　孟德斯鸠的女儿玛丽-约瑟夫-戴妮丝与戈德弗洛瓦·德·色贡达·德·孟德斯鸠在克莱拉克举行婚礼。

1746 年 1—8 月　在波尔多和拉布莱德。

9—12 月　在巴黎。

经莫佩蒂乌推荐，孟德斯鸠当选柏林科学院院士。

狄德罗发表《哲学思想》。

1747 年 1—10 月　在巴黎。

11—12 月　在波尔多和拉布莱德。

6 月　孟德斯鸠在波兰国王的吕内维尔宫中小住。

7 月　《论法的精神》在巴黎宣读。

1748 年 1—4 月　在巴黎。

5—12 月　在波尔多和拉布莱德。

孟德斯鸠当选波尔多科学院院长。

6 月 10 日　孟德斯鸠将波尔多高等法院推事职衔卖予 J. -B. 德·罗桑。

8 月 4 日　孟德斯鸠卖掉庭长职衔。

《论法的精神》在日内瓦出版。

1749 年 1—6 月　在波尔多和拉布莱德。

7—12 月　在巴黎。

4 月　迪班作《评〈论法的精神〉》。

《特雷武杂志》发表贝蒂埃评论《论法的精神》的文章。

10 月 9 日和 16 日　《教会新闻》发表文章攻击《论法的精神》。

11 月 22 日　让－巴蒂斯特的儿子夏尔·路易·德·色贡达出生。

1750 年　在巴黎。

迪班的《评〈论法的精神〉》发行新版。

德·拉包特教士发表《关于〈论法的精神〉》。

孟德斯鸠发表《为〈论法的精神〉辩护》。

2 月 15 日　《特雷武杂志》发表对《辩护》的答复。

4 月 24 日　《教会新闻》再次发表文章。

9 月　巴黎神学院提出查禁《论法的精神》的决定草案。

11 月 26 日　孟德斯鸠写遗嘱，准备移居国外。

1751 年　在波尔多和拉布莱德。

《百科全书》第一卷和第二卷出版。

3 月 20 日　孟德斯鸠当选斯坦尼斯拉斯科学院院士。

安格里维埃尔·德·拉博梅尔发表《为〈论法的精神〉辩护续篇》。

博奈尔发表《微妙的〈论法的精神〉》。

布朗热·德·里维利发表《〈论法的精神〉赞》。

李斯托发表《答〈关于‘论法的精神’〉》。

11 月 29 日　《论法的精神》被列为禁书。

1752 年　在波尔多和拉布莱德。

8 月 1 日　索尔邦神学院提出查禁《论法的精神》的决定草案。

9 月　孟德斯鸠访尼佐尔修道院。

作《论各种语言的奥妙》。

1753 年 1—11 月 在巴黎。

12 月　在波尔多和拉布莱德。

为《百科全书》作《论情趣》。

8 月 25 日　在波尔多科学院宣读《论法的精神》中的三节。

1754 年 1—7 月　在巴黎。

7—12 月　在波尔多。

增补的《论法的精神》定本出版。

8 月 16 日　孟德斯鸠的弟弟约瑟夫·德·色贡达去世。

12 月　《法兰西信使报》刊登《珍珠菜》初稿。

12 月 18 日　孟德斯鸠在波尔多的迪若门大街租下一所房舍。

12 月底　赴巴黎。

1755 年 1 月 29 日　孟德斯鸠在巴黎染疾。

2 月 10 日　孟德斯鸠去世。

2 月 11 日　孟德斯鸠葬于圣－苏尔比斯。

参考书目

一、孟德斯鸠著作

本书引用的孟德斯鸠著作，采用安德烈 · 马松主编的《孟德斯鸠全集》，1950—1955 年纳杰尔版，共 3 卷，巴黎 (*Œuvres complètes de Montesquieu publiées sous la direction* de M. André Masson, Paris, éditions Nagel, 1950—1955, 3 vol.) 。

《随想录》中的各条，我们采用两种序号。括弧外的是见于纳杰尔版的手稿原有的序号；括弧内的是分类重编的序号，见于七星文库版的《孟德斯鸠全集》，1949—1951 年，巴黎，共 2 卷 (*Œuvres complètes de Montesquieu*, de la Bibliothèque de la Pléiade, Paris, 1949—1951, 2 vol.)。

关于《波斯人信札》，读者可参阅此书的加尼埃版 (*Lettres persanes*, I'édition de P. Vemière, Paris, Garnier, 1960)。关于《论法的精神》，读者可参阅此书的纯文学出版社的 4 卷本版 (*L'Esprit des lois, l'édition annolée et commentée par Jean Brèthe de La Gressaye*, Paris, Les Belles-Lettres, 1950—1958, 4 vol.) 和 2 卷本的加尼埃版 (*l'édition commentée et annotée par Robert Derathé*, Paris, Garnier, 1973, 2 vol.)。

为了避免注释过多，书中引用的信件均未注明出处，有兴趣的读者可以查阅马松主编的《孟德斯鸠全集》第 3 卷和勒内 · 波莫的文章：《孟德斯鸠的信友》，载《法国文学史杂志》1982 年，第 179—262 页 (René Pomeau: 《Les correspondants de Montesquieu》, dans *Revue d'histoire littéraire de la France*, 1982, PP. 179—262)。我主编的《孟德斯鸠通信全集》不久将由伏尔泰基金会在牛津出版。

二、专著和文章

以下列出的仅为本书撰写时参考过的有关孟德斯鸠研究的专著和文章，远非全部此类著作。

参考书目

《孟德斯鸠逝世二百周年研讨会文集》。

(*Actes du Congrès Montesquieu réuni à Bordeaux du 23 au 26 mai 1955 pourcommémorer le deuxième centenaire de la mort de Montesquieu*, Bordeaux, 1956.)

保拉－贝塞利·昂布里：《孟德斯鸠的著作在 18 世纪的意大利》，佛罗伦萨，1960 年。

(Paola Berselli. Ambri, *L'Opera di Montesquieu nel settecento italiano*, Firenze, 1960.)

勒内·达让松侯爵：《日记和回忆》，巴黎，1859 年。

(René, marquis d'. Argenson, *Journal et Mémoires*, éd. E. -J. -B. Rathery, Paris, 1859.)

巴里埃：《路易十五时期逸史》，巴黎，1847 年。

(E. -G. -F. Barbier, *Journal historique et anecdotique du règne de Louis XV*, Paris, 1847.)

亨利·巴克豪森：《孟德斯鸠与〈罗马盛衰原因论〉》，载《法国和外国公法及政治科学杂志》，1900 年，7—8 月号。

(Henri. Barckhausen, Montesquieu et les Considérations sur *la grandewi des Romains*, dans *Revue du droit public et de la science politique en France et à l'étranger*, juillet-août 1900.)

亨利·巴克豪森：《孟德斯鸠，〈论法的精神〉和拉布莱德档案》，波尔多，1904 年。

(H. Barckhausen, *Montesquieu, L'Esprit des lois et les archives de La Brède*, Bordeaux, 1904.)

亨利·巴克豪森：《从拉布莱德所藏文稿看孟德斯鸠的思想和著作》，巴黎，1907 年。

(H. Barckhausen, *Montesquieu, ses idées et ses œuvres d'après les papiers de La Brède*, Paris, 1907.)

皮埃尔·巴里埃尔：《波尔多科学院——18 世纪国际文化中心》，波尔多，1951 年。

(Pierre. Barrière, *L'Académie de Bordeaux, centre de culture internationale au XVIIIe siècle*, Bordeaux, 1951.)

皮埃尔·巴里埃尔：《〈真实的故事〉写作过程》，载《吉耶纳藏书家协会通讯》，1948 年，第 30—38 页。

(P. Barrière, La composition de *I'Histoire véritable*, dans *Bulletin de la Société des bibliophiles de Guyenne*, 1948, PP. 30—38.)

皮埃尔·巴里埃尔：《〈论法的精神〉在 17 世纪的某些方面》，载《波尔多历史杂志》，1956 年，第 267—280 页。

(P. Barrière, De quelques aspects de *L'Esprit des lois* au XV IIe siècle, dans *Revue historique de Bordeaux*, 1956, PP. 267—280.)

皮埃尔·巴里埃尔：《〈波斯人信札〉中的波尔多人与事》，载《法国文学史杂志》，1951 年，第 17—36 页。

(P. Barrière, Les éléments personnels et les éléments bordelais dans les *Lettres persanes*, dans *Revue d'histoire littéraire de la France*, 1951, PP. 17—36.)

皮埃尔·巴里埃尔：《孟德斯鸠在意大利的经历》，载《现代文学杂志》，1952 年，第 1—28 页。

(P. Barrière, L'expérience italienne de Montesquieu, dans *Rivista di Letterature moderne*, 1952, PP. 1—28.)

皮埃尔·巴里埃尔：《〈论法的精神〉中的人文主义》，载《孟德斯鸠的政治和宪法思想》，巴黎，1952 年，第 97—115 页。

(P. Barrière, L'humanisme de *L'Esprit des lois*, dans *La Pensée politique et constitutionnelle de Montesquieu*, Paris, 1952, PP. 97—115.)

皮埃尔·巴里埃尔：《孟德斯鸠与西班牙》，载《西班牙通讯》，1947 年，第 299—310 页。

(P. Barrière, Montesquieu et l'Espagne, dans *Bulletin hispanique,*1947, PP. 299—310.)

皮埃尔·巴里埃尔：《旅行家孟德斯鸠》，载《孟德斯鸠逝世二百周年研讨会文集》，第 61—67 页。

(P. Barrière, 《Montesquieu voyageur》, dans *Actes du Congrès Montesquieu* , PP. 61—67.)

皮埃尔·巴里埃尔：《一位伟大的外省人——孟德斯鸠男爵》，波尔多，1946 年。

(P. Barrière, *Un grand provincial: Charles-Louis de Secondat, baron de La Brède et de Montesquieu*, Bordeaux, 1946.)

保尔·巴斯蒂：《孟德斯鸠与美国》，载《孟德斯鸠的政治和宪法思想》，巴黎，1952 年，第 313—321 页。

(Paul. Bastid, Montesquieu et les États-Unis, dans *La Pensée politique et constitutionnelle de Montesquieu*, Pairs, 1952, PP. 313—321.)

保尔·巴斯蒂：《孟德斯鸠与耶稣会士》，载《孟德斯鸠逝世二百周年研讨会文集》，第 305—326 页。

(P. Bastid, Montesquieu et les jésuites, dans *Actes du Congrès Montesquieu*, PP. 305—326.)

莱昂·贝拉尔：《面对教廷审书局的〈论法的精神〉》，载《〈论法的精神〉二百年》，第 241—309 页。

(Léon. Bérard, *L'Esprit des lois* devant la congrégation de l'lndex, dans *Deuxième centenaire de* l'*Esprit des lois*, PP. 241—309.)

安德烈·贝蒂埃尔：《马基雅维利的读者孟德斯鸠》，载《孟德斯鸠逝世二百周年研讨会文集》，第 141—158 页。

(A. Bertière, Montesquieu, lecteur de Machiavel, dans *Actes du Congrès Montesquieu*, PP. 141—158.)

夏尔－雅克·贝耶：《青年孟德斯鸠年表，1689—1728》，无出版地及日期。

(Charles-Jacques. Beyer, *Chronologie critique de la jeunesse de Montesquieu* 1689—1728》 s. l. n. d.)

夏尔－雅克 · 贝耶：《孟德斯鸠和教会对〈论法的精神〉的查禁》，载《人文科学杂志》，1953 年，第 105—132 页。

(C. -J. Beyer, Montesquieu et la censure religieuse de *L'Esprit des lois*, dans *Revue des sciences humaines*, 1953, PP. 105—132.)

夏尔－雅克 · 贝耶：《孟德斯鸠与笛卡尔精神》，载《孟德斯鸠逝世二百周年研讨会文集》，第 159—173 页。

(C. -J. Beyer, Montesquieu et l'esprit cartésien, dans *Actes du Congrès Montesquieu*, PP. 159—173.)

夏尔－雅克 · 贝耶：《孟德斯鸠哲学中的自然与价值观，〈论法的精神〉中的关系概念分析》，巴黎，1982 年。

(C.-J. Beyer, Nature et valeur dans la philosophie de Montesquieu Analyse méthodique de la notion de rapport dans, *L'Esprit des Lois*, Pairs,1982.)

加布里埃尔 · 博诺：《法国舆论（从孟德斯鸠到波拿巴）对英国宪法的评述》，巴黎，1931 年。

(Gabriel. Bonno, La Constitution britannique devant l' opinion française de *Montesquieu à Bonaparte*, Paris, 1931.)

布莱特 · 德 · 拉格莱塞（J. Brèthe de la Gressaye）：《格劳修斯与孟德斯鸠》，载《西南法学和经济学杂志》（法学部分），1963 年，第 129—139 页。

(J. Brèthe de la Gressaye, Grotius et Montesquieu, dans *Revue juridique et économique du Sud-Ouest. Série juridique*, 1963, PP. 129—139.)

布莱特 · 德 · 拉格莱塞（J. Brèthe de la Gressaye）：《〈论法的精神〉写作史》，载《孟德斯鸠的政治和宪法思想》，第 69—96 页。

(J. Brèthe de la Gressaye, L'histoire de *L'Esprit des lois*, dans *La Pensée politique et constitutionnelle de Montesquieu*, PP. 69—96.)

布莱特 · 德 · 拉格莱塞（J. Brèthe de la Gressaye）：《现代公法的创立者——孟德斯鸠》，载《献给米歇尔 · 斯塔西诺普洛斯教授的文集》，雅典，1973—1974 年，第 347—362 页。

(J. Brèthe de la Gressaye, Montesquieu fondateur du droit public moderne, dans *Mélanges en l'honneur du professeur Michel Stassinopoulos,* Athènes, 1973—1974, PP. 347—362.)

布莱特 · 德 · 拉格莱塞（J. Brèthe de la Gressaye）：《孟德斯鸠的政治学》，载《波尔多科学院文集》，1944—1950 年，第 81—88 页。

(J. Brèthe de la Gressaye, Montesquieu politique, dans *Actes de l'Académie de Bordeaux*, 1944—1950, PP. 81—88.)

布莱特·德·拉格莱塞（J. Brèthe de la Gressaye）：《孟德斯鸠在拉布莱德的一天》，载《孟德斯鸠逝世二百周年研讨会文集》，第19—29页。

(J. Brèthe de la Gressaye, Une journée de Montesquieu à La Brède, dans *Actes du Congrès Montesquieu*, PP. 19—29.)

大卫·卡宾：《孟德斯鸠书目》，纽约，1947年。

(David C. Cabeen, *Montesquieu: a Bibliograpby*, New York, 1947.)

大卫·卡宾：《孟德斯鸠书目补遗》，载《国际哲学杂志》，1955年，第409—434页。

(D. -C. Cabeen, Supplementary Montesquieu Bibliography, dans *Revue internationale de philosophie*, 1955, PP. 409—434.)

F. 卡迪隆：《波尔多的法官、院士和大地主孟德斯鸠》，波尔多，波尔多第三大学，1983年，共2卷。

(F. Cadilhon, *Montesquieu parlementaire, Académicien, Grand propriétaire bordelais, Travail d'étude et de recherche, Bordeaux*, Université de Bordeaux III, 1983, 2 vol.)

罗杰·卡尤瓦：《孟德斯鸠与当时的无神论》，载《孟德斯鸠逝世二百周年研讨会文集》，第327—336页。

(Roger. Caillois, Montesquieu et l'athéisme contemporaindans *Actes du Congrès Montesquieu*, PP. 327—336.)

艾利·卡尔卡松：《〈论法的精神〉中的中国》，载《法国文学史杂志》，1924年，第193—205页。

(Elie. Carcassonne, La Chine dans *L'Esprit des lois* dans *Revue d'histoire littéraire de la France*, 1924, PP. 193—205.)

艾利·卡尔卡松：《孟德斯鸠和法国18世纪的宪法问题》，巴黎，无出版日期。

(E. Carcassonne, Montesquieu et le problème de la constitution française au XVIIIe siècle, Paris, s. d.)

耶稣会士·卡斯泰尔：《道德的人与卢梭先生的人的对立，驳斥当今自然神论的一封哲学通信》，图鲁兹，1756年。

(L. -B. Castel, S. J. L'Homme moral opposé à l'homme de Monsieur Rousseau. Lettres philosophiques, où l'on réfute le Déisme du Jour, Toulouse,1756.)

雷蒙·赛莱斯特：《孟德斯鸠，传说与历史》，载《吉伦特郡历史档案》，第42卷，第491—497页。

(Raymond. Céleste, Montesquieu. Légende. Histoire, dans *Archives historiques de la Gironde*, t. XLII, 1907, PP. 491—497.)

亚历山大－阿尔弗莱德·沙贝：《从信件看孟德斯鸠的眼疾》，载《吉耶纳藏书家协会通讯》，1947年，第65—67页。

(A.-A. Chabé, La cécité de Montesquieu d'après sa correspondance, dans *Bulletin de la Société des bibliophiles de Guyenne*, 1947, PP. 65—67.)

亚历山大－阿尔弗莱德 · 沙贝：《孟德斯鸠在工作，首批出版物书目》，载《吉耶纳藏书家协会通讯》，1948 年，第 39—64 页。

(A. -A. Chabé, Montesquieu au travail. Bibliographie des premières éditions, *ibid.*, 1948, PP. 39—64.)

皮埃尔 · 克莱芒：《文学五年（1748—1753)》，海牙，1754 年。

(Pierre. Clément, *Les cing Années littéraires* (1748—1753), La Haye, 1754.)

夏尔 · 科莱：《对路易十五时期的文人的记载和回忆》，巴黎，1868 年，共 3 卷。

(Charles. Collé, *Journal et mémoires sur les hommes de lettres du règne de Louis XV*, Paris, 1868, 3 vol.)

莱昂 · 科斯姆：《关于孟德斯鸠的笔迹，一个见证人的回忆》，载《波尔多科普杂志》，1903 年，第 391—401 页。

(Léon. Cosme, A propos d'autographes de Montesquieu, Souvenirs d' un témoin de sa vie, dans *Revue philomathique de Bordeaux*, 1903, PP. 391—401.)

塞尔吉奥 · 科塔：《孟德斯鸠对宗教的政治功能的看法》，载《国际法哲学杂志》，1966 年，第 582—603 页。

(Sergio. Cotta, La funzione politics della religione secondo Montesquieu, dans *Rivista internazionale di Filosofia del Diritto*, 1966, PP. 582—603.)

塞尔吉奥 · 科塔：《孟德斯鸠与社会科学》，都灵，1953 年。

(Sergio. Cotta, *Montesquieu e la scienza della societa*,Torino, 1953.)

塞尔吉奥 · 科塔：《孟德斯鸠，分权和美国的联邦宪法》，载《国际政治和宪法史杂志》，1951 年，第 225—247 页。

(Sergio. Cotta, Montesquieu, la séparation des pouvoirs et la constitution féderaie des Étars-Unis, dans *Revue internationale d'histoire politique et constitutionnelle*, 1951, PP. 225—247.)

库尔多：《孟德斯鸠祖父的宅邸》，载《波尔多历史杂志》，1924 年，第 106—109 页。

(P. Courteault, L'Hôtel du grand-père de Montesquieu, dans *Revue historique de Bordeaux*, 1924, PP. 106—109.)

库尔多：《孟德斯鸠的波尔多朋友约瑟夫 · 德 · 纳瓦尔》，载《波尔多科普杂志》,1938 年，第 1—15 页。

(P. Courteault , Un ami bordelais de Montesquieu (Joseph de Navarre), dans *Revue philomathique de Bordeaux*, 1938, PP. 1—15.)

库尔多：《〈尼多斯的神殿〉的拉丁文译者》，载《吉耶纳藏书家协会通讯》，1939 年，第 5—13 页。

(P. Courteault, Un traducteur latin du *Temple de Gnide*, dans *Builletin de la Société des bibliophiles de Guyenne*, 1939, PP. 5—13.)

伊利斯 · 考克斯：《孟德斯鸠与法国法律史》，牛津，伏尔泰基金会，1983 年。

(Iris. Cox, *Montesquieu and the History of French Laws*, Oxford, The Voltaire Foundation, 1983.)

亚历山德罗 · 克利萨福里：《〈学者杂志〉与〈波斯人信札〉》，载《文学与思想史：论法国启蒙运动，献给乔治 · 黑文斯》，俄亥俄州立大学出版社，1975 年，第 59—66 页。

(Alessandro S. Crisafulli, The *Journal des Sçavans* and the *Lettres persanes*, dans *Literature and History in the Ideas: Essays on the French Enlightenment presented to George R. Havens*, Ohio, State University Press, 1975, PP. 59—66.)

让 · 达拉：《一家之主孟德斯鸠与其岳父母、妻子及子女的斗争》，巴黎，1984 年。

(Jean. Dalat, Montesquieu chef de famille, en lutte avec ses beaux - parents , sa femme et ses enfants, Paris, 1984.)

让 · 达拉：《孟德斯鸠法官》，巴黎，1971—1972 年，共 2 册。

(J. Dalat, Montesquieu magistrat, Paris, 1971—1972, 2 vol.)

侯爵，菲利普 · 德 · 古西雍 · 当若：《日记》，巴黎，1857 年。

(Philippe de Courcillon, marquis de. Dangeau, *Journal*, Paris, 1857.)

乔治 · 达维：《谈谈孟德斯鸠的工作方法：纪念孟德斯鸠诞生 250 周年》，载《形而上学与伦理学杂志》，1939 年，第 587—610 页。

(Georges. Davy , Pour le 250e anniversaire de Montesquieu. Remarques sur la méthode de Montesquie, dans *Revue de métaphysique et de morale*, 1939, PP. 587—610.)

约瑟夫 · 德迪厄：《大哲学家，孟德斯鸠》，巴黎，1913 年。

(Joseph. Dedieu , *Les Grands philosophes. Montesquieu, Paris*, 1913.)

约瑟夫 · 德迪厄：《孟德斯鸠与法国的英国政治传统，〈论法的精神〉中的英国资料》，巴黎，1909 年。

(J. Dedieu, Montesquieu et la tradition politique anglaise en France, Les sources anglaises de *l'esprit des lois*, Paris, 1909.)

约瑟夫 · 德迪厄：《孟德斯鸠其人其作》，巴黎，1943 年。

(J. Dedieu, *Montesquieu , L'homme et l'oeuvre*, Paris, 1943.)

儒勒 · 德尔皮：《孟德斯鸠之子》，波尔多，1888 年。

(Jules. Delpit , *Le Fils de Montesquieu,* Bordeaux, 1888.)

罗伯尔 · 德拉泰：《法国启蒙哲学，孟德斯鸠对理性和宽和的理解》，载《国际哲学杂志》，1952 年，第 275—293 页。

(Robert. Derathé, La philosophie des Lumières en France, raison et modération selon Montesquieu, dans *Revue internationale de philosophie*, 1952, PP. 275—293.)

路易 · 戴格拉夫：《孟德斯鸠藏书目录》，日内瓦和里尔，1954 年。

(Louis. Desgraves, *Catalogue de la Bibliothèque de Montesquieu*, Genève et Lille, 1954.)

路易 · 戴格拉夫：《拉布莱德古堡与孟德斯鸠》，波尔多，1953 年。

(L. Desgraves, *Le Château de La Brède et Montesquieu*, Bordeaux, 1953.)

路易 · 戴格拉夫：《波尔多市立图书馆收藏的孟德斯鸠手稿》，载《积极人文主义，献给儒莲 · 卡宴的艺术和文学文集》，巴黎，1968 年，第 205—213 页。

(L. Desgraves, Les manuscrits de Montesquieu conservés à la Bibliothèque municipale de Bordeaux, dans *Humanisme actif. Mélanges d'art et de littérature offerts à Julien Cain*, Paris, 1968, PP. 205—213.)

路易 · 戴格拉夫；《孟德斯鸠之死》，载《费加罗文学报》，1955 年 2 月 12 日。

(L. Desgraves , La mort de Montesquieu, dans *Le Figaro littéraire*, 12 février 1955.)

路易 · 戴格拉夫：《孟德斯鸠与法兰西学士院》，载《波尔多历史杂志》，1957 年，第 201—217 页。

(L. Desgraves, Montesquieu et l'Académie française, dans *Revue Historique de Bordeaux*, 1957, PP. 201—217.)

路易 · 戴格拉夫：《孟德斯鸠与其女儿戴妮丝》，载《波尔多科学院文集》第 4 组，第 14 卷，1958—1959 年，第 31—44 页。

(L. Desgraves,Montesquieu et sa fille Denise, dans *Actes de l'Académie de Bordeaux*, 4e série, t. XVI, 1958—1959, PP. 31—44.)

路易 · 戴格拉夫：《孟德斯鸠的读书笔记》，载《波尔多历史杂志》，1952 年，第 149—151 页。

(L. Desgraves, Notes de lecture de Montesquieu, dans *Revue historique de Bordeaux*, 1952, PP. 149—151.)

路易 · 戴格拉夫：《孟德斯鸠关于中国的笔记》，载《波尔多历史杂志》，1958 年，第 199—219 页。

(L. Desgraves, Notes de Montesquieu sur la Chine, *ibid.* , 1958, PP. 199—219.)

路易 · 戴格拉夫：《孟德斯鸠的叔父：耶稣会士阿尔芒 · 德 · 孟德斯鸠（1637—1714)》，载《波尔多历史杂志》，1975 年，第 197—198 页。

(L. Desgraves, Le Père Armand de Montesquieu (1637—1714), jésuite, oncle de Montequieu, dans *ibid.*, 1975, PP. 197—198.)

《〈论法的精神〉二百周年研讨会文集》，波尔多，1949 年。

Deuxième centenaire de l'Esprit des lois de Montesquieu 1748—1948. Conférences orgartisees par la ville de Bordeaux, Bordeaux, 1949.

谬里埃尔·多兹：《〈论法的精神〉的资料来源：游记》，巴黎，1929 年。

(Muriel. Dodds, *Les Récits de voyages sources de l'Esprit des lois de Montesquieu*, Paris, 1929.)

多斯科：《杜·德芳夫人——烦恼之地》，洛桑，1967 年。

(G. Doscot, *Mme Du Deffand ou le monde où l'on s'ennuie,* Lausanne, 1967.)

埃米尔·涂尔干：《社会学先驱——孟德斯鸠和卢梭》，巴黎，1953 年。

(Émile. Durkheim, *Montesquieu et Rousseau précurseurs de la sociologie*, Paris, 1953.)

让·厄拉尔：《孟德斯鸠研究和〈论法的精神〉》，载《文学信息》，1959 年，第 55—66 页。

(Jean. Ehrard,Les études sur Montesquieu et *L'Esprit des lois*, dans *L'Information littéraire*, 1959, PP. 55—66.)

让·厄拉尔：《孟德斯鸠论艺术》，巴黎，1965 年。

(J. Ehrard, *Montesquieu critique d'art*, Paris, 1965.)

让·厄拉尔：《〈波斯人信札〉的政治意义》，载《孟德斯鸠研究》，巴黎，1970 年，第 33—50 页。

(J. Erhard, La signification politique des *Lettres persanes*, dans *Études sur Montesquieu*, Paris, 1970, PP. 33—50.)

达尼埃尔·艾丹妮：《尼古拉·弗雷莱（1688—1749），一位人文主义者对中国的思考》，巴黎，法兰西学院，高等汉学研究所，1978 年。

(Danielle. Elisseeff-poisle, *Nicolas Fréret (1688—1749). Réflexions d'un humaniste sur la Chine*, Paris, Collège de France, Institut des hautes études chinoises, (1978).)

《欧罗巴》（文学月刊）：《孟德斯鸠》，1977 年 2 月。

(Europe, revue littéraire mensuelle, *Montesquieu*, février 1977.)

艾罗：《拉布莱德公证人家中的孟德斯鸠》，波尔多，1956 年。

(J. -M. Eylaud , *Montesquieu chez ses notaires de La Brède*, Bordeaux, 1956.)

罗伯尔·法弗尔：《孟德斯鸠与报刊》，载《18 世纪新闻业研究》，1978 年，第 39—60 页。

(Robert. Favre, Montesquieu et la presse périodique dans *Études sur la presse au XVIIIe siècle*, 1978, PP. 39—60.)

多梅尼科·菲里切：《孟德斯鸠在意大利：1850—1981 年书目》，载《那不勒斯东方学院哲学研究》，1981 年，第 249—286 页。

(Domenico. Felice, Montesquieu in Italia: bibliografice 1850—1981, dans *Studi filosofici det Istituto universitario Orientate di Napoli*, 1981, PP. 249—286.)

让－路易·弗莱尼亚科斯卡：《论西班牙及其帝国全貌的资料来源》，载《波尔多历史杂志》，1956 年，第 167—191 页。

(Jean-Louis. Flecniakoska, Essai sur les sources du panorama de l'Espagne et de son empire, dans *Revue historique de Bordeaux*, 1956, PP. 167—191.)

让－路易 · 弗莱尼亚科斯卡：《孟德斯鸠关于西班牙及其殖民帝国的资料来源》，载《新拉丁语言》，1955 年，第 1—6 页。

(J. -L. Flecniakoska, Les sources livresques de Montesquieu touchant l'Espagne et son empire colonial, dans *Les Langues néo-latines*, 1955, PP. 1—6.)

弗莱切：《孟德斯鸠与英国政治，(1750—1800)》，伦敦，1939 年。

(F. T. H. Fletcher, *Montesquieu and English Politics (1750—1800)*, Londres, 1939.)

弗莱切：《孟德斯鸠与 18 世纪英国的宗教政策》，载《孟德斯鸠逝世二百周年研讨会文集》，第 295—304 页。

(F. T. H. Fletcher, Montesquieu et la politique religieuse en Angleterre au XVIIIe siècle, dans *Actes du Congrès Montesquieu*, PP. 295—304.)

米什利纳 · 福特 · 哈里斯：《孟德斯鸠旅居意大利的日子（1728 年 8 月至 1729 年 7 月）：年表和说明》，载《伏尔泰和 18 世纪研究丛书》，第 127 卷，1974 年，第 63—197 页。

(Micheline. Fort Harris, Le séjour de Montesquieu en Italie (août 1728- juillet 1729)：Chronologie et commentaires, dans *Studies on Voltaire and Eighteenth Century*, t. CXXVIII, 1974, PP. 63—197.)

贝尔纳 · 加涅班：《在日内瓦发现的两种孟德斯鸠手稿》，载《18 世纪》，1973 年，第 413—416 页。

(Bernard. Gagnebin,Deux manuscrita de Montesquieu retrouvés à Genève, dans *XVIIIe siècle*, 1973, PP. 413—416.)

加尔德：《吕萨克和费兹的西都会修道院》，利布恩，1953 年。

(J. -A. Garde, *Histoire de Lussac et de l'abbaye cistercienne de Faise*, Liboume, 1953.)

加代尔、罗曾：《普鲁伊昂（绿桥）修道院》，奥什，1904 年。

(J. Gardère et Lauzun (Ph.), *Le Couvent de Prouillan ou de Pont-Vert*, Auch, 1904.)

F. 热布兰：《从孟德斯鸠的书信看〈尼多斯的神殿〉的主旨》，载《孟德斯鸠逝世二百周年研讨会文集》，第 83—97 页。

(F. Gébelin,La clef du *Temple de Gnide* d'après la correspondance de Montesquieu, dans *Actes du Congrès Montesquieu*, PP. 83—97.)

F. 热布兰：《〈论法的精神〉的出版》，载《图书馆杂志》，1924 年，第 125—158 页。

(F.Gébelin, La publication de *L' Esprit des lois*, dans *Revue des bibliothèques*, 1924, PP. 125—158.)

冉奈特 · 热弗里奥－罗索：《孟德斯鸠与女性》，比萨，1977 年。

(Jeannette. Geffriaud-Rosso, *Montesquieu et la féminité*, Pise, 1977.)

杰芬道夫：《说说巴里尧父子》，载《杰纳瓦》，第 22 卷，1944 年。

(P. -F. Geifendorf, Quelques mots sur les Barrillot, dans *Genava*, t. XXII ,1944.

让－玛丽·古勒蒙：《关于〈波斯人信札〉的政治意义的几个问题》，载《走向启蒙时代》，巴黎，1974 年，第 213—224 页。

(J. -M. Goulemont, Questions sur la signification politique des *Lettres persanes*, dans *Approches des Lumières*. *Mélanges offerts à Jean Fabre*, Paris, 1974, PP. 213—224.)

西蒙纳·戈雅尔－法布尔：《霍布斯的对手孟德斯鸠》，巴黎，1980 年。

(Simone. Goyard-Fabre, *Montesquieu adversaire de Hobbes*, Paris,1980.)

让－雅克·格朗普莱·莫里哀：《孟德斯鸠的英国宪法理论》，莱顿，1972 年。

(Jean-Jacques. Grandpré Moliere, La Théorie de la constitution anglaise chez Montesquieu, Leyde, 1972.)

格雷莱－杜玛佐：《路易十五时期的波尔多社会和杜普莱西夫人的沙龙》，波尔多，巴黎，1897 年。

(A. Grellet-Dumazeau, *La Société bordelaise sous Louis XV et le salon de Mme Duplessy*, Bordeaux et Paris, 1897.)

夏尔·阿麦尔：《朱伊修道院和朱伊公学古今史》，巴黎，1888 年。

(Charles. Hamel, *Histoire de l'abbaye et du collège de Juilly depuis leurs origines jusqu' à nos jours, Paris*, 1888.)

保尔·阿扎尔：《欧洲意识危机（1680—1715)》，巴黎，无出版年月，共 3 卷。

(Paul. Hazard, *La Crise de la conscience européenne (1680—1715)*, Paris, s. d., 3 vol.)

乔治·于布莱契：《波尔多共济会史杂记》，载《波尔多历史杂志》，1954 年，第 143—150 页。

(Georges. Hubrecht, Notes pour servir à l'histoire de la franc-maçonnerie à Bordeaux, dans *Revue historique de Bordeaux*, 1954, PP. 143—150.)

保利娜·克拉：《〈论法的精神〉章节的联接》，载《法国研究》，1982 年，第 292—297 页。

(Pauline. Kra, L'enchaînement des chapitres de *L'Esprit des lois*,dans *Studi Francesi*, 1982, PP. 292—297.)

兰多·兰迪：《英国与孟德斯鸠的思想》，帕多瓦，1981 年。

(Lando. Landi, *L'Inghilterra e il pensiero di Montesquieu*, Padova, 1981.)

罗布里埃：《18 世纪初的导游手册和哲学宣传》，载《伏尔泰和 18 世纪研究丛书》，第 32 卷，1956 年，第 269—325 页。

(P. Laubrier, Les guides de voyages au début du XVIIIe siècle et la propagande philosophique, dans *Studies on Voltaire and the* Eighteenth *Century*, vol. XXXII, 1965, PP.

269—325.)

罗歇·洛费：《〈波斯人信札〉的文学成就及意义》，载《法国文学史杂志》，1961 年，第 188—203 页。

(Roger. Laufer, La réussite romanesque et la signification des *Lettres persanes*, dans *Revue d'histoire littéraire de la France*, 1961, PP. 188—203.)

玛德琳·洛兰－包特麦：《〈波斯人信札〉卷宗：关于校勘的记载》，载《波尔多历史杂志》，1963 年，第 41—78 页。

(Madeleine. Laurain-Portemer, Le dossier des *Lettres persanes*. Notes sur les cahiers de corrections, dans *Revue historique de Bordeaux*, 1963, PP. 41—78.)

克洛德·劳里奥尔：《拉博梅尔：孟德斯鸠和伏尔泰之间的一位塞文山区的新教徒》，日内瓦，1978 年。

(Claude. Lauriol, *La Beaumelle-Un protestant cévenol entre Montesquieu et Voltaire*, Genève, 1978.)

马克西姆·勒鲁瓦：《法国社会思想史》第 1 卷：《从孟德斯鸠到罗伯斯比尔》，巴黎，1946 年。

(Maxime. Leroy, *Histoire des idées sociales en France. tome* I: *De Montesquieu à Robespierre*, Paris, 1946.)

加布里埃尔·鲁瓦莱特：《孟德斯鸠和法国优良政制问题》，载《孟德斯鸠逝世二百周年研讨会文集》，第 219—239 页。

(Gabriel. Loirette, Montesquieu et le problème en France du bon gouvernement, dans *Actes du Congrès Montesquieu*, PP. 219—239.)

弗洛朗斯·德·吕西：《英国共济会起源初探》，载《国立图书馆杂志》，第 12 期，1984 年，第 17—32 页。

(Florence de. Lussy,Un peu de lumière sur les origines anglaises de la franc-maçonnerie, dans *Revue de la Bibliothèque nationale*, n° 12, 1984, PP. 17—32.)

公爵，阿尔贝·吕伊纳：《路易十五宫中回忆录》，杜希欧和苏里耶主编，巴黎，1862 年。

(Albert, dué de. Luynes, *Mémoires sur la Cour de Louis XV* éd, Dussieux et Soulié, Paris, 1862.)

玛纳：《国务活动家孟德维鸠：根据致摄政王的一封未版信件》，载《波尔多经济杂志》，1911 年，第 1—19 页。

(F. -K. Mann, Montesquieu homme d'État, d'après un mémoire inédit adressé au Régent, dans *Revue économique de Bordeaux*, 1911, PP. 1—19.)

马蒂厄·马莱：《日记和回忆》，莱斯居编，巴黎，1863 年。

(Mathieu. Marais, *Journal et Ménoires*, éd. Lescure, Paris. 1863.)

恩里科·德·马斯：《孟德斯鸠，日内瓦人和〈论法的精神〉意大利文版》，佛罗伦萨，1971 年。

(Enrico de. Mas, *Montesquieu, Genevosi e le edizioni italione dello Spirito delle Leggi*, Firenze, 1971.)

马斯：《〈波斯人信札〉篇幅的增加和当时的读者》，载《国际法国研究协会手册》，1983 年 5 月，35 期，第 185—200 页。

(Edgar. Mass, Le développement textuel et les lecteurs contemporains des *Lettres persanes*, dans *Cahiers de l'Association internationale des Etudes françaises*, mai 1983, n° 35，PP. 185—200.)

马斯：《〈论法的精神〉的读者》，载《国际日耳曼研究年鉴》，1976 年，第 36—57 页。

(E. Mass, Die Leser des *Esprit des lois*, dans *Jabrbuch fur Internationale Germanistik*, 1976, PP. 36—57.)

马斯：《启蒙时代前的文学与书审》，法兰克福，1981 年。

(E. Mass, *Literatur und Zensur in der frühen Aufklärung*, Produktion, Distribution und Rezeption der *Lettres persanes*, Frankfurt am Main, 1981.)

安德烈·马松：《孟德斯鸠在巴黎的最后住处》，载《孟德斯鸠逝世二百周年研讨会文集》，第 45—59 页。

(André. Masson, Le dernier logis parisien de Montesquieu, dans *Actes du Congrès Montesquieu*, PP. 49—59.)

安德烈·马松：《巴黎人孟德斯鸠》，载《法兰西信使报》，1956 年 2 月 1 日，第 281—288 页。

(A. Masson, Montesquieu parisien, dans *Mercure de France*, Ier février 1956, PP. 281—288.)

安德烈·马松：《〈波斯人信札〉的中国启示者》，载《两个大陆杂志》，1951 年 5 月 1 日，第 348—354 页。

(A. Masson, Un Chinois inspirateur des *Lettres persanes*, dans *Revue des Deux - Mondes*, 15 mai 1951, PP. 348—354.)

麦：《关于孟德斯鸠与斯坦尼斯拉斯科学院的来往》，载《回忆斯坦尼斯拉斯科学院》，1912—1913 年，第 245 页及以下各页。

(May, Note sur les relations de Montesquieu avec l'Académie de Stanislas, dans *Mémoires de l'Académie de Stanislas*, 1912—1913, PP. 245 et s.)

莫姆、巴隆：《孟德斯鸠与斯坦尼斯拉斯科学院》，载《回忆斯坦尼斯拉斯科学院》，1888 年，第 421—444 页。

(Meaume et Ballon, Montesquieu et l'Académie de Stanislas, dans *Mémoires de l'Académie de Stanislas*, 1888, PP. 421—444.)

罗伯尔 · 穆絮埃：《孟德斯鸠的肖像画家》，载《波尔多历史杂志》，1954 年，第 95—100 页。

(Robert. Mesuret, Les portraitistes de Montesquieu, dans *Revue historique de Bordeaux*, 1954, PP. 95—100.)

米尔金－格采维奇：《分权论》，载《孟德斯鸠的政治思想》，第 161—181 页。

(B. Mirkine-Guetzévitch, De la séparation des pouroirs, dans *La Pensée politique de Montesquieu*, PP. 161—181.)

罗杰 -B. 奥克：《孟德斯鸠的宗教思想》，载《思想史评论》，1953 年 10 月，第 548—560 页。

(Roger-B. Oake, Montesquieu's Religious Ideas, dans *Journal of the History of Ideas*, octobre 1953, PP. 548—560.)

罗杰 -B. · 奥克：《孟德斯鸠对古罗马史的分析》，载《思想史评论》，1955 年，第 44—59 页。

(R. -B. Oake,Montesquieu's Analysis of Roman History, *ibid*, 1955, PP. 44—59.)

约翰 · 帕帕斯：《贝蒂埃的〈特雷武杂志〉和哲学家》，载《伏尔泰和 18 世纪丛书》，第 3 卷，1957 年，第 65—84 页，关于孟德斯鸠部分。

(John, N. Papas, Berthier's *Journal de Trévoux* and the Philosophes, dans *Studies on Voltaire and the Eighteenth Century*, vol. Ⅲ, 1957, PP. 65— 84, sur Montesquieu.)

《孟德斯鸠的政治和宪法思想》，纪念《论法的精神》二百周年，1748—1948，巴黎，1952 年。

La Pensée politique et constitutionnelle de Montesquieu., *Bicentenaire de l'Esprit des lois* 1748—1948, Paris, 1952.)

埃米尔 · 德 · 佩塞瓦尔：《孟德斯鸠与葡萄园》，波尔多，1935 年。

(Émile de. Pekceval, *Montesquieu et la vigne*, Bordeaux, 1935.)

佩雷：《埃诺庭长和杜 · 德芳夫人》，巴黎，1953 年。

(L. Perey, Le Président Hénault et Mme Du Deffand, Paris, 1893.)

(内 · 波莫：《孟德斯鸠与其信友》，载《法国文学史杂志》，1982 年，第 179—262 页。

(R. Pomeau, Montesquieu et ses correspondants, dans *Revue d'histoire littéraire de la France*, 1982, PP. 179—262.)

勒内 · 波莫：《启蒙时代的欧洲，18 世纪的世界主义与欧洲团结》，巴黎，1966 年。

(René. Pomeau, *L'Europe des lumières. Cosmopolitisme et unité européenne au XVIII*[e] *siècle*, Paris, 1966.)

马塞尔 · 普莱洛：《孟德斯鸠和政体形式》，载《孟德斯鸠的政治和宪法思想》，第 119—132 页。

(Marcel. Prélot, Montesquieu et les formes de gouvernement, dans *La Pensée politique et constitutionnelle de Montesquieu*, PP. 119—132.)

亨利 · 罗迪埃：《〈论法的精神〉的成书过程，孟德斯鸠与朱伊学院的奥拉托利会士》，载《法国文学史杂志》，1952 年，第 439—450 页。

(Henri. Roddier, De la composition de *L'Esprit des lois*. Montesquieu et les oratoriens de l' Académie de Juilly, dans *Revue d'histoire littéraire de la France*, 1952, PP. 439—450.)

科拉多 · 罗索：《莫佩蒂乌与孟德斯鸠》，载《莫佩蒂乌研讨会文集》，克莱泰，1973 年 12 月 1 日，第 47—58 页。

(Corrado. Rosso, Maupertuis et Montesquieu, dans *Actes de la Journée Maupertuis*, Créteil, l[e] décembre 1973, PP. 47—58.)

科拉多 · 罗索：《孟德斯鸠在剧场：一个善感的人吗？》，载《现代随笔》，第 17—18 期，1982 年，第 36—39 页。

(C. Rosso Montesquieu a teatro: un personaggio sensibile? dans *Spicilegio Moderno*, numeri 17—18, 1982, PP. 36—39.)

科拉多 · 罗索：《孟德斯鸠与意大利》，载《现代随笔》，1972 年，第 85—99 页。

(C. Rosso, Montesquieu et l'Italie, *ibid*, 1972, PP. 85—99.)

科拉多 · 罗索：《伦理学家孟德斯鸠，从法律到幸福》，波尔多，1971 年。

(C. Rosso, *Montesquieu moraliste. Des Lois au Bonheur*, Bordeaux, 1971.)

科拉多 · 罗索：《孟德斯鸠与拉丁迁徙》，载《文化迁徙》，比萨，1985 年，第 61—94 页。

(C. Rosso, Montesquieu et la transhumance latine, dans *Transhumances culturelles. Mélanges*, Pise, 1985, PP. 61—94.)

科拉多 · 罗索：《1960 年以来的孟德斯鸠研究与成果》，载《18 世纪》，1976 年，第 373—404 页。

(C. Rosso, Montesquieu présent: Etudes et travaux depuis 1960, dans *XVIIIe siècle*, 1976, PP. 373—40.)

让 · 罗斯当：《孟德斯鸠（1689—1755）与生物学》，载《科学及其应用史杂志》，1955 年，第 129—136 页。

(Jean. Rostand,Montesquieu (1689—1755) et la biologic, dans *Revue de l'histoire des sciences et de leurs applications*, 1955, PP. 129—136.)

让 · 萨莱尔：《唐森一家》，日内瓦，1969 年。

(Jean. Sareil, *Les Tencin, Genève,* 1969.)

雷蒙 · 萨维奥兹：《孟德斯鸠与日内瓦哲学家夏尔 · 博奈》，载《文人科学杂志》，1950 年，第 270—276 页。

(Raymond. Savioz, Montesquieu et le philosophe genevois Charles Bonnet, dans *Revue des sciences humaines*, 1950, PP. 270—276.)

塞古：《圣奥诺雷街上的乔弗里夫人及其女儿》，巴黎，1897 年。

(P. de. Ségur, *Le Royaume de la rue Saint-Honoré, Madame Geoffrin et sa fille*, Paris, 1897.)

保尔 - 埃米尔 · 舒曼：《〈论法的精神〉初版第一次印刷》，载《孟德斯鸠逝世二百年研究会文集》，第 99—107 页。

(Paul-Émile. Schazmann,Première édition et premier tirage de *L'Esprit des lois*, dans *Actes du Congrès Montesquieu*, PP. 99—107.)

罗伯特 · 夏克尔顿：《孟德斯鸠评传》，牛津，1961 年。

(Robert. Shackleton, *Montesquieu. A Critical Biography,* Oxford, 1961.)

罗伯特 · 夏克尔顿：《孟德斯鸠评传》，让 - 鲁瓦佐法文译本，格勒诺布尔，1977 年。

(R. Shackleton, *Montesquieu. Biographie critique, version française de Jean Loiseau,* Grenoble, 1977.)

罗伯特 · 夏克尔顿：《加斯科教士——孟德斯鸠的朋友和译者》，载《波尔多科学院文集》，第 4 组，第 15 卷，1955—1957 年，第 49—60 页。

(R. Shackleton,L'abbé de Guasco ami et traducteur de Montesquieu, dans *Actes Académie de Bordeaux*, 4e série t. XV, 1955—1957, PP. 49—60.)

罗伯特 · 夏克尔顿：《盟友与敌手：伏尔泰与孟德斯鸠》，载《杂纂》，第 171 卷，第 55—69 页。

（R. Shackleton, Alliés and ennemis：Voltaire and Montesquieu，dans *Essays by divers bands*, vol. CLXXI，PP. 55—69. ）

罗伯特 · 夏克尔顿：《培尔与孟德斯鸠》，载《皮埃尔 · 培尔：鹿特丹哲学家》，阿姆斯特，1958 年，第 142—149 页。

(R. Shackleton, Bayie and Montesquieu, dans *Pierre Bayle. Le Philosophe de Rotterdam*, Amsterdam, 1958, PP. 142—149.)

罗伯特 · 夏克尔顿：《18 世纪的两位警官：贝里埃和戴默利》，载《启蒙时代的议题和人物》，1980 年，第 251—258 页。.

(R. Shackleton, Deux policiers du XVIIIe siècle: Berryer et d'Hémery, dans *Thèmes et Figures du siècle des Lumières. Mélanges offerts à Roland Mortier*, Genève, 1980, PP. 251—258.)

罗伯特 · 夏克尔顿：《孟德斯鸠气候理论的演进》，载《国际哲学杂志》，1955 年，第 317—329 页。

(R. Shackleton,The Evolution of Montesquieu's Theory of Climate, dans *Revue internationale de philosophie*, 1955, PP. 317—329.)

罗伯特·夏克尔顿：《菲利普·维努蒂——波尔多科学院院士和孟德斯鸠的朋友》，载《波尔多科学院文集》，第 4 组，第 20 卷，1965 年，第 53—62 页。

(R. Shackleton, Filippo Venuti, académicien de Bordeaux et ami de Montesquieu, dans *Actes Académie de Bordeaux*, 4ᵉ série, t. XX, 1965, PP. 53—62.)

罗伯特·夏克尔顿：《〈论法的精神〉的产生》，载《法国文学史杂志》，1952 年，第 425—438 页。

(R. Shackleton, La Genèse de *L'Esprit des lois*, dans *Revue d'histoire littéraire de la France*, 1952, PP. 425—438.)

罗伯特·夏克尔顿：《约翰·布莱克和孟德斯鸠：寻求一致》，载《古典文学考：纪念詹姆斯·马歇尔·奥斯本文集》，牛津，1979 年，第 215—227 页。

(R. Shackleton, John Black and Montesquieu. The Search for a Correspondence, dans *Evidence in Literary Scolarship. Essays in Memory of James Marshall Osborn*, Oxford, 1979, PP. 215—227.)

罗伯特·夏克尔顿：《孟德斯鸠夫人与对泰莱丝·德·色贡达的一些思考》，载《18 世纪法国妇女和社会》，伦敦，1979 年，第 230 242 页。

(R. Shackleton, Mme de Montesquieu with Some Considerations on Thérèse de Secondat, dans *Woman and Society in 18th Century in France. Essays in honour of John Stephenson*, London, 1979, PP. 230 242.)

罗伯特·夏克尔顿：《约翰·纳斯与〈论法的精神〉的伦敦版》，载《18 世纪法国研究》，达勒姆大学，1978 年，第 248—260 页。

(R. Shackleton, John Nurse and the London Edition of *L'Esprit des lois*, dans *Studies in the French Eighteenth Century presented to John Lough by Colleagues, Pupils and Friends*, University of Durham, 1978, PP. 248—260.)

罗伯特·夏克尔顿：《孟德斯鸠与马基雅维利再评价》，载《比较文学研究》，第 1 卷，1964 年，第 1—13 页。

(R. Shackleton, Montesquieu and Machiavelli. A Reappraisal, dans *Comparative Literature Studies*, vol. 1, 1964, PP. 1—13 .)

罗伯特·夏克尔顿：《孟德斯鸠、杜班和卢梭的早期著作》，载《卢梭再评价》，曼彻斯特，1980 年，第 234—249 页。

(R. Shackleton, Montesquieu, Dupin and the Early Writings of Rousseau, dans *Reappraisals of Rousseau. Studies in honour of R. A Leigh*, Manchester, 1980, PP · 234—249.)

罗伯特·夏克尔顿：《孟德斯鸠，苏阿尔和"哲学家"》，载《18 世纪研究，纪念莱斯特·克罗肯》，牛津，伏尔泰基金会，第 63 卷，1979 年，第 309—314 页。

(R. Shackleton, Montesquieu, Suard and the "philosophes", dans *Enlightenment studies in honour of Lester G. Crocken*, Oxford, The Voltaire Foundation, t. LXIII. 1979, PP. 309—314.)

罗伯特·夏克尔顿：《孟德斯鸠的宗教观》，载《孟德斯鸠逝世二百周年研讨会文集》，第 287—294 页。

(R. Shackleton, La religion de Montesquieu, dans *Actes du Congrès Montesquieu*, PP. 287—294.)

罗伯特·夏克尔顿：《孟德斯鸠与当权者的关系》，载《波尔多科学院文集》，第 4 组，第 24 卷，1969 年，第 16—26 页。

(R. Shackleton, Montesquieu et ses rapports avec le pouvoir, dans *Actes Académie Bordeaux*, 4e série», t. XXIV, 1969, PP. 16—26.)

雅克·索莱：《孟德斯鸠与摄政时期》，载《摄政时期》，1970 年，第 125—130 页。

(Jacques. Solé, Montesquieu et la Régence, dans *La Régence*, Paris, 1970, PP. 125—130.)

保尔. M. 斯普林：《孟德斯鸠对美国宪法的影响》，载《孟德斯鸠逝世二百周年研讨会文集》，第 265—272 页。

(Paul. M. Spurlin, L'Influence de Montesquieu sur la constitution américaine, dans *Actes du Congrès Montesquieu*, PP. 265—272.)

让·斯特拉宾斯基：《孟德斯鸠自述》，巴黎，1953 年。

(Jean. Starobinski, *Montesquieu par lui-mèmee*, paris, 1953.)

泰勒：《鲁思与孟德斯鸠之死》，载《法国研究》，1949 年，第 101—121 页。

(O. R. Taylor, Bernard Routh et la mort de Montesquieu, dans *French Studies*, 1949, PP. 101—121.)

皮埃尔·泰斯丢：《书信体小说〈波斯人信札〉》，载《法国文学史杂志》，1966 年，第 642—656 页。

(Pierre. Testud, Les *Lettres persanes,* roman épistolaire, dans *Revue d'histoire littéraire de la France*, 1966, PP. 642—656.)

图尼奥尔·杜克洛：《孟德斯鸠的财政思想》，载《财政科学和财政立法杂志》，1912 年。

(Tournyol , Les idées financières de Montesquieu, dans *Revue de science et de législation financières*, 1912.)

安东·万丢什：《孟德斯鸠的斯洛伐克之行和〈论法的精神〉中对匈牙利的记述》，载《斯洛伐克历史研究》，布拉迪斯拉发，1963 年，第 1 期，第 96—116 页。

(Anton. Vantuch, Le voyage en Slovaquie de Montesquieu et l' expérience hongroise dans *L'Esprit des lots*, dans *Studia historica Slovaca* I, Bratislava, 1963, PP. 96—116.)

安东·万丢什：《〈波斯人信札〉中的个人成分》，载《尼斯人文学院年鉴》，第 8 期，

1969年，第127—142页。

(A. Vantuch, Les éléments personnels dans les *Lettres persanes*, dans *Annales de la faculté des lettres et sciences humaines de Nice*, n° 8, 1969, PP. 127—142.)

保尔 · 韦尔尼埃：《孟德斯鸠与〈论法的精神〉》，巴黎，1977年。

(Paul. Vernière, *Montesquieu et l'Esprit des lois. Ou la raison impure*, Paris, 1977.)

保尔 · 韦尔尼埃：《从〈论法的精神〉看孟德斯鸠与穆斯林世界》。载《孟德斯鸠逝世二百周年研讨会文集》，第176—190页。

(P. Verniere, Montesquieu et le monde musulman, d' après *L'Esprit des lois*, dans *Actes du Congrès Montesquieu*, PP. 176—190.)

路易 · 维安：《孟德斯鸠的故事》，巴黎，1879年。

(Louis. Vian, *Histoire de Montesquieu*, Paris, 1879.)

弗朗索瓦丝 · 韦尔：《怎么会是中国人呢？》，载《技术教育杂志》，1957年1月，第3—13页。

(Françoise. Weil, Comment peut-on être Chinois? dans *Technique*，*art et science, Revue de l'enseignement technique*, janvier 1957，PP. 3—13.)

弗朗索瓦丝 · 韦尔：《〈论法的精神〉在索尔邦神学院》，载《波尔多历史杂志》，1962年，第183—191页。

(F. Weil, *L'Esprit des lois* devant la Sorbonne, dans *Revue historique de Bordeaux*, 1962, PP. 183—191.)

弗朗索瓦丝 · 韦尔：《孟德斯鸠的阅读》，载《法国文学史杂志》，1957年，第494—514页。

(F. Weil, Les lectures de Montesquieu, dans *Revue d'histoire littéraire de la* France, 1957, PP. 494—514.)

弗朗索瓦丝 · 韦尔：《〈地理篇〉手稿和〈论法的精神〉》，载《法国文学史杂志》，1952年，第451—461页。

(F. Weil, Le manuscrit des *Geographica* et *L'Esprit des lois*, *ibid*, 1952，PP. 451—461.)

弗朗索瓦丝 · 韦尔：《1729年与孟德斯鸠在罗马漫步》，载《技术教育杂志》，1958年10月，第1—12页。

(F. Weil, Promenades dans Rome en 1729 avec Montesquieu, dans *Technique, art et science. Revue de I'enseignement technique*, octobre 1958, PP. 1—12.)

弗朗索瓦丝 · 韦尔：《孟德斯鸠和德布罗斯的意大利之旅》，载《18世纪政治思考的模式和方法》，第1卷，里尔，1977年，第153—177页。

(F. Weil, Voyages et curiosités politiques avant *l'Encyclopédie*. Le voyage en Italie de Montesquieu et De Brosses, dans *Modèles et moyens de la réflexion politique au XVIIIe siècle*, t. I, Lille, 1977,PP. 153—177.)

再版后记

浙江大学出版社选中戴格拉夫先生的《孟德斯鸠传》作为“启真·思想家”传记丛书之一，使得这部十几年前的旧书得以再版，确是一件值得庆幸的好事。

戴格拉夫先生不但是波尔多人，而且担任波尔多市立图书馆馆长多年，对于他的同乡孟德斯鸠的生平和著作有许多精到的研究，相关著述颇多，向来为学界高度重视，堪与英国学者夏克尔顿比肩，是孟德斯鸠研究界珠联璧合的双雄。我在 1982 年访学波尔多期间有幸结识戴格拉夫先生，此后时常联系，在孟德斯鸠研究中经常得到他的帮助。当年与学长赵克非联手翻译这部《孟德斯鸠传》时，曾就一些疑难问题求教于戴格拉夫先生，每次都得到他热情而详尽的指点。先生收到中文版后曾在回信中表示幸喜之情。令人扼腕的是先生已辞世多年，无缘见到此次再版，不能不说是一大憾事。

此次再版，没有再次麻烦克非学长，而是由我一人校阅全书，所以若有舛误，当由我承担全责。

需要说明的是，原书书名直译应为《孟德斯鸠》，“传”字是考虑到全书的内容，兼顾中国人的习惯而添加的。

许明龙
2015/2/10

图书在版编目（CIP）数据

孟德斯鸠传/(法)戴格拉夫著；许明龙，赵克非译. —杭州：浙江大学出版社，2016.3

书名原文：Montesquieu

ISBN 978-7-308-15567-0

Ⅰ. ①孟… Ⅱ. ①戴… ②许… ③赵… Ⅲ. ①孟德斯鸠，C.（1689～1775）—传记 Ⅳ. ①B565.24

中国版本图书馆CIP数据核字（2016）第006651号

孟德斯鸠传

[法] 路易 · 戴格拉夫 著　许明龙 赵克非　译

责任编辑　王志毅

文字编辑　张　昊

责任校对　周红聪

装帧设计　罗　洪

出版发行　浙江大学出版社

（杭州市天目山路148号 邮政编码310007）

（网址：http:// www.zjupress.com）

制　　作　北京大观世纪文化传媒有限公司

印　　刷　北京天宇万达印刷有限公司

开　　本　635mm × 965mm　1/16

印　　张　29.5

字　　数　412千

版 印 次　2016年3月第1版　2025年3月第3次印刷

书　　号　ISBN 978-7-308-15567-0

定　　价　75.00元

浙江大学出版社市场运营中心联系方式：（0571）88925591；http://zjdxcbs.tmall.com

浙江省版权局著作权合同登记图字：11-2011-259 号